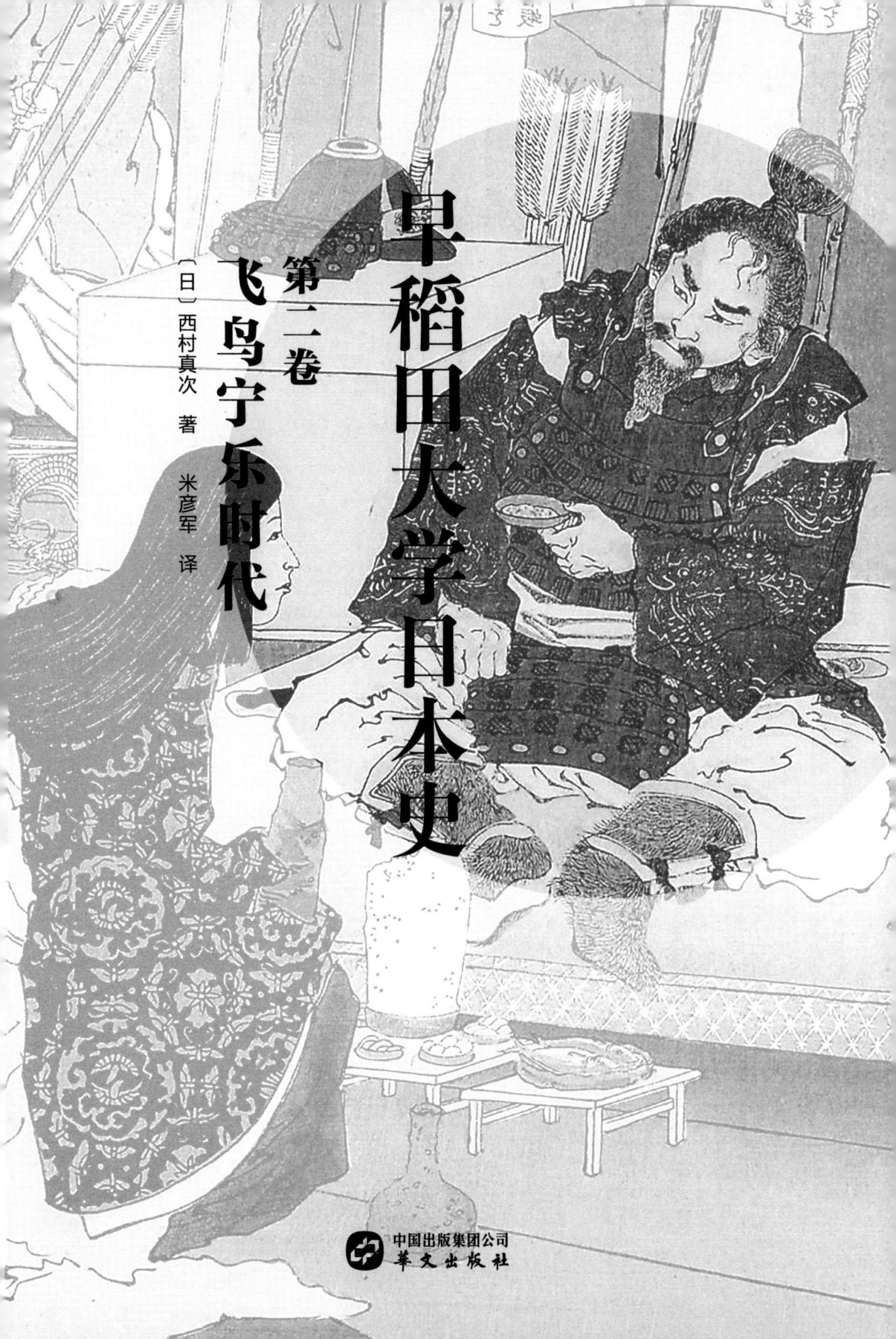

早稻田大学日本史

第二卷 飞鸟宁乐时代

〔日〕西村真次 著

米彦军 译

中国出版集团公司
华文出版社

图书在版编目（CIP）数据

早稻田大学日本史. 卷二, 飞鸟宁乐时代 /（日）西村真次著；米彦军译. -- 北京：华文出版社, 2020.1
（华文全球史）
ISBN 978-7-5075-5194-5

Ⅰ.①早… Ⅱ.①西…②米… Ⅲ.①日本—古代史 Ⅳ.①K313.2

中国版本图书馆CIP数据核字(2019)第258519号

早稻田大学日本史（卷二）：飞鸟宁乐时代

作　　者：	[日]西村真次
译　　者：	米彦军
选题策划：	盛世君章
插图供应：	029—85504182
责任编辑：	孙念
出版发行：	华文出版社
社　　址：	北京市西城区广外大街305号8区2号楼
邮政编码：	100055
网　　址：	http：//www.hwcbs.com.cn
电　　话：	总编室010—58336239
	发行部010—58336212
经　　销：	新华书店
印　　刷：	三河市国英印务有限公司
开　　本：	710×1000　1/16
印　　张：	22.5
字　　数：	330千字
版　　次：	2020年1月第1版
印　　次：	2020年1月第1次印刷
标准书号：	ISBN 978-7-5075-5194-5
定　　价：	88.00元

版权所有　侵权必究

出版前言

随着中国开放的大门越开越大，关注世界各国尤其是西方国家文明的源流、发展和未来已经成为当下世界史研究的一个热点，为了成系统地推出一套强调"史源性"且在现有世界史出版物中具有拾遗补阙价值的作品，我们经过认真论证，推出了"华文全球史"系列，首次出版约为一百个品种。

"华文全球史"系列从书目选择到人名地名的规范，从书稿中图片的采用到译者的确定，都有比较严格的遴选规定、编审要求和成稿检查，目的就是要奉献给读者一套具有学术性、权威性的高质量的世界史系列图书。

书目的选择。本系列图书重视世界史学科建设，视角宽阔，层级明晰，数量均衡，有所突出。计划出版的华文全球史中，既有通史，也有专题史，还有回忆录，基本上是世界历史著作中的上乘之作，同时填补了国内同类作品出版的空白。

人名地名规范。本系列图书中人名地名，译名规范，重视专业性。同时，在人名翻译方面，我们坚持"姓名皆全"的原则，加大考据力度，从而实现了有姓必有名，有名必有姓，方便了读者的使用。另外，在注释方面，书中既有原书注，完整地保留了原著中的注释；也有译者注，体现了译者的研究性成果。

书中的插图。本系列图书的一个重要特征是书中都有功能性插图，这些插图全方位、多层次、宽视角反映当时重大历史事件，或与事件的场景密切相关，涉及政治、军事、经济、社会、外交、人物、地理、民俗、生活等方面的绘画作品与摄影作品。全景插图与文字结合，赋予文字视觉的艺术，增加了文字的内涵。

译者的确定。本系列图书的翻译主要凭借的是一个以大学教师为主的翻译团队，团队中不乏知名教授和相关领域的资深人士。他们治学严谨，译笔优美，为确保质量奉献良多。

"华文全球史"系列作为一套具有较高学术价值的优秀的世界历史丛书，对增加读者的知识，开阔读者的视野，具有积极的意义。但也要看到，很多西方历史学家虽然也包含着一些正确的即符合事实的观点，但很多都存在错误的历史观，甚至还有较多的史实的歪曲，对于这些，我们希望读者不要不加分析地对它们全盘接受或全盘否定，而是要批判地吸收外国文化中有益的东西。

华文出版社

2019 年 8 月

出版要旨

日本坊间流行的日本史书种类很多，数量很大，堪称汗牛充栋。然而，其中很多史书是教科书，读起来索然寡味。此外，还有各种各样的人物传记、年代记、稗史、杂书。严格来讲，这些书算不上真正的史书。因此，可以说时至今日，还没有一套真正的日本史书。

近年来，人类学、语言学、心理学、地理学发展很快，日新月异，而且研究成果很多。这大大推进了历史学的发展。不仅如此，通过利用多学科知识，调查和分析史料，史学家们发现在此之前的日本史书中有诸多谬误。上古的日本史与神话混为一谈。中古以后的日本历史则和小说混为一谈。甄别哪些是信史、哪些是伪造的历史是很困难的。不光日本历史这样，外国的历史也是这样。《古事记》和《日本书纪》都是这样。

《古事记》《日本书纪》问世之后，日本史学家也编纂了很多史书。这些史书既有信史，也有伪史，可以说鱼龙混杂。《大日本史》是一套大部头史书，但仔细阅读这套史书可以发现，其中混杂了很多稗史的内容。综上所述，不难发现，日本史学界亟需一套更好、更完善的日本史书问世。

近年来，科学取得了长足的进步。史学家不会允许真伪难辨的历史永远存在下去，必定要搞个水落石出。他们必然会利用科学知识，进行彻底调查和分析，去伪存真，否则不会善罢甘休。史学家会从地名、谚语、古代遗物等方面着手，发现历史的真相。

中古以后，日本有大量史料，这对查明历史真相大有裨益。各个领域的科学家也开始研究历史的真相。结果，学界涌现了《史海》《史学会杂志》《史学界》《语言学会杂志》《人类学会杂志》《地学学会杂志》等发表历史学论文的杂志。但这些历史学论文只是日本历史的片断而已。迄今为止，日本史学界还没有一套真正研究日本历史全貌的读物。

前些年，帝国文科大学让重野安绎、久米邦武、星野恒三位教授编纂了《国史眼》这套书。这套书比此前出版的日本史书又前进了一步。然而，这套书是作为教科书编纂的，都是很简短的小册子，读起来非常枯燥。

研究日本上下三千年历史，搞清楚日本历史的真相，是一个人无法做到的。一个人能力再高，搞清楚这些问题也要花费百年的时间。当今社会发展和科技进步日新月异，岂会白等百年时间？因此，编纂日本史的捷径是把日本国史分成几个历史阶段，让各个历史阶段的专家公布其研究成果，然后合在一起，于是全套日本史就出现了。

早稻田大学经过深思熟虑，邀请相关领域的历史学家，将各自的研究成果编成历史学讲义。这些讲义获得史学界的称赞。与此同时，读者和学者都认为这些讲义未完全体现各个时代的历史全貌。

经过不懈的努力，各个时代的历史已经编纂成册，做好了发行准备，希望史学爱好者不吝赐教。现将各个时代的作者列举如下：

一、《弥生古坟时代》，作者久米邦武；

二、《飞鸟宁乐时代》，作者西村真次；

三、《奈良时代》，作者久米邦武；

四、《平安时代》，作者池田晃渊；

五、《镰仓时代》，作者三浦周行；

六、《南北朝时代》，作者久米邦武；

七、《室町时代》，作者渡边世祐；

重野安绎

八、《安土桃山时代》，作者渡边世祐；

九、《德川幕府时代》（上），作者池田晃渊；

十、《德川幕府时代》（下），作者池田晃渊；

十一、《幕末史》，作者小林庄次郎；

十二、《维新史》，作者本多辰次郎。

这套丛书的诸位作者有的在修史局担任编修；有的参加大日本史的史料整理，负责某一时代历史的史料编纂；有的在宫内省掌管着机密古文书。他们知道一些鲜为人知的史料，哪怕只言片语也会对史学研究大有裨益。丛书展现了很多新事实。读者也许会对此感到惊讶，会认为丛书是日本国史的"破坏者"。事实上，丛书以正确的史料为根据，通过严密的考证来论述历史问题，言之有物，有理有据，相信会在史学界大放异彩。

早稻田大学出版部

序 言

日本民族与其他民族不同。日本民族的所有文化都具有日本特色，并不是外国的。任何民族之间都可能有共性，但每个民族必须有其他民族所没有的或很难有的文化。对于日本文化，我们将这种文化称作"由固有要素培养的纯日本文化"。

无论什么样的民族都有若干固有文化。我们日本人属于文化民族。与其他民族相比，我们有较优秀的地方，或至少有不同于其他民族的固有文化。通过研究日本历史，笔者能够指出若干日本的固有文化。这些都是我们日本人祖祖辈辈世世代代传承下来的日本本来的东西。笔者觉得在这些本来的固有文化中暗含着有关美丽的、圆润的、有人情味的历史的传统观念。对此，笔者颇感欣慰。

就整个文化领域进行论述并非当务之急。因此，笔者仅研究历史问题。早在近两千年前，日本人就有了一定的历史观。历史观给诗歌和哲学的研究带来了希望。同时，以纵横于现实和幻想之间的诗人和哲学家的态度研究历史，如梦如醒，如醒如梦。换言之，这虽然属于叙述，但还要一面说明、分析、批判，一面努力鉴赏。这就是历史学的特色。然而，对于上述倾向，现代受西洋影响而不愿努力发现日本本身真正价值的人们，特别是缺乏经验、头脑发达而不接触实际的青年人持否定态度。说得直白点就是，对物语式历史①，他们即

---

① 指故事式历史记载。（本书中除原注外，均为译者注，不再另行说明）

便不冷嘲热讽，也不认为它意味深长，具有真正的价值。不过，说到底，物语式历史就是将重点放在史实上。我们要以艺术家的态度立足于忠实的表现派的史观之上。这些艺术家如实地将从过去到现在的生活保持原味进行压缩、抽象，让它与原来有同样的价值。

日本最早的史书《古事记》及之后出现的用日语写的史书《大镜》《增镜》《今镜》等都是立足于上述传统对历史事实进行陈述。这些史书之所以被日本民族理解并受到欢迎和尊重，是因为它们与日本的国民性是吻合的。

物语式历史的代表作是《日本外史》。这本书的作者赖山阳[①]与其说是历史学家，不如说是叙事诗人。虽然物语式历史的表达手段依靠中国的方式，并且用汉字写成，但民众也能与之产生共鸣。笔者认为，物语式历史的最大目的是让一般人知道民众从古代到现在的进化过程，是一个具有普遍性的东西，并且其唯一目的是让拥有特殊知识的专家阅读。在这里面有一定的历史观。

说得极端一些，如果没有传统，就没有民众生活。谁能够遗弃、毁坏上述历史传统而能掌握日本历史的本质？笔者认为应该将这一信念置于历史之上。有一派历史学家醉心于哲学家般的理论，而妄断、迷信、忽视事实。虽然他们是优秀头脑的所有者，但偏重形而上的思想方面。我不会由衷地对其真正的价值表示尊敬。即便青年会对此产生共鸣，但有分辨能力的壮年、中年、老年不会。对这种不正确的历史观，笔者不以为然。

历史的基调是科学，不以百般科学为根据进行研究的历史就不能够真实再现科学所涉及的各方面的精神生活，和事实上经历的生活及今后要经历的过去的生活。这些与民众的现在和未来密切相关。譬如，近来流行的一些精神文化就是从一般史实中抽取的精神文明现象，从理论上对它进行批评、表达的人并不少，但这容易陷入误区，是极危险的方式。

任何精神文化都与物质文化有关系。要想了解真正的精神文化，有必要彻底研究物质文化。也就是说，如果不了解物质文化，就不可能了解精神文

---

① 即赖襄（1780—1839）。日本著名汉学家。字子成，号山阳、山阳外史，通称久太郎，别号三十六峰外史。

化。精神文化的历史是以物质文化为基础的。桌上的空论不具备再现民众发展过程的力量。具有再现民众发展过程力量的是立足于事实的研究、批判、鉴赏和描写。

笔者以经验派的思想为重点起稿。本书以史实描述为主。具备所谓的物语式历史的形式并非因为这只是以大众化为目的，而是因为笔者相信这样做是研究国史不言而喻的传统，是因为笔者认为对过去的物语式历史加入分析、批判则是我国新的传统历史。由于过分受到西方的影响而一味模仿追随西洋人所为的历史学家是不会领会意味深长的历史的。在他们能够认识到这一点前，我们的历史会被认为是非流行的、非现代的和非合理的。我们事先想到了这一否定的态度，做好了心理准备。笔者的这一信念至少表现在本书中。在写这本书时，笔者尊重我们的民族传统，努力在沿袭日本传统的长处的基础上加入近代的成分。

对于在物质文化基础上构筑精神文化的飞鸟、宁乐两个时代的历史，仅凭空想和空论是不能成立的。学者当然要研究确实的史实，进行科学分析和综合，得出研究成果——这是必由之路。因此，在本书中，笔者以研究和综合物质文化为宗旨，然后从中总结归纳出精神文化。

本书虽然采用物语式的叙述方式，但也夹杂了议论和批评。这是因为笔者相信这才是实际生活的再现。离开理论人是活不下去的。在叙述史实时，我们必然要掺杂理论。再现史实、将它原封不动地传达给读者是笔者的愿望。

笔者写本书至少有三个目的：其一，沿袭物语式历史的传统来叙述史实；其二，研究物质文化，论述在此基础上形成的精神文化；其三，分析日本文化的本质，掌握日本文化系统，明确日本文化在世界文化史上的定位。要实现这些目的本来就有很多困难，再加上出版日期迫近和健康状况不佳，笔者不能随心所欲撰写，本书尚有诸多不足之处就得出版。对此，笔者颇感内疚。他日，为了弥补这一不足，笔者打算将大和时代和飞鸟宁乐时代合起来写，再次出版。

在这一史书系列中，笔者分担了四册。本书是其中最后一册。笔者进行了总结。临近脱稿，笔者相当疲倦，多亏恩师坪内逍遥博士的支持和鼓励，这才能够写成此书。此外，本着一片好心，早稻田大学的各位前辈及史学界的前辈友人教给我种种方法。在本书的卷头，笔者能对他们表示衷心感谢，因而颇感欣慰。

早稻田大学史学研究室

西村真次

目 录

第1章 时代的运转及其动力 ·············· 001

    第1节 日本的迁都和定都 ·············· 001

    第2节 贵族的出现及其争斗 ·············· 008

    第3节 地方贵族的兴起和叛乱 ·············· 015

    第4节 日本和朝鲜半岛的政治关系 ·············· 018

    第5节 任那的灭亡 ·············· 025

第2章 佛教文化对日本的浸润 ·············· 031

    第1节 佛教的起源和传播 ·············· 031

    第2节 佛教传入日本 ·············· 044

    第3节 保守派和进步派的冲突 ·············· 047

    第4节 佛寺建筑 ·············· 052

    第5节 制度的制定 ·············· 059

    第6节 日本和中国的交往 ·············· 063

第 7 节　日本和其他异族的交往 ·································· 067

　　第 8 节　时代的代表圣德太子 ···································· 069

第 3 章　政体的改变 ·· 075

　　第 1 节　氏族制度的弊端 ·· 075

　　第 2 节　大化改新 ··· 081

　　第 3 节　民众生活的概况 ·· 087

　　第 4 节　日本东北地区的开拓 ···································· 094

　　第 5 节　大陆各国的形势 ·· 098

　　第 6 节　日本岛国化趋势加深 ···································· 106

　　第 7 节　天智天皇及其政治地位 ································· 110

　　第 8 节　壬申之乱 ··· 116

第 4 章　改造社会组织 ·· 121

　　第 1 节　天武天皇及其功业 ······································· 121

　　第 2 节　藤原宫的二元首及其政治 ······························ 125

　　第 3 节　《大宝律令》 ·· 129

　　第 4 节　系统化、体系化的政府组织 ··························· 133

　　第 5 节　财政上的一大飞跃 ······································· 135

　　第 6 节　新势力的兴起 ··· 138

第 5 章　飞鸟时代的文化现象 ······································ 141

　　第 1 节　文化接触圈及时代文化 ································· 141

　　第 2 节　日本建筑技术的进步 ···································· 147

　　第 3 节　绘画及其体系 ··· 156

第 4 节	雕刻的高潮	160
第 5 节	飞鸟纹样是时代艺术的象征	165
第 6 节	科学领域的一大进步	173
第 7 节	历法——科学进步的象征	176

第 6 章 宁乐时代初期的社会状况 … 183

第 1 节	奠都平城京	183
第 2 节	铸造货币	193
第 3 节	行政措施充满文化气息	196
第 4 节	逃兵不断出现	203
第 5 节	民众生活的实际状况	206
第 6 节	社会背面黑影幢幢	212
第 7 节	同化不同种族的运动	218

第 7 章 日本致力于建成佛教国家 … 223

第 1 节	宗教信仰的变迁及其领袖	223
第 2 节	圣武天皇和光明皇后	232
第 3 节	国分寺的修建	245
第 4 节	东大寺大佛	248
第 5 节	日本对多贺城和东北的经营	256
第 6 节	军队编制和国防	260
第 7 节	奖励学问和派遣遣唐使	266

第 8 章 宁乐时代艺术的内涵及外延 … 277

| 第 1 节 | 绘画和时代精神 | 277 |

第2节	雕刻的发展	282
第3节	建筑样式的变化	285
第4节	象征宁乐时代艺术的音乐和舞蹈	289
第5节	富于自我意识的文学	297

第9章 时代末的堕落 305

第1节	女性主权和公众的腐败	305
第2节	惠美押胜专权	311
第3节	僧人道镜野心勃勃	319
第4节	欢乐的现实生活	328
第5节	财政经济危机	332
第6节	光仁天皇匡正时弊	339

第1章

时代的运转及其动力

第1节 日本的迁都和定都

移居日本列岛的通古斯族逐渐失去漂泊性而具有了定居的特点。起初，他们在沿着海湾的海岸平地形成聚落，逐渐沿着河流溪谷上溯，形成所谓的"溪谷式聚落"。离开河川流域，任何民族都是无法生活下去的。在这一点上，通古斯族更加明显。大阪海滩沿岸是最早见到民众定居的地方。在大阪海滩沿岸的沿海平地中，有囊状的东生湖。东生湖是两大河流的入海口。以前，在今天的大阪城东一带是半咸半淡的大湖沼。因此我给它起了东生湖这个名称。在史前时期，这个湖沼很深。随着时代的推移，这个湖沼越来越浅，最终形成东生郡的平原。在湖沼沿岸，人们形成大型聚落。从北面流来的淀川和从东北面流来的大和川注入这个湖沼。不仅是在降雨期，就是在平时，这两条河也从上游运来大量泥沙。湖沼因而逐渐变浅，出现大小种种三角洲，最终形成为数众多的河迹湖，最终出现广袤的冲积平原。在那一时期，淀川和大和川依然流淌着，水量丰沛，流入大阪海湾。因此，河上有筏子和船穿梭。两岸平地形成为数众多的聚落。河口出现河口港——属于原始性的商业港口。古代的诗歌、地图、遗物中残留着能向我们说明这些情况的一些内容。

上溯到淀川的源头，眼前便闪现出山城平原和琵琶湖畔斜面平地。与此类似,沿着大和川溯流而上,上游地区出现河内平原和大和平原,为以农耕为主的民众带来肥沃的耕地。从地势上看,这些平原都是两面或三面环山,一面通过河流与海港相连。对那一时期的日本民族来说,这种地势是无与伦比的理想的安居之地。出现在神武天皇神话中的大和平原四面被青山环绕,是一个被认为是六合的中心的地方。这一点反映了大和平原必然是当时理想的安居之地。正是因为这里是理想的安居之地,所以大和平原上很早就有帝都。后来,日本又迁都至山城平原。近江的琵琶湖斜面、摄津的沿海平地上曾经建立过帝都——也是基于同样的理由。大和国的成立超越了年代,进入了神话时代。今天,要想搞清楚大和国的起源和变迁发展的过程非常困难,但通过史学家的研究,我们能掌握大体情况。如今,通过总结归纳传说及相关研究,我们可以了解飞鸟时代以前的帝都、皇居的遗址。详情如下:

天皇	宫的名称	所在地
神武天皇	亩旁橿原宫	高市郡白橿村亩旁
绥靖天皇	葛城高丘宫	南葛城郡吐田乡村森协
安宁天皇	片盐浮穴宫	高市郡白橿村四条
懿德天皇	轻曲峡宫	高市郡白橿村大轻
孝昭天皇	掖上池心宫	南葛城郡掖上村玉手
孝安天皇	室秋津岛宫	南葛城郡秋津村室
孝灵天皇	黑田庐户宫	矶城郡郡村黑田
孝元天皇	轻境原宫	高市郡白橿村大轻
开化天皇	春日率川宫	奈良市子守町金屋
崇神天皇	矶城瑞篱宫	矶城郡三轮町金屋
垂仁天皇	缠向珠城宫	矶城郡缠向村绪玉卷墓
景行天皇	缠向日代宫	矶城郡缠向村穴师
成务天皇	志贺高穴穗宫	近江滋贺郡坂本村穴太
仲哀天皇	穴门丰浦宫	长门丰浦郡长府村丰浦
应神天皇	轻岛丰明宫	高市郡白橿村大轻
仁德天皇	难波高津宫	摄津大阪市大阪城
履中天皇	磐余稚樱宫	矶城郡安倍村池内
反正天皇	丹比柴篱宫	河内中河内郡松原村上田
允恭天皇	远飞鸟宫	高市郡飞鸟村飞鸟

安康天皇	石上穴穗宫	山边郡丹波市村田村
雄略天皇	泊濑朝仓宫	矶城郡朝仓村黑崎
清宁天皇	磐余瓷栗宫	矶城郡安倍村池内
显宗天皇	飞鸟八钓宫	矶城香久山村下八钓
仁贤天皇	石上广高宫	山边郡丹波市村田村
武烈天皇	泊濑列城宫	矶城郡初濑町出云
继体天皇	磐余玉穗宫	矶城郡安倍村池内附近
安闲天皇	勾金箸宫	高市郡金桥村曲川
宣化天皇	桧隈庐入野宫	高市郡坂合村桧前
钦明天皇	矶城岛金刺宫	矶城郡三轮町金屋
敏达天皇	百济大井宫	北岛城郡百济村百济
用明天皇	池边双槻宫	矶城郡安倍村阿部宇长门
崇峻天皇	仓梯柴垣宫	矶城郡多武峰村仓桥

通览这个表格，除了两三处例外，大体上，帝都都没有离开大和平原，并且所处位置仅限于几条河的沿岸。这几条河都是形成大和川上游的几条支流。帝都还没有脱离溪谷式聚落这种模式。每当天皇更迭时就迁都。其中的根据是什么？这大体上能印证人类的漂泊性，同时也可以看出民众逐渐向定居性过渡。迁都的原因至少有以下三个：

一、宗教上的原因

在古代，日本民族信仰多神教，认为万物有灵。而精灵中有善灵和恶灵。恶灵非常多，给人类带来灾难。死亡、疾病、负伤、饥饿以及其他所有灾难都是由恶灵造成的。古代的民众认为恶灵像猫抓老鼠、鹰抓麻雀一样，时时刻刻在找机会祸害人类，因此民众一直处于恐惧中，战战兢兢。在这些恶灵中，最令人恐惧的是家灵和死灵。在原始时期，日本民族信仰家灵。这种情况类似于游牧民族相信在帐篷里、房屋里有家神。如果家亡了，那么家神就会离开这个家。但如果住在家里的人舍弃自己的家移居他处，家灵就会立即变质，成为危险的地灵，在房间的角落、床下寻找供品。因此，在家长死后，如果家没有破的话，那么这个恶灵就会潜藏在家里的某个地方，等着家人给自己上供。因此，人们对这样的家深感恐惧。后来，在神道形成时，这一观念发生变化。人们认为恶灵会从四面袭来。因此，为了免灾，当时的人们设定了家里的善神，用善神的力量来守护家人。这逐渐成为一种信仰。然而，在信仰变质的同时，信仰恶灵的原始社会的习惯并未消失。假如家里有死人的话，人们就要离开这个家迁移到别处。这种做法一直盛行。

此外，对死灵的信仰一直存在。人们建造大的石屋作坟墓。坟墓入口处有很大的石门，关得严严的，与外部的交流隔绝。很明显，这样做是为了防止死灵从里面逃脱出来。这是由于相信死灵会纠缠人才出现的仪式和习惯。关于原始时期日本人信仰的死灵，丘刻奇称之为克列特，克略克称之为卡兰。卡兰在单数情况下叫作卡拉，和卡兰是同一个阶级，是性质相同的恶灵。死灵和病难一样，都让人恐惧万分。在克略克看来，在神话时期，恶灵是肉眼能看得见的，而几乎看不到了；恶灵像人类一样成群居住，自由变换形式，有时大有时小，有时人头兽身，有时从口中吐出箭并用不可思议的弓来射。卡拉住在地下，但也有住在地上的，通过天窗进入人的家里。人们相信卡拉住的地方是西方，但不知道确切位置。卡拉至少有两种颜色。一种是海岸的颜色，另一种是驯鹿的颜色。有的住在森林，有的住在冻土地带。正如人类以驯鹿、海豹为狩猎对象那样，卡拉也以人类为他们的狩猎对象。人类虽然有灵魂，但无力对抗令人恐惧的卡拉。毋庸赘言，卡拉中最令人恐怖的是死灵。克略克也这样认为。古代日本人也有这样的信仰，认为死灵非常恐怖，超过一切，并且人死是因为死灵附体。古代民众相信，在人死后，死灵附在尸体上，还在停放尸体的室内彷徨，要抓住进来的人们。因此，人们害怕尸体，害怕放置尸体的场所，尽量不接近这些地方，进而产生对尸体的禁忌。为避免被尸体袭击，当时还产生了咒术。克略克相信，在大多情况下，人们可以通过诵读从善神大乌鸦那里学到的咒语来驱逐死灵。而日本人倾向于相信通过祓禳、祝词等咒术来免灾。但在原始时期，由于过分恐惧死灵，社会上就形成人死后就舍去房屋的习惯。"奥津弃户"大概指的就是这一习惯。基于上述两个宗教原因，历代天皇都迁移皇宫。这一点毫无疑问。然而，习惯未必是固定的。随着时代的变迁，习惯也会发生变化。皇宫的迁移还有其他若干理由。

二、经济上的原因

即便宗教上的原因越来越弱化，大和国朝廷也必须迁都。这是因为此前建的建筑物是较低级的，耐久性较差。即便不惧怕死灵，人们也会抛弃房屋或进行改建。必须二选其一。毫无疑问，当时的皇宫必然比一般民众的住宅要先进，在规模、设计、材料上都更优越。具体来说，在规模宏大、占地面积广等方面，皇宫令一般民众望尘莫及，并且结构庞大。在设计上，大门、竖绪木、重层颇具特色，是在一般民众的住宅中看不到的。此外，皇宫所用材料都通过精挑细选再进行加工。这是其他住宅无法比拟的。也就是说，人们选择高质量的木材，切掉根部和树梢，仅使用中央笔直的部分。但即便如此，当时的建筑还是极其粗糙。即便是皇宫也类似今天的窝棚式建筑。人们先划定建宫地址，挖深洞，将木材竖起来作斋柱——相当于后世的顶梁柱，进而在周围竖起几根柱子，然后在上面搭上椽子和梁，用植物性材料连接、固定。房顶用茅草类铺就，然后安上门窗。地板远高于地面。这样的窝棚式建筑耐久性很差。即便位置好，又很干燥，也只能住一代人左右。伊势太庙将此称作"式年御迁宫①"。第二十年，人们营造新殿，举行迁宫仪式。这就是古代房屋表现在数字上的耐久性。古代的宫殿很多都选在干燥的高处而建，不仅能让人看到远处，而且还可以防腐。这可以说是出于经济理由考虑的。房屋寿命仅可维持一代人。因此，在天皇驾崩的同时，皇宫也就废弃了。之后，皇室迁到新的皇宫。这一点毫无疑问。

　　古代皇居就属于耐久性较差的木制建筑。其中，"葛城高丘宫"说明是位于干燥的高处；"黑田庐户宫"说明户牒很醒目；"矶城瑞篱宫"说明周围环绕着石墙，内部有篱笆，或者有枯木柴垣；"丹比柴篱宫"说明周围环绕着带叶的树枝围成的墙；"泊濑朝仓宫"说明是将木材横着累积起来建的校仓式的建筑；"飞鸟板盖宫"说明房顶是用板子铺的。这些皇宫的规模很小。关于这一点，人们看一下丰浦宫的遗址就能明白。在大和高市郡飞鸟村大字丰浦，沿着飞鸟川左岸丘陵地段的一角据说是推古天皇的丰浦宫的遗址。此外，矶城郡香久山村下八钓附近据说是显宗天皇的近飞鸟八钓宫的遗址。看一下我们就会明白，那里是飞鸟川右岸的冲积地区，只不过是天香具山的北斜面的狭小区域而已。如果飞鸟川右岸的冲积地区是高市郡飞鸟村八钓的话，规模更小。高市郡高市村大字

---

① 意指神宫的定期搬迁。

伊势宫（式年御迁宫）

川原之地被看作是齐名天皇飞鸟川原宫的遗址所在地，就在飞鸟川左岸宽广开阔的高台地上。即便是足以代表飞鸟时代的天武天皇的净御原宫，所在地也只不过是位于飞鸟村的雷和飞鸟之间的飞鸟川的冲积扇而已。正是因为有这样的规模和这样的设计，即便皇宫屡屡搬迁，人们也感觉不到太大的痛苦。毋宁说皇宫本身就具有必须迁移的性质。

三、社会上的原因

还有一个必须讲的理由就是作为当时社会现象的不能忽视的家族制度。当时，在结婚习俗上，贵族虽然和庶民有差异，但拥有财富和权力的同时可以纳数个女子。当时社会虽然并不是一夫多妻制，但也没有禁止一夫多妻。夫妇未必住在一起。一般来讲，男子往返于相爱的女子之家，实行走婚制。因此，在母亲生了孩子后，孩子就在母亲家养育，不和父亲住在一起，也就是说，当时社会上残留着妇女家长制的社会制度。通过《古事记》和《日本书纪》的记录，这一点可以得到印证。即便是皇室也不能脱离这种社会习俗。因此，身为父亲的天皇一驾崩，住在身为母亲的后妃家里的皇子即位成为新天皇，而将母亲家作为新皇宫。这种情况很多。当然也有例外，但存在这样的习惯这一点是不争的事实。

以前，人们习惯将皇宫的迁移称作迁都。皇宫所在地本来就是政治的中心，也就是首都。这一点也毋庸置疑。这种迁都和后世的迁都意义不同，只不过是极其简单的天皇皇宫的位置变更而已。在履中天皇以后，国家组织确立起来。皇室权威逐渐强大。但整体来看，当时距离原始社会还不太遥远，皇宫的规模也很小。皇宫就是政府。当时还没有类似于内国的官厅。只不过在皇宫周围有若干以皇族为首的贵族的宅邸而已。因此，一些地方虽然称作首都，起初也就类似于今天的小村子。

随着国家壮大、皇室的权威加强，首都的规模逐渐扩大。频繁迁都越来越困难。因此，首都逐渐固定在同一个地方，而皇宫也不再延续一代一宫的风俗。数代人使用同一个宫殿。这是一个很大的变化。具体来讲，除了摄津的难波、近江的志贺、河内的樟叶外，皇宫大体上位于大和的大和川流域，并且逐渐固定在飞鸟川流域。当时不仅有这一倾向，并且同一个宫殿可以住好几代天皇。下面介绍一下皇宫开始固定在飞鸟附近后的位置。

天皇	宫的名称	所在地
推古天皇	丰浦宫	飞鸟村大字丰浦
	小垦田宫	飞鸟村雷附近
	耳成行宫	耳成山附近
舒明天皇	飞鸟冈本宫	飞鸟村的雷附近
	田中宫	白檮村大字田中
	厩坂宫	白檮村大字轻附近
	百济宫	北葛城郡附近
皇极天皇	飞鸟板盖宫	高市村大字冈附近
孝德天皇	长柄丰崎宫	大阪市南区高津附近

齐明天皇	飞鸟川原宫	高市村大字川原
	后飞鸟冈本宫	飞鸟村的雷附近
天智天皇	志贺大津宫	近江滋贺郡大字滋贺里
天武天皇、持统天皇	飞鸟净御原宫	飞鸟村大字飞鸟和雷之间
持统天皇、文武天皇	藤原宫	八木町方向

从上表可知,皇宫大体上位于白檀村、飞鸟村、高市村这三个小的区域。这些地方都属于飞鸟川流域。虽然有若干例外,但大致趋势是逐渐从上游到下游、从狭小的丘陵到广阔的原野迁移。聚落从海岸平地逐渐沿着溪谷上溯。这是因为古代民众喜欢被山环绕的土地。后来之所以选择下游有广阔面积的土地,是因为人口稠密、社会组织复杂化等。这一点毋庸赘述。因此,笔者将首都一面迁移一面固定在飞鸟地区的时代称为"飞鸟时代"。飞鸟时代要早于首府定于宁乐的"宁乐时代"[①]。

第2节　贵族的出现及其争斗

在家长支配家族的家族时代,基于浓厚的血缘为基础的感情使统治者和被统治者和平相处。即便在若干个家族被某个家族的家长统治的氏族时代,统治者和被统治者还是维持着血缘关系——尽管较淡薄。两个阶级还是可以无争斗地生活下去的。即便在几个同族团即氏族由某个氏族长统治的君主时代到来时,人们仍然能感受到感情的温暖和人情。这让统治阶级和被统治阶级和睦相处。从中,我们可以看到血缘之爱扩大为社会之爱的生活状况。这就是日本初期的社会组织模式。

然而,这一社会组织逐渐发展。构成社会的一个单位的氏族在人数上有所

[①] 《万叶集》卷三中写道:"久方天采女,石船泊高津,水浅波光涟,让人思古都。"《难波古图》有两张传世。在相当早的时期,旧记、传说以此为基础,掺杂想象成分进行叙述。在今天看来,这些图不免被诟病为非科学的,但和我们今天所制作的想象中的还原地图在性质上相差不大,因此不能一概将它们作为赝品来排斥。这些图是可以作为参考使用的。请参考拙著《今福发掘的剜舟调查报告》。——原注

增加。这样导致日本逐渐出现和平难以为继的悲惨的命运。在氏族和氏族之间出现势力的竞争。多个氏族群的首脑——皇室的权力和财富逐渐增强，导致无论怎样的大氏族在皇室面前都抬不起头来。到这个时候，大氏族长争相和皇室结盟，以此来提高自己氏族的地位、增强自己氏族的势力。这时，皇室会得到众多氏族的拱卫。

在氏族群中，最有势力的是武内八族。虽然传说不能都信，但氏族的产生是以姓氏为根据的。完全抹杀传说是不可能的。传说，武内宿祢之子各自分家，兴起独立的氏族。其中最有势力的是木菟宿祢建立的平群氏、袭津彦兴起的葛城氏、小柄宿祢兴起的巨势氏、苏我石川兴起的苏我氏、真鸟宿祢（即纪角宿祢）兴起的纪氏等。这些同族中的优胜者恐怕就是葛城氏和平群氏。葛城氏以葛城为根据地扩张权势。平群氏以平群为根据地积累财富。本来，武内氏属于皇别，和皇族有着很深的血缘关系。因此，武内氏与皇室通婚并非不可思议。葛城袭津彦的女儿磐之媛命被仁德天皇册立为皇后。在那个年代，皇室大抵通过近亲结婚来维持血缘的纯正。不仅异母兄妹不回避结婚，而且伯叔甥侄之间同样不回避结婚。这倒不是说当时社会有一种喜好这种做法的风气。在古代埃及王室，这样的近亲结婚现象也可以看到。神所赋予的统治权只有神的后裔才能掌握。因此，皇室系统相信通过纯化血统可以彻底贯彻神的意志。尽管如此，血缘关系相对疏远的磐之媛命之所以被立为皇后，是因为武内宿祢为皇室立下功勋。特别是仁德天皇的父亲应神天皇是武内宿祢拥立的，而葛城袭津彦凭借功勋和财富在背后拥护皇后磐之媛命。

外戚从背后支持皇后的习俗一直持续到后世，称作"后见"，得到妃嫔们的重视。应神天皇的皇太子稚郎子没有能够保住皇位也是因为外舅和弭臣的势力衰减，不及葛城、平群等武内氏的势力，因而自己不能安坐皇位，于是才将皇位让给大鹪鹩，即后来的仁德天皇，同时献上妹妹八田皇女。这是某一个史学家的看法。因为有这样重量级的外戚支持，磐之媛命相当骄慢，特别是忌妒心很强。因此，仁德天皇未能纳八田皇女。趁皇后磐之媛命偶尔不在的时候，仁德天皇召八田皇女来会。皇后磐之媛命发怒出宫，前往山背，最终死在那里。不久，仁德天皇立八田皇女为皇后。仁德天皇还要纳八田皇女的妹妹雌鸟皇女，托皇弟隼别皇子为媒，但隼别皇子与雌鸟皇女私通。仁德天皇派人要杀二人。从表面上看，这属于争风吃醋，但背后未必没有强大氏族的支持。

　　与武内氏势均力敌的是代代掌管祭祀的物部氏。武内氏任大臣，物部氏任大连，二者都在皇室中有势力。在武内氏和物部氏以下，虽然没有能与他们抗衡的势力，但也有相当大的势力——阿昙连氏。在应神天皇时期，阿昙连氏元祖大滨宿祢平定了分布于诸国的海人族的叛乱，因此成为海人族的族长。

　　海人族就是拜住吉大神、大绵津见神为祖神的适应海洋生活的民众。从古代起，海人族就擅长航海、渔猎。海人族人种属于哪个系统尚不清楚，大概属于印度支那人。在传说中，将住吉定为大津，即御津，是在仁德天皇时期。将仁德天皇的皇子仲皇子称作墨江皇子是因为他领有住吉津、受侍奉住吉大神的海人族拥戴。阿昙连氏很早就想拥护皇子来举事。恰巧仁德天皇驾崩，于是，他们想让墨江皇子杀死皇太子大兄去来穗别尊，即后来的履中天皇。探知此事的平群木菟宿祢、物部大前宿祢、汉阿知使主等秘密将这一情况告诉大兄去来穗别尊。大兄去来穗别尊和物部大前宿祢一起骑马从河内经过龙田口，逃往大和，进入石上神宫。阿昙连滨子让淡路野岛的海人追杀大兄去来穗别尊，但没有达到目的。接着，墨江皇子被近臣刺杀，阿昙连滨子也被抓住。从表面来看，这起事变源于皇位争夺，但实际上源于阿昙连氏的势力扩张。总之，在此事变中，阿昙连氏的势力受到重挫。

　　然而，有的势力受到重挫，有的势力却开始膨胀起来。到履中天皇继位时，拥立履中天皇的平群木菟宿祢、他的外甥苏我满智①、物部伊莒弗大连、圆大使主②四人执掌朝政。四人中有两人是武内氏，有两人是物部氏。由此可以看出，在这个时期，物部氏具有和武内氏抗衡的力量。然而，履中天皇是葛城氏磐之媛命所生，并且履中天皇的妃子也是葛城氏袭津彦的孙女黑媛③。黑媛生出市边押磐皇子、御马皇子等。不仅如此，皇太弟瑞齿别是履中天皇的同母弟弟，有葛城

---

① 苏我石川的儿子。——原注
② 大概属于物部氏。——原注
③ 苇田宿祢的女儿。——原注

氏的血统。因此，物部氏仅仅拥有传统式的权力，只是勉强保住地位而已，在实力上远不及武内氏一族的葛城、平群两氏。

履中天皇以后的历史虽然传说成分很浓，但也有几分接近史实。在履中天皇时期，朝廷在诸国设置国史，让他们记录地方上发生的事情，又设置藏职，记录出纳情况。由此可知，皇室的势力大大增强，一日强似一日。担任皇室的重要的藏职的是汉阿知使主以及从百济来的王仁。二人的主要任务是记录出纳情况。而担当监视检查他们的重任的则是苏我满智。因此，可以看出，武内宿祢的子孙们拥有财富，并通过财富的力量和传统的旧家族物部氏相对抗。

在履中天皇驾崩后，皇太弟瑞齿别继承皇统，史称"反正天皇"。反正天皇统治时间非常短就驾崩了。当时，反正天皇的皇子还幼小。在仁德天皇的皇子中，还在世的仅有反正天皇的同母弟弟雄朝津间稚子宿祢尊和异母弟弟大草香皇子。雄朝津间稚子宿祢尊众望所归，继承皇位，史称"允恭天皇"。允恭天皇是葛城氏磐之媛命所生。他后来的皇后是出身皇族的忍坂大中姬。因此，相对而言，允恭天皇受豪族压迫的情况较少。当时，氏族制度已经带来弊端。优胜的氏族迫害劣败的氏族，或是假冒有传统的氏族，或就爵位的上下而争讼。因此，社会秩序混乱，民众颇感不安。允恭天皇通过探汤的措施匡正姓氏。姓氏的修改虽然为民众确定了社会秩序，但伴随着姓氏修改带来了经济上的大问题。这些问题是需要解决的。

国家形成，制定国县制度，在县区设置稻置，在国邑设置国造。这样一来，在原有的社会统治者公、县主、村主外，出现了新的官僚式统治者。这些新创的国造、稻置等有多大范围的统治权尚不明了，但根据中国古书讲，稻置类似于里长，统治八十户。一个国造管理十个稻置。国造的总数为一百二十人。因此，稻置的总数为一千二百人。这些稻置所统治的户数为九万六千户。笔者认为即便这一数字不太确实，但大体上接近实际数字。在政府任命的国造、稻置中，有很多皇族成员。通过这一措施，皇室的权势扩展到地方，同时在血缘上和文化上实现融合与协调。可以推测，这些皇族的子孙在地方安家落户，子孙繁衍，在几代之后，人数庞大。事实证明，这一点在使皇室繁荣的同时，又一步步埋下了祸根。具有高贵姓氏的皇别的数量非常多。与皇别有关的神别的人们也都有高贵的姓氏。这些人利用职权占有其他氏族的领地和部民的事件屡屡发生。利用职权占有实际上也是劫掠，非常蛮横，是胡作非为。这是出现流浪、盗贼、战争的动因。允恭天皇实行改姓措施的目的在于消除这一动因。关于这一点，从允恭天皇四年九月下达的诏书中可以得到印证。

允恭天皇是个英迈的天皇，将皇族出身者立为皇后。这样可以大大减少诸国对皇权的掣肘。因此，即便允恭天皇的生母是葛城氏，葛城氏也不能将允恭天皇怎么样。允恭天皇不断推行自己认为正确的措施。最令允恭天皇感到不快的是自仁德天皇以来武内氏一门，特别是其嫡流葛城氏的行为。作为天皇外舅、外祖，武内氏在官中有根深蒂固的势力。在反正天皇驾崩时，殡主玉田宿祢①在侍奉殡官时缺勤，在私宅大摆宴席。此事后来曝光，允恭天皇最终将玉田宿祢诛杀。此举其实是杀鸡儆猴。通过打倒豪族的巨魁让其他豪族反省。

虽然允恭天皇是个英主，但在他驾崩后，皇位争夺依然如故。皇太子木梨轻皇子和弟弟穴穗皇子有矛盾。兄弟间互相袭击、暗杀。然而，群臣都站在穴穗皇子一边，没有支持木梨轻皇子的。因此，木梨轻皇子逃出皇宫，来到物部大前宿祢家中。穴穗皇子派兵包围物部大前宿祢的宅邸。物部大前宿祢来到大门前迎接穴穗皇子，央求说"请您不要加害皇太子，我会居中调停的"，说着进入府内。不久，木梨轻皇子自杀。木梨轻皇子逃到物部氏的家里反证了他受到葛城氏的压迫。可以看出，在皇位争夺的背后，相互对立的两大家族的对抗暗流涌动。

这样一来，获胜的穴穗皇子继位，史称"安康天皇"。安康天皇在位期间也发生了血腥的丑闻。大致情况如下：安康天皇想将仁德天皇和日向发长媛生的大草香皇子的妹妹草香幡梭姬皇女嫁给允恭天皇的皇子大泊濑幼武尊，派根使主将这个想法告诉大草香皇子。大草香皇子痛快地答应了，以珠鬘作为信物送给安康天皇。然而，根使主向安康天皇复命说大草香皇子不同意这门婚事。安康天皇大怒，派兵包围大草香皇子的家并杀了他。大概《日本书纪》一书中的相关叙述有误。根使主是坂本臣之祖，而坂本臣和纪氏同祖，是武内宿祢之子纪角宿

---

① 葛城袭津彦的孙子。——原注

祢赐给四世孙建日臣的姓。也就是说,葛城氏的同族想谋害皇室大草香皇子。大草香皇子被杀后,由于中蒂姬命受安康天皇之召成为皇后,大草香皇子和中蒂姬命生的眉轮王因此得到豁免,在宫中长大,乘人不备弑杀安康天皇,逃到葛城圆家中。于是,大泊濑幼武尊进攻葛城圆的府邸。葛城圆遵命将自己的女儿韩媛和五处屯仓献出,但说道:"我自己不能奉命。自古以来有臣逃到君主处的先例,而没有君主逃到臣处的先例。我即便死了也不能抛弃眉轮王。"于是,葛城圆进府再次率兵力战。在箭射光后,葛城圆对眉轮王说:"我负了重伤,箭也射光了,已经束手无策,该如何是好?"眉轮王回答说:"我也无计可施,杀了我吧。"于是,葛城圆拔刀杀了眉轮王,然后刎颈自杀。从这个结果来看,帮助弱者的葛城圆的行为非常了不起,但他也脱不了教唆眉轮王的嫌疑。总之,葛城氏通过阴谋搅乱皇室,通过令人生畏的皇位争夺和近亲相残来给自家谋利益。

大泊濑幼武尊继位,史称"雄略天皇"。雄略天皇知道先帝打算将皇位传给履中天皇的皇子市边押磐皇子,因此恨市边押磐皇子,将他射杀。市边押磐皇子的弟弟御马皇子也被杀。仁德天皇以来的皇子几乎全部殒命。某些人认为,这是打算削弱皇族的豪族计划得逞。这并非空穴来风。在雄略天皇朝,前朝的大臣苏我满智尚存。平群真鸟①新被任命为大臣,而大伴室屋和物部目②被任命为大连,执掌国政。此时,在表面上,武内氏尚未压过物部氏,但在背后,武内氏占优势。因此,为了搞权力平衡,雄略天皇信任大伴室屋,提拔大伴氏作大连。雄略天皇赐大伴室屋大连天靭负,让他和同族佐伯氏一起执掌左右拱门,这是因为雄略天皇在宫中看到数次流血事件,感到不安。恐惧和危机布满整个皇宫。这一官职成为后世左卫门府和右卫门府的基础。

在那个时期,围绕宫廷的豪族是从武内氏分离出来的平群、苏我二氏族和与它们相对立的大伴、物部二氏族。环顾身边,雄略天皇发现皇子们几乎都殒命了,自己宫廷中没有皇族的至亲,处在围绕自己的豪族中间,身单力孤。看到这些,雄略天皇不禁满心悲哀、忧虑和恐惧。雄略天皇和皇后草香幡梭姬皇女没

---

① 平群木菟宿祢的孙子。——原注
② 物部伊莒弗大连的儿子。——原注

有生下皇子，和葛城韩媛生下白发皇子，和吉备稚媛生下磐城皇子、星川稚宫皇子。虽然白发皇子被立为皇太子，但星川稚宫皇子暴戾、强势。临驾崩时，雄略天皇特意将白发皇子托付给大伴室屋大连。在雄略天皇驾崩后，星川稚宫皇子果然谋反，躲在大藏，与包围这里的军队作战。战败后，他和生母吉备稚媛、兄长磐城皇子一起被烧死。星川稚宫皇子的叛乱源于生母的挑唆。为了帮助星川稚宫皇子，吉备上道臣率兵船四十艘游弋海上，但听说事情已经结束，中途返航。由此可见，在这次骚乱中，豪族势力在背后暗流涌动。

由于上述骚乱、争斗、暗杀，皇室逐渐衰微。继承雄略天皇皇位的清宁天皇①没有生下皇子。在清宁天皇驾崩之后的短短三十年间，立了七位天皇。更迭频仍。某个历史学家说这是因为皇统衰微频繁拥立天皇所致。在清宁天皇驾崩后，被雄略天皇杀掉的市边押磐皇子的两个儿子逃到播磨。群卿找到他们，让他们继承皇位。他们就是显宗天皇和仁贤天皇。仁贤天皇皇子很多，立小泊濑稚鹪鹩尊为皇太子。在仁贤天皇驾崩、太子小泊濑稚鹪鹩尊还未即位时，大臣平群真鸟专断国政，骄慢程度让人难以忍受。平群真鸟口口声声说要建太子宫，结果却归为己有。不臣之心昭然若揭。平群真鸟的儿子平群鲔和父亲一样，也是我行我素，和小泊濑稚鹪鹩尊在歌垣上争夺物部氏之女影媛，将影媛带回自己家中施暴。小泊濑稚鹪鹩尊命大伴金持杀死了平群鲔。大伴金持趁势也诛杀了平群真鸟。毫无疑问，这也是氏族之间的争斗造成的。

不久，小泊濑稚鹪鹩尊即位，史称"武烈天皇"。武烈天皇任命大伴金持为大连，让大伴金持执掌国政，政务的实施并不顺畅。因为武烈天皇没有皇子，所以在他驾崩后，群卿从越前迎来应神天皇五世孙男大迹王，让他继承皇位，史称"继体天皇"。

可以看出，皇统出现了衰相。皇统的衰微源于皇位的争夺，而皇位的争夺源于强臣的跋扈。这是由于日本社会组织的长处——氏族制度走过了将民众分为贵族和庶民的历程。贵族热衷于相互争斗，进而扶植天皇享受权势和财富。一方面，日本社会组织的基调是朴素的感情和纯粹的爱慕，不断获得发展。另一方

---

① 即白发皇子。——原注

祢赐给四世孙建日臣的姓。也就是说,葛城氏的同族想谋害皇室大草香皇子。大草香皇子被杀后,由于中蒂姬命受安康天皇之召成为皇后,大草香皇子和中蒂姬命生的眉轮王因此得到豁免,在宫中长大,乘人不备弑杀安康天皇,逃到葛城圆家中。于是,大泊濑幼武尊进攻葛城圆的府邸。葛城圆遵命将自己的女儿韩媛和五处屯仓献出,但说道:"我自己不能奉命。自古以来有臣逃到君主处的先例,而没有君主逃到臣处的先例。我即便死了也不能抛弃眉轮王。"于是,葛城圆进府再次率兵力战。在箭射光后,葛城圆对眉轮王说:"我负了重伤,箭也射光了,已经束手无策,该如何是好?"眉轮王回答说:"我也无计可施,杀了我吧。"于是,葛城圆拔刀杀了眉轮王,然后刎颈自杀。从这个结果来看,帮助弱者的葛城圆的行为非常了不起,但他也脱不了教唆眉轮王的嫌疑。总之,葛城氏通过阴谋搅乱皇室,通过令人生畏的皇位争夺和近亲相残来给自家谋利益。

大泊濑幼武尊继位,史称"雄略天皇"。雄略天皇知道先帝打算将皇位传给履中天皇的皇子市边押磐皇子,因此恨市边押磐皇子,将他射杀。市边押磐皇子的弟弟御马皇子也被杀。仁德天皇以来的皇子几乎全部殒命。某些人认为,这是打算削弱皇族的豪族计划得逞。这并非空穴来风。在雄略天皇朝,前朝的大臣苏我满智尚存。平群真鸟①新被任命为大臣,而大伴室屋和物部目②被任命为大连,执掌国政。此时,在表面上,武内氏尚未压过物部氏,但在背后,武内氏占优势。因此,为了搞权力平衡,雄略天皇信任大伴室屋,提拔大伴氏作大连。雄略天皇赐大伴室屋大连天靱负,让他和同族佐伯氏一起执掌左右拱门,这是因为雄略天皇在宫中看到数次流血事件,感到不安。恐惧和危机布满整个皇宫。这一官职成为后世左卫门府和右卫门府的基础。

在那个时期,围绕宫廷的豪族是从武内氏分离出来的平群、苏我二氏族和与它们相对立的大伴、物部二氏族。环顾身边,雄略天皇发现皇子们几乎都殒命了,自己宫廷中没有皇族的至亲,处在围绕自己的豪族中间,身单力孤。看到这些,雄略天皇不禁满心悲哀、忧虑和恐惧。雄略天皇和皇后草香幡梭姬皇女没

---

① 平群木菟宿祢的孙子。——原注
② 物部伊莒弗大连的儿子。——原注

有生下皇子，和葛城韩媛生下白发皇子，和吉备稚媛生下磐城皇子、星川稚宫皇子。虽然白发皇子被立为皇太子，但星川稚宫皇子暴戾、强势。临驾崩时，雄略天皇特意将白发皇子托付给大伴室屋大连。在雄略天皇驾崩后，星川稚宫皇子果然谋反，躲在大藏，与包围这里的军队作战。战败后，他和生母吉备稚媛、兄长磐城皇子一起被烧死。星川稚宫皇子的叛乱源于生母的挑唆。为了帮助星川稚宫皇子，吉备上道臣率兵船四十艘游弋海上，但听说事情已经结束，中途返航。由此可见，在这次骚乱中，豪族势力在背后暗流涌动。

由于上述骚乱、争斗、暗杀，皇室逐渐衰微。继承雄略天皇皇位的清宁天皇[①]没有生下皇子。在清宁天皇驾崩之后的短短三十年间，立了七位天皇。更迭频仍。某个历史学家说这是因为皇统衰微频繁拥立天皇所致。在清宁天皇驾崩后，被雄略天皇杀掉的市边押磐皇子的两个儿子逃到播磨。群卿找到他们，让他们继承皇位。他们就是显宗天皇和仁贤天皇。仁贤天皇皇子很多，立小泊濑稚鹪鹩尊为皇太子。在仁贤天皇驾崩、太子小泊濑稚鹪鹩尊还未即位时，大臣平群真鸟专断国政，骄慢程度让人难以忍受。平群真鸟口口声声说要建太子宫，结果却归为己有。不臣之心昭然若揭。平群真鸟的儿子平群鲔和父亲一样，也是我行我素，和小泊濑稚鹪鹩尊在歌垣上争夺物部氏之女影媛，将影媛带回自己家中施暴。小泊濑稚鹪鹩尊命大伴金持杀死了平群鲔。大伴金持趁势也诛杀了平群真鸟。毫无疑问，这也是氏族之间的争斗造成的。

不久，小泊濑稚鹪鹩尊即位，史称"武烈天皇"。武烈天皇任命大伴金持为大连，让大伴金持执掌国政，政务的实施并不顺畅。因为武烈天皇没有皇子，所以在他驾崩后，群卿从越前迎来应神天皇五世孙男大迹王，让他继承皇位，史称"继体天皇"。

可以看出，皇统出现了衰相。皇统的衰微源于皇位的争夺，而皇位的争夺源于强臣的跋扈。这是由于日本社会组织的长处——氏族制度走过了将民众分为贵族和庶民的历程。贵族热衷于相互争斗，进而扶植天皇享受权势和财富。一方面，日本社会组织的基调是朴素的感情和纯粹的爱慕，不断获得发展。另一方

---

① 即白发皇子。——原注

面，这样的社会组织又有令人恐惧的一面。这样的现象不会消失。当贵族在这样的现象面前感觉到危惧时，民众会冷眼旁观吗？地方的氛围也和中央层面一样污浊吗？在和平环境中梦想着欢乐而生活着的保持着原始社会本色的民众在地方上是如何生活的？之后要论述这些问题。

第3节　地方贵族的兴起和叛乱

正如在首都及其周边出现很多贵族掌握财富和权力一样，在地方上也出现了贵族。他们逐渐获得财富和权力。毋宁说，早在国家形成以前，这些贵族就在地方上存在，作为首领统治一般民众。地方上逐渐形成统治阶级和被统治阶级这两个阶级。在国家形成以后，朝廷在地方上任命了新的官僚式首领——国造或稻置。因此，以前就存在的血族的或者社会的首领——公、县主、村主——虽然在政府层面失去了势力，但在个人层面对庶民依然维持着以前的关系。这恰如明治时期废藩置县后的旧藩主与旧藩士及旧藩民的关系。正如很多旧藩主——一部分人除外——拥有财产和声望，和废藩置县前一样，继续占据着凌驾于旧藩士及旧藩民之上的地位，即便在任命了官僚首领后，原来的社会上的首领依然拥有财富和权力，占有比庶民优越的地位。

这些贵族起初是以一氏族为背景的氏族长，后来被吞并数个氏族的大氏族长兼并。当时有小氏族长和大氏族长两种。即称作村主者的势力被公与县主兼并。村主沦落为只不过是隶属于公、县主的一个小首领。不仅如此，在设立国造和稻置后，国造和稻置借着政府的势力压迫公和县主，夺取他们的财富和权力。某一地区的统治权转移到国造和稻置手中，而这些官吏将财富与权力私有化，在自己所占据的地方形成一个个人王国。

在农业经济时代到来后，这些贵族的私有财产和私有权力进一步扩大、巩固。财富和权力表面上是两个事物，但其实是一回事。起初，他们都有附属于自己的若干部曲。部曲是私民，说白了就是一种奴隶。在部曲之上，首领拥有绝对的权力，可以自由驱使部曲，让他们开垦未开垦的土地，将新开垦的土地作为自己的私有财产，等到了该缴纳调赋的时候，自己先收上来充盈自己的仓库，将其中的若干部分拿出来交给政府。不仅如此，有势力者强夺无势力者的土地。有的官吏虽然不这样做，但将私有土地卖给农民，每年让农民偿还部分地价。因此，地方的财富失去均衡。某些贵族兼并数万顷田地，而其他农民则无立锥之地。贫富悬殊现象严重。

下面列举两三个地方贵族中有势力的人。第一个就是盘踞在吉备地区的冲积层上的吉备上道臣。从姓氏来讲，吉备上道臣属于皇别，据说是孝灵天皇的皇子吉备津彦的后裔。吉备上道臣的女儿吉备稚媛是雄略天皇的妃子，生下了磐城皇子和星川稚宫皇子。在雄略天皇驾崩后，吉备稚媛唆使星川稚宫皇子，以大藏为根据地谋反，却在大伴室屋等的进攻下被烧死。听说大和发生叛乱，为了救援星川稚宫皇子，吉备上道臣率领四十艘船沿海路东上，途中听说星川稚宫皇子兵败而死，中途返航。后来，这件事情败露。清宁天皇责怪吉备上道臣，将吉备上道臣所辖领地的山部没收归官。在中央发生骚乱时派去援军这件事情可以看出吉备上道臣在吉备地区的实力有多么强大。

在不带臣、连等贵姓和国造、稻置等要职的人中，拥有众多部民且有经济实力的人不少。其中明显的例子就是伴造。在伴造中，和国造等一样掌握财富和权力的人也有不少。秦伴造是归化日本的民众的首领，以山城的葛城郡地区为根据地，专门经营纺织业，还从事农耕业。财富足以左右皇室。据钦明天皇元年八月的调查，这些归化民的户数共计七千零五十三户。由此可以看出这个贵族的财力是多么强大。

财富和权力越多，人们就越想获得更多。这种欲望是人之常情。权力大了、财富多了之后想打破现状获得更高的权力和更多的财富这一欲望也是人之常情。谋反、僭越、自立为王等行为都是由欲望这一酵母酿成的罪恶之酒。虽然在国史上，前面所讲的吉备上道臣之类的人谋叛的证据很难找到，但不难想象，他和星川稚宫皇子之间有密约。比此更显著的例子是筑紫国造筑紫磐井。

据传说史讲，筑紫磐井的谋反并非是国内性的，而是国际性的。据《日本书纪》记载，筑紫磐井盘踞筑紫，积累财富养兵，秘密准备谋反，一直等待机会的到来。这时，占据朝鲜半岛东部、企图扩张势力的新罗听说日本派军队援助任那，也获悉筑紫磐井有意谋反，于是贿赂筑紫磐井，让筑紫磐井阻挠日本军队。于是，筑紫磐井占据火、丰二国，举兵造反，不仅抢夺陆上的贡品，还在海上掠夺海外来的贡品，还阻挠日本军队前进。继体天皇派物部麁鹿火等讨伐筑紫磐井。政府军和筑紫磐井的叛军在御井郡作战，大破叛军。有人说筑紫磐井被杀，也有人说筑紫磐井逃入山中。筑紫磐井的儿子筑紫君葛子因担心受父亲连累而被诛杀，献上糟屋的屯仓，请求免去自己的死罪。

糟屋屯仓就是后来的糟屋郡，是往来朝鲜半岛的交通要道。对筑紫磐井一族来说，糟屋屯仓是重要的财富来源和根据地。将糟屋屯仓交给政府是需要下很大决心的。筑紫磐井占据这么重要的地方让我们可以推测地方贵族的财力和权力有多大。有一个传说正好能够推知筑紫磐井的财富力量。在上妻县南二里有筑紫磐井的墓，高七丈，周围六丈。墓地南北各六十丈，东西各四十丈。石人石盾各六十个，交互竖立，围住四周。东北角上有一个别区，称为衙头。其中有一个石人立在地上，称为解部。匍匐在前面地上的裸人称作偷人。旁边的四头石猪称作赃物。那里还有石马三匹，石屋三间，石仓两间。据古老的传说讲，雄大迹天皇，即继体天皇时期，筑紫君筑紫磐井豪强暴虐，不听从政府的命令。这个墓是他生前造好的。在政府军开始进攻后，他估计没有胜算，就逃到丰前的大膳县，躲在陡峭的群山中。讨伐军虽然追了过来，但最终也不知他的去向。士兵们愤怒之余，折断石人的手，敲碎石马的头。上妻县的民众染上了重病。很明显，这个传说印证了地方上有富强的贵族，过着奢侈的生活，不服从政府的命令。

九州处于日本和朝鲜、中国进行交流的交通要道，因此文化萌芽要比日本列岛的其他部分早得多。这一点毫无疑问。毕竟文化的发展意味着经济的进步，经济的进步同时也意味着权力的增大。在九州北部有筑紫磐井这样的贵族说明，即便他是传说中的人物，也并非空穴来风。

在社会上的首领逐渐丧失地位、官僚式首领逐渐取而代之的国家形成的过渡期，叛逆之类的事件很容易发生。在巩固社会基础的时期，数个小国家被大的国家统一是不可避免的社会现象。

第4节 日本和朝鲜半岛的政治关系

4世纪末,为了援助任那,日本和百济、新罗、高句丽发生关系。关于这个时期日本在朝鲜半岛的地位,在《大和时代》中,笔者已经作了概述。日本的《日本书纪》和《古事记》记录了那个时期日本和朝鲜的关系,但其中的纪年和史实在多大程度上可信是一件很难判断的事情。记录了同样主题的朝鲜的《三国史记》及《三国遗事》的纪年和史实中也有值得商榷的余地。从历史上来看,这些几乎有同等程度的价值,仅此而已。然而,基于某种理由,笔者这里主要以朝鲜的传说史为基础来叙述5世纪初日本和朝鲜的关系。

以前讲过日本和新罗兵戎相见的原因是被新罗压迫的任那请求日本援助,于是日本应邀前往。因此,新罗的势力越强大,任那的民众和领土就越被压缩,日本和新罗的关系就会恶化下去。日本屡屡侵犯新罗边境的这类记录经常出现在《三国史记》中的《新罗本纪》中。据《三国史记》记载,奈勿尼师今九年[①]四月,日本军队大举进攻新罗。新罗国王情知敌不过日本,造了数千草人,给它们穿上衣服,让它们手拿兵器,立在东南走向的吐含山下,另外选拔一千勇士埋伏在釜岘的东原。日本军队仗着兵多将广长驱直入。突然伏兵四起,杀向日本军队。日本军队大败而逃。新罗兵追击日本军队,几乎将日本军队全部杀光。从年代上来说,这件事情和仁德天皇五十三年[②]的田道征讨新罗的传说相近,但究竟是否如此尚不清楚,并且当时的天皇应该是应神天皇,而非仁德天皇。

之后,日本继续为了任那和新罗、百济作战。辛卯年[③],日本军队大胜。新罗和百济向日本投降。这件事情古碑上有明确的记载。朝鲜史书上没有记载此事,但记录了奈勿尼师今三十八年[④]日本军队来进攻一事。据《三国史记》记载,还是在奈勿尼师今三十八年夏天五月,日本军队围攻金城,整整五天没有解围。将士们都想出城应战。国王说"贼兵弃舟登岸,深入敌人腹地。身处死地者,锋芒

---

① 即364年。——原注
② 即365年。——原注
③ 即391年。——原注
④ 即393年。——原注

毕露,与之作战并非上策",于是关闭了城门。日本军队没有占到任何便宜,退了下去。在此之前,国王首先派两百骑兵截断日本军队退路,又派一千步兵来到独山,和先锋一起夹击日本军队。因为这个原因,日本军队死伤惨重。但在宝圣尼师今元年①三月,新罗王和日本通好,以国王的弟弟未斯欣②为人质。从这则记录可以看出,要么是新罗在奈勿尼师今三十八年的战争中战败,要么是之后战败,结果和日本媾和,向日本送去人质。对于之后的战争,《新罗本纪》没有任何记载,但《百济本纪》记载称阿华王六年③五月,阿华王和日本修好,以太子腆支为人质。这说明奈勿尼师今三十八年的战争对日本军队有利。宝圣王元年的媾和是基于奈勿尼师今四十五年④日本军队围攻新罗城而举行的,并非奈勿尼师今三十八年的战争。在这场战争中,由于高句丽的军队救援,日本军队败退到加罗城⑤。情况非常危急,加罗一时落入对手手中,但新罗也损失惨重。考虑到直到战争创伤愈合之前与日本维持和平状态对自己是有利的,新罗不惜将国王的弟弟作为人质来表示通好的诚意。在日本国史中没有明确记载国王的弟弟未斯欣的事情,而在仲哀九年的记载中有"新罗人质征叱己知波珍干岐"字样。史学界一般认为征叱己知波珍干岐就是国王的弟弟。此外,就百济人质太子腆支而言,大概是在日本国史中所说的应神天皇十五年⑥的阿直岐或者翌年的直支王。《日本书纪》中认为这是发生在应神天皇或仁德天皇时期的事情。这是因为纪年有误。实际时间应该是后世。关于这一点,史学界前辈们在研究中已经证实了。

通过上述战争,日本和百济建立并维持着友好关系,与此同时和新罗的关系逐渐恶化,因此,和百济处于交战状态的高句丽和百济交恶,和新罗关系亲密。这一点和日本正好相反。通过交换使者、赠送土产等事实可以证明日本和百济的友好关系之后一直存在。阿华王十一年⑦五月,百济阿华王派使者到日本,

---

① 即402年。——原注
② 奈勿尼师今的儿子。——原注
③ 即397年。——原注
④ 即400年。——原注
⑤ 今金海。——原注
⑥ 即384年。——原注
⑦ 即402年。——原注

让使者寻找在朝鲜半岛找不到的大珍珠。这是土产中的珍品。在那个年代，帝王贵族爱用珠玉。某些珠玉甚至是地位的象征。对朝鲜半岛的人来说，日本列岛所产的珍珠、珊瑚珠是无上的珍宝。阿华王十二年二月，日本使者一进入郡城，阿华王就将他待如上宾，盛情款待。在北面，高句丽对百济虎视眈眈，东面百济又受到新罗的蚕食，阿华王因而感到不安和危险。在这种情况下，除了利用日本外，百济别无生存之道。为了解决北方问题，阿华王屡屡讨伐高句丽，但在阿华王三年和阿华王四年的战争中，百济都以失败告终。阿华王七年，百济虽然做了出师准备，但未能出征。阿华王八年，阿华王下达动员令，又要征讨高句丽。民众不服兵役和徭役，纷纷逃到新罗边境。这样一来，百济和新罗的关系日趋恶化。阿华王十二年，百济发兵入侵新罗西界。

阿华王十四年，阿华王在失意中驾崩。太子腆支①作为人质已经在日本滞留了很久，因此百济暂时由阿华王的弟弟训解摄政，等待腆支回国。然而，训解被弟弟碟礼所杀。碟礼自立为王。不久，腆支从日本回国。日本朝廷派士兵百人护送腆支，以防不测。听说事变后，腆支留在海岛，等待时机成熟。不久，碟礼被国人所杀。腆支进入都城②继承王位，史称"腆支王"。因为腆支王和日本有这层关系，所以百济和日本的交流越来越密切。腆支王五年③，日本使者带来百济渴望已久的夜明珠。腆支王十四年，百济使者带着白绵十匹来到日本。腆支王十六年三月，腆支王驾崩。长子久尔辛王继位，在位仅八年驾崩。久尔辛王的儿子毗有王继位。因为换代，毗有王二年，日本使者带领从者五十人来到百济。为了改善百济与新罗的关系，毗有王七年，百济派遣使者到新罗。毗有王八年二月，新罗送来良马二匹。为了酬谢，毗有王八年九月，百济向新罗送白鹰。毗有王八年十月，新罗又送来黄金和明珠。毗有王二十九年④，爱好和平的毗有王驾崩。毗有王长子庆司即位，史称"盖卤王"。日本国史称盖卤王为加须利君。盖卤王沿袭了毗有王的政策，与日本和新罗保持友好关系，但和高句丽的关系并不好。即位之初，盖

---

① 也写作直支。——原注
② 今汉城，当时汉城仍未更名首尔。
③ 即409年。——原注
④ 即455年。——原注

卤王按照日本的要求进献美女适稽女郎池津媛，但盖卤王四年，池津媛与人通奸被烧死。盖卤王七年①，盖卤王派弟弟昆支到日本，让他侍奉日本天皇。在出发前，昆支请求盖卤王将宫女赐给他。盖卤王将一个怀孕的宫女赐给昆支，说："此妇人快要临盆了，如果途中分娩，用船将孩子送回来。"当昆支来到筑紫的格罗岛时，孩子生了下来，取名岛君。岛君被送还百济，就是后来的武宁王。据朝鲜史记载，武宁王是牟大王，即东城王的第二子，讳称斯摩。这可能是搞错了。武宁王或许是牟大王的弟弟。又或者将东城王的讳摩牟和武宁王调换一下位置，就合乎逻辑了。这是因为有记载称牟大王是盖卤王之子、汶洲王之弟、昆支之子。

盖卤王十五年八月，百济发兵攻打高句丽，但收效甚微。之后，百济或修复双岘城，或让人在青木岭设置大栅，以防备高句丽南下。果然，盖卤王二十一年九月，高句丽王高巨琏，即长寿王率兵三万南下，进入百济，包围王郡汉城。盖卤王紧锁城门，严加把守，不敢出战。高句丽军队从四面发起攻击，进行夹击，纵火焚烧城门。城中人惶惶不安。不少人想投降高句丽。盖卤王带着数十骑出门西逃，被高句丽军队追击丧命。据说，盖卤王之所以下场这样悲惨，是因为被高句丽间谍欺骗，大兴无用的土木工程，倾尽了国力，导致不能蓄养足以抵挡累代强敌的兵力。

在汉城陷落前，盖卤王让太子汶洲躲到城外，但汶洲到新罗去请救兵。新罗派来一万援军救援百济，但此时城池已破，盖卤王驾崩。汶洲即位收揽人心，受到百姓爱戴，史称"汶洲王"。然而，百济国力疲敝，无法守住汉城。汶洲王元年十月，百济将都城迁至熊津②。

汉城的陷落意味着百济的灭亡。日本国史称这件事发生在丙辰年，即476年。据日本国史记载，高句丽的诸将劝长寿王杀死百济全部遗留民众。长寿王不听，说："百济是日本的属国，我决定饶恕这些哭叫的民众。"

百济国运不幸。汶洲王临危受命，修缮熊津的宫室，想将熊津作为永久的王城，但不出数年驾崩。长子三斤王继承王位，在位仅两年驾崩。后来，东城王

---

① 即461年。——原注
② 今公州。——原注

继承王位。这一年是己未年，即479年。日本对汶洲王、三斤王等保护有加，特别是对东城王的即位给予了帮助。据朝鲜史书记载，东城王是在日本的昆支的儿子，讳为牟大，即摩牟，但日本国史中写作末多。摩牟或许就相当于末多。雄略天皇将牟大召到宫中，亲自抚摸着他的头说："你来继承百济的王位吧。"雄略天皇赐予牟大兵器，派筑紫的军兵五百人护送牟大回百济。不仅如此，雄略天皇还让筑紫的安致臣、马饲臣等率领水师攻打高句丽。这个措施的目的是让牟大平安回到百济牵制高句丽。实际上，这是一个深情厚谊的举措。然而，关于日本这一颇有人情味的举措，朝鲜史书中一行都没有提到。这一举措只留下一个淡淡的影子。

回过头来看一下日本和新罗的关系。这一点非常重要。前面笔者已经讲过，新罗的宝圣尼师今将自己的弟弟未斯欣作为人质送到日本。即便如此，日本和新罗的关系也并不圆满。据说，宝圣尼师今四年①四月，日本军队攻打位于王城东面的明活城。宝圣尼师今战而破之，进而在独山南面的斜面上攻击日本军队，杀死或俘虏三百余人。这些日本军队并非是从日本派来的，而是从日本在朝鲜半岛的根据地加罗②派来的，而此时日本军队的攻击和两年前百济进攻新罗有着密切的关系。宝圣尼师今六年三月，日本军队入侵新罗的东部边境。宝圣尼师今六年六月，日本军队又入侵新罗南部边境，捕获一百人。宝圣尼师今七年二月，日本军队在对马设营，储存兵器和粮食。听到这个消息后，宝圣尼师今要袭击对马，被臣下劝阻，终于放弃这个计划。到了宝圣尼师今十四年八月，一群日本人出现在风岛，与新罗人发生冲突，但胜利属于新罗。宝圣尼师今十六年五月，宝圣尼师今崩殂。奈勿尼师今的儿子讷祇麻立干继承王位。讷祇麻立干的一个弟弟叫卜奸，在高句丽作人质，另外一个弟弟就是未斯欣，在日本作人质。在讷祇麻立干二年③，卜奸和未斯欣回到新罗。日本国史称这件事发生在神功皇后摄政五年。神功皇后摄政五年二月，新罗王派汗礼斯伐、毛麻利叱智、富罗母智等到日本进贡。汗礼斯伐、毛麻利叱智、富罗母智想要夺回身为人质的王弟微叱许

---

① 即405年。——原注
② 任那的日本府。——原注
③ 即418年。——原注

智，向微叱许智透露计谋。微叱许智对神功皇后说："我久未回国，听人说王将我的妻儿没为奴隶，正好回国调查实际情况，不知可否？"神功皇后怜悯微叱许智的志向，派葛城袭津彦将微叱许智送回。当前往对马住宿时，使者毛麻利叱智等让微叱许智乘坐别的船逃回新罗，在微叱许智床上放上草人，装作卧病在床，让人告诉葛城袭津彦说微叱许智病死。葛城袭津彦派人去查，得知这是欺诈，将毛麻利叱智等抓起来因在囚车里点火烧死，登陆新罗踏鞴津，攻下草罗城后回到日本。据说，当时的俘虏就是桑原、佐糜、高宫、忍海四邑的汉人祖先。与此类似的记载在朝鲜史中也能看到。据某个历史学家说，微叱许智是未斯欣，毛麻利叱智称为堤上，对马称海岛，葛城袭津彦称倭王，囚车中称木岛中，葛城袭津彦攻下的草罗城在朝鲜史中称作歃良城。

因为上述一些事情，日本和新罗的关系逐年恶化。讷祇麻立干十五年四月，日本军队入侵王城东边，围攻明活城，但无功而返。讷祇麻立干二十四年，日本军队入侵新罗南边，掠取生口。讷祇麻立干二十四年六月，日本军队再次入侵新罗东边。讷祇麻立干二十八年四月，日本军队包围金城，粮尽退却。讷祇麻立干追击，被日本军队大败。当时，新罗和高句丽通好，压迫百济。因为救援百济，日本和高句丽、新罗的关系一直不好。讷祇麻立干四十二年，讷祇麻立干崩殂。他的儿子慈悲麻利干继位。慈悲麻利干即位第二年^①四月，日本军队分乘百余只船侵略新罗东边，进而围攻月城。经过激烈的战斗后，日本军队战败。慈悲麻利干将日本军队追赶到入海口。日本军队溺死者颇多。之后，日本军队继续侵略新罗。慈悲麻利干五年，日本军队袭击活开城，抓了一千俘虏离去。慈悲麻利干六年二月，日本军队入侵歃良城，因战斗很不顺利退兵。慈悲麻利干派兵埋伏要路，突然袭击，大破日本军队。此战虽然结束了，但由于日本军队屡次侵掠，新罗在边境修了两座城，严加防范。此前，新罗答应百济的请求，与百济保持着友好关系。但慈悲麻利干十一年春，高句丽和靺鞨联合入侵新罗北部边界。新罗和高句丽不能再维持友好关系。到了慈悲麻利干十八年，高句丽长寿王率大军进攻百济。百济郡城汉城危急。百济王派儿子汶洲到新罗请求救兵。慈悲麻利干进

---

① 即459年。——原注

行若干动员后，前往援救百济。但当时汉城已经陷落，盖卤王已经战死，约八千民众被俘虏。

就在同一年，日本军队入侵新罗东部边境。慈悲麻利干二十年夏五月，日本军队从五道来攻。新罗都取胜了。而事实并非完全如此。即便日本军队取胜了，也会因为辎重无以为继，不能够持续性占领而不得不退去，回到根据地。之后还有一个需要注意的事情是日本军队进攻的路线问题。据新罗史记载，日本军队经常入侵新罗的东边和南边。这相当于今天的什么地方尚不清楚。就进军的路线而言，津田博士认为，日本军队大概是以加罗为根据地，从草罗城方向经过陆路前往东北，否定了从东海岸入侵的可能性。而就日本军队突入庆州方面而言，除一两个情况外，这件事情难以置信。在汉江，日本军队能和高句丽军队作战，可见日本军非常强劲，围攻金城是完全可能的。此外，如果越过对马海峡的话，那么日本军队沿着朝鲜半岛南岸向东北方向进军，到达蔚山湾，或者北进到达迎日湾也是可能的。在日语古语中，蔚山称作"宇佐"，是日本人很熟悉的名称。迎日湾还保留着联络日本和新罗的神话，而在更古老的原始时期，朝鲜半岛东岸是通往日本列岛的通道。东海岸及南海岸的通航可以说是自由的。退一步说，即便从迎日湾不能溯江而上，从蔚山湾沿着语连川流域北进，突破罗门成，从东面外侧向西北拐过吐含山下进入东面内侧攻击青州也不是不可能的。在内外两东面，有古代道路十分发达的证据。在汶川、南川、影池方向，能够让人想起古代战斗的遗物肯定不少。当然，从草罗城①经彦阳向峨眉山下北进的内南山流域的通道也不是不可以。但笔者相信上下语连川流域的通道经常使用。在蔚山金海之间，无论陆路还是海路都是容易连通的。关于认为在古代沿岸航海相当发达这一点，有种种证据可以佐证。

慈悲麻立干二十二年，慈悲麻立干驾崩。慈悲麻立干长子炤知麻立干继位。炤知麻立干三年三月，高句丽入侵新罗北部边境。因此，新罗和百济、加罗联合抵抗高句丽。炤知麻立干四年五月，日本军队来犯。炤知麻立干八年四月，新罗边境被侵犯。炤知麻立干十五年，为了预防日本军队来袭，新罗设置临海、长岭

---

① 梁山。——原注

二镇。炤知麻立干十九年,日本军队又入侵。炤知麻立干二十二年,日本军队攻陷长峰镇。在这段时期,新罗和百济、加罗关系很好,和高句丽不断发生战争。

在炤知麻立干驾崩后,庚辰年①,奈勿尼师今的曾孙智证麻立干即位。那个时期,新罗已经从聚落式国家进化为近世国家。在新罗境内可以看到政治统一。智证麻立干十五年,智证麻立干崩殂。智证麻立干的儿子法兴王继位。当时,百济武宁王在位,日本继体天皇在位。从这一时期一直到后来,历史记载虽然多多少少有些错误,但作为史实是可信的。如上内容主要参考了日本国史和朝鲜史。虽然大部分是后世的捏造或想象,但即便如此,从传说史中,日本和朝鲜的关系是可以有所了解的。

总而言之,为了帮助加罗,日本和新罗作战,消耗了很多财力和物力。而为了援助百济,日本还和高句丽作战,损失不少。在北方,高句丽占优势,具备了作为近世国家的体系。在南方,新罗也作为国家发展起来。因此,百济受到南北两面的夹击。加罗也逐渐被新罗和百济两国侵蚀。与此同时,以保护加罗为己任的日本也不能和以前一样保持优势了。当然,日本是加罗的保护国。新罗和百济一度也是日本的附庸国,年年进贡若干方物。这是不争的事实。新罗努力逐渐从附庸国的地位中摆脱出来,成为独立国家则是在法兴王之后。新罗的努力给日本在朝鲜的优势地位带来了危机。

第5节　任那的灭亡

在朝鲜半岛建立的三个国家中,最早接触中国文化并在生活上取得进步的是高句丽。百济因为与带方的故地接壤,较早地吸收了中国文明。新罗领土位于东陲,最晚接受中国文化。新罗接受中国文化的具体年代虽然不太明了,但大概是与日本同一时期。由于中国文化的浸润,新罗的固有文化逐渐受到影响。感化程度最深的则是佛教的传入。佛教的传入大概是在5世纪上半叶。据说,佛教传入的起源是高句丽的墨胡子来到一善郡传教。在炤知麻立干时期,阿道和尚来

---

① 即500年。——原注

到一善郡。仪表和墨胡子一样来传教，几年后死了。墨胡子的弟子三人继承墨胡子遗业，讲读经律，逐渐有了信徒。法兴王倾向于崇佛，但遭到群臣非议，于是想方设法兴隆佛教。近臣异次顿竭力主张信仰佛教，但群臣都认为不可，称即便被处以重刑也不奉诏。于是，异次顿说："杀了我来平抑众怒吧。"异次顿一个人强调崇佛的必要性，与群臣的观点不同，但法兴王很难下手处死他，于是将他交给刑吏。刑吏杀死了异次顿。临死时，异次顿说："我如今有幸为佛法而受戮，死后肯定发生变异。"被杀后，异次顿的血的颜色白得像乳。看到这些，众人不再毁佛。佛教公开在新罗传播是从法兴王十五年开始的。在此之前，只有一部分人信佛。情况大抵和日本相似。

　　佛教的浸润同时也是中国文化的浸润。在智证麻立干时期，智证麻立干用王号，制定服制，实行郡县制度，开设市场。而在法兴王时期，这些制度进一步完善。法兴王四年，新罗设立兵部。法兴王七年，新罗颁布律令。起初从斯庐六村起家的新罗具备了堂堂一个国家的体面。新罗的命运走上了更张之途，与先进国家高句丽和百济比较也毫不逊色。由于北面有高句丽，西面有百济，所以新罗最容易扩张版图的对象是在南面开阔的洛东江流域建立的国家任那。因此，新罗历代国王都将南下作为国策，开启了与日本发生冲突的命运。5世纪，通过武力，日本在朝鲜半岛耀武扬威。但因为日本的武力没有伴随着文化渗透，逐渐失去了威望，不能支撑日本在朝鲜半岛的优势地位。日本支持的任那表面上旧态依然，但不堪忍受新罗的压迫，也不能与新罗对抗，于是想尽力与新罗保持友好关系。法兴王九年三月，加耶国王遣使到新罗，要求通婚。此时，加耶事实上已经成为新罗的属国。法兴王十一年九月，法兴王视察巡幸这些在南方新开拓的疆土。加耶国王出来谒见。法兴王十九年，金官国王金仇亥率领妃子和王子投降新罗，允许新罗以金官为食邑。在日本国史上，这一系列事件被称为"南加罗、喙、己吞被新罗所灭"。法兴王十四年六月，为了恢复这些国家的独立，日本近江毛野受命率领六万人前往任那，但筑紫国造筑紫磐井和新罗同谋打算妨碍近江毛野进军。法兴王十五年，筑紫磐井被大将军物部麁鹿火杀死。法兴王十六年，近江毛野抵达新罗，命令新罗归还夺取的地方。任那之所以不再依靠日本是因为日本答应百济国王的请求，将加罗的多沙津作为朝贡的港口给了百济。加罗怨恨日本这一做法，逐渐和新罗接近。为了传达诏令，近江毛野召来百济、新罗的高官，却迟迟不宣读诏令。新罗的伊叱夫礼智大怒，抄掠了任那的金官、背戍、安多、委陀四村，回到了新罗。

之后，近江毛野滞留在久斯牟罗，处理行政事务，但没有让海外的属国满意的手段。在逗留期间，近江毛野让士兵和当地妇女生出很多杂种儿。审理官司时，近江毛野使用探汤法烫死了很多人，反而加重了日本和朝鲜之间的纠纷。加罗王劝近江毛野回国，但近江毛野非常傲慢，不听劝。于是，加罗王派使者到百济和新罗请求出兵。百济和新罗出动军队围攻近江毛野。近江毛野具备作为军人的素质，固守城池。百济和新罗的军队最终撤退。任那也向日本朝廷告状，而调吉士也向日本朝廷发来报告。最终，日本朝廷将近江毛野召回。近江毛野途中在对马病死。顽固、钝重、不知随机应变的军人近江毛野略带滑稽悲哀地走完了一生。即便他很顽固、钝重，但他的妻子对他的死很悲伤。放着灵柩的船走山背河，逆流而上来到近江时，近江毛野的妻子怅然歌道："平方笛声起近江，毛野吾子似吹笛。"有负国家期望的武夫、在失败中不能发现自己的本质而殒命的武夫不少，但不表达任何感情而叙述这个憨愚豪杰之死是笔者做不到的，因为这过于凄凉。

法兴王二十七年，法兴王驾崩。法兴王弟弟真兴王继位。为了维持与新罗的友好关系，百济派使者到新罗修好。然而，高句丽继续实施南下的国策，因而百济新罗间无法维持友好关系。真兴王九年，高句丽军队进攻百济的独山城。百济派使者来新罗请救兵。真兴王出动三千人马。真兴王十一年，百济高句丽之间爆发战争，互相争夺对方的城市。少壮气盛的真兴王不想放过这次机会，命令伊飡异斯夫出兵攻取高句丽的道萨城和百济的金岘城，让一千甲士把守那里。真兴王十二年，新罗派居七夫等进入高句丽，攻略高句丽十个郡。于是，新罗和百济、高句丽二国的关系恶化，不得不承受高句丽的南下和百济的东进两面夹击的苦果。这对新兴的新罗是相当大的负担。然而，在迎来兴隆命运时，国家一般都能顶住这些重负。

百济一面对抗此时南下的高句丽，一面必须对抗西进的新兴国家新罗。因此，百济有必要改变原来的国策。下面对这一过程进行简述。百济和高句丽之间的反目由来已久。武宁王元年①十一月，让达率忧永率五千兵进入高句丽，袭击水谷城。武宁王二年十一月，百济又侵掠高句丽的边境。武宁王三年九月，靺鞨南下，焚烧了马首栅，进而进攻高木城。然而，武宁王二十三年，武宁王驾崩。武宁王的儿子圣王即位。圣王智谋超人，性格刚毅，受到民众敬爱。在圣王继位当年八月，高句丽军队南下，逼近浿水②。于是，圣王命令左将志忠率领步骑一万诱敌深入而攻击，大破高句丽军队。接着，圣王七年十月，高句丽王兴安，即安藏王亲自督军进犯百济，攻克北鄙穴城。因此，圣王发步骑三万让佐平燕谟率领，在五谷源拒战。但高句丽军队实力很强，百济军队惨败，战死两千余人。这样一来，连年防御让百济疲敝不堪。百济圣王终于采取消极政策，将郡城从熊津迁往泗沘③，将国号改为南扶余。显而易见，此次迁都的目的是暂避南下的高句丽军队的锋芒。

　　早在盖卤王时期，百济的国运已经到了尽头。由于日本的援助，百济再次恢复国势，而后在日本面前抬不起头来。如果按照想要复兴任那的日本朝廷的意愿行事的话，日本就必须终结与新罗的友好关系。因此，在很长时间内，百济左右为难，非常烦闷。幸好高句丽的南下有所缓和，迁都以来，百济能致力于休养国力。然而，百济又不能不答应日本的要求。圣王二十五年，百济派使者到日本，请求派遣救援军队。但圣王二十六年，百济又派使者到日本称不再要求派援军，并且敦促日本朝廷反省。在同一年，当高句丽军队围攻马津城时，百济生擒高句丽人。经仔细审问，俘虏说日本朝廷和新罗密谋让高句丽军队南下。百济信以为真，颇感危险。因此，百济派使者到日本是为了摸清日本朝廷的真实意图。钦明天皇对百济使者说，这纯属杞人忧天，他命令百济和任那合作共同抵挡皇化以北的强敌，并发兵三百七十一人到百济，帮助修筑得尔辛城。

　　圣王二十六年恰逢高句丽军队和秽人一起进攻独山城。圣王一方面向新罗请求救兵，另一方面派将军朱珍率领三千士兵疾驰独山城攻击高句丽军队和

---

① 即501年。——原注
② 今汉江。——原注
③ 又名所夫里。——原注

秽人。圣王二十八年一月，百济采取攻势，让将军达己率领一万士兵攻取高句丽的道萨城。圣王二十八年三月，高句丽军队又入侵百济，围攻金岘城。新兴的新罗想巧妙利用百济和高句丽两国的争斗而渔翁得利，乘两国疲敝夺取了两座城池。这一点前面已经讲过。日本坚持不断地保护百济和任那的立场。这是日本国策。百济和加罗都向日本请求援兵。圣王三十年正好是佛像、经论传到日本的那一年。圣王三十一年，百济向日本请求援兵。这说明新罗大兵压境。圣王三十一年七月，新罗入侵百济的东北边境，在当地设立新州。圣王三十二年六月，日本援军在内臣率领下抵达百济。圣王三十二年七月，得到援助的圣王亲率步骑五千进入新罗，进攻管山城，却在到达狗川的夜晚遭遇新罗伏兵，一场恶战后被乱兵杀死。圣王三十二年七月，新罗修筑明活城，防备日本的北上。当时正值圣王和加罗率兵越过边境。起初，百济军队占有优势，但新州的金武力①突然反攻。百济军队陷于苦战中。圣王误认为金武力是自己人，不小心被金武力暗算，下场悲惨。百济史称因为这个缘故圣王被乱兵弑杀。这一战新罗军队获得大捷。百济佐平四人、士兵二万九千六百人被斩。马匹无一匹生还。

在圣王驾崩后，他的儿子威德王继位。然而，此时新罗已经联合高句丽，约好要灭亡以日本为背景的百济。当年十月，高句丽大军南下，进攻熊川城，但战争以百济获胜结束。之后相安无事。为了报复新罗，威德王八年②七月，百济派兵掳掠新罗边城。百济兵败，死者、俘虏达千人以上。威德王九年九月，加耶背叛。因此，新罗真兴王派异斯夫前去讨伐。《新罗本纪》平淡地讲了此事。但这在日本国史上意味着对日本有重大意义的任那日本府的灭亡。日本国史称："钦明天皇二十三年③正月，新罗灭亡任那官家。"钦明天皇二十三年六月，钦明天皇下诏任那民众复兴任那。钦明天皇二十三年七月，钦明天皇派大将军纪男麻吕从多利出发，派副将军川边琼缶从居曾山出发向新罗问罪。两位将军打算联合百济攻打新罗。新罗间谍获悉这一情况，突然举兵来攻，战败退却。纪男麻吕率军进入百济营中。副将军川边琼缶独自转战各处。新罗军队举白旗表示降服，但川边琼缶

---

① 金官国王的儿子。——原注
② 即561年。——原注
③ 真兴王二十三年、威德王九年。——原注

不懂军事惯例，不解对手心理，自己也举白旗进攻。新罗军队大喊"日本军队投降了"，突然反攻，打败日本军队先锋。倭国造先退，接着川边琼缶撤退，在旷野上扎营。日本军队士气不振，相互轻慢。新罗军队追来，进入营中，生擒川边琼缶及其随军妇女。因为事情突然，日本军队父子夫妇不能相救。

新罗将军将妇人带到川边琼缶面前问："你的命和这个妇人的命哪个重要？"琼缶回答说："我不愿意因怜惜一个女人而给自己招来祸端，生命最紧要。"任由对方糟蹋这个妇女。这个妇女叫甘美媛，是坂本臣的女儿，后来被饶恕放了回来。当川边琼缶想亲近她时，她推开川边琼缶说："你以前不是将我卖了吗？还有什么脸面见我？"

此时，调吉士伊企傩也被抓。伊企傩和川边琼缶不同，性情刚烈，不肯投降新罗。新罗人要拔刀杀他，命他道："你脱下内裤，露出屁股，冲着日本喊'日本大将吃我的屁股。'"伊企傩脱下内裤，露出屁股，冲着新罗的方向喊"新罗王舔我的屁股"。新罗人大怒，杀了他。伊企傩的孩子们抱着父亲的尸体被杀。日本将士都在心里痛惜伊企傩父子。伊企傩的妻子大叶子也同时被生擒，为夫君的死悲伤，赋诗一首："韩国城边立，领巾大叶子，遥望大和振，我心痛不已。"多么令人热血沸腾的悲壮故事！这和没骨气的川边琼缶的行为形成鲜明的对比。一个滑稽，一个悲壮。任那日本府终于落下帷幕。自那以后，日本终于放弃朝鲜半岛，迎来龟缩在日本列岛的命运。日本的岛国根性就此形成。

第2章

佛教文化对日本的浸润

第1节 佛教的起源和传播

在被遗忘的遥远的过去,当烈日炎炎、密林郁郁葱葱的印度半岛被达罗毗荼人占据时,几个优秀的雅利安人部落从西北高原南下。他们将印度河上游的旁遮普作为落脚地,在那里生活了若干年。作为游牧民,雅利安人逐水草而生。他们相信旁遮普是他们的故乡,并适应了旁遮普的环境,热爱旁遮普的自然环境。在旁遮普,雅利安人中还产生了自然宗教——吠陀教。当时,他们已经和先住民通婚。混血人的数量逐年增加。

雅利安人的领地逐渐扩大,西起印度河东至恒河。在占据了水量丰沛的恒河后,他们的经济生活发生了变化。不久,游牧民族演变为农耕民族。农耕给所有人带来了富裕的生活,而富裕的生活给予冥想时间和力量。这样一来,雅利安人的宗教就发展起来,形成崇拜日神提婆、风神因陀罗、火神阿耆尼等三十三柱神的多神教。不久,这些多神统一为一神。多神教开始具有向一神教演变的倾向。雅利安人在旁遮普时期留下的经典是所谓的四吠陀,分别是《梨俱吠陀》《夜柔吠陀》《娑摩吠陀》《阿闼婆吠陀》。四吠陀都是收集颂歌或者祭词之类而成。其中最古老的形成于公元前12世纪。

对肤色与自己有着很大不同的多拉维达族,习惯多愁善感和冥想沉思的雅

迁徙中的雅利安人

利安人很难认为他们是与自己同格同位的人。于是，印度形成了瓦尔纳，即阶级观念。瓦尔纳本来是"颜色"的意思。根据神话，印度的阶级分为婆罗门、刹帝利、吠舍、首陀罗四个阶级，称为四种姓。四种姓中最高等级的是婆罗门，以下地位逐次降低。婆罗门是僧侣，刹帝利是武士，吠舍是农民阶层，位于最下层的首陀罗大多是被降服的先住民。建立这一社会组织的是婆罗门。因此，一切都以婆罗门为中心。婆罗门制定对自己有利的制度。在其他阶层中，怀有不满的人很多。婆罗门和刹帝利经常发生权力争斗。从一开始，首陀罗就被看作劣等的异族，严禁过宗教生活或诵读"吠陀"，甚至不受法律保护。这样不平等的充满歧视的社会组织不可能永远没有漏洞。有心者经常等待着采取措施，打破这样的社会组织，将民众一视同仁。

通过特权掌握财富、力量和闲暇时间的婆罗门将吠陀时代的多神教改造为凡神教，主张一切都是由梵天分出来的，而脱离种种区别归入梵天中是人生最大的目标。这就是婆罗门教。然而，到了公元前6世纪，印度兴起演绎这一教义的众多学派。它们相互争斗。婆罗门教丧失实质上的内容，只具有形式主义的特征。而僧侣开始参与政治，忘了自己的本职工作——教化世人。社会各个层面都酝酿着反对势力。

当时，释迦族占据今天尼泊尔南面，建立了小国家。释迦族中有一个迦毗罗卫城主叫净饭王。净饭王和妻子摩耶夫人生了一个王子。为祝福王子将来幸福，

婆罗门教教徒

摩耶夫人与乔达摩·悉达多

净饭王和摩耶夫人为王子取名"乔达摩·悉达多"。"悉达多"的意思是"成就目的"。十六岁时,乔达摩·悉达多娶耶输陀罗为妃。二人生了王子罗怙罗。然而,天性忧郁、悲观的乔达摩·悉达多最终决心离开王宫,过沙门的生活。这时他二十八岁。乔达摩·悉达多先去了摩揭陀国,听苦行者跋加婆的教诲,进而游历阿罗逻迦兰、郁陀迦罗摩子,修行禅定,但所得并非他所求。最终,乔达摩·悉达多决定自己刻苦思索,寻求终究的解脱。他进入恒河支流尼连禅河西岸的苦行林,继续修行,六年里几乎废寝忘食。因此,他一度濒临死亡,但最终恢复气力,坐在伽耶的菩提树下的石头上继续修行,最终灭尽了无明和烦恼,达到三菩提的境界。这样一来,一个年轻的求道沙门成为无上独尊的觉悟者佛陀和体现真理的如来。于是,佛教诞生了。这时,乔达摩·悉达多才三十五岁。后人尊称他为释迦牟尼。

成道后的释迦牟尼非常活跃。直到后来入灭的四十五年间,他游历中部印度各国,讲超越所有阶级、所有职业、所有种类的安身立命之法。他的内心拥有

释迦牟尼

释迦牟尼在娑罗树下涅槃

很深刻的真理,但他所讲的内容平易通俗。听众都由衷感到满足和慰藉。释迦牟尼培养了数千弟子,否定了婆罗门教的阶级主义和歧视主义,承认一切众生都有佛性。这就是他的宗教的生命所在。他改造社会的关键也在于此。

在努力四十五年后,释迦牟尼感到来日不多,他告诉弟子们进入熙连若跛提河畔的娑罗林,进行最后的说法。半夜时,释迦牟尼静静地进入大涅槃,享年八十岁。当时是公元前485年2月25日。之后二百年中,佛教在北印度流传的势头迅猛。这是借助了孔雀王国阿育王的力量。阿育王的祖父旃陀罗笈多·孔雀是个英雄。公元前4世纪末,在亚历山大大帝入侵西印度时,旃陀罗笈多·孔雀纠集印度西北的势力驱逐亚历山大大帝的势力,借此余势夺取了摩揭陀王国的王位。旃陀罗笈多·孔雀的儿子就是宾头娑罗。宾头娑罗的手腕不逊色于旃陀罗笈多·孔雀,和希腊、巴比伦、埃及等建立外交关系,为融合东西文明做出了重大贡献。继承祖父旃陀罗笈多·孔雀和父亲宾头娑罗事业的是阿育王。公元前268年,阿育王继位。他野心勃勃,想统一印度。在征服南方的羯陵伽后,阿育王终于实现了统一印度的理想。然而,看到战争的惨祸后,阿育王起了非战主义的念

亚历山大大帝入侵印度

阿育王与他的王后

头,终于成为以慈悲怜悯为宗旨的佛教的信徒。阿育王以自己的势力和信仰努力弘扬佛教,迅速将佛教传播到印度内外。他将弘法者派往很多地方。末阐提去克什米尔和犍陀罗,摩诃提婆去马里萨曼德拉,云无德去阿波兰多迦,摩诃云无德去摩诃勒托,摩诃勒弃多去约纳地区。此外,未示摩率领咖沙巴等到喜马瓦特①地区。摩醯陀率领伊地臾等四人去了狮子国。这些传说之所以可信是因为在桑吉附近的比尔萨佛塔中发现了刻着"咖沙巴·戈塔,全部喜马瓦特的传播佛教的人"的遗棺,而其他棺材上出现了未示摩的名字。

在阿育王时期,佛教跨越印度国境向四方传播。其中针对西北部的卡提米、犍陀罗和巴库托利亚地区的传教成为向东亚输出佛教的起源。据《西域记》记

---

① 即喜马拉雅地区。

载,末围底迦驱使奴隶在卡提米建了很多伽蓝①。这个末围底迦就是上述的末阐提。他教化了龙池②畔住着的非雅利安人龙族。之后,卡提米国的佛教信徒被讫利多族迫害。在北印度被大月氏人统一③后,佛教渐渐兴隆,在迦腻色伽一世时期达到鼎盛。迦腻色伽一世统治的中心就是犍陀罗。因此,犍陀罗自然成为佛教的中心。这是迦腻色伽一世在公元前80年即位后的事情。

迦腻色伽一世礼佛

---

① 即寺院建筑。——原注
② 今惟卢尔湖。——原注
③ 即贵霜王朝。

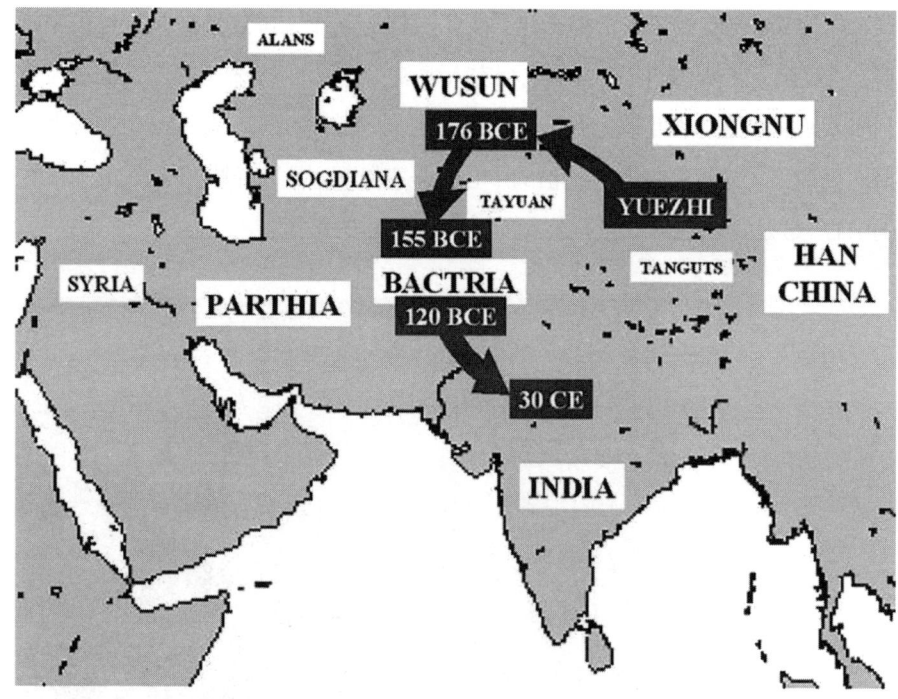

月支人迁徙路线示意图

据汉代的书籍记载，月支人起初住在敦煌和祁连山之间，也就是今天的甘肃新疆一带，被匈奴的冒顿单于驱逐，逐渐西迁，打败居住在伊犁河流域的塞种人，占领了那里，之后征服了南方的大夏，建立大月支国。汉朝时，张骞作为使者来到大月支国。当时，在中国史书上是汉武帝元朔元年，即公元前128年。据《汉书》记载，大月支国的首都是监氏城。监氏城本来是大夏的首府巴尔克。《史记》中写作"蓝市城"，意思是蓝色的城市。

这样一来，西域地区和中国即便在官府层面断绝外交关系，双方的民众也可以直接或间接交流。这样的事情虽然没有文字记载，但从大月支国国情年年发生变化而中国了如指掌这一点，我们可以知晓。正是大月支国将佛教传入中国，创造了佛法东传的机缘。

传说，佛法传入中国是在东汉永平五年，即公元62年。据中国的年代记记载，东汉汉明帝梦见金人，将此事告诉官人。官人说这是印度的佛陀。三年后，汉明帝派使者到大月支国,带着佛典和僧人回国。使者带来的是生于中部印度的僧人迦叶摩腾。不久,从中亚来了一个叫笠法兰的僧人。迦叶摩腾和笠法兰都住在洛阳的白马寺。寺庙取名白马寺是因为迦叶摩腾和笠法兰骑着白马并驮着佛经。

自古以来,联系中国和西域各国的通路有两条。西汉以前的情况不太清楚,但西汉以后,从中国前往西域各国的陆路有南北两条。

南线称作"天山南路"。过了位于中国西面的玉门关,前往鄯善,向西走到昆仑山脉的北斜面,来到于阗,再向西北到达莎车,从莎车往西翻越葱岭,经巴达克山来到乌浒水流域,从乌浒水流域可以到达大月支国、安息、身毒①等地。这

复原后的月支人样貌

---

① 今印度。——原注

玉门关遗址

条线是近路,但中央的克里雅以东是沙漠,并且往往受到南面的吐蕃人的侵袭,比北线危险得多。要到印度需要经巴达克山、佳木噶南行,翻越大雪山进入迦湿弥罗国①,过了旁遮普南下。

北线称作"天山北路"。出了玉门关来到楼兰,从楼兰北进来到伊吾,接着向西来到车师前国。从天山山脉南面的斜面沿塔里木河溯流而上来到龟兹、疏勒,翻过葱岭到达西域。葱岭以北有大宛、康居,南面有延玢,西面有大夏、高附,往西北走就是叙利亚、黎轩、罗马共和国。从延玢南下就是印度河上游旁遮普,能通往印度各地。与南线相比,北线的安全系数要高得多。因此,旅客大都选择北线。鸠摩罗什等从天竺到中国时选择了北线。6世纪进入中国的译经僧达

---

① 今克什米尔。

摩笈多、进入印度的玄奘也是走的天山北路。但玄奘返回时走的是南线。在中国为翻译佛经而尽力的犍陀罗僧也选择了南线。可见南线并未完全被抛弃。

总而言之，从中国到印度有两条交通线。印度乃至西域的佛教国和东方联系起来，导致佛教东传。到了公元纪年后，东方的政治势力也不断发生变动。中

玄奘西行

国从西汉经过王莽时期迎来东汉时期，又从三国时期到了南北朝时期。此后，北方建立起小国前燕和前秦，互相抗争。起初，从满洲①到朝鲜半岛北部建立国家的高句丽从属前燕，和南方的百济争夺疆土。在前燕被前秦灭掉后，高句丽与前秦通好，将前燕的亡将慕容评抓住送到前秦。前秦苻坚派使者到高句丽答谢，送来佛像和佛典示好。佛教因此传入高句丽。百济被日趋强大的高句丽压迫，蜷缩在朝鲜半岛的西南端。为了向北方扩展势力，百济跨海与日本通好，也和东晋通好，以此阻止高句丽及其盟国前秦南下。当时，佛教从东晋传入百济。这样一来，佛教扩散到东方各国。文化程度较低的通古斯族——高句丽民众、百济民众看到金灿灿的佛像，才知道至高无上神的存在。高句丽和百济民众相信宇宙是恶灵的归宿，驱逐恶灵是人类唯一的幸福之路，他们被这样炫目的佛像迷住了。他们虽然不懂佛教教义，但还是盲从式信仰佛教。很快，在朝鲜半岛，佛教就得到传播。

第2节　佛教传入日本

佛教东传的预言和阿育王传播佛教的努力相互作用，促使佛教在东半球的东半部传播。佛教的影响很大。东洋国家日本也不例外。朝鲜民众年年不断移居日本，必然私自将佛教带入日本。从中国中部移民来的汉族也会带来佛像。在这一历史背景下，即便是个人行为也不能忽视，也会对后世产生某种影响。据谙熟佛教情况的某本史书记载，在继体天皇十六年二月，归化日本的汉人司马达等在大和高市郡坂田原建草堂，安置佛像。邻近的人们称这是大唐之神，皈依拜佛。除此之外，这样的案例应该还有，但可能被忘却了，没有留下任何记录。

司马达等是著名佛师鞍作止利的祖父。司马达等的儿子鞍部多须奈为用明天皇出家，是虔诚的佛教徒。有这样的历史，司马达等的家族就不可能不被日本接受。毫无疑问，司马氏是汉族的姓氏。某个史学家断定司马达等和425年日本派往南宋的使者司马曹达是同族。

---

① 满洲是历史地理名词，原为满族在清朝的官方称呼。

释迦三尊像

这样一来，佛教数次通过民间渠道传入日本，而官方引进佛教则是在钦明天皇时期。当时，和日本通好的百济圣王造丈六佛像，为日本天皇和日本祈祷胜善和福佑。据《日本书纪》记载，钦明天皇十三年十月，圣王派遣西部姬氏达等使者赠送日本释迦牟尼佛金铜像一尊，幡、盖若干及《经论》若干，另外上表礼赞佛法的功德，表文称："此法在诸法中最难入、难达，周公孔子也不懂。此法产生无量无边之德福，成就无上的菩提。此法从天竺传到三韩，无不信仰。我将此传入贵国，应验我法东传的佛陀的预言。"此事中的佛像究竟有多大尚不清楚，大概都是小型的。金铜像灿烂明辉，取出来时令钦明天皇感到炫目。钦明天皇大喜，说"朕还没有听过如此微妙之法，但朕一个人并不能决定是否应该信仰佛法"。于是，钦明天皇向群卿咨询是否应该信仰新宗教。天皇并非独断，而是征求臣下的意见，这是古代的施政方针。人人都有好奇心，在接触到令人目眩的佛像时,钦明天皇当然动心。但潜藏在心底的原来的信仰控制住了动摇的心,不能背叛原来的众神这一想法也在暗中起作用。

接受咨询的群卿中有大臣苏我稻目。苏我稻目主张接纳佛教,上奏说:"西面的国家都信仰,日本不能例外。"大连物部尾兴和中臣镰子不主张接纳佛教,说:"天皇的任务主要是一年四季祭祀一百八十柱神。而如今背叛他们,拜外国的神的话,必然会触怒国神。"苏我稻目代表了爱好新奇的新进派的意见,而大连物部尾兴和中臣镰子等尊重旧习惯,因循守旧,是守旧派的代表。在任何时代,新旧思想发生冲突都是不可避免的。

钦明天皇说道:"将佛像授予想要的人吧。"于是将佛像赐予苏我稻目。苏我稻目高兴地将佛像安置在小垦田自己的家里,开始拜佛。不久,苏我稻目打扫在向原的家,改作寺院。位于今天大和国高市郡飞鸟村大字丰浦的向原寺以前叫广严寺,不知何时改成现在的名字。在离它不远的飞鸟川河畔的丘陵中腹,有推古天皇的丰浦宫遗址。笔者去时发现甘蔗田中有一块圆形凹进去的础石,可能是向原寺遗址。向原寺又名樱井寺,或称丰浦寺。这是以地名为寺名的俗世的名字,本名建兴寺。苏我稻目用自己家改成的寺后来烧毁了。在原址上,人们建了新寺。留下这一础石也不足为怪。有人认为丰浦寺就是飞鸟寺,但其实是两回

飞鸟寺复原图

事。丰浦寺起初叫樱井寺。留学百济的尼姑善信尼曾经在丰浦寺当住持。后来的寺名樱井寺也是源于地名。关于它附近的地方叫樱井这一点，可以通过宁乐时代的俗谣"丰浦大寺好，西面有樱井，白墙好雅静"得知。总之，向原寺是日本对外的第一座佛寺，不管规模多小，在宗教史上的地位都极其重要。

佛教正式传入日本的年代，众说纷纭。最近的研究发现，日本书籍中记载的钦明天皇十三年这一时间有误。实际时间应该是在此十四年前的戊午年，即538年。关于这一点，最好应该看《日本书纪》之前的书及其记载，或者看根据其他史料写的《法王帝说》也可以，里面有相关记载。《显成论》也认为戊午年正确。最近，日本的一个宗教学者用英文写的宗教史也采用了戊午年的说法。我们在此虽然不愿纠缠于纪年问题，但这是新文化进入日本、给旧的固有思想带来重大变化的史实，最好知道准确年代，因此应不厌其烦地进行论述。

这样一来，佛教传入日本。虽然反对接纳佛教的物部氏、中臣氏等感到不快，但信仰佛教的苏我氏高高兴兴地早晚礼佛。一方欢喜一方忧，这是常理。这两种感情的冲突由于引进佛教而变得更加激烈。苏我氏是新兴的氏族，物部、中臣二氏历史悠久。双方一开始就仇视反目。由于钦明天皇咨询是否引进佛教，导致这种冲突突然加剧。双方终于结下多年不解的怨恨。

第3节 保守派和进步派的冲突

传说，苏我氏是在皇室和国家都有势力的武内宿祢的后裔。武内宿祢有波多八代宿祢、许势小柄宿祢、苏我石川、平群木菟宿祢、纪角宿祢、葛城袭津彦等六子。许势小柄宿祢是巨势氏之祖，苏我石川是苏我氏之祖，平群木菟宿祢是平群氏及纪氏之祖，纪角宿祢是纪氏之祖，葛城袭津彦是葛城氏之祖。由于在侍奉天皇的殡宫时懈怠，葛城袭津彦的孙子玉田宿祢被允恭天皇诛杀。玉田宿祢的妹妹磐之媛命是仁德天皇的皇后。玉田宿祢的儿子葛城圆是履中天皇、反正天皇的两朝元老，任大连、大臣，在眉轮王之变中不奉朝廷命令而被雄略天皇诛杀。葛城圆的女儿葛城韩媛是雄略天皇的妃子，生下清宁天皇。苏我石川的儿子叫苏我满智，侍奉履中天皇。在雄略天皇时期，苏我石川的孙子苏我韩子征讨新罗立下大功。苏我韩子的儿子是苏我高丽。苏我高丽的儿子是苏我稻目。苏我稻目的儿子苏我马子在敏达天皇、用明天皇、崇峻天皇、推古天皇四朝为官，做大臣。苏我稻目的女儿苏我坚盐媛是钦明天皇的妃子，生下用明天皇和推古天皇。苏我坚盐媛的一个妹妹苏我小姊君也被钦明天皇纳为妃子，生下崇峻天皇。而苏我坚盐媛的另一个妹妹苏我石寸名是用明天皇的妃子。

苏我一族非常繁荣，在朝廷势力很强大，即便是物部、中臣等旧家族也不能抑制苏我氏的势力。在佛教输入的同时，新旧大氏族的反目也加剧了。旧氏族抓住机会就想压服苏我氏。本来，作为皇室的藩屏，物部氏从神话时期就立有大功，而中臣氏掌管官中的祭祀，虔诚信仰神道。物部氏为了氏族的名誉与苏我氏对抗，而中臣氏为了维护信仰敌视新来的佛教也理所当然。钦明天皇虽然没有公开信仰佛教，但在钦明天皇十五年五月，他让人用漂浮在海上的樟树材料雕了佛像，可以说已经加入了崇佛派。此外，钦明天皇的两个妃子都是苏我稻目的女儿。不知不觉中，喜好新奇的苏我氏的家风浸润着钦明天皇的内心世界。钦明天皇不再拘泥于旧习惯，不断引进新文化，并派使者到百济，让百济交替派医术、易经、历法博士，送来卜书、历法书及其他种种药品。这些也引起守旧派的不满。他们推测钦明天皇的这一态度是苏我氏的怂恿造成的。反目多由忌妒而生，疑心则导致互让精神的丧失，并且引起争斗。物部氏的疑心与日俱增，几乎达到了忍无可忍的地步。不过，苏我氏在政治上、社会上势力很大，因此物部氏强压着愤懑不至于爆发出来。

不久，保守派面前出现了一个好机会。钦明天皇三十一年，苏我氏元老苏我稻目去世。恰巧当时诸国流行传染病，因之而死者很多。物部尾兴的儿子物部守屋和中臣镰子代表守旧派的人们上奏："今天瘟疫流行是因为没有排斥佛教造成的。要想免灾就要按照我们所说的行事，要扔掉佛像。"钦明天皇命令有司烧毁佛殿，将佛像投弃到难波的堀江。我们不清楚被烧毁的佛殿在哪里。既然佛像被投弃到难波的堀江里，那么佛殿也应该在难波附近。这是一般的解释。但笔者认为被烧毁的佛殿应该是苏我稻目最初建的向原寺。这是乘对手的元勋之死,保守派对新进派进行的打击。与其说是崇佛和排佛之争,不如说是要在宫廷内扩张自己的权力。总之,这一计划奏效了。一时间,保守派恢复势力。钦明天皇三十二年,钦明天皇驾崩。继位的敏达天皇非常崇佛,倾向于排佛的保守派因而再次陷入逆境。

敏达天皇六年,百济献上经论若干卷及律师、禅师、比丘尼、咒禁师、造佛工、造寺工等六人。敏达天皇六年,新罗送来佛像。由此可以看出,在佛殿被烧后,一部分人还在信仰佛教。敏达天皇十三年九月,百济来的鹿深臣有弥勒石像一尊。佐伯连有佛像。苏我稻目的儿子——身为大臣的苏我马子将他们请来,将弥勒石像安置在自己家东面的佛殿里。苏我马子又在自己的石川府邸建造佛殿,在那里安置佛像。

苏我马子比苏我稻目还要信仰佛教。得到两尊佛像时,苏我马子派鞍部村主司马达等和池边贞永田四方寻找佛教的修行者。播磨国有一个叫惠便的高句丽人,起初是僧人,后来还俗。获知此事的苏我马子将他请来做自己的老师。司马达等的一个女儿叫岛,出家后取名善信尼。善信尼有两个弟子。其中一个叫禅藏尼,俗名丰,是汉人夜菩的女儿。另外一个叫惠善尼,俗名石,是锦织壶的女儿。这三个尼姑颇受苏我马子敬重,和司马达等、池边贞永田一起供给衣食。敏达天皇十四年二月,苏我马子进一步在大野丘以北建塔,将司马达等献的佛舍利藏在该塔的柱头上。

据《日本书纪》记载,敏达天皇十四年,朝廷再次烧了佛殿和佛像。当时瘟疫流行,民众死者颇多。敏达天皇十四年三月朔日,物部守屋和中臣胜海一起上奏敏达天皇:"何故不用我等的建议?从先帝时期一直到现在瘟疫流行,人民几乎死绝。这都是苏我氏信仰佛法惹的祸。"敏达天皇认为这话有理,开始下旨禁止佛法。但苏我马子并未轻易终止礼拜佛像。物部守屋等忍无可忍,敏达天皇十四年三月三十日,物部守屋等亲自到寺里推倒佛塔、点火焚烧佛像和佛殿,将烧剩下的佛像丢弃到难波的堀江,并且毁辱苏我马子以及和他一起信仰佛教的人,还派佐伯御室将苏我马子皈依的善信尼召回。由于物部守屋等称奉敕命,因此苏我马子不得已将善信尼等交给佐伯御室。有司剥了善信尼的衣服,将她禁锢在海石榴市的驿舍，还动了笞刑。正如很多史学家指出的那样，这一内容和钦明天皇十三年的记载非常相似，只不过更详细而已，甚至还叙述了对善信尼等迫害的详细情形。宗教迫害一再发生，正如后世的历史证明的那样，破毁佛像，烧毁佛殿的事情不止一次，恐怕重复了两次甚至三次。不过，钦明天皇十三年烧毁佛殿一事或许是记载错误，将钦明天皇三十一年记载成了钦明天皇十三年。顽固孤陋的守旧派在任何时代任何国家都有。对新思想、新习惯、新宗教的反感是常有的。物部守屋从父亲物部尾兴那里继承了传统的精神，和志同道合之人逼迫敏达天皇下达烧毁佛殿的敕命。经过反复思考，敏达天皇认为瘟疫流行是事实，或许正如物部守屋等所奏，是触怒了国神。因此，虽然他自己也信佛教，但一时之间还是下了排佛的敕命。当时的宗教思想还很幼稚，不可能理解佛教的

物部尾兴

真谛。大体而言,头脑被原有的原始的神道禁锢着。关于这一点,读一下《日本书纪》的相关叙述就可以明白。敏达天皇非常烦恼这一点也是可以理解的。

作祟本来是主观上心理的产物。在排佛派和崇佛派中间,这一点是共通的。在排佛派看来,连年的瘟疫流行是触怒国神的结果,而在崇佛派看来,这是毁废佛像导致的。正如物部守屋等认为瘟疫是信佛造成的一样,苏我马子则认为这是排佛造成的。当时流行的传染病到底是什么现在还不清楚。生疮而死者遍布国中,最后蔓延到宫中。敏达天皇和苏我马子都感染了此病。据说,生疮者浑身就像被火烧一样。这种病类似于天然痘或麻疹。苏我马子等认为这是烧弃佛像惹的祸。敏达天皇十四年六月,苏我马子上奏:"如果不借助三宝之力,不可能治好病。"敏达天皇对他说"你自己信佛法可以,不要劝别人",并将三个尼姑归还苏我马子。苏我马子大喜,对尼姑等顶礼膜拜,新建精舍,将尼姑们迎进来。然而,到了敏达天皇十四年八月,敏达天皇的病情加重,之后驾崩。朝廷在广濑建殡宫。大臣、大连等上悼词。当时,苏我马子佩着大刀。物部守屋嘲笑他"简直就像中了箭的麻雀一样"。物部守屋手足战栗。苏我马子嘲笑他"可以挂铃铛了"。之后,二人结怨更深。苏我马子之所以佩大刀是因为害怕物部守屋等的暗算。从他如此防备可以看出反对派的态度有多么强烈。物部氏是武士出身,以武力为后盾采取强硬做法,威吓反对派。

这样一来,进步派和保守派之争愈演愈烈,一年年加重。两者间的私怨以崇佛排佛的形式表现出来,不知道什么时候破裂。这时,敏达天皇驾崩,皇弟用明天皇继位。敏达天皇是钦明天皇的嫡子,石姬皇女所生。他的皇后丰御食炊屋姬,即后来的推古天皇,和弟弟用明天皇是苏我稻目的女儿苏我坚盐媛所生。穴穗部皇子、泊濑部皇子和用明天皇的皇后穴穗部皇女都是苏我坚盐媛的妹妹苏我小姊君所生。敏达天皇驾崩后,穴穗部皇子和物部守屋合谋打算争夺皇位,而首先有必要劝说皇太后丰御食炊屋姬。他们来到敏达天皇的殡宫。三轮逆让隼人守护殡宫,严锁宫门,不让穴穗部皇子进去。穴穗部皇子喊了七次"开门",但里面保持沉默,就是不开门。于是,穴穗部皇子告诉苏我马子和物部守屋三轮逆无理,命令物部守屋带兵诛杀三轮逆。物部守屋发兵包围池边双槻宫。三轮逆逃奔三诸山，夜半下山潜伏在皇后的别业海石榴市宫。获悉此事后，物部守屋将他杀死。三轮逆是敏达天皇的宠臣，受皇太后丰御食炊屋姬宠爱。丰御食炊屋姬心中怨恨穴穗部皇子和物部守屋。守旧派的头领物部守屋等的行动过于违反常规。丰御食炊屋姬叹道："这样下去，天下不久就会大乱。"物部守屋说："这些事情不是你等该管的。"两派的争执至此如火上浇油。

用明天皇二年，用明天皇患病，尽管有心皈依佛教，但物部守屋不准。物部守屋还和中臣胜海等开会，计划妨碍用明天皇出家。然而，苏我马子将穴穗部皇子和丰国法师引进大内，做好了剃度的准备。当时，押坂部毛屎慌忙出来，告诉物部守屋："群卿正在算计你，若不早拿主意，会被断掉归路。"物部守屋退到阿都别业，召集族人。中臣胜海也在家中召集众人，想要帮助物部守屋，却被迹见赤梼所杀。用明天皇二年四月，用明天皇驾崩。物部守屋想拥立穴穗部皇子，派人约穴穗部皇子到淡路游猎。但这一打算并未得逞。用明天皇二年六月，苏我马子奉皇太后之命诛杀穴穗部皇子。用明天皇二年七月，苏我马子发兵包围物部守屋阿都宅邸。激战之后，物部守屋终于被杀。这样一来，保守派完全灭亡，而进步派苏我氏得意的时代到来。不断发展的时势的力量是无法阻挡的，不管多么顽固的人都阻挡不了，反而会被吞没，连自己都身首异处。

第4节　佛寺建筑

倾向排佛的物部守屋等保守派的全部灭亡意味着竖起崇佛旗帜的苏我马子等进步派获胜。当然，佛教也就兴隆起来。相传难波的四天王寺和飞鸟的法隆寺的修建与诛杀物部守屋关系密切。当时，围攻的军队屡屡被防御的军队杀败，士兵恐慌再三退却。军中的厩户皇子用白胶木造四天王像，发誓说"若让我军获胜，为救世四王造寺塔"。苏我马子也向诸天王和大神王祈祷，发誓凯旋后建寺塔、流通三宝。接着，围攻物部守屋家宅的军士们卷土重来，终于获胜。平乱之后，朝廷在难波造四天王寺，将物部守屋家奴的一半做寺奴，又将物部首屋家宅作为田庄。苏我马子在飞鸟建法兴寺，履行了誓言。

法隆寺的九面观音像

　　这些寺院建造的年代不详,但传说法隆寺建于崇峻天皇元年,是将飞鸟时期的建筑物拆毁后在原址上建起来的。崇峻天皇五年十月,佛堂和步廊竣工。推古天皇元年正月,朝廷将佛舍利置于大刹的柱础中,之后竖起刹柱。推古天皇四年十一月,法隆寺竣工。苏我马子任命儿子苏我德善为寺司,让从百济来的慧聪和从高句丽来的惠慈做住持。

　　就法兴寺的选址而言,学者之间众说纷纭,大体上是今天称作"飞鸟大佛"的丈六坐像铜佛残留的安居院。但此佛像是推古天皇十三年四月铸造的两尊中的一尊,另一尊是绣佛,都是鸟佛师铸造的。听说这一计划后,高句丽的大兴王进贡黄金三百两。推古天皇十三年四月,造佛工程竣工。铜佛安放在元兴寺的金堂。在将佛像放入时，佛像太大，进不去。人们不得已要拆堂门。鸟佛师阻止他们。经过研究后，不用拆门佛像就放了进去。推古天皇非常高兴，赐予鸟佛师敕语，还将近江坂田郡的水田二十町给了他。鸟佛师用水田折成的钱为推古天皇修建了金刚寺。这就是今天的南渊坂田尼寺，在《日本书纪》中有相关记载。这个佛像保存在安居院。传说安居院原址就在今天法兴寺所在位置。一般来讲，按照《日本书纪》的记载，安放铜像的元兴寺原来就是安居院，而法兴寺原址应该在其他地方。于是，一部分学者认为元兴寺和法兴寺本来是一个寺院，并非两个。还有的学者认为两个寺合并了，元兴寺和铜佛一起移到了法兴寺，如果不是这样的话，就是《日本书纪》中有误，将"元"字和"法"字搞错了。从开始建造法兴寺的崇峻天皇元年开始，到竣工的推古天皇四年，前后花费九年时间。有人会怀疑建一个寺怎么会花费九年时间。这样怀疑也无可厚非，但也不可能毫无理由地变更记载的事实。如果这样的话，那么元兴寺修建没有任何记载，就无从知道它的地点和修建年代了。但既然考古学家和美术史学家看到安居院的丈六铜佛坐像说形式古老，那么就可以断定那就是安放在元兴寺金堂的鸟佛师铸造的那尊佛像。只要没有挪移过佛像的反证，就可以断定安居院原址就是元兴寺所在位置。

据《日本书纪》记载，四天王寺的修建是在推古天皇元年。位置在难波的荒陵。但据其他书记载，用明天皇二年，四天王寺草创于摄津国玉造岸上，第七年毁坏，在推古天皇元年移到荒陵，之后数次遇到火灾。今天的建筑物是文化九年[①]重修的，但仍然让人感到昔日的盛观。据作为寺院的缘起而流传下来的内容记载，称四天王寺为荒陵寺是因为地名。毫无疑问，四天王寺之称源自向四天王许愿。起初，寺内分为四个部分。敬田院有东西八町、南北六町，墙外建有施药院、悲田院、疗病院。今天已经看不到遗址结构了，但据古记录记载，金堂重层铺瓦，安放着金刚的救世观音像一尊和四天王像四尊。讲堂是八间瓦房。夏堂四间，安放着金色丈六阿弥陀佛像一尊。冬堂四间，安放着观音像一尊，有五重宝塔一座和六重宝塔一座，步廊屋顶铺瓦，长八十间，重层中门屋顶铺瓦，金刚

---

① 约1812年。

四天王寺

力士列立左右。食堂七间，铺瓦。两面是厢房。在飞鸟时期，这样的设计是共通的。法隆寺也与此相似。

就修建四天王寺的目的而言，不像《寺传》中说得那么单纯。据说，圣德太子打算将它作为经略大陆的根据地，也有说它具有外交意义。至少后者更可信一些。外国使者在玉津①登陆，首先会看到庄严的四天王寺建筑，由此来加深外国使者对日本的第一印象。这是一个目的。但大体而言，朝廷是想通过佛教的慈悲主义来经营感化、救济、养老、疗病这四大社会事业。这才是主要目的。至于受迷信影响而投入巨资、修建佛寺的说法，有人批判这是莫大的误解。

法隆寺的修建年代并不清楚，但在推古天皇十四年七月，推古天皇将播磨水田百町赐予圣德太子，而圣德太子立刻将水田捐给斑鸠寺。可见在同一年，法

---

① 今天从住吉到天王寺的高台之地在古代是海岸线。——原注

隆寺大致成形。据已故平子尚先生的研究，截至推古天皇十五年前后，花费十年时间，法隆寺才竣工。就法隆寺的建筑物而言，长期以来，史学家和工艺学家争论不休。史学家认为法隆寺在天智天皇九年四月烧得一间房子都没了——根据是《日本书纪》的记载，称现在的建筑物是和铜年间①重建的。而工艺学家认为从实物来看，中门、塔婆、金堂都是推古天皇时期建造的。时至今日，这一问题尚无定论。关野博士认为，经过实测这三个建筑物，它们的尺寸是飞鸟时期常用的高丽尺，因此法隆寺应该是推古天皇时期的建筑物。两种说法都有合理之处。但从文献方面来看，和铜时期重建论占上风，而从实物方面来看，非重建论占上风。很难断定哪个正确。法隆寺是和铜时期的还是推古天皇时期的建筑物并非主要问题。只要明白法隆寺的建筑形式与其他不同就可以了。有时，建筑学家多年来苦心调查的建筑物观察结果能推翻文献的记录，最终成为权威。这种情况是有的。笔者认为关野博士所说可信。

现在的法隆寺的设计和古代的有些不同。在修建当初的设计中，一进入南大门有中门，过了中门左方有五重塔，右方有金堂，穿过五重塔和金堂之间，走到头是讲堂。中门和讲堂由步廊连接在一起，形成一个四方的区域。区域外有东房、西房、北房。在北房和讲堂中间左面是经藏，右面是钟楼。

这里不再从建筑学上对法隆寺进行观察，那么这个寺是为何而建？正如有"法隆学问寺"这个名称一样，法隆寺是为了做学问而修建的寺院，也就是说相当于今天的学校。法隆寺分为东院和西院。西院就是上述的学问寺。东院距离西院五町左右，在天平十一年由圣德太子的斑鸠宫旧址改成的寺院。四面有回廊环绕。西有四足门，南有礼堂南门。梦殿是圣德太子日常起居的地方，创建以来就有。梦殿北面是俗称绘殿的武德殿，再往北有传法堂，是天平年间以来的遗址结构。据说橘夫人住在那里。总之，作为最古老的木制建筑，法隆寺在世界上无以类比。其中很多都是受到特殊保护的建筑物。内部藏着的佛像以及其他遗物大体上都是国宝。

据《法王帝说》记载，圣德太子不仅修建了四天王寺、法隆寺，还修建了中

---

① 708年到715年。——原注

宫寺、橘寺、蜂丘寺、池后寺、葛木寺,而其他的书上删掉了法隆寺,加上了元兴寺,此外,其他书上说加上法隆寺、元兴寺,还有日向寺、定林寺、法兴寺,共十一座寺院。

就中宫寺而言,有两种说法:其一,本来是圣德太子生母穴穗部间人皇女住过的宫殿,穴穗部间人皇女离世时说想将它作为寺院;其二,是圣德太子特意修

中宫寺供奉的佛像

建的。中宫寺在法隆寺东面，因里面藏有木制如意轮观音像和天寿国曼陀罗而著名。中宫寺没有留下遗址结构。

橘寺立于高市郡高市村川原的段丘上。推古天皇十四年七月，圣德太子在御前讲了三天《胜鬘经》。讲义结束的当天晚上，该地降了莲花。因此，朝廷在当地建寺，称作菩提寺，即橘寺。而据流传在地方的传说讲，当地是用明天皇离宫的原址，是圣德太子出生的地方，也就是所谓的上宫。采用这一说法的史学家也有。这里没有遗址留下。

蜂丘寺是推古天皇十一年或者之后建造的。推古天皇十一年十一月，圣德太子召集诸大夫说："我有一尊尊贵的佛像，谁想侍奉它？"秦河胜主动站出来说："我想礼佛。"于是，圣德太子将佛像赐给秦河胜。秦河胜在自己的领地大秦建了寺院。这就是蜂丘寺，也就是今天的广隆寺。其建造年代众说纷纭。有的说是推古天皇三十年。但毫无疑问，蜂丘寺是秦河胜修建的。秦河胜在财界有势力，并且和苏我氏关系很深。

池后寺就是今天的法起寺。法起寺位于法隆寺东北约十町的富乡村关本，和三井法轮寺隔着两个小丘相对。池后寺的建造年代有两三个不同说法。据作为露磐铭文而流传下来的文献记载，在驾崩时，圣德太子对自己的儿子山背大兄王说希望将山本宫殿宇改作寺院，并捐赠了大和的水田十二町和近江的水田三十町。舒明天皇十年，福亮价正造弥勒像一尊，并建金堂安放。天武天皇十四年，惠施僧正建堂塔。庆云三年，惠施僧正造露磐。然而，据建筑学家讲，法起寺和法轮寺的塔都是推古天皇时期的遗物，样式完全是推古式的。史学家不同意，称根据文献记载它们应该是天武天皇末年修建的。

葛木寺位于葛上郡朝妻村，后来迁到添上郡大安寺东面。在宝龟十一年正月的火灾中，塔和金堂都烧毁了。葛木寺成为废寺，又叫妙安寺。在宁乐时代末期的俗谣中有"葛木寺前好风光，丰浦寺以西来张望，人来人往好热闹，樱井白壁不能忘，熙熙攘攘好地方"。可见当时葛木寺是和丰浦寺齐名的名刹之一。

看一下这些寺院的遗址可以发现，在飞鸟时期，日本的建筑已经取得长足的进步。此前，日本建筑形式都属于掘坑式的，即便是最富于技巧的宫殿也还残留着原始时期的建筑形式的痕迹。然而，当佛寺建筑在日本出现后，人们迅速开始采用印度的建筑形式。建筑形式发生了很大变化。不光是佛寺，宫殿建筑也受佛寺影响，发生了很大变化。法隆寺东院就是圣德太子住过的斑鸠宫。看一下它的建筑形式就可以对日本建筑形式的变化一目了然。斑鸠宫是推古天皇九年二月开始修建的。据说，推古天皇十三年十月，圣德太子到那里视察。这说明工程花费了五年时间。梦殿就是那个时期的建筑物遗址，给我们展示了当时的住宅样式，非常罕见。即便后世进行了修补，大体的样式、技巧等还保留着初建时的痕迹。

毋庸赘言，建筑技术上的变革是由财富的力量支撑的。当时的经济状况姑且不论，从工艺技术上来看，日本从朝鲜半岛引进为数不少的技术人才。他们不仅亲自从事工程建设，还指导或者训练日本人，教日本人设计、计算和工艺手法等。技术人员从朝鲜半岛来也不是一次两次。然而最典型的案例是崇峻天皇元年百济进贡的技术人员。其中寺院技工有太良未、太文贾古子；炉磐博士有将德白昧淳；瓦博士有麻奈父奴阳贵、文陵贵、文者麻帝弥，画工有白加。朝鲜将建筑、铸造、造瓦、绘画的技术传入日本。这些技工拥有的技术是从中国传入百济的，或者汉人自己来到百济从事制作。总之，这些技术都是经中国传来的这一点是不争的事实。从印度、波斯、东罗马帝国传到西域各国，西域各国再传到中国。可以说，远东的日本和西方的古希腊通过艺术实现了握手。这一点在后面章节进行详细论述。

第5节 制度的制定

日本国家只不过是家族的延长而已，而天皇只不过是家长的扩大而已。正如家族是家长和家人的组合一样，国家就是由天皇和臣民构成的。家长和家人是在血缘关系基础上通过温暖的爱而结合的，而天皇和臣民未必仅有血缘关系，还具有单纯的社会关系。君臣的关系就像家长和家人的关系一样，相互以爱、情结合。正因为如此，天皇未必寻求要具备专制君主所拥有的威严，而是追求父母爱子女一样的温情。臣民与其说是将天皇作为恐惧和崇敬的对象，不如说是当作恩爱和敬慕的对象。这样的人情主义、温情主义的社会关系将皇室和民众结合在一起。日本从史前就开始走向作为国家发展的道路。

这里有个危险，正如爱走错一步就会成为溺爱一样，仰慕走错一步就成为愚忠。皇室和民众的亲密关系失去了所谓的专制国家中所看到的上下隔阂，生成了太多的亲慕习惯。由于过分相信自家的势力，像物部氏那种通过武力拥护皇室的战斗团体陷入自灭的悲惨境地。知识阶层通过智慧和财力成为皇室藩屏，而贵族通过血缘与皇族有密切关系，一旦知识阶层和贵族勾结，就会损伤皇室的传统权威。汉氏和苏我氏、物部氏一样，被比喻成对皇室来说包藏危险的炸药。苏我马子指使东汉直驹弑杀崇峻天皇这一点是不可掩饰的、令人恐惧的事实。通过宗教和传统的力量而被神圣化的天皇被归化人弑杀，并受到强大的氏族长的威胁。这件事不要说一般民众了，就是和天皇有着同一血缘的皇族们也是难以容忍的。聪明的圣德太子处于总辖万机的位置上，最担忧的就是这件事情。圣德太子之所以制定新制度努力谋求国家的建立和皇室的安全，动机之一就是忧惧，并非只是为了粉饰外表给外国看这一个空虚的目的，当中还有更切实的企图。

通过做中国学问、研究印度文化、调查朝鲜的制度，圣德太子发现日本的社会组织过于简单、没有秩序。于是，长期以来，他沉下心来，努力建立有秩序的社会。推古天皇十一年十二月五日，圣德太子首次制定冠位。冠位顺序是大德、小德、大仁、小仁、大礼、小礼、大信、小信、大义、小义、大智、小智十二阶。这些冠位所对应的冠用规定的颜色的绝缝起来。顶像囊一样，带沿儿，元旦戴发髻花。德用最贵重的颜色紫色，仁用青色，礼用赤色，信用黄色，义用白色，智用黑色。发髻花是大德，金是小德，仁用豹尾，礼以下都用鸟尾。朝服颜色大概与冠的颜色一样。这样的颜色是根据五行来定的。毋庸赘言，这是根据中国的思想制定的。这一点史学家前辈们已经论述过。

本来在此之前日本有氏族制度，民众分为臣、连、国造、伴造及伴部等阶层，但官职中没有等级。而新罗的官职中有等级。一等叫伊伐飡，二等叫伊飡，三

古代衣冠

等叫匝飡，四等叫波珍飡，五等叫大阿飡。这些等级被授予真骨的王族。六等叫阿飡，七等叫吉飡，八等叫沙飡，九等叫级伐飡，十等叫大奈麻，十一等叫奈麻，十二等叫大含，十三等叫少含，十四等叫吉士，十五等叫大乌，十六等叫小乌，十七等叫遣位。据说这些制度是在法兴王以前制定的。百济也有十六等官级。一品叫佐平，二品叫达率，三品叫恩率，四品叫德率，五品叫扞率，六品叫奈率。以上都戴装饰着银花的冠。七品的将德是紫带，八品的施德是黑带，九品的周德是赤带，十品的季德是青带，十一品的对德和十二品的文督是黄带，十三品的武督、十四品的佐军、十五品的振武、十六品的克虞是白带。这也并非很古老的制度。和晋宋交往后，百济才模仿了它们的制度。很明显，日本的冠位受到百济、新罗、高句丽的影响。

当时的统治思想是通过将臣民分类来将他们阶层化，根据阶层来限制衣冠。这样一来，人们的社会地位一目了然。本来这是一种文化政策，旨在让处于统治地位的官僚通过仪容和礼节来端正秩序,让被统治阶级安于现状。总之用秩序来约束乱纷纷的原始社会的生活,明确统治者和被统治者之间的关系。这样的统治方针是以形式为主的。这就是汉族所憧憬的衣冠之国或者垂拱而治。圣德太子制定冠位的目的也是将这一形式上的统治在日本国土普及。名称还选用了道德上的名词。

圣德太子想要建立的国家是儒教憧憬、佛教渴望的乌托邦。正如通过制定冠位实现形式上的统治理想一样,通过建立法制,圣德太子希望从内容上收到统治的实效。结果就表现在推古天皇十二年四月的《十七条宪法》中。

《十七条宪法》是日本首部成文法律。即便这是作为法律来看也有不合适之处的带有私人性质的文件,但不同于一般的座右铭,而是公布于众的东西,可以将它看作民众的行为规范。无论哪个国家,原始性的法律都带有道德色彩,不能脱离所谓的道德法典的范围。在从不成文法律过渡到成文法律的时代,带有这样的倾向是理所当然的。圣德太子的宪法属于个人性的还是国家性的尚不明确。担任摄政职位的圣德太子的这一法律著作至少属于半官方性质的。规定的内容非常简单:第一条,以和为贵;第二条,敬重三宝;第三条,谨慎承诺;第四条,官吏以礼为本;第五条,办理诉讼舍弃私欲;第六条,惩恶扬善;第七条,各司其职;第八条,官吏应该勤勉;第九条,以信义为本;第十条,不得忿恚;第十一条,明察功过;第十二条,地方官不得对农民横征暴敛;第十三条,官吏要和衷协同;第十四条,不得忌妒排挤;第十五条,大公无私;第十六条,非农闲时不得劳动民众;第十七条,重舆论,不得独断。

上述这些内容都带有道德倾向,但大体上来说是教给官吏服务的梗概的公务章程。这些章程的内容未必是圣德太子自己创造的,很多是从中国的书籍上节选而来,加了说明,进行了统一归纳而已。但在那个时期,这些思想已经在知识阶层中开始传播。民间将圣德太子当作佛教的化身,但其实在支配圣德太子头脑的基本思想中,中国色彩很浓厚。

推古天皇十二年九月,圣德太子进一步改革朝礼,规定在出入宫门之际要两手伏地、两腿下跪、跨过门槛后站起来行走。这些努力都是为了整顿仪礼,都

圣德太子

是形式上的事情，但这对具体实践《十七条宪法》的内容不可或缺。圣德太子规定这些琐碎的事项，目的是要圆满改善君臣关系。通过这些规定，圣德太子想要压制蛮横的苏我氏。这一点是不可否认的。这的确是圣德太子心中描绘的君臣关系的蓝图。总而言之，圣德太子使日本从不成文法律时代过渡到成文法律时代，从道德法典时代进步到法律法典时代。圣德太子的指导作用是显而易见的。在日本文化史上，这些改革意义极其深远。

第6节　日本和中国的交往

在日本建国以前，日本和中国的交往就开始了。自从大和国家凌驾于日本列岛内的小国家之上后，这种交往也一直持续着。中国书籍上记载着宋、齐、梁、陈时期日本和中国缔结外交关系一事。这不仅是个人的交往，也是政府间的交往，但还没有发现可以了解其中详细情况的史料。

据《日本书纪》记载，推古天皇十五年七月，日本首次派使者到隋朝。但据中国书籍记载，开皇二十年①，即推古天皇八年，日本使者来到隋朝。中国书籍记载非常详细："日本王姓阿每，字多利思比孤，号阿辈鸡弥，遣使朝阙。主上让有司问日本风俗。使者说日本主以天为兄，以日为弟。天亮而起听政，太阳升起之后就不办公了，而是委托弟弟太阳。文帝闻之，感觉甚不合道理，发出训令，让其更改习惯。"这样的记载并非是凭空想象而写出来的，必定是有根据的。但天皇的名字和日本史不符合。"阿每"意思是"天"，"多利思比孤"意思是"足彦"，二者合起来就是"天足彦"。那么与此类似的天皇的名字只有时间上较晚的舒明天皇。他的名字是息长足日广额。推古天皇二十年，圣德太子驾崩后，息长足日广额才当上皇太子，因此年代不符。唐书中写作"具多利思比孤"，说的好像是用明天皇。"具"恐怕是脱落的字，应该相当于"阿卖"，但用明天皇的名字是"橘丰日"，和中国的书籍不一致。圣德太子也没有与之类似的名字。由此推之，这一记载虽然也难以令人信服，但大部分还是没错的。大概是这一年日本本来打算预备性派遣一个使者探路，然后派遣正使。某个史学界前辈将"多利思比孤"训读为"天足彦"，那么天足彦又是谁呢？不管怎样，以前的使者都称大夫。中国认为天皇是隶属于中国的倭国王，而此时的使者持的态度是对等国的使者的态度，并且日本国书也是堂堂正正的。

---

① 即600年。"开皇"是隋文帝年号。

推古天皇十五年的使者是小野妹子，日本国史中就其情况作了简单介绍，"同年七月三日，派大礼小野妹子到大唐，任命鞍作福利为通事①"，没有提到国书及其他问题。而中国书籍却做了详细的记载："大业三年，日本国王多利思比孤遣使朝贡。"使者说："听说海西菩萨天子重视并兴隆佛法，遣使表达敬意，同时送来僧侣数十名，让他们学习佛法。"但在国书上写道："日出处之天子致书日没处之天子。"隋炀帝十分不悦，说："今后不得让朕听到这种无礼的上书。"隋炀帝认为"日出处"和"日没处"这几个字眼是对他的莫大侮辱。并且使者在讲话中也提到了"海西的菩萨天子"等说法。这只不过表达了东西方向的意思，但从中可以体会到表示日本和中国对等的态度。此后，与中国朝廷分庭抗礼的总是日本的使者。考虑到这一点，笔者认为《北史》的记载并非虚假内容。总而言之，这一过程说明在那个时期日本民族已经觉醒了。从民众史上来看，这是极其有意义的历史事实。

推古天皇十六年四月，小野妹子从隋朝回国。隋朝将小野妹子称作苏因高。"小野"用训读是"sanu"，将第一个字母音译就是"苏"，因高就是"妹子"的日语发音的音译。隋朝使者裴世清和十二个部下陪着小野妹子来到筑紫。日本朝廷派难波吉师雄成来迎接他们，同时在难波的高丽馆旁建新馆，准备让隋朝使者下榻。推古天皇十六年六月二十五日，使者一行到达难波。装饰华丽的三十艘船到江口迎接使者，将使者请到新馆安歇。中臣宫地连麻吕、大河内直糠手、船史王平被任命为掌客，即负责外国使者接待的官员。小野妹子上奏说在归国途中，途经百济时，隋朝的国书被抢走了。群臣召开会议，责备小野妹子怠慢，做出将小野妹子流放的决议，但推古天皇认为如果让远来的外宾听到此事会很糟糕，因而赦免了小野妹子的罪。

按计划，推古天皇十六年八月三日，隋朝使者等进入京都。于是，推古天皇派人带着装饰华丽的七十五匹马到海石榴市的街头去迎接隋朝使者。额田部比罗夫致欢迎词。推古天皇十六年八月十二日，隋朝使者被召到小垦田宫，在阿倍臣鸟、物部连依网的引领下谒见推古天皇。一行将信物放在院中。正使裴世清再

---

① 即翻译。——原注

拜，呈上国书。阿倍臣鸟接过国书，递给大伴连啮。大伴连啮将国书放在大门前的桌上，进而上奏。此时，以皇子为首的诸王群臣都头戴金发髻花，衣服则使用锦紫绣织及五色绫罗，这是迄今为止没有见过的华丽的服装。隋朝国书如下写道："皇帝给日本的皇帝写回书。大礼苏因高等来朝。我详细询问了近况。朕承宝命统治天下，弘扬德化，以及万物。即便就爱育之情而言，无远近内外之差。汝在海表抚宁民众，国内保持安宁，风俗融合。特别是不远千里来修朝贡，可见汝之至诚。此番派遣鸿胪寺掌客裴世清等表达往意，另如别表进上土产。"虽然文意稍显尊大，但略微表现了对等之意。假如这不是日本国史的编者修改过的话，那么作为中国来说，这也是个比较少见的国书形式。

推古天皇十六年八月十六日，裴世清等在朝廷受到招待，接着离开京都来到难波。推古天皇十六年九月五日，在难波的大郡，裴世清等受到款待。推古天皇十六年九月十一日，裴世清等踏上回国的路。于是，推古天皇再次派小野妹子为大使，派难波吉师雄成为副使，派鞍作福利为通事送裴世清等回隋朝。当时的日本国书很简单，大意如下："东天皇敬白西皇帝。使者裴世清等来送，知道了您的近况。秋色渐浓，您起居如何？我这里和往常没有什么两样。这次派大礼苏因高、大礼乎那利等为使者。"值此之际，倭汉直福因、奈罗译语惠明、高向汉人玄理、新汉人大国等作为留学生，新汉人僧旻、南渊汉人请安、志贺汉人惠隐、汉人广齐等作为学问僧，共八个留学生和僧人随着小野妹子一同前往隋朝。推古天皇十七年九月，小野妹子完成任务回到日本。而通事鞍作福利则没有回来。

就隋朝的两个使者，中国古书上也做了详细的记述，讲了裴世清从难波进入京师拜谒天皇一事。隋书中如下写道："裴世清一到南岸，倭王让小德阿备台带领数百人摆设仪仗、鸣鼓角来欢迎。十日之后又让大礼可多毗邻率领二百骑进行郊劳。一进入国郡，王接见裴世清，大悦，说早就听说海西有礼仪之国，就派人去朝贡。裴世清称颂本国皇帝，将王化布于四海是皇帝的理想，因此遣使。不久裴世清告假。日本国王设宴隆重招待，再次派使者陪着裴世清贡方物。然而，之后朝贡断绝。"但《日本书纪》中记载有推古天皇二十二年六月，犬上三田耜、矢田部道被派到隋朝这一内容。此外，在隋书的记载中有"阿蒙台"字样，大概是指来难波迎接的大河内直糠手，而可多毗邻是指在海石榴市致欢迎辞的额田部比罗夫。《北史》的记载与隋书相同。因此，这些内容都是根据确实的史料写的，可信度较高。

从日本和中国的相关记载可以推测，圣德太子是为了引进中国的学问艺术以及将留学生及留学僧派到中国而派遣的使者。但在两国的记录中，都没有出现圣德太子的名字。据久米邦武博士讲，阿每多利思比孤是对男人的称呼。因此，起初圣德太子以个人名义派使者，接着推古天皇正式派使者。因此，推古天皇八年遣使一事或许在日本国史上给遗漏了。这样看来，与由于失误而导致推古天皇十五年的事实重复记录这一说法相比，这样更符合逻辑。总之在此之后，通过派遣使者，此前通过朝鲜半岛间接输入的中国文化开始直接输入日本。

那个时代的中日之间的航线恐怕是从筑紫经任那到百济，再从百济沿着海岸线到山东角。古代中日之间的交通路线有南线和北线两条。南线为从九州西航到扬子江口。北线沿朝鲜半岛北航，横穿渤海湾口在山东半岛登陆。《续日本纪》将南线称作南路，将北线写作北路。推古天皇时期的海路应该是选择了北线。

中国海的信风四月到九月北上，十月到来年三月南下。如果利用这一信风的话，中日之间的交流就比较容易。知道这一点是后世的事情。起初人们不知道这一点，沿用了朝鲜民众到中国的海路。在被忘却的遥远的年代，肯定有一条横穿黄海从中国中部直接到日本的航线。但当时的人们已经忘了历史上的这条航线。比起南线，人们选择了北线。这样理解更妥当。而今，隋朝使者裴世清经由都斯马①、一支②到达竹斯③，从日本的秦王国经十几个国家到达海岸。海岸大概是指难波。这一往路不久就是归路，因此可以看作是中日之间的交通路线。

第7节　日本和其他异族的交往

当时，在史前时期移居日本列岛的原阿伊努族或民族融合或灭亡或逃亡，

---

① 即对马。——原注
② 即壹岐。——原注
③ 即筑紫。——原注

在西南部已经不见了踪影，以东北部为他们的根据地，过着本来的狩猎生活。他们主要占据本州脊梁山脉的东倾斜面。然而，继阿伊努族之后首次移居东北部的通古斯族南下和第二次移居的同族形成了一个混合社会群。其中很多是占据了本来的居住地，继续过着捕鱼和狩猎的经济生活。他们的根据地主要是脊梁山脉的西倾斜面。

就原来的阿伊努族而言，自从他们的祖先移居这里以来，由于没有后继者，完全陷于孤立的状态。但第一次移居的通古斯族有隔年一点一点移居来的后继者。虽然经过了久远的历史年代，这些后继者断断续续通过这条航线渡过日本海，来到这里。钦明天皇五年十二月，肃慎人乘船来到佐渡的御名部①的岸边。他们在春夏期间捕鱼为食。岛民将他们称作"鬼"，不敢接近这群人。不久，这群人开始掠夺，又移居濑河浦，因为口渴要喝濑河浦里的水，死了大半。骨头堆积在岩角。《日本书纪》记载称民间将此称作"肃慎隈"。从这一记载可以推测通古斯族的一群人在捕鱼季节乘船来到佐渡，苦于粮食缺乏而开始掠夺。日本海的海流很容易将他们送到佐渡。这样的移居自古以来不断进行。但长期的地理上的隔离产生了语言上的分歧，导致风俗各异。因此，佐渡的居民无法辨别他们是同一种族的人群。与之类似的漂流或者移居经常有，但因为居民心生畏惧不敢接近他们，而他们和国造、郡司也不太打交道，因而历史上没有记载。但在日本海岸的洞穴里经常发现人骨。这些洞穴大概是肃慎人埋葬死亡者的遗址。越中冰见的洞穴、北海道手宫的洞穴，就其性质而言都属于这类遗址。

原来的日本人或与其他民族混血或者保持着较纯的血统，但自移居以来，经过沧桑岁月，最终形成一种新的日本人。由于混血、环境及其他原因，新来的通古斯人和原来的阿伊努人在体质和文化上发生变化。他们逐渐接近现在的阿伊努人。在日本人眼中，他们是类似于鬼的异族人，像怪物似的野蛮人。以前的历史学家一说起虾夷就认为他们是阿伊努人。但严格地查阅一下古代的记录就可以发现，阿伊努人中当然也包括与世隔绝的吉列克族，以及通古斯族中的沃洛克族。

---

① 今鹫崎。——原注

针对这些东北部的异族，大和政府的方针是威压、怀柔两种政策并用，想逐渐同化他们。以武力征讨他们的事情出现在日本武尊的东夷征讨故事中，在日本国史中也有记录。以利益和名誉来怀柔他们这一点可以通过授予酋长"恩荷"爵位这件事情得到证明。起初他们激烈反抗，但逐渐失去势力，开始归顺。这种案例增多后，大和政府就主要采取怀柔政策了。即便只看一下钦明天皇元年虾夷和隼人内附归顺大和朝廷这个记载就可以推测政府对异族人的政策大体就是如此。

　　隼人是从南方来的移民，住在以萨摩、大隅地区为中心的先岛群岛，和今天的印度尼西亚人的祖先是同一人种，但他们的文化与日本原住民有相当大的不同。长期以来，两个人种间战争频仍。即便史前时期结束，有史时期开始，他们仍然不能和日本人和谐相处，被作为劣等的异族人对待。其中部分人武力逐渐衰落，最终归顺大和，成为所谓的"熟蕃"，被迁至畿内地区，从事一种特定的职业。毋庸赘言，他们居住的中心是萨摩和大隅。萨摩的隼人从属于阿多的酋长。大隅的隼人从属于大隅的酋长。他们过着原始的群居生活。在那个时期，朝廷对他们实施和其他地方不同的方针政策。这是整个飞鸟时代直至宁乐时代甚至到平安时代都实施的政策。长久以来，政府千方百计努力同化这一异族，为统治他们可谓绞尽脑汁。以下传说可以证明：景行天皇征讨萨摩大隅二国，封其酋长为国造，并赐"日佐"这个姓给这些酋长，而仁德天皇时期封他们为"直"。

　　在归顺、被同化之前，隼人最活跃的时代是飞鸟时代。那时他们还在使用本民族的语言。因为持续收集了同一时期以来的隼人语的字典散佚，所以我们无法了解其中的详情。但找出残存在古书中的两三个例子并非不可能。据古书记载，大隅隼人酋长的姓是"日佐"，在《姓氏录》中写作"译氏"，与日本国语中"通译"的含义一致。将这个词与马来语比较，可以发现它与具有"通译"含义的**bahasa**是一致的。此外，据记载，隼人将海中的沙洲称作"必至里"。很明显，这与具有"砂"的含义的马来语的**pasir**是一致的。仅从这两个词就可以看出，隼人和日本人语言不同，不易被同化。同时，他们屡屡发动叛乱。看到这些，我们可以推测政府对隼人的威压年年增强。尽管大多数隼人归顺了，但一部分顽固分子依然采取对抗态度。

第8节 时代的代表圣德太子

代表佛教文化浸润日本时期的伟人是圣德太子。圣德太子的一生大多数时间充满传奇色彩,结果连当时的人们都感到惊异,将他作为崇敬的对象、憧憬的焦点。如果没有他的指导,飞鸟时代或许不会得到那样的发展,日本历史或许也不会以此为转折点。

圣德太子是用明天皇的第二个儿子。他的母后是钦明天皇的皇女穴太部间人皇女。父母的关系是异母兄妹。在今天看来,这属于很严重的近亲结婚,但在当时这是个司空见惯的现象。圣德太子叫厩户皇子。名字的缘起如下:他的母后行将分娩之日巡视宫中,来到马官那里,在马厩旁边突然动了胎气,于是胎内孩儿就出生了。关于圣德太子的生日,众说纷纭。笔者认为应该是敏达天皇三年。传说,圣德太子一生下来就能说话,还能辨事物,到了壮年能够分辨出十个人同时讲话的内容,因而又称丰聪耳命,受到父皇用明天皇宠爱。用明天皇让他住在宫南的上宫,因而他又被称上宫太子。

圣德太子一生的事业涉及多个领域。据《日本书纪》记载,十四岁时,圣德太子和苏我马子一起参加了讨伐物部守屋的战斗。推古天皇元年四月,圣德太子被立为皇太子,二十岁时开始处理政务。从幼年开始,无论在朝堂还是民间,圣德太子口碑都很好。人们都对他寄予厚望,因而出现种种传说。建造四天王寺是在推古天皇元年。当时圣德太子崇佛之念非常虔诚。父皇用明天皇当然也是虔诚的佛教徒。周围佛教信徒很多,因而圣德太子逐渐受到这一氛围感化。推古天皇二年,推古天皇向以圣德太子为首的众卿下达了兴隆三宝的敕语。大官们都竞相建造佛殿。推古天皇三年五月,高句丽来的惠慈归化日本,被圣德太子拜为老师。此外,圣德太子还聘博士觉哥,跟他学习儒学。除佛典外,圣德太子还研究《易经》《诗经》《书经》《春秋》等,甚至读天文地理之书。圣德太子屡屡请教惠慈问题。老师惠慈答不上来的,圣德太子就自己研究,然后再次请教老师。

圣德太子佛学造诣很深这一点可以从他撰写了《胜鬘经疏》《维摩经疏》《法华经疏》《观音经疏》等古文书这一事实推知。汉学造诣很深这一点可以从他亲自撰写《十七条宪法》这一点得到印证。《十七条宪法》引用大量汉语书籍，并且浑然一体，毫无补缀痕迹。如果没有相当深厚的学识和手腕是写不出这样的内容的。某个史学家评论圣德太子的文章说："汉文非常好，甚至中国人都不能匹敌，带有汉魏遗风，文体庄重。"这一评价非常公允。

《十七条宪法》中引用了不少故文成句。《书纪通证》一一指出这一点。最近一个史学家就此发表了论文，称圣德太子在起草《十七条宪法》之际参考的书有《论语》《千字文》《管子》《中庸》《说苑》《韩诗外传》《左传》《书经》《诗经》《庄子》《史记》《孟子》《文选》等。其中参考最多的是《管子》。文章四字句最多，接着是七字句，前者占百分之八十，后者占百分之九。其他五字句占百分之六，三字句占百分之三，六字句占百分之二。可以看出，圣德太子在用词的配置上煞费心机，避免骈俪浮华。

《十七条宪法》是推古天皇十二年四月制定的。同年正月，圣德太子制定了冠位制度。此同时，圣德太子也是为了符合甲子革令思想而制定了冠位制度。这确实是事实。但圣德太子胸中的志向是通过制定这些新的制度明确君臣之分，压制跋扈的大氏族。圣德太子的祖母、父母双方都是出自苏我氏。父母都是皇族出身，有着浓厚的皇族血缘。因此，圣德太子的地位正好适合排斥轻蔑皇室的人。圣德太子本人也纳苏我马子的女儿刀自古郎女为妃，生下山背大兄王、财王、日置王、片冈女王等。圣德太子的正妃是在敏达天皇和推古天皇之间出生的尾张皇子的女儿橘大郎女，生了白发部王、手岛女王一男一女。圣德太子另外又纳膳部菩岐岐美郎女为妃，生下春米女王、长谷王、久波太女王、波止利女王、三枝王、伊止志古王、麻吕古王、马屋古女王。这样一来，圣德太子和苏我氏有着割舍不断的关系，但看到苏我氏跋扈又不能不过问。圣德太子以前曾经参与消灭顽陋、强暴的物部氏、中臣氏。这些强大的氏族灭亡后，苏我氏的势力日益强大。推古天皇的母亲是苏我稻目之女苏我坚盐媛。苏我马子是推古天皇的舅父，关系密切。在推古天皇二十年正月的酒宴上，推古天皇赐苏我马子和歌："苏我真威武，苏我子嗣多，马是日向驹，太刀吴真锉"，对自己的长辈苏我氏眷顾有加。圣德太子离世后，苏我马子逼迫推古天皇将皇室直属的葛城县赐给他，称"葛城是苏我家族的籍贯所在地，一定要赐给我"。对此，推古天皇答复："朕是苏我氏出身，苏我马子是朕的亲叔叔，必须得听叔叔的话。但这个县是皇室历代的直属地，不能给你。如果在朕这一代失去这块地，后面的天皇会说因为一个混蛋妇人当天皇，而失去一个重要的县，那样的话，不仅朕不肖，卿也不免受到不忠的指责。"从这件事上，我们可以想象苏我氏的跋扈有多么严重。为了压制如此横暴的苏我氏一族，圣德太子制定《十七条宪法》，明确君臣之分，将君比作天，将臣比作地，规定臣必须服从君命。

在《十七条宪法》中，圣德太子规定人们必须尊敬三宝。他还尽力保护佛教，但不排斥传统的神祇崇拜。推古天皇十五年，圣德太子以推古天皇之名发出诏敕："自古以来崇敬神祇是皇室的习惯。朕在位期间在祭祀上不能怠惰。"对因新宗教的出现而在归趋上感到迷茫的民众来说，这可以说是为他们指明了方向。

圣德太子一代所建的佛寺有法隆寺、四天王寺、中宫寺、橘寺、峰冈寺、池后寺、葛城寺等七个寺。其中完全荒废的只有葛城寺。前面四个仍然残存。峰冈寺改称广隆寺，池后寺改称法起寺，今天也在起初的位置。也就是说，尽管很多寺院已经废绝，但由于人们仰慕圣德太子的遗德，这些寺院被保存下来。此外，这些寺院绝非乱建的，都是有目的的。譬如四天王寺是根据讨伐物部守屋时的许愿而建的。最近的研究发现，圣德太子安置具备守护国土、降服敌国力量的四天王像，借此祈祷国家的繁荣和福祉的增进。对外国人来说，建造四天王寺的难波是重要的出入口。日本是打算将此地作为征讨朝鲜的策源地。不仅如此，这里还设悲田院、敬田院，开展救济、养老等社会事业。某个宗教史学家说基于外交上的必要而修建了四天王寺。此外，法隆寺是因为做学问而修建的寺院，因此是和今天的学校具有相同意义的设施。

在欢迎新思想、新宗教的人中，在任何时候都有浅薄的好新奇或者沉溺于此的人。这也是人之常情，但圣德太子绝非沉醉于儒教、佛教。他同时致力于维持日本固有的信仰，尽量谋求新的信仰和旧的信仰的调和。在像圣德太子那样注重文化的人中，忘掉军国之事、流于文弱的人很多，但圣德太子绝不赞成这种轻率的态度，他一直注重武力，对朝鲜半岛一直采取积极的彻底的措施。那一时期对朝鲜的传统政策是复兴任那、让新罗屈服。圣德太子摄政期间努力实现这两大目标。第一次征讨新罗是在推古天皇八年二月。朝廷任命境部臣为大将军，率一万多士兵攻陷新罗的五个城。第二次征讨新罗是在推古天皇十年二月，朝廷任命圣德太子的同母弟来目皇子为击新罗将军，率领二万五千大军出征，但途中来目皇子病死。朝廷又补任当麻皇子为将军，但恰逢其夫人死了，当麻皇子返回京师。征讨新罗一事终于中止。无论是来目皇子还是当麻皇子，朝廷都是补任皇族为将军。这说明这些都是圣德太子的英明决断。

在国际关系上，日本和中国的关系一改传统的面目。这也是圣德太子的一个功劳。日本很早就和中国有外交关系，传统上对中国采取称臣的形式。然而圣德太子派小野妹子到隋朝时，送去了对等的国书。隋炀帝大怒说以后不要再上这种无礼的国书。即便如此，隋朝也派来答礼使者，而日本的使者也安全回国。接着，日本第二次又派小野妹子作使者。当时的国书中写着"东天皇敬白西皇帝"，很明显没有忘却对等邦交的意义。圣德太子尽力向日本输入外国文化，但绝没有忘记独立国家的观念向外国屈膝。这里表现出圣德太子英迈的性格。提高日本对中国的国际地位开始于圣德太子时代。此后，日本对中国保持了作为独立国家的地位，并将这一传统永久传到后世。不久，对中国的这一态度就证明了日本民族觉醒的存在。民族的觉醒来自对本国的信赖和矜持。将本国和其他国家区别开来是民族觉醒产生的动因。这样的民族觉醒是在圣德太子的领导下实现的。这一点从圣德太子和苏我马子等一起编纂天皇纪、国纪及臣连伴造国造一百八十部及公民等中可以看出。这是因为国史的编纂是民族觉醒的影子中最浓厚的部分。

同时，我们也不能忘却圣德太子在美术工艺领域的功绩。在飞鸟时期，建筑、雕刻、绘画、音乐取得了长足的进步。这都是在圣德太子的保护和鼓励下实现的。法隆寺是缅怀圣德太子这一丰功伟业的最大的纪念物。在四天王寺和法隆寺保存着古代的舞乐，至今完好，也说明了圣德太子在音乐史上、舞蹈史上的功绩。在中宫寺保留着圣德太子的悲怆纪念物。这就是在圣德太子驾崩时，妃子橘大郎女由于过度悲伤而让人制造的天寿国曼陀罗的绣帐。今天，绣帐已经破损，只剩断片，但笔者从中还能嗅出当时的艺术的芳香。在圣德太子保护下发展起来的雕刻中有不少流传至今。正是因为有这样的艺术上的功绩，圣德太子时至今日还被木匠、瓦匠尊为守护神。圣德太子不仅是佛教的保护者和提倡者，同时也是美术工艺学问的支持者。

推古天皇三十年二月二十二日夜半，对社会做出重大贡献的圣德太子在斑鸠宫驾崩，享年四十九岁。这是在他的母后穴太部间人皇女离世的第二年，以及他的夫人膳部菩岐岐美郎女离世的第二天。祸不单行，以推古天皇为首的皇族愁伤不已。《日本书纪》记录了当时的情况："诸王、诸臣及天下百姓皆悲，如老人失去爱子一般，不知酸甜苦辣之味。年轻人如失去慈父慈母一般，哭泣声满道皆闻。农民辍耕，春米女舍杵，日月失光，天地崩塌。"在人们的眼泪中，圣德太子的遗骸被葬于矶长陵。

在此之前，推古天皇二十三年，圣德太子的老师僧人惠慈已经回到高句丽。听说圣德太子薨去，惠慈悲痛不已，召集众僧举办法会。他当时发誓说："日本的上宫太子是被上天认可的圣人，我虽然和太子国籍不同，但和太子之间有断金之交。太子已死，我一人生有何益？我于来年二月二十二日死，在净土与太子相逢，济度众生。"果如其言，推古天皇三十一年二月二十二日，惠慈高僧离世。这是多么美丽悲怆的约定呀！闻听此事的人们赞美道不仅圣德太子是圣人，惠慈也是圣人。

第3章

政体的改变

第1节 氏族制度的弊端

庶民受到小氏族长压迫，个人的价值是不被认可的。与此同时，小氏族长受到大氏族长压迫，财富和权力都被兼并。前面屡屡讲到这种倾向的产生。因为通古斯族乃至日本人受宗教因素的影响，家人之爱及由此产生的家庭的结合很难以家庭为中心形成或改变为社会、经济的一个单位。这里孕育着氏族制度的一个大弊端。

武内一族中的葛城、平群二氏想要打破势力的均衡，结果自然而然就衰微了，只有苏我氏逐渐繁荣起来。对抗此势力、成为给社会带来平衡的一股势力的是物部、大伴二氏。物部、大伴二氏都是掌管军事的家族。为了与掌管文事的苏我氏抗争，首先要在智力上打败苏我氏。大伴氏忙于对外战争。自从佛教传到日本以来，物部氏就因信仰问题与苏我氏相争，结果以失败告终。物部氏的同盟中臣氏也受物部氏连累失去势力。这样一来，政府的权力被苏我氏垄断。其他氏族无论如何也无法与它对抗。势力的均衡只有势力被分成几支的情况下才能维持。而势力变成一个的话，均衡也就被破坏了，也就搅乱了社会的和平。在神权国家，神的后裔皇室具有至高无上的统治权。正是因为包括庶民和贵族在内的一般民众承认这一点，迄今为止社会秩序才没有遭到破坏。也就是说在那个时期，皇室是统治阶级，民众是被统治阶级。阶级只能分为两个，即便拱卫皇室的贵族拥有财富和权力。就国家的统治权而言，除皇室外没有人能够觊觎这一权力的。然而，贵族中有的是从皇室派生出来的，在血统上虽然有远近之差，但都属于神的后裔，是皇别氏族。基于这一理由，这些贵族达到势力的顶峰、可以和皇室分庭抗礼后，就开始觊觎统治权，或轻慢皇室。即便不这样，它们也会将自己视为与皇室同格。这是理所当然的。苏我氏的情况就是这样。

苏我马子参与了弑杀崇峻天皇。这一点当时的人们都知道，包括推古天皇、圣德太子及其他皇族，没有一个不憎恨苏我马子的行为的。他们肯定有心想除掉苏我马子，但无法消灭打破均衡的苏我马子的势力。当然，贤明的圣德太子一直在寻找机会压制苏我氏。有学者说制定《十七条宪法》的目的之一就是压制苏我氏。但表面上，没有一个人正面和苏我马子挑战。从下述事实中，苏我马子骄奢淫逸、势力强大可见一斑：他在飞鸟川岸边建设豪宅，在院中挖池子堆起小岛。当时的人们称他为"岛大臣"。在他患病时，男女一千人出家为他祈祷病情痊愈。

苏我马子死于推古天皇三十四年。推古天皇三十六年，推古天皇也驾崩了。早在推古天皇二十九年，圣德太子已经驾崩。之后，皇室还没有确定皇太子。临驾崩时，推古天皇将田村皇子叫到枕边，晓谕他继承皇位、抚育民众；又召来圣德太子的儿子山背大兄王说："你还年轻，即便心有所想，要沉下心来听从众言。"此事广为传扬。推古天皇也估计会因为皇位继承问题发生争论，因而为了防患于未然，采取了上述手段。这一遗诏是否是真实的尚无定论。当时的大臣是苏我马子的儿子苏我虾夷，打算立田村皇子。于是，苏我虾夷将群臣召到自己家中宣读遗诏，说"皇位已经确定，谁都不准有异议"。阿倍、大伴、采女、高向、中臣、难波六氏表示赞成，但苏我仓麻吕回避，未置可否。许势、佐伯、纪三氏表示反对，主张应该立山背大兄王。苏我虾夷忌妒圣德太子的声望，当然不希望其子山背大兄王继承皇位。但山背大兄王也相当有威望，因此，苏我虾夷计划以遗诏为后盾强行立田村皇子。

山背大兄王在斑鸠宫听说此事，派使者到苏我虾夷处，问了他对皇位继承的意见。召集群臣商议后，苏我虾夷答复山背大兄王："因为这是遗诏，所以让田村皇子继承皇位"。然而，山背大兄王不认可苏我虾夷等所谓的遗诏的内容，称自己被推古天皇托付国家大事，而这事服侍推古天皇的栗下女王等以及田村皇子本人都是知道的，他要求公布推古天皇下达遗诏的过程的真相。苏我虾夷坚决采用前面说法，毫不动摇。山背大兄王再三派使者陈述自己有意继承皇位。群臣害怕苏我虾夷的威势，采取旁观态度，只有境部摩理势从一开始就主张山背大兄王继承皇位，无论苏我虾夷怎么劝都不听。境部摩理势最后跑到斑鸠宫逗留在泊濑王宫中。山背大兄王劝境部摩理势回去，但境部摩理势说自己没有能去的地方，最终回家待了十几天。苏我虾夷怒不可遏，终于派兵杀了他。凭着自己接受的遗诏，山背大兄王坚信自己应该继承皇位，但苏我虾夷是自己的生母刀自古郎女的兄长，因而他不愿意和舅舅不和睦，决心保持沉默。于是，田村皇子继承皇位，史称"舒明天皇"。

在舒明天皇在位时期，宫中是迷信和乱伦的巢穴。舒明天皇六年，彗星出现，朝野上下一片混乱。舒明天皇七年，剑池开放了一茎二花的瑞莲，朝野上下都认为是吉兆。舒明天皇八年，发生日食，令人恐怖。舒明天皇八年三月，舒明天皇听说有奸淫采女之事，将犯人全部处罚。舒明天皇八年七月，上朝时官员中有懈怠的人。按规定，卯刻登朝、巳刻退朝，却只有丰浦大臣没有遵守命令。丰浦大臣就是苏我虾夷——他在丰浦建了宅子。舒明天皇九年二月，大星从东面流到西面，像打雷一样轰隆作响。人们称这是流星的声音，是地雷，恐惧万分。僧旻法师一脸正色说："这不是流星，是天狗。天狗的吼声类似雷声。"并喝住众人。舒明天皇九年三月，人们又嚷嚷发生了日食。舒明天皇十年七月，大风骤起。舒明天皇十年九月，天下霖雨，桃李开花。从今天的常识来看，这些一点都不足为怪。台风季节刮台风、秋天下霖雨、初冬返春开花，都是自然现象。然而在那个时期，人们认为这是发生大事的前兆，因而感到恐惧、怪异。舒明天皇十一年，无雪雷鸣、大暴风雨、长星出现，使民心动摇。在人心惶惶中，舒明天皇以病弱的身体处理政务，有时去泡温泉，但效果不大。舒明天皇十三年十月，舒明天皇驾崩。

虽然舒明天皇立了中大兄皇子为太子，但中大兄皇子年纪尚幼。于是，皇后宝皇女继承皇位，史称"皇极天皇"。苏我虾夷依然是大臣。实际上由他的儿子苏我入鹿执政。苏我入鹿的权威无人匹敌。当时人们纷纷传扬瑞兆、凶兆。相信的人很多。一天，苏我入鹿的儿子抓住了白雀。不久，有人将白雀放入笼中送给苏我虾夷。这很明显是为了迎合苏我虾夷父子。苏我虾夷志得意满，心骄气傲，在葛城高宫建祖庙，让人跳八佾之舞，还征调众多部曲建造两个坟墓。一个叫大陵，另一个叫小陵。大陵是自己的墓，小陵是苏我入鹿的墓。在今天的暴发户中，生前造墓也很常见。现实主义的人们不能预见未来、想象死后，通过建设物质性的纪念物来确认自己死后的存在。当时苏我虾夷扬言"死后不愿用人"，进而召集属于圣德太子的壬生之民，让他们营建坟墓。圣德太子的女儿上宫大娘姬王听说后愤慨地说："苏我氏的专横与跋扈无以复加。天无二日，国无二王。他凭什么肆意使唤皇室的封民？"将苏我父子恨入骨髓。

　　皇极天皇二年九月，先帝舒明天皇大葬结束。当月，皇极天皇生母吉备姬王患病。皇极天皇尽力昼夜侍奉。在吉备姬王驾崩后，皇极天皇不离左右。然而，祸不单行，皇极天皇已经厌世。皇极天皇二年十月，皇极天皇召集群臣赐宴，咨询让位之事。尽管场合非常重大，但苏我虾夷仍然称病不朝，私自将紫冠授予苏我入鹿，封苏我入鹿为大臣，让苏我入鹿的弟弟称物部大臣。这大概是因为虽然物部氏的嫡系灭亡，但苏我入鹿的祖母是物部守屋的妹妹，因而这样来称呼，希望恢复物部氏家名。由于以前的各种原因，苏我入鹿计划让圣德太子之后远离皇位，让舒明天皇与妃子法提郎女①生的古人大兄皇子作天皇。然而，山背大兄王众望所归。于是，苏我入鹿派巨势德太等到斑鸠宫袭击山背大兄王。奴隶三成和数十个舍人出来拒战，气势甚猛。围攻的士兵退却。在此期间，山背大兄王将马骨扔入内寝，率领妃子和子弟们逃入胆驹山。巨势德太入宫放火，误认为灰中出来的骨头是山背大兄王的，解围而归。五天期间，山背大兄王不吃不喝藏在山里。追随他的三轮文屋君规劝道："暂时躲到深草屯仓，从那里骑马逃到东国。"山背大兄王没有采纳，说"自己发誓十年内不使唤、劳累百姓，不忍因一身之事劳烦万民。如果打仗肯定能胜，战争结束之后，人民会说因为我而失去父母。我心不忍。与其如此，不如舍身固国。这是我的愿望"。不久，苏我入鹿听

---

① 苏我马子的女儿，苏我入鹿的姑姑。——原注

说山背大兄王还活着，大吃一惊，于是派讨伐军进山。山背大兄王从山上回到法隆寺。法隆寺周围布满军兵。山背大兄王派三轮文屋君到敌军中说："明知举兵进攻入鹿会得胜，但因为一身之故害百姓并非本意，因此将我交给入鹿吧。"说完，山背大兄王和子弟妃妾一起自缢而死。传闻当时五色幡盖在空中发光，人们能听到种种伎乐。就连苏我虾夷也听到了，骂苏我入鹿："混蛋，你的暴虐行为到何时才能收手。你危险将至。"

山背大兄王采取的方式乍一看没骨气，但作为以佛教慈悲为信仰中心的山背大兄王而言，这并非不是好策略。果然，正如他预期的那样，人们对山背大兄王及其一族表示同情。反抗苏我氏的声音开始强大起来，甚至打倒苏我氏的密谋也开始在暗中进行。

最先密谋的是中臣镰子的第六代孙中臣镰足。中臣代代掌管祭祀，是融合神与人的萨满家族。在佛教传来初期，中臣镰子与儿子中臣胜海极力反对，导致家族危如累卵。这一点前面已经讲过。之后，他们没有被罢免祭祀神祇之官，但摒弃固陋之见，采取与新思潮保持协调的方针，不断顺应大势。皇极天皇三年正月，中臣镰足被任命为神祇伯，但坚辞不受，称病待在三岛家中不出。当时恰巧茅渟王的儿子轻皇子，即皇极天皇的同母弟，患脚疾不能上朝。中臣镰足素与他关系融洽，于是进入轻皇子宫殿，经常侍奉，暗示希望轻皇子继承皇位。轻皇子大喜，认为中臣镰足是有德之人。中臣镰足对苏我氏的专横十分愤慨，常怀匡济社会之志，正在皇族中物色适合共同谋事的人物，结果寄希望于中大兄皇子，即葛城皇子，但没有接近中大兄皇子的机会。有一次，中大兄皇子正在法隆寺玩蹴鞠，结果皮鞋脱落。中臣镰足拾起来给了中大兄皇子，以此为契机和中大兄皇子走得很近，到了能够谈藏在心中不讲于他人的事情的地步。悄悄话容易引人注意。为了避人耳目，在为学儒教而前往南渊先生家途中，贤明的中大兄皇子和中臣镰足并肩密语。二人英雄所见略同。计划的中心已经确定。为了将计划付诸实施，他们需要很多帮手。中臣镰足劝中大兄皇子纳苏我仓山田石川麻吕的女儿为妃，以此和苏我仓山田石川麻吕结为亲密的关系，进而将佐伯子麻吕和葛城稚犬养网田进献给中大兄皇子听用。苏我仓山田石川麻吕虽然属于苏我氏，但和苏我入鹿并没有交往。中臣镰足打算通过联姻与苏我仓山田石川麻吕加深关系。这些人逐渐开始讨论实施计划的手段。

苏我入鹿对此毫不知情。皇极天皇三年十一月，苏我入鹿在甘梼冈建了两处宅院，将父亲的宅院称作宫门，将自己的宅院称作谷宫门，让人将自己的孩子称作王子，并在房子外面设城栅，在门旁建兵库。每个门都有放满水的槽，备有数十根木钩以防火灾。苏我入鹿让膂力过人的人手持兵器守护家门，让五十名士兵当自己的护卫，将随从的卫士称作东方侍从者，将门口的侍卫称作祖子孺者。专门把守两个门的是汉直等。

皇极天皇四年正月，各处听到奇怪的猴子叫声。皇极天皇四年四月，学问僧得志从老虎那里得到一根不可思议的针，不久针又被老虎要了回去。后来他本人在高句丽被毒杀。这个传闻非常怪诞。皇极天皇四年六月八日，中大兄皇子和苏我仓山田石川麻吕商量决定在朝鲜使者进贡的日子举事。皇极天皇四年六月十二日，皇极天皇在大极殿，古人大兄皇子侍座。苏我入鹿天性多疑，总是剑不离身，中臣镰足告诉俳优骗苏我入鹿将剑解下来。于是，在苏我入鹿入座后，苏我仓山田石川麻吕宣读朝鲜的表文，而中大兄皇子命令衙门府一时间锁住十二个宫门，将衙门府聚集在一起赐禄。当表文快要念完时，苏我仓山田石川麻吕的声音有点激动，手也颤抖起来。苏我入鹿问："手为何抖得厉害？"苏我仓山田石川麻吕答道："离大君太近。"突然剑光一闪，苏我入鹿的肩头迸出血来。拿着长枪藏在殿侧的中大兄皇子和接过从箱子里扔过来的剑的佐伯子麻吕一起突然蹿了出来。佐伯子麻吕向苏我入鹿砍去。苏我入鹿吃惊站起。佐伯子麻吕击中苏我入鹿的脚。苏我入鹿摔倒在御座前说："我无罪，希望您调查一下。"皇极天皇向中大兄皇子问事情缘由。中大兄皇子伏在地上说："鞍作觊觎天位，不能让鞍作替代天孙。"于是，皇极天皇进入殿中。佐伯子麻吕和葛城稚犬养网田斩杀了苏我入鹿。苏我入鹿的尸体被横放在下着瓢泼大雨的院子里，盖上了席子。

古人大兄皇子躲到自己的宫殿里锁住门。中大兄皇子进入法隆寺，严加防备。苏我入鹿的尸体被送到苏我虾夷的府邸。汉直等武装起来护卫苏我虾夷。中大兄皇子遣使向他们陈述君臣大义。于是，他们扔弓解剑，全部解散了。皇极天皇四年六月十四日，苏我虾夷伏诛。当时，苏我虾夷烧了《天皇记》《国记》等种种珍宝。船史惠尺取出烧剩下的国记，献给中大兄皇子。皇极天皇四年六月十五日，皇极天皇让位于轻皇子，史称"孝德天皇"，立中大兄皇子为皇太子。

这真是一场惨剧。如果不发生这样的政变，根深蒂固的阀族的人情政治是无法从根本上颠覆的。因为有具备忍苦、勇气、胆力和智慧的中臣镰足这样的人杰帮助中大兄皇子，中大兄皇子才能打倒权势熏天的苏我入鹿父子。此举堪称壮举。在得到结果前，志士们长期以来苦心思谋，一直在筹备，终于除掉了扰乱社会和平、秩序的大氏族，维护了皇室的稳定和权力的均衡。中大兄皇子和中臣镰足的功劳之大不言而喻。但根本原因之一是氏族制度的弊端达到了顶峰，到了非崩溃不可的时候了。最近，某个文明史家列举了苏我氏被打倒的三个原因："第一，驱逐强势的苏我氏对皇室的权力的发展是绝对必要的；第二，苏我氏在失去了对抗势力之后，因为内讧开始分裂。最后，皇位继承之争与上述两个原因结合在一起。舒明天皇的长子中大兄皇子当然是皇太子的候选人，但其生母皇极天皇并非苏我氏所出，所以他有可能不被列为皇位继承人。"可以说这个观察切中肯綮。总而言之，政变改变了腐败的社会人心，成为出现新型的、鲜活的政治体制和社会组织的契机。

第2节 大化改新

为了改造社会而打倒阀族的元勋中大兄皇子之所以没有继承皇位是因为中臣镰足的劝阻。皇极天皇本打算让位给中大兄皇子，但中大兄皇子不受，因而让位于轻皇子。轻皇子也坚辞不受，举荐古人大兄皇子。于是，皇极天皇传旨给古人大兄皇子，但古人大兄皇子也坚决不受，解下佩刀，入法隆寺剃发。古人大兄和中大兄皇子一样，也是舒明天皇的皇子，但生母是苏我马子的女儿法提郎女，因此，他明白现在不是自己出头的时机，断然采取了这样的措施。于是，轻皇子不得已登上皇位。

即位之初，孝德天皇就废除了大臣大连二巨头执政的体制，新制定了三头执政制度，任命阿倍内麻吕为左大臣，任命苏我仓山田石川麻吕为右大臣，任命中臣镰足为内臣，授予僧旻和高向玄理国博士头衔。这就是大化改新的第一步。孝德天皇和皇极天皇的皇太子一起将群臣召集在大槻树下，让他们发誓"君无二政，臣无二朝"，并首次制定年号，称作大化，将皇极天皇四年定为大化元年。这就是大化改新的第二步。此外，孝德天皇给百济使者佐平缘福下诏，斥责道："任那是我日本赐给百济的，尽管如此百济还是违背诏书，划定界限，并且在朝贡方面怠惰。"这个对外强硬政策可以算作大化改新的第三步。孝德天皇又下诏两位大臣："政治应以信为本，应该采取众议而统治民众的方法。"他派官吏到尾张和美浓征收神币，明确了政治要以祭祀神祇为根本的宗旨。在传统的神权国家，朝廷如果不尊重这样的旧习惯，就不能得到一般民众的承认。这是大化改新的第四步。

大化元年八月五日，孝德天皇召集东部日本的国司们，明确施政方针，逐渐废除土地私有，巩固国家的财政基础，以创造民众福祉的源泉，并为实施这一计划做准备。现将这一天的诏敕摘录如下：

一、制作户籍，校正田亩；

二、国司不得任意审案，不得收取贿赂，不得在公务之外征发马匹物资；

三、不得将欺世盗名者举荐为国造、伴造、稻置等；

四、造兵库，收藏国内武器。

上述措施是大化改新的第五步。此外，孝德天皇重视将民众从压抑中解放出来，在朝廷设置钟一鼎，民众记录想要控诉的事情放在里面，撞钟通知他人。这是一个非常方便的做法。同时，孝德天皇还制定了婚姻和家系继承制度，还制定了僧侣制度，设定十师来指导僧众。此外，孝德天皇宣旨在建造寺院之际，国家补贴相关费用。这些可以看作大化改新的第六步。

在法隆寺剃发后，古人大兄皇子称要为孝德天皇修佛事，进了吉野山。大化元年九月，古人大兄皇子和苏我田口川掘、物部朴井椎子、吉备笠等共谋叛乱。因此，中大兄皇子派兵讨伐。孝德天皇收集散落在诸国的武器，储藏在一定的场所，由此来集中国家的兵权。这一企图让古人大兄皇子颇感不安。或许因为古人大兄皇子已经有谋反的形迹，而朝廷感觉到危险，因此才收缴武器。到底是怎么回事不清楚，但事件的进行过程和后来的大海人皇子的举兵有相似之处。

平定叛乱后，孝德天皇派官吏到各国调查人口，公布敕令，明令禁止臣、连、国造、伴造们驱使名下的人民，侵占公地作为私地实行兼并，怠惰调赋，获取不当利益并以此来修建房屋、庭院。因此，农民等非常高兴。这可以看作大化改新的第七步。

大化元年十二月，首都从飞鸟迁到难波的大郡。这一迁都改变了政体，改造了社会，使人心一新。效果很明显。这是大化改新的第八步。这些改新措施，是由中大兄皇子和中臣镰足协商后制定方案，然后付诸实施的。终于，大规模改革的时机已经成熟。大化二年正月，贺正之礼一结束，朝廷就公布改新的大诏：其一，皇族的子代之民及屯仓、贵族或良家的部曲之民及田庄被废除，取而代之的是赐予大夫以上食封，赐予官吏、庶民布帛；其二，修建京师，规定畿内的国司、郡司，设立关塞、斥候、防人、驿马、传马；其三，制定户籍、记账、班田收授之法；其四，取消旧有的赋役，制定新的征收法。现在就此进行详述，弄清楚为何采取这些新措施。

一、土地国有和解放私民

第一个政纲就是解放私民。从统治民众的角度来看，这极其重要。当时天皇有屯仓，皇后有名代部，皇子有子代部、乳部，都有土地和民众附属。这些土地被称为屯田，而民众被称为部民。国造、稻置、县主、村主等官僚式及社会式首长私有土地，臣、连、伴造等大小氏族长私有民众，将这些土地称作田庄，将民众称作部曲。朝廷废除这些私有土地归国有，废除私民，称为公民。这是四大政纲之一，也就是要实行土地人民的国有制度，将民众从奴隶的境地中解放出来，放在平等的地位上。食封、布帛就是作为返还既得权益的补偿而分别给予不同阶级的民众。在明治时期的废藩之际，用领地换得秩禄公债与此性质相同。

二、行政区划和交通制度

在第二个政纲中包含着种种项目，总而言之归为两点，即将全国分为畿内和畿外。前者称作内国，后者称作外国。畿内是接近京师的地方。就畿内四面的疆界而言，东至名垦的横河，南到纪伊的兄山，西到赤石的栉渊，北到近江的狭狭波合坂山，以难波为中心画了一个圆。京师每坊都设长一人，四坊设令一人，负责户口的调查和犯罪的督察。坊令在坊内有明廉强直的名声。朝廷任用能堪时势者。里坊之长则在里坊的人民中简拔，选择清廉强干者任用。如果某个里坊没有这样的人，那么从其他里坊选择合适的人也可以。国郡制度以里为一个单位，三个里以上至四十个里为一个郡。三十个里至四十个里为大郡，三个里至三十个里为中郡，三个里以下为小郡。郡司是在国造中选择性识清廉能堪时势者而举荐，任大领少领。另外强干聪敏能堪算笔者任主政主账。统辖这些人的是国司。诸国设关塞、斥候、防人、驿马、传马，造铃契便于任用。铃契由国及关的长官掌管。如果没有长官，由次官掌管。

三、调查户口和测量耕地

第三个政纲是造户籍、账簿。以五十户为一里，每里设长一人，让他督促户口的按检、奖励农桑、检察违法现象。根据这些民众的户口，朝廷分配国有土地让他们耕种，称"班田收授"。计算田地，以长三十步、宽十二步为一段，十段为一町。每段纳稻租二束二把，每町纳租二十二束。但在土地偏远、人口稀薄的地方，可以便宜处置。古代田的计算以"代"为单位。一代用高丽尺为五六尺平方。大化时期的一步为高丽尺的五尺平方，可以收获大升米一升、籾二升。因此，一段三百六十步可收大升米三石六斗或籾七石二斗。这些班田根据户籍和记账，每六年进行收授。男子一人各二段，女子一人为男子的三分之二，以户为单位班授，让他们耕作。因此称为口分田。一段的收获量用当时的税率束把来表示。一束为籾一斗或米五升。因此，从一段七十二束，即七石二斗中减去稻租二束二把，即二斗二升，实际收入为六十九束八把，即六石九斗八升。但这些是正税。此外还以种种形式征收附加税。

四、庸调新制

第四个政纲就是废除旧有赋税，课以新的田调和户调。田调有绢、絁、布三种。产地不同上纳的东西也不同。绢为一町一丈，四町为一匹。絁为一町二丈，二町一匹。布为一町一匹。一匹的长度为四尺，宽为二尺半。就每户的调而言，每户要上交布一丈二尺，以调的副产品盐势等为附加税。就官马而言，每一百户上缴中马一匹。如果是上等马的话，每二百户上缴一匹，而一户还需要交布一丈二尺。士兵每人要交刀、甲、弓、箭、幡、鼓。本来每三十户出一个仕丁，而今改为每五十户出一个仕丁，以供郡司使唤。这些仕丁一人的饭费由五十户来负担。一户纳布一丈二尺、米五斗。此外，郡的少领以上其姐妹容貌端正的，配从丁一人、侍女二人上贡。费用让一百户来支付。每户的庸布、庸米和仕丁相同。

这些新政纲完全无视旧有习惯，属于激进的改革，其实是建立了原来完全没有的新制度。稍微有些唐突也是不得已的。这一新的施政方针主要是模仿了隋唐的制度，但也参酌了原来的旧习惯，大体上属于创新。通过这些措施，政府在政治上真正形成了中央集权，在经济上建立了国有制度。上述第一条的一半和第三条是同一个目的，都要实行土地国有。第一条的另外一半和第四条也是一致的，是承认民众权利的平等。本来没有解放奴婢，但禁止贵族和良家对私民的所有就是尊重个性的一个表现。为了实现统治机构的顺利运行，设定了有机的行政区划，以此来兼顾国防和交通的安全。采用废除世袭官吏、录用人才的措施。这是经济上的一大变革，使朝野弥漫着不安的气氛。这也是情有可原的。中大兄皇子率先将部民五百二十四口、屯仓一百八十一个奉还朝廷。目的是牺牲个人来为众人垂范。计划虽然很周到，但过于理想化，不符合实际情况。因此，在实施后不久，又复旧如初。有的完全没有实施。总而言之，大化改新看起来只是政治体制的改革，但实际上是社会组织的再造，彻底摧毁了建国以来的氏族制度。然而从经济上、宗教上、社会上，不可能不发生某种形式的反弹。这是一种趋势。

大化三年，朝廷制定七色、十三阶的冠制，废除了以前推古天皇时期圣德太子制定的相关制度。新制度规定第一种为织冠，有大小二阶，以织做成，以绣缝其帽檐，颜色都是深紫；第二种是绣冠，分大小二阶，用绣做成，用绣缝其帽檐，颜色和衣服相同，都是深紫；第三种是紫冠，材料是织，颜色是浅紫色；第四种是锦冠，颜色为真绯；第五种是清冠，颜色是藏青色；第六种是黑冠，颜色是绿色。以上都有大小二阶；第七种是建武冠，用黑绢做成，在帽檐上缝上藏青色布，在冠背上拉上涂漆的罗。小锦冠以上装饰金银钿。大小青冠装饰银。大小黑冠的钿用铜制作。建武冠上没有钿。在大会、飨礼等典礼时，官员要戴冠。

大化四年四月，朝廷废除旧冠。大化五年二月，朝廷制定十九阶冠。第一等为大小织。后面依次为大小绣、大小紫、大华上、大华下、小华上、小华下、大山上、大山下、小山上、小山下、大乙上、大乙下、小乙上、小乙下，最后一级称立身。

还是在大化五年二月，孝德天皇下诏博士高向玄理和僧旻设立八省。这也是模仿唐朝的官制，详细情况不明。大化五年三月十七日，大臣阿倍内麻吕死。孝德天皇、中大兄皇子和公卿等哀痛不已。大化五年三月二十四日，苏我日向密告皇太子中大兄皇子："大臣苏我仓山田石川麻吕要暗杀皇太子。"中大兄皇子信以为真，上奏孝德天皇。孝德天皇两次派三国麻吕等调查反状。苏我仓山田石川麻吕两次都说想在孝德天皇面前解释具体情况。孝德天皇派兵围住苏我仓山田石川麻吕宅邸。苏我仓山田石川麻吕带着二子逃到了倭国。为了在那里造寺，苏我仓山田石川麻吕长子兴志一直在那里，称"既然如此，还不如反击"。苏我仓山田石川麻吕制止他说："我本人没有不臣之心。这个寺也是为天皇修建的。我被苏我日向进了谗言才遭此厄运。死也不能舍去忠义。"说完，苏我仓山田石川麻吕自缢而死。妻儿八人也为苏我仓山田石川麻吕殉死。讨伐的军队空手而回。不久，田口筑紫、耳梨道德等也被牵连进去，被抓了起来，或被杀，或被流放。之后，朝廷没收苏我仓山田石川麻吕的资财进行调查，发现上面写着"皇太子御书""皇太子御物"等。中大兄皇子这才明白苏我仓山田石川麻吕的内心想法，十分后悔。当日拜苏我日向为筑紫太宰帅，带有惩罚的意味。皇太子妃远智娘是苏我仓山田石川麻吕的女儿，因此伤心而死。这是国史中记载的内容。阿倍内麻吕刚死不久，按理说苏我仓山田石川麻吕是不可能谋反的，但聪明的中大兄皇子信以为真。这令人匪夷所思。或者是中大兄皇子就想利用谗言除掉以元勋自居的苏我仓山田石川麻吕也未可知。总而言之，因为这一事变，大化五年四月，巨势德太任左大臣，大伴长德任右大臣。重臣的成员都换了新人。苏我氏一派和大伴氏一派取得了均衡。

这样推理的确也有风险，但白雉四年皇太子中大兄皇子和皇祖母、皇后间人皇女去了飞鸟的河边行宫，群臣大多数也随中大兄皇子迁了回去。宫中侍奉孝德天皇的人很少。这是孝德天皇没有采纳中大兄皇子迁都的建议造成的。结果一时间孝德天皇大怒，甚至想过退位。从这一点来看，老谋深算的中大兄皇子为了皇室不惜干出稍微残忍的事情。这样想也不是没有道理的。

大化五年二月，穴户国有人献上白雉，因此改元白雉，实行大赦，免除穴户国今后三年的调役。白雉二年三月，朝廷制成丈六绣像。白雉二年十二月，在味经宫，朝廷让二千一百僧尼诵《一切经》，又在朝廷上点上灯明，让僧尼读经。皇室作为佛教虔诚的皈依者，这是理所当然的。但由于将精力都集中在佛教上，轻视神道，朝廷竟然让人砍伐生国魂神社的树。

白雉二年，孝德天皇从大郡迁往长柄丰碕的新宫。白雉三年，朝廷结束了第二次班田。当时改革了大化的田制。规定田长三十步为一段，十段为一町。每段稻租一束半，每町十五束。还造了户籍，以五十户为一里，每里设长一人，户主以家长而充之。户五家相保，设一个长，相互监督，勿使为非作歹。

白雉五年正月，孝德天皇授予中臣镰足紫冠，并且增加封户。大概在白雉五年秋末，孝德天皇患病。白雉五年十月初，中大兄皇子陪着皇祖母、皇后间人皇女从飞鸟行宫迁回难波宫。不久，白雉五年十月十日，孝德天皇驾崩。白雉五年十二月，革政名誉集于一身的孝德天皇的遗骸葬于大阪矶长陵。中大兄皇子再次迁回河边行宫。孝德天皇这一代虽然短促，却是个充满活力的华丽的一代。

第3节 民众生活的概况

随着小国家被统一到大国家，中央集权产生。政府对民众的统治逐渐定型。正是在那个时期，日本出现恶用官权、谋求私利的官吏。当出现这些官吏的时候，民众就成了牺牲品。大化前后就是统治阶级开始剥削被统治阶级的时候。每年从地方派到中央政府的朝集使对这些非法剥削进行详细陈述。大化二年，东国朝集使聚集一堂，上奏各种各样的违法事件。下面举几个例子说明：

国司穗积咋从每户百姓那里索取若干物资，后来后悔了，又还回去一些，仍然获利若干。而他的"介"，即助手富制臣以及巨势臣都不愿匡正国司的不法行为。巨势德祢不仅对民众横征暴敛，甚至还夺取田部的马。也就是说，不仅不匡正恶政，还为自己的利益去夺国造的马。纪麻利耆拖之流遣使到朝仓君和井上君那里牵马，从朝仓君那里夺了刀、弓、布。国造送给国司财务作封口费。共牟私利者也不少。

  关于通过索求、掠夺、榨取获得的财富，官僚过着怎样奢侈的生活这一点，虽然详情不明，但从葬礼很奢侈这一点可以推及其他。就墓而言，在民地起坟、封土、栽树，棺材上涂漆，里面放上金银铜铁，让死者的口中含珠玉，身上穿着豪华的衣服，不一而足。还有让人、马殉葬的。给官僚的奢侈生活提供资源的都是农民。在氏族是社会上、经济上的一个单位的时期，个人的存在几乎完全被忘却，而只有群体。他们中没有彼此，过着公平无私、机会均等的生活。个性没有觉醒的自然民众对这样的生活感到满足并感恩。然而，当在原来的首长以外被任命了官选的首长时，民众的义务成为双重的。除了血缘上的首长之外，还要对社会上的首长付出劳动和缴纳物资作为租税。这非常不幸。统治阶级和被统治阶级之间的反目、不平就是从那个时期开始酝酿的。

  在日本古代，社会是家族制度的延长，而宗教是神权信仰的延长。政治当然要以慈悲仁爱为基础。因此，在传说、神话中，酋长总是富于宽容之德和仁慈之性，与在其他国家的古代史上看到的具有暴戾和残忍的恶劣性质的酋长有所不同。

  在传说史上，天皇是继承了天神系统的神裔。在性格上，天皇与其说是人，不如说更接近于神，被描绘成慈悲和仁爱的化身。只有一个例外是武烈天皇的：传说他剖开孕妇的肚子要看胎儿；让人徒手挖红薯，结果指甲都掉了；将人投入池桶中，用水将他们冲到外边，在水流出来时用三刃矛将他们刺死，以此为乐；让人爬树，然后再拉弓将那人射落，看到这个大笑；让女人脱光衣服坐在板子上，牵来公马、母马，让它们交尾，如果女人起了淫荡之心，就杀掉她，如果不起淫荡之心，就没为官婢，以此为乐。本来这些事情只不过是传说、故事而已，但必然有给这些传说故事输送营养的根。笔者推测这根就是某一时期帝王的残虐行为。可以将这种传说作为一种疯狂病来看待,而这种疯狂并不会让人有太多的恶感。但作为刑罚,上述做法不免太残忍、暴虐。这说明那个时期野蛮时代的影响依然残存。下面举一个残忍刑罚的例子,即将奸夫淫妇的四肢绑在木头上,架上火,将他们活活烧死。

从相关记录来看,那个时期民众的社会组织中还存在着比较完整的氏族制度。在拱卫皇室的皇族之间有秩序,在同族团体中存在着完美的制度。到了地方上还残留着图腾信仰的痕迹。虽然接近畿内的地方文化相当发达,但在偏远的畿外各国,民众依然没有脱离自然民众的程度。日本流传着一个耐人寻味的传说。美浓国有一个狐直家族。这个家族的族人相信他们的祖先是狐狸变的。据族人的家训记载,在钦明天皇时期,一个美浓大野郡的人为了娶妻而外出寻觅。一天在过旷野时,他遇到一个美丽的姑娘。姑娘含情脉脉地看了男子一眼,而男子也觉着这个姑娘可爱,于是就吐露爱慕之意,终于将姑娘带回家中,结为夫妻。不久,他们生了一个男孩。然而,也是在那时出生的小狗不断冲妻子狂吠。妻子对丈夫说:"打死那条狗。"但丈夫慈悲心肠,不愿这么做。就这样过了一两个月。在春天的某一天,妻子让稻春女等准备午饭,进入了磨房。狗仔向她扑来。她又惊又怕,现出狐狸原形,跳到篱笆上。丈夫吃了一惊,但和她已经生了孩子,并且还是有感情的,说道:"希望你还像往常一样将孩子养大。"于是,狐狸妻子每日来访,养育孩子。他们给孩子起名歧都祢,姓狐直。据说歧都祢力气很大,奔跑时像鸟飞一样。笔者认为这一传说并非子虚乌有。美浓有这样的家族,因而人们才将他们编进了故事。这很明显是一种图腾信仰。图腾的名字就是狐,后人却将祖先当作狐狸。取动物名做人名称得上是暗示图腾信仰存在的一个旁证。名叫鲫鱼、金枪鱼、鳄、野猪、鱼类、鸟类、兽类的男女不少。古代民众对动物有亲近感。即便如此,人名中的动物名很多是图腾崇拜的遗韵所致。

自然民众的生活经常被自然征服。地震、霖雨、大风、冰雹、干旱等,由于这些自然灾害的影响,原始农业受到威胁。人们因为生活不下去,出现了流浪者、饿死者、强盗、窃贼等。下面顺便列举一下推古天皇时期的天灾地变。推古天皇七年四月，日本发生地震，毁坏了很多房屋。推古天皇三十四年三月到推古天皇三十四年七月，淫雨霏霏，田圃颗粒无收。饥饿、疲劳和绝望笼罩在民众头上。年轻人想方设法总算能够糊口，但老人没有办法弄到吃的，只能挖草根充饥。倒在路旁的人不在少数。育儿的母亲本来需要常人一倍的粮食，但饿死是常有的事情。人们能听到咬着死去的母亲的乳头而饿得直哭的孩子的哭声。在这种情况下，忍着不动的话唯有死路一条。一般民众手无一粒粟米，而有的贵族家中粮仓里却存满米麦粟等。能够活下去的唯一办法就是通过抢劫、盗窃来获取粮食。这样一来，强盗在各处兴起。官宪都无法制止。推古天皇三十五年五月，很多苍蝇聚集，在跨越信浓坂坡时发出雷鸣般的声音。推古天皇三十六年四月，天上降了桃子大小的冰雹。多数农作物受灾。旱灾从春天一直持续到夏天。钦明天皇八年，因为干旱而发生饥馑。钦明天皇十年七月，刮起大风，很多房屋倒塌。钦明天皇十年九月，天下雾雨，气温异常的高。桃花、李花返春。这样的自然现象不光对农作物带来危害，还给民众带来不安，给他们心里蒙上一层阴影。

据《传说史》记载，瘟疫屡屡发生。钦明天皇十三年，瘟疫流行。敏达天皇十四年，日本发生流行病。民众倒地者颇多。据说，当时敏达天皇和苏我马子也感染了流行病而生疮。当时，人们将这种流行病称作瘟疫，主要包括疟疾、痢疾、痘疮、麻疹之类。后世将这种病称作稻目疮、赤疱疮。敏达天皇和苏我马子大概患的就是痘疮或者麻疹。当时朝廷没有实施任何防疫措施，任其自然蔓延。在那个时期，流行病的肆虐程度超乎人们的想象。当然，那时已经有医师，也使用药剂，但仅限于贵族阶级使用。一般民众只能使用魔幻式的家庭疗法，因而死亡率很高。

民众不得不面对天灾和人祸这两个敌人，为了寻求食物和安居之地，不得不远走他乡。当时的旅途极其危险。山上有狼、山蛭子。原野上有鹫和蝮蛇。水畔也有危险。船在河里、海里经常遇难。葬身于野兽、鹫鸟、大鱼腹中的人不在少数。携带的粮食吃光后饿死、突发疾病而顿死的人也不少。在同一时代的和歌中，写行路病者和旅途中倒地而亡的很多。柿本人麻吕从赞岐国那珂港出航，临时停泊在狭岑岛时，看到枕在海滨的沙子上、听着惊涛骇浪而进入永眠的男子，赋诗一首。在难波津的一个三角洲中有一个姬岛。那里小松树丛生。在潮水退去时，河边宫人发现一个美女倒在岸边的白沙中。河边宫人非常悲伤，赋诗二首。在纪伊的美保浦，在大和的吉野川都有溺死的少女尸体，让同时代的诗人留下了挽歌。因为海洋中遇难船很多，而河上没有桥，溺死的人也不少。不难想象，不仅是海洋、河川，在陆路上也有很多死者。在当时的文学和记录中，这一点可以得到证实。在接近都城的香具山一面，思念家乡而死的旅人的尸体横在路上。在片冈山也有不知出身的饿死的人的尸体横躺着。龙田山也有半路而死的。据说圣德太子见此场景，咏道："居家有妹做枕头，旅途以草当枕卧。"看到上述惨景，可以看出当时交通不便，社会生活也多有不便。在四天王寺，圣德太子搞贫民救济、扶养老人、施药等社会事业，这是有必要的。

那个时期的社会组织非常简单，在官方层面只有官吏和农民这两个阶层；在个人层面传统的血缘及社会上的首长占据社会的上层，拥有足以与国司、郡司相抗衡的势力；农民分为良民和贱民两个等级。贱民受到非人的待遇，换言之被像禽兽一样对待，也就是说他们被视作物件。良民养着众多贱民，供自家使用。这样的贱民被称作奴婢。他们有的也依附于权门势家，过着从属的生活，没有独立的家庭生活。皇族、贵族、寺院等都有若干奴婢依附。他们不能过独立的家庭生活，隶属于贵族，被给予加入贵族家族一员的资格。家族本来是通过血缘关系而结合在一起的。家长和家族的关系类似于父子关系，而没有血缘关系却被加入家族中的奴婢仅仅拥有社会关系，在习惯上总觉着有一些不合适。因此，人们姑且将奴婢看作子女而列入家族成员之一，称他们为"家子"，在日本称作"yakko"，即奴隶名字的起源，与氏子有所不同。说到底，后世所说的"亲分子分"关系也只不过是这种习惯的残存。

形成家族制度基调的就是婚姻。在日本古代各个时期，婚姻制度有所不同。在飞鸟宁乐时代，有很多族内结婚的实际案例。譬如敏达天皇是钦明天皇和石姬皇女生的，却和钦明天皇与苏我坚盐媛生的推古天皇结了婚。二人的关系很明显是异母兄妹。用明天皇是钦明天皇所生，封钦明天皇与苏我小姊君所生间人皇女为皇后。这也是异母兄妹的关系。日本不忌讳族内结婚和近亲结婚，但族内结婚并非结婚的一般准则。当时也有很多族外结婚的案例。传说上素盏鸣尊和栉名田比壳的婚姻就是天神族和国神族的族外结婚。彦火火出见尊和丰玉姬命结婚属于天神族和海神族间的婚姻。鹈草葺不合命和玉依姬结婚既属于族外结婚，也属于近亲结婚。即便是原来以近亲结婚为原则的民族，由于殖民、移民的影响，也不得已进行族外结婚，呈现出相反的现象。这也是常有的现象，未必有前后之分，也没有主次之分。这样看问题应该没错。

在日本古代，族内结婚的数量要比族外结婚的数量多得多，并且近亲结婚一直持续到后世。在家族制度中允许近亲结婚。这种例子不少，值得关注。传说，仁贤天皇六年，日本派日鹰吉士到高丽聘请技术人员。其后，难波的御津有一个女人哭泣着说："是母亲的兄，也是我的兄，若草之吾夫。"哭声悲切，让人肝肠寸断。她这样哭也是情有可原的。她是日鹰吉士的从者虫寸的妻子，叫饱田女，思念丈夫。虫寸的父亲是住道山寸，母亲是王作部鲫鱼女。在王作部鲫鱼女被强奸前，住道山寸有一个妻子叫哭女，生出饱田女。哭女的父亲是韩白水郎叹，母亲是王作部鲫鱼女。在韩白水郎叹和哭女死后，住道山寸强奸了王作部鲫鱼女，生下了虫寸。因此，虫寸对饱田女来说是兄——异母弟，对哭女来说也是兄——异父弟。在那个时代，异父母的兄弟姐妹结婚并非不可思议。其实这样的事例很多，受到一般民众的接纳。

尽管日本民族如此重视血统，但也有例子证明日本民族也不忌讳异种结婚。正如今天的美洲大陆是世界各民族无上的殖民地、各民族在那里通婚一样，古代日本群岛也有东南西北各民族移居。没有人有人种偏见。因此，人们对异种人、异族之间的通婚没有抵触，也没有任何忌讳。这些通婚并非是屈从于性欲而进行的，也不是好奇心所致，而是建立在充分的理解和爱情上。就连重视血统的皇室也欢迎异族的女性。雄略天皇曾接纳百济作为采女而进献的池津媛。传闻在钦明天皇二十三年，大伴狭手彦将在高句丽俘虏的媛这个美人及其侍女送给苏我稻目。苏我稻目将两人都纳为妻子，让她们住在轻之曲殿。百济王子中娶日本女子为妃的不少。在日本军队逗留任那期间，日本士兵和任那妇女生了很多孩子。这些孩子称作韩子。因为他们的抚养问题，屡屡发生诉讼。人们已经忘了朝鲜半岛民众和日本群岛民众本来是同一人种这一事实。之后产生异族观念，即便如此，日本人和朝鲜人也没有相互嫌弃，而是愉快地通婚。

一般来讲，在任何时期、任何国家，移民时期、殖民时期的妇女的势力都是强大的。古代日本妇女缺乏导致人们从族内结婚切换为族外结婚。这也是重视妇女的社会地位的一个理由。在神话中和原史中，妇女不仅在社会上有很高的地位，而且在知识和道德上也有超越异性的地方。这里有几个插曲。在吉备上道田狭去任那期间，雄略天皇宠幸吉备上道田狭的妻子稚媛，听说此事后，吉备上道田狭出奔新罗。雄略天皇命吉备上道田狭之子吉备上道弟君和吉备海部直赤尾一起讨伐当时没有向日本进贡的新罗，但吉备上道弟君借故中止征讨，逗留百济。吉备上道田狭秘密遣使向吉备上道弟君说："你母亲被天皇宠幸，还生了孩子。祸及我身不远。你可以以百济为根据地反叛日本。我留在任那，不回日本了。"吉备上道弟君的妻子叫樟媛，非常忠义，以国事为重。听说此阴谋后，樟媛立即杀死丈夫吉备上道弟君，将他埋在室内，然后自己和吉备海部直赤尾等回国。由此可见，古代日本就有重义理轻人情的贞洁妇女。

应百济请求，继体天皇要将任那的上哆利、下哆利、娑陀和牟娄四县赐给百济。为了将这一敕令向百济使者宣布，继体天皇派出物部麁鹿火。物部麁鹿火的妻子抓住物部麁鹿火的袖子说："最好不要宣布敕令。高句丽、百济、新罗、任那都是住吉神授予应神天皇的。起初每个国都有宫家。而今改变以前的区域，将一部分让与其他国家。直到末代这都是耻辱。"物部麁鹿火说："正如你所说，我也这么认为，但这是敕令，没有办法。"物部麁鹿火的妻子出主意说："你就说生病了，拒绝去。"于是，物部麁鹿火决定辞去敕使的差事。继体天皇不得已更换了使者。此后，任那不再信任日本朝廷。这也说明妇女回顾国家历史，认为退让式外交有悖国策，谏阻丈夫，并让他反省，保护一族的面子。这堪称很有勇气的行为。自古以来，日本妇女的血管中流淌着凛然正气。川边琼缶的妻子甘美媛不愿和任敌将蹂躏自己的丈夫讲话也是日本妇女的一种血性。

国史中记载有与虾夷的战斗中发生的相似的故事。舒明天皇九年，虾夷反叛不来朝贡。此时，朝廷拜上毛野形名为将军，让他前去讨伐，结果兵败，士兵溃散。上毛野形名留在空垒中不知所措。这时天快黑了，上毛野形名打算趁着暗夜逃走。他的妻子以亢奋的声调说："多么丢人，你的祖先跨海征服异域。你今天如果挫败，会成为后世的笑柄，要挺住！"说完，她斟酒让丈夫上毛野形名喝下，自己也佩戴丈夫的剑，拉开强弓，让数十妇女鸣弓弦。烈酒在血管中循环，上毛野形名站起来做好出战准备。气馁的士兵也士气大振开始冲锋。为此，虾夷误以为朝廷军队人数尚多，就退兵了。朝廷军队士气大振，大败虾夷，抓住很多俘虏。

女性有肉眼看不到的不可思议的东西。她们给人鼓励、打气的能力强于男性，有很深沉、很强烈的力量。因为这些伟大力量起作用，所以时代和思想都进步了，文化和国家也都进步了。也就是说，在原始社会的日本转化为有文化的日本的过程中，有看不到的妇女的力量在起作用。

第4节　日本东北地区的开拓

随着以大和政府为中心的民众的人口逐渐增加，朝廷开始向人口稀少的地区迁移。畿内地区人满为患。西部地区开发很早，除了九州和四国外，已经没有可以移居的地方了，并且这些地方比较狭小。在选择这些土地前，民众不得不首先想到广阔无垠的东北地区。早在古代，东北地区已经得到开发。当日本在朝鲜半岛的势力衰退后，国库收入减了不少。政府有必要另寻财源，恰巧民众也开始移居。于是，开拓东北地区就成为当务之急。开拓东北的运动获得迅速发展的时期是在大化改新以后。在此之前，针对占据东北地区的阿伊努族和鄂仑克族，朝廷交替使用威压和绥抚两个方针，使民众的东进运动进行得较顺利。日本人东进的越多，原住民就越被夺去住所，他们和平的生活也会被搅乱。其中温顺的会表示归顺，而彪悍的则采取了反抗的态度。用当时的话来说，人们将归顺者称为"熟虾夷"。他们每年向政府交纳若干贡品。反抗者被称作"麁虾夷"。他们不服从政府命令，动辄武力反抗。这两种人类似于今天印度尼西亚人中的生蕃和熟蕃。

在孝德天皇驾崩后，皇位当然由皇太子继承，但中大兄皇子谦让，不愿担当大任。于是，皇极天皇再次登基，史称"齐明天皇"。齐明天皇元年七月，朝廷在难波大宴百济贡使和北虾夷九十九人、东虾夷九十五人，还给栅养的虾夷九人、津刈的虾夷六人赐冠。北虾夷占据着越，东虾夷占据着陆奥。这一点可以通过《日本书纪》的原注获悉。从人种上来划分这些人是很困难的，但大体而言，北虾夷属于通古斯族的鄂仑克种，东虾夷属于阿伊努族的祖先。栅养就是鄂仑克族的"鸥"的意思。津刈是阿伊努语中"海豹"的意思。被赐冠的栅养九人和津刈六人是统治归顺者的酋长。有记载称同一年虾夷和隼人率众归顺朝廷。由此可知，当时政府首先让若干归顺者和酋长移居首都，然后同化他们。

如果归顺者被迁到中央或者政府的行政区域内，那么针对占据区域外的反抗者只能通过武力来征服。于是，政府诉诸最后的手段，出动军队前往北虾夷。齐明天皇四年四月，阿倍臣率领舟师一百八十艘讨伐虾夷。鳄田、淳代两个地方的虾夷望风而降。阿倍臣将船陈列于鳄田浦。鳄田的虾夷恩荷来到军前说："我们拿着弓箭并非为了打仗，是为了狩猎。"然后归顺。于是，朝廷授予阿倍臣小乙上冠位。朝廷又在淳代、津轻二郡设郡领，将渡岛的虾夷召集到有马滨，宴请他们后，让他们回去了。鳄田就是今天的秋田。淳代和能代是同一个词，语义不明。鳄田有的时候读作表示感谢之意的"aguda"。此外，有马滨有时候训读为"aruma"，是"贡"这个音转化来的。此次征讨的地方主要是今天的出羽地区。威压奏效，余威渗透到陆奥的津轻地区。齐明天皇四年七月，二百余虾夷来到朝廷接受赏赐。栅养的虾夷二人、淳代郡的大领沙尼具那、少领宇婆左被赐予爵位和物品。津轻郡的大领马武、少陵青蒜也被赐予爵位及物品，进而郡歧沙罗的栅造、淳足的栅造分别被赐予位冠。淳代、津轻二郡的大少领任用了土著中的异族人。郡歧沙罗、淳足二栅的栅造好像是日本人，北边的军事计划稍微有所进展，就得到朝廷的特别赏赐。

有必要顺便讲一下朝廷的开拓方针。如前所述，朝廷将东北分为东和北两部分。东面，即太平洋沿岸陆奥地区让上毛野氏去征讨或者绥抚。北面，即日本海沿岸出羽地区让越国的阿倍氏去征讨或者绥抚。东北的虾夷占据的南界是常陆、上野、下野、越后的南半部分。以北几乎完全是日本朝廷统治外的区域。后来在越国司的建议下，出羽地区从陆奥国分割出来，单独设置一国。这是因为日本朝廷不断从越后方面进行开拓。在越后国修筑淳足栅是在齐明天皇三年，而设置磐船栅是在齐明天皇四年。淳足就是信浓川的右岸。磐船就是羽后的边境岩船郡。这样一来，朝廷疆土大增。这完全仰仗于阿倍氏的努力。齐明天皇四年北征的阿倍氏缺名字。有记载称同年越国守阿倍比罗夫讨伐肃慎，献上生熊二头、熊皮七十张。因此，以前率船一百八十艘的也是同一个人。国史记录了他凯旋的事。阿倍氏出身于越前引田，在日本海岸颇有势力。阿倍比罗夫是大纳言阿倍宿奈麻吕的父亲，越国造的氏上，统率着分为引田、久努、长田等诸氏的一族。在一系列北征中，恐怕是阿倍比罗夫率领一族前往的。

齐明天皇五年正月，齐明天皇赐予陆奥、越的虾夷飨宴，但在边境上依然有必要继续征讨。阿倍臣再次率领舟师一百八十艘前往虾夷。他首先将饱田、淳代的虾夷二百四十一人、其俘虏三十一人、津轻的虾夷一百一十二人、其俘虏四人、胆振锉的虾夷二十人召集在一处举办宴会，向他们各自赏赐物品后，祭祀土地神，然后进军至肉入笼。于是，间菟虾夷胆鹿岛、菟穗名二人建议在后方羊蹄设立政厅。因此，阿倍臣设立郡领后班师回朝。就这些地名、人名而言，有各种各样的说法，但可以用阿伊努语来解释。由此可见，朝廷的势力范围逐渐渗透到陆奥的腹地。有人指出胆振锉意思是"红岩处"。肉入笼意思是"很大的地表"。后方羊蹄意思是"高高的悬崖"。这些都在本州内或者北州。以前有不少问题。《日本书纪》的词句中并未出现"北州"这个词。

齐明天皇六年三月，阿倍臣又率领水师乘二百艘船前去讨伐肃慎。据《日本书纪》记载，阿倍臣让陆奥地区的虾夷乘坐自己的船，给自己做向导，进军至大河之侧。那里聚居着一千人左右的渡岛虾夷。其中两个渡岛虾夷来到阿倍臣面前说："来了很多肃慎的船，他们要杀我们，因此我们想渡河归顺朝廷。"阿倍臣向这两个渡岛虾夷询问了肃慎人的所在位置和船的数量，便遣使召肃慎人前来。但肃慎人不来。于是，阿倍臣让军士将布帛兵器堆放在海边，任肃慎人来取。不久肃慎人乘船来到这里。肃慎人在木杆上绑上羽毛，以此为旗帜插在船头。他们将船停在水浅处。之后，从肃慎人的船中出来两个老者，仔细端详了半天布帛。然后，这两个肃慎老者穿上海边的单衣，再每个人拿上一端布，划船离开那里。然而过了不久，这两个肃慎老人又回来了，脱去单衣，将布也放在那里，之后划船走了。阿倍臣遣使者叫他们来，但肃慎人怎么请就是不来。之后，肃慎人回到币赂辨岛。不久，肃慎人向日本朝廷请求媾和，但日本朝廷不答应，于是爆发战争。日本朝廷一方的能登臣马身龙战死。

读这一则史书的记载可以发现，虾夷和肃慎确实属于不同种族。肃慎大概属于鄂仑克族。"从船上出来的两个老人"就是肃慎人的族长。肃慎人尝试移民日本。肃慎人来日本并非为了战争，而是想和平殖民。然而，肃慎人的和平殖民并未得到和平解决。虽然肃慎人和日本军队作战死伤很少，但从一开始他们就毫无斗志，因而投降日本朝廷者居多。很多肃慎人被赦免，但其中五十多人被朝廷军队当作俘虏带回首都。经过观察，某个日本的历史地理学家认定肃慎人当时所在的地方在手宫，认为手宫洞穴中的文字就是肃慎人的墓志。笔者认为这些肃慎人为了捕捞鱼虾等而南下，和妻子儿女一起过着祥和的生活。然而，日本人为了开拓日本东北地区，对肃慎人发动进攻，因此肃慎人才遭到如此厄运。两个肃慎老人从船里出来，又穿衣服又脱衣服，将布拿走后又拿回来，这一做法就是"无言贸易"。这在北方民族中非常盛行。如果喜欢的话，就拿走，然后将其他物品放回来，如果不喜欢的话就不会将那里的物品拿走。这就是无言贸易的特征，属于一种原始性的物物交换，经常在言语不通的民族间进行。日本人还不适应这一习惯，因此认为这一事情不可思议，最终导致兵戎相见。日本人和肃慎人发生战争的地方尚不清楚。上文中的"大河之侧"或指黑龙江，或指石狩川。有的说法认为币赂辨岛就是指poro-pot-shum-kotan，大河是指西里伯茨河。不能说日本军队没有能力到达北州。当时，日本人能自由往来朝鲜半岛，而横渡津轻海峡也不是太困难的事情。一些史学家将上述与肃慎人战斗的场所说成是日本国内的做法，这不能不说是愚蠢。就这一航线而言，冬天虽然波浪滔天，但夏天风平浪静，航海是很安全的。在移居北海道时，越后一带的人将两个小船绑在一起，上面放上家财，一家人也坐上去一路向北驶去。这种场景今天也能看到。

就上述日本军队的航海活动而言，中目觉先生做了深入的考察。中目觉先生列举种种理由主张阿倍比罗夫时期的船速是纪贯之时期①的二倍。假定一天能行驶三十海里，从敦贺沿海岸航行北进，从龙飞海角来到白神海角，到达尻别川口，那么航程大概有七百二十五海里。如果船在途中从能登北端直航直江津，那么航程会缩短至六百七十五海里。假如从能登乘船到佐渡的南岸，然后来到新潟一带的话，航程则大概会缩短至六百一十五海里。阿倍比罗夫时期的船即便是走最短的航程也至少需要花费二十一天的时间。而如果要将当时的天候因素、人也要休息等因素考虑在内的话，则最少要花费一个月的时间。而以上计算的是用手动划船所需要的时间，如果使用船帆，行船的速度会加快。

不管怎么说，日本东北地区的开发速度很快，但当时的国际背景不允许日本朝廷专心致志地进行日本东北地区的开发。当时，日本和中国的国际关系日益紧张。为了和唐朝争夺朝鲜半岛，日本和中国兵戎相见。这是日本和中国的宿命。这样一来，日本朝廷对日本东北地区的经营不得不暂时中止。

第5节　大陆各国的形势

任那日本府的灭亡对日本的打击相当大。历史上，日本认为任那的日本府是日本的附庸。与此同时，新罗从未间断过向日本朝廷进贡，而日本也不得不承认新罗在朝鲜半岛的优势地位。钦明天皇三十二年三月，日本派使者到新罗，前去问责。然而，日本使者还未回国，钦明天皇就驾崩了。在遗诏中，钦明天皇说："如果能够讨伐新罗，复兴任那的话，死而无憾。"由此可以看出日本朝廷对朝鲜半岛的外交方针。

钦明天皇的皇太子继位，史称"敏达天皇"。敏达天皇信仰佛教，爱好文史，与其说倾向于军国主义，不如说更倾向于文化主义。但因为有先帝钦明天皇的遗诏，敏达天皇对新罗也采取了相当强硬的态度。新罗虽然吞并了任那，但对日本并没有敌意。因此，在钦明天皇驾崩之际，新罗遣使吊唁，表达哀悼之情。

---

① 866年到945年。

敏达天皇三年，新罗还派朝贡使来到日本。不久，新罗真兴王薨，真智王继位。真智王在位仅三年而薨，侄子真平王继位。真平王在其元年将佛像献给日本。真平王二年和真平王四年，真平王遣使到日本朝贡，但敏达天皇斥退新罗使者，拒绝接受新罗贡品。不仅如此，敏达天皇还要制订复兴朝鲜半岛的计划。敏达天皇十二年，即583年，敏达天皇召还为百济王服务的日罗①，向日罗征求复兴朝鲜半岛的意见。日罗建议敏达天皇："休养三年，积累兵粮，打造船，以威吓手段让百济臣服日本。"敏达天皇在即位十四年时驾崩。之后是用明天皇、崇峻天皇、推古天皇在位。百济是威德王在位。新罗是真平王在位。百济和新罗两国间小规模战争不断。高句丽因为和日本没有直接的利害关系，因此和日本关系比较友好。在推古天皇时期，高句丽僧人惠慈来到日本。百济经常依靠日本。新罗对百济的威胁很大，而日本不能袖手旁观。推古天皇八年，为了复兴任那，日本朝廷任命境部臣为大将军，任命穗积臣为副将军征讨新罗。于是，新罗派朝贡使者到日本，发誓臣服日本。但日本的将军们一从朝鲜半岛撤军回国，新罗就入侵任那，毫无诚意可言。不仅如此，推古天皇九年，新罗还送迦摩多作间谍。日本制订了派大军征讨新罗的计划，并予以实施。推古天皇十年和推古天皇十一年，日本军队进军至筑紫。然而，日本军队连续死了两个大将军，没有达到征讨新罗的目的。制订这一出征计划的是圣德太子。在此前后，日本文化运动十分兴盛，导致军国之事一时间似乎被人忘却了，而日本和朝鲜半岛之间也没有发生特别值得一提的有价值的大事件，相对和平。

　　这一时期，日本针对新罗和百济的外交政策类似于江户时期的日本针对琉球的做法。当时，琉球一方面臣属于日本，另一方面以臣礼对待清朝，并进行朝贡贸易。推古天皇十七年，百济的威德王接受北齐后主"百济王"的封号。推古天皇十九年，百济威德王遣使到北齐朝贡。推古天皇二十四年，在北周灭了北齐后，由于陈宣帝当时颇有实力，百济又遣使到陈。推古天皇二十五年，百济又遣使向北周进贡。推古天皇二十八年，杨坚称帝建立隋朝。北周灭亡。百济又立即遣使到隋朝。隋朝封百济王为带方郡公，但百济依然遣使陈朝。推古天皇

---

① 火苇北国造阿利斯登的儿子。——原注

三十一年，百济遣使向陈朝朝贡。推古天皇三十六年，百济听说隋朝灭亡陈朝，立刻遣使到隋朝呈上贺表。可见百济毫无节操和主张，只不过阿谀强者，规避被征服的命运而已。高句丽的做法与百济相同。高句丽曾经向陈、北周和隋朝进贡。当陈朝灭亡时，高句丽的平原王非常害怕，积蓄军粮。百济的威德王遣使到隋朝，对隋朝皇帝说："如果隋朝攻打高句丽，百济愿做向导。"听说此事后，高句丽非常怨恨百济。在高句丽的平原王驾崩后，继承王位的是他的长子婴阳王。婴阳王元年，隋文帝封婴阳王为高句丽王，并让婴阳王袭爵辽东郡公。在婴阳王三年和婴阳王八年，高句丽遣使隋朝朝贡。婴阳王九年，即598年，婴阳王率领

隋文帝

靺鞨兵入侵辽西。隋文帝大怒,派水陆兵马征讨高句丽。隋朝陆军因洪水和疾病而受阻,海军也由于风浪很大而丧失很多船。不管怎么说,高句丽的婴阳王畏惧隋朝远征军,表示恭顺。此时,高句丽和新罗没有维持和平关系。高句丽竟然战胜了统一中国的实力强大的隋朝,于是士气大振。婴阳王十四年,即603年,高句丽进攻新罗的北汉山城。但新罗派大兵渡过汉水。高句丽军队才有一万人,由于兵力单薄,恐有闪失,于是撤退。婴阳王十八年,高句丽又兴师攻打百济的松山城。然而,百济兵多将广,高句丽很难攻陷松山城。于是,高句丽军又转而袭击百济的石头城,生擒男女三千,回到高句丽。婴阳王十九年二月,高句丽袭击新罗的北部边境,俘虏新罗八千人。608年4月,高句丽攻克新罗牛鸣山城。此时新罗国力也很充实,虽然不能完全阻止高句丽的进攻,但也没有向高句丽屈服。

在征讨高句丽失败后,隋朝又和突厥爆发战争。同时,汉王杨谅谋反。因此,隋朝无暇报复高句丽。仁寿①四年,即604年,隋文帝杨坚被太子杨广弑杀。杨广自立为皇帝,史称"隋炀帝"。隋炀帝扫平契丹来寇,让琉球降伏。大业②七年,即611年,隋炀帝召高句丽来朝,但高句丽不来。隋炀帝制订了征讨高句丽的计划,开始招募士兵。这些军队陆续集结到涿郡。隋炀帝来到涿郡,住在临朔宫。隋炀帝又命令河南、淮南、江南制造五万乘戎车装载衣甲。河南河北民夫提供军需。江淮以南的民夫运输黎阳及洛口各粮仓的大米。舳舻千里,往返数十万人。日冕秉烛,动静很大,累死者不断出现,导致民众困窘。盗匪到处兴起,漳南也起兵造反。隋炀帝对此毫不在意。在涿郡,隋炀帝集结军兵一百一十三万,负责运输的就有二百万,绵延一千余里。大军浩浩荡荡杀奔辽东。然而,高句丽据城死守,隋军又大败而回。613年4月,隋炀帝又派军队讨伐高句丽。因隋朝发生内乱,613年6月,隋军撤回。614年2月,隋炀帝组织远征军,准备第三次征讨高句丽。军队从涿郡向东北进发。然而,南面苗王对隋朝虎视眈眈,而北面的突厥也企图入侵。隋朝国内笼罩在紧张的气氛中。而隋炀帝也没有征募到足够的军队。与此同时,高句丽连年战争,国力疲敝,不能再与隋朝敌对下去。于是,婴阳

---

① 隋文帝年号。
② 隋炀帝年号。

李渊

王最终遣使向隋朝请降。隋炀帝欣然允之，614年8月班师回到西京，敦促高句丽国王入朝，但婴阳王还是不答应。大业十二年，在隋炀帝退位后，婴阳王也驾崩了。之后，婴阳王的异母弟荣留王继位。隋朝国内大乱，至少分裂为八个国家。隋炀帝最终被部将所杀。隋恭帝不得不让位于李渊。也就是说，隋朝穷兵黩武，在经济上陷于困境，终于灭亡。客观地说，隋朝是因为高句丽倾尽国力。这是隋朝灭亡的根本原因。

武德①元年，即618年，李渊自立为帝。国号大唐。高句丽荣留王屡屡遣使到唐朝朝贡。荣留王七年，即624年，高句丽国王被唐朝封为王。然而，荣留王九年，新罗和百济一起上书唐朝，称高句丽挡住去路无法入朝。唐高祖派使者与新罗和百济修好。在此之前，新罗和百济一直处于交战状态。真平王四十八年，百济军队进攻新罗的主在城。真平王四十九年，百济军队进攻新罗西部边境的两座城池，掳掠新罗男女三百余口后撤走。真平王五十一年，百济军队包围新罗椴岛岑城。但比起百济，新罗更重视高句丽。因此，真平王五十一年八月，在进攻百济前，新罗命令大将军龙春舒、副将军金庾信等首先进入高句丽，入侵娘臂城并获胜。真平王五十四岁时驾崩，长女德曼公主继承王位，史称"善德女王"。

　　推古五年，百济威德王驾崩。百济的惠王、法王各在位一年。在推古八年，百济武王继位，和日本保持友好关系。百济和新罗继续敌对。武王四十一年，百济武王驾崩。义慈王继位。百济义慈王和高句丽通好。善德女王十一年七月，百济举大兵攻克新罗西部边境四十余城。善德女王十一年八月，百济军队和高句丽军队一起攻克新罗的党项城，企图切断新罗和唐朝间的交通路线。当时，唐高祖已经驾崩，唐太宗在位。新罗派使者到唐朝，汇报百济、高句丽联合攻打新罗的情况，请求唐朝派援军救助新罗。在高句丽与隋朝鏖战期间，新罗侵略高句丽南部边境，将那里据为新罗的领土。因为新罗不将占有的领土还给高句丽，所以高句丽和新罗的关系不可能搞好。百济也经常被新罗侵略，领土不断缩小。如果新罗不对百济做出相当大的让步的话，百济是不会对新罗表示友善的。然而，新罗不仅不让步，还磨刀霍霍对高句丽和百济两国施加军事压力。那个时期，新罗有个英雄叫金庾信，每战必胜，让对手丧胆。善德女王十三年，唐太宗履行约定，起兵征讨高句丽。在善德女王十四年，唐军攻克辽东。高句丽和百济两国暂时偃旗息鼓。新罗的金庾信趁此机会袭击百济。善德女王十三年和十四年，新罗获得大捷。然而，善德女王十六年，新罗善德女王驾崩。葛文王②的女儿胜曼继位，史称"真德女王"。真德女王荡平在善德女王末年兴起的叛乱，接着派大军阻击百

---

① 唐高宗年号。
② 真平王的舅舅。——原注

济军队的入寇，斩百济军首级两千多。真德女王二年和三年，新罗军队和百济军队作战，战胜百济军队。真德女王八年，新罗真德女王驾崩。真智王的孙子春秋继位，史称"武烈王"。这件事发生在日本孝德天皇白雉九年。武烈王二年就是齐明天皇元年。这一年，高句丽和靺鞨及百济联合，派大军入侵新罗北部边境，屠新罗三十三座城。新罗武烈王急忙派使者到唐朝请求救援。

当时，唐太宗已经驾崩，唐高宗在位。自唐太宗以来，唐朝和新罗的关系就很友好。唐太宗曾经为救援新罗征讨高句丽。永徽六年①三月，唐高宗派营州都督程名振、左右卫中郎将苏定方率兵攻打高句丽。当时的高句丽王是宝藏王。在宝藏王即位之初，新罗派来使者，与高句丽商量共同出兵攻打百济。但宝藏王尊重高句丽和百济的传统友谊，不肯答应。为此，宝藏王三年和四年，高句丽受到唐朝大军的攻击。在大战后，高句丽尽量迎合唐朝的意愿，以免受到唐朝的攻击。之后，唐朝和高句丽维持了一段和平时期。宝藏王十四年，高句丽入侵新罗。高句丽再次和唐军交战，结果兵败。在宝藏王十七年和十八年，唐朝军队攻打高句丽。战局对高句丽军队十分不利。有鉴于此，高句丽与百济的关系日益亲密，而和新罗水火不容。此外，以前高句丽和日本基本没有交往，当时则开始倚重日本。与此同时，百济的义慈王过着骄奢荒淫的日子，不处理朝政。义慈王十六年，义慈王长住后宫，沉溺酒色。佐平成忠进谏义慈王。义慈王大怒，将佐平成忠投入大牢。狱中昏暗，佐平成忠非常痛苦，瘦骨嶙峋，最终死在狱中。百济国人越同情佐平成忠，就越反感义慈王。百济民心逐渐背离王室。新罗打探到这个消息后，企图趁此机会彻底灭亡百济。于是，新罗派使者到唐朝请求援军。唐朝不愿派军远征，但新罗的金仁问在外交上取得成效。武烈王七年春天，唐朝起兵征讨百济。

唐高宗任命左卫大将军苏定方为神丘道行军大总管，任命金仁问为神丘道行军副大总管，让刘伯英、庞孝公、冯士贵等将军率水陆军十三万人出征。武烈王七年七月，武烈王听说苏定方等从莱州渡海到达德物岛，就派给太子法敏、大将军金庾信等五万军兵出发。在黄山原，新罗军队先锋和百济的将军阶伯会

---

① 即655年。——原注

战。当时，苏定方将大军集结于伎伐浦。百济军队据守熊津口。不久，金庾信稍晚一步也来到这里。苏定方责备金庾信怠慢，要斩督军金文颖。金庾信向苏定方抗议道："因为不知道黄山原的战斗情况才延误了日期。责备这件事是不合道理的。"苏定方被金庾信的气势压倒，没有处罚金文颖。这样一来，唐朝军队和新罗军队组成联军，士气高昂，压过百济军队。义慈王虽然率众抵抗，但终究兵败。士兵死者万余人。唐朝和新罗联军进一步进逼百济王城。义慈王和太子孝逃离王城。百济王子泰留在王城。官人纷纷逃到城外。王子泰也无法阻拦他们。不久，苏定方的军队登上王城城墙，插上唐朝的旗帜。王子泰不得已打开城门，请求饶命。义慈王和太子孝也归降唐朝。苏定方接受他们的请降，将百济大臣、大将八十八人，百姓一万两千八百零七人一起押送到唐朝。于是，百济再次灭亡。这件事情发生在齐明天皇六年七月。百济由五部组成，有三十七个郡，二百座城，七十六万户。

灭亡百济后，苏定方在百济设立熊津、马韩、东明、金涟、德安五都督府。苏定方让郎将刘仁愿镇守百济王城，让左卫郎将王文度镇守熊津都督府。苏定方率领俘虏班师回朝。不久，义慈王客死他乡。唐朝赠予义慈王金紫光禄大夫谥号。此外，由于王文度已死，刘仁轨取而代之任熊津都督。百济武王的从子鬼室福信和僧人道琛占据任射岐山，举兵聚拢散卒，尝试向新罗和唐朝复仇。由于兵器早在前面的战役中用完了，鬼室福信凭着满腔热忱勇敢作战，大破新罗军队。鬼室福信率军夺了新罗军队的武器，进一步向新罗军队反击。新罗军队抵挡不住鬼室福信的进攻，不断败退。唐军也不敢贸然帮助新罗军队。唐军大概是因为想顺便灭掉新罗，所以没有插手干预鬼室福信和新罗的战斗。最终，鬼室福信夺回百济王城。鬼室福信用破裂的甲胄和折断的刀剑来防守王城，国人非常尊重鬼室福信。此前，在齐明天皇六年九月，百济使者来到日本，向日本朝廷汇报百济灭亡的前后经过。到了齐明天皇六年十月，鬼室福信派佐平贵智等到日本，献上唐朝俘虏一百人，请求日本朝廷发救兵援助。鬼室福信还向日本朝廷说明想迎回在日本做人质的百济王子扶余丰做百济国王的打算。日本天皇认为扶危济困是日本的优良传统，无论如何要派援军再次复兴已经亡国的百济。齐明天皇六年十一月，齐明天皇来到难波筹备兵器，命令骏河地方官打造船舶。齐明天皇七年正月，齐明天皇率领皇太子中大兄皇子和大兄①乘船前往筑紫。齐明天皇七年三月，一行人抵达磐濑行宫。齐明天皇七年五月，齐明天皇和中大兄皇子、大兄一行搬到朝仓橘广庭宫。然而，由于水土不服，齐明天皇七年七月，齐明天皇在行宫朝仓橘广庭宫驾崩。齐明天皇七年八月，中大兄皇子护送齐明天皇的灵柩来到磐濑宫。齐明天皇七年十月，中大兄皇子护送齐明天皇灵柩前往京师。齐明天皇七年十一月，朝廷将齐明天皇葬在飞鸟川原。

迄今为止，唐朝一直想灭掉高句丽，屡屡发兵征讨，但从来没有达到这个目的。灭亡百济后，唐朝又开始计划攻打高句丽。显庆五年，即百济义慈王二十年、高句丽宝藏王十九年、日本齐明天皇六年，在苏定方刚刚凯旋不久，唐朝决定再次发布动员令，发兵征讨高句丽。显庆六年②正月，唐朝从河南、河北、淮南等六十七州募集兵力四万四千人派到平壤。唐朝任命萧副业为扶余道行军总管进军平壤。接着，唐朝又任命任雅相为浿江道行军总管，任命契苾何力为辽东道行军总管，任命苏定方为平壤道行军总管，率领三十五万大军从水路和陆路浩浩荡荡杀奔高句丽。高句丽已经成为刀俎之鱼。日本正在帮助百济复国，而百济的命运也同样岌岌可危。日本接到唐军大举进军朝鲜半岛的报告后就打算派兵救援弱国高句丽和百济。日本这样做也是为了自保。日本明白，为了道义和本国利益，应该奋起与高句丽和百济一道抵抗唐军。

第6节　日本岛国化趋势加深

在齐明天皇驾崩后，中大兄皇子素服称制，迁往长津宫，制订和实施救援朝鲜的计划。在此期间，征讨高句丽的唐朝大军向东北进发，接近了目的地。显庆六年八月，在浿江，苏定方率领大军和高句丽军队进行战斗。苏定方大破高句丽军队，夺取马邑山，进而围攻平壤。显庆六年九月，契苾何力渡过鸭绿江南下，追

---

① 即长子。——原注
② 即661年。——原注

击高句丽军队，俘获很多高句丽败军。显庆七年正月，在蛇水上，庞孝泰击败盖苏文。盖苏文之子十三人一起为祖国献出了生命。自显庆六年以来，苏定方一直围攻平壤。由于天降大雪，苏定方解围而去。到了662年3月，高句丽派使者到日本求援。

在此之前，日本朝廷应百济的请求，决定派出援军。在齐明天皇驾崩后的第二个月，日本朝廷命令阿云比罗夫、河边百枝、阿倍比罗夫等携带兵粮前往百济。662年9月，日本朝廷授予百济王子扶余丰织冠爵位，还打算将多蒋敷之妹嫁给扶余丰。日本朝廷命狭井槟榔、朴市秦田来津送扶余丰回百济。称制元年正月，中大兄皇子送给百济鬼室福信十万筒箭、五百斤丝、一千斤棉、一千端布、一千张苇、稻种三千斛，旨在让鬼室福信恢复军备和生产。662年3月，高句丽向日本派来使者，请求发救兵。于是，日本朝廷催促救援部队出发。662年5月，日本朝廷命阿云比罗夫等率领军舰一百七十艘护送百济王子扶余丰等到百济。鬼室福信等迎接扶余丰，并拥立扶余丰为百济王。鬼室福信将国政委托给百济王扶余丰，对日本的好意感激涕零。然而，到了662年12月，百济王扶余丰和鬼室福信、狭井槟榔、朴市秦田来津商议将根据地从州柔迁往避城①。理由是州柔远离田亩，土地贫瘠，虽然有利于抵抗唐军，但是不适合于农桑。如果待在此地的话，人民只有饿死。相比之下，避城的西北有古连旦径之水，东南有深泥巨堰来抵挡唐军的进攻，并且周围是广袤的田野，在经济上能自给自足。然而，朴市秦田来津力排众议，主张"避城距离敌人很近，是危险之地。挨饿事小，亡国事大。敌人之所以不侵犯州柔是因为大山险峻，山谷很深。倘若我们迁到避城那样的低洼地带，很快会遭到厄运的"。但朴市秦田来津的建议没有被百济王扶余丰采纳。百济最终迁都避城。

第二年②2月，新罗果然入侵百济南部。百济君臣舍弃避城回到州柔。663年3月，日本朝廷派前将军上毛野种子率领两万七千日军讨伐新罗。663年5月，日本朝廷让高句丽报告朝鲜半岛的作战情况。663年6月，上毛野种子率领的日军

---

① 一说居留，指同一个地方。——原注
② 即663年。——原注

攻陷新罗沙鼻、岐奴江二城。这样一来，日本救援朝鲜半岛的计划一步一步开始奏效。然而，百济王扶余丰听信谗言，怀疑鬼室福信的忠心并杀害了鬼室福信，自毁长城。获悉这一情况后，新罗发现有机可乘。663年8月，新罗派军队前往州柔攻打百济王扶余丰。百济王扶余丰向群臣说道："听说新罗要来进攻我们，希望诸君前去抵挡敌军。日本将军率领万余健儿来增援我们。本王现在要去白村迎接他们。"不久，新罗军队杀到州柔。唐朝水军在白村江游弋，战舰达一百七十艘。当时，日本水军正好来到白村江，和唐朝水军发生战斗。最终日本水军失利退却。唐军巩固阵营，坚守不出。日本各将和百济王扶余丰商议："我军如果实施强攻，敌人肯定会退却。"之后，日本和百济联军督促水路军卒向唐朝水军进攻。唐朝水军左右夹击日本和百济联军的军舰。日本水军败北，溺水而死者颇多。日本舰队虽然尝试逃走，但没有成功。看到这一情况，朴市秦田来津十分愤慨，跃入唐朝水军船中斩杀数十人，最终战死。反正也是一死，哪怕多杀死一个对手也是好的。这就是朴市秦田来津的想法。朴市秦田来津在绝望中看到希望，毫不懈怠，一直战斗到最后一刻。朴市秦田来津代表着那一时期的日本人的气概。

　　百济王扶余丰和数个随从一起乘船逃往高句丽。663年9月7日，州柔城被唐军攻克。百济国人相顾说道："州柔城陷落后，我等无计可施。百济国自今不再存在。我们离开坟墓之地的时候来了。"663年9月11日，百济守军带着留在枕服岐的妻儿从牟弓出发。663年9月13日，一行人来到弓礼城，和日本军队诸将汇合，并讲述了州柔城陷落的前因后果。663年9月24日，日本水军、佐平余自信、达率木素贵等都在弓礼城聚齐。663年9月25日，所有人从弓礼城出发前往日本。日本军队的撤退非常悲怆，令人感到悲哀。在日本国史上，这是很少有的战败。长期以来，日本为了任那和百济的复兴注入庞大的物力和人力，如今两个国家都灭亡了，而日本军队也败得很惨。

　　然而，664年5月，镇守百济的唐朝大将刘仁愿派朝散大夫郭务悰等向日本献上表函和方物。664年10月，郭务悰等一行人到达日本。日本朝廷赐予他们物品和酒宴。664年12月，郭务悰等人离开日本京城回到朝鲜。郭务悰等人访问日本的目的如下：其一，为了视察日本国情；其二，与日本修好，避免受到日本复仇，使唐军遭受损失。由此可以看出，虽然日本军队战败了，但战胜一方的唐军还是主动前来讲和。这说明日本军队有不可侵犯的威力。朴市秦田来津等的努力绝非无用的。人们确实从绝望中看到了希望。

然而，日本也绝不能马虎大意。664年，日本朝廷在对马、壹歧、筑紫等地设立守备军和烽火台，还在筑紫建造大堤蓄水，将当地称为"水城"。665年，日本朝廷让百济人在长门国修筑城池，又派达率亿礼福留等到筑紫修筑大野、椽二城。这些城都是朝鲜式的山城，在日本的筑城史上具有划时代的意义。古代日本大概没有建永久性工事的城堡。在战争爆发时，人们或者临时修建稻城，或者建起栅栏，仅此而已。古代日本只不过建有比较坚固的城砦、土垒和战壕之类。这些是在史前时期从中国北方传来的。在某种意义上说，这些也属于日本原住民固有的筑城方法。后来，在筑城方法上，朝鲜受到中国的影响，修建了石头城，而日本又受到朝鲜的影响，也建了石头城。关于天智天皇时期修建的日本城市，日本城市史专家如下说道："观察大野城和椽城的遗址可以发现，毫无疑问，这些是模仿朝鲜的城市而修建的。也就是说，两座城市都在山顶上筑垒。周围都环绕着山谷，而城内比较宽阔。即便现在还生活着部落民。总而言之，我们认为采取这样的形式修建城市的目的在于防御外民族的入侵和保护周围的居民。"667年，日本朝廷在倭的高安、讃吉的尾岛、对马的金田也修建了这样的城市。这种城市的出现证明日军设想会有外敌入侵日本。与此同时，这也说明在外交政策上，日本朝廷已经放弃了原来的攻势方针，而开始采取防御方针。

日本朝廷加强战备似乎引起别国的警觉。665年9月，唐朝政府派朝散大夫刘德高为使者到达日本，表示修好。日本朝廷派境部宿祢石积等将刘德高送回唐朝。667年，镇守百济的唐朝将军刘仁愿派熊津都督司马法聪等将境部宿祢石积等送到日本的筑紫。此时，日本朝廷也派伊吉博德等送司马法聪回熊津。

皇太子中大兄皇子在称制七年①正月即天皇位，开始正式全权处理国政，史称"天智天皇"。668年9月，高句丽彻底灭亡。新罗统一朝鲜半岛。通过相互让

---

① 即668年。——原注

步，日本和唐朝的关系亲密起来。两国好像忘记了往年的大战一样。从此时开始，日本逐渐岛国化。日本国民丧失了史前时期以来企图雄飞中国的传统精神。

第7节 天智天皇及其政治地位

天智天皇是在戊辰年[①]即位的，也有人将此后称作天智天皇的治世。但这种观点过于拘泥形式。将齐明天皇驾崩的第二年壬戌[②]年称作称制元年，以此与即位元年相区别也是基于同一理由。但即位大礼根据宫中的情况有时候会延期。因此，即便没有举行即位大礼，不将即位以前算作天智天皇的治世也是不合适的。因此，《日本书纪》中将壬戌年作为天智天皇元年。天智天皇功业的大部分是在他即位以前完成的，具体是指天智天皇作为皇太子在皇极天皇朝、孝德天皇朝、齐明天皇朝三朝效力期间。在此期间，天智天皇诛戮苏我氏，对巩固日本皇室起到巨大作用；实施大化改新，使日本社会统一起来。天智天皇还主持开拓日本东北的工作，促进日本经济的发展。这些都证明天智天皇见识非凡。为了援助百济和高句丽，天智天皇出动大军。这说明天智天皇忠实执行日本的国策。与此同时，天智天皇重视外交工作，发展睦邻友好关系。日本和百济联军与唐朝新罗联军战斗，结果惨败，导致日本军队不得不撤离朝鲜半岛。那个时期日本军队处于逆境。尽管如此，天智天皇泰然处之。脸上没有露出丝毫忧虑和狼狈之色。即便在兵马倥偬之间，天智天皇也没有忘记进行国家建设工作。

天智天皇三年二月，天智天皇修改冠位，确定了社会阶层划分。冠有二十六阶。具体排序情况如下：大织、小织、大缇、小缇、大紫、小紫、上锦大、中锦大、下锦大、上锦小、中锦小、下锦小、上山大、中山大、下山大、上山小、中山小、下山小、上乙大、中乙大、下乙大、上乙小、中乙小、下乙小、大建、小建。

如果不是立下相当大的功勋，是不授予大织冠这个冠位的。中臣镰足被授予了大织冠，结果冠位比他的名字还要出名。这类似于今天的大勋位菊花大奖章。

[①] 即668年。——原注
[②] 即662年。——原注

与此同时，天智天皇赐予大氏氏上大刀，赐予小氏氏上小刀，赐予伴造等氏上盾牌和弓箭，还规定他们的民部和家部。虽然以前的氏族分别有族长，但族长被日本朝廷公认还是从这个时候开始的。氏上相当于后世的"长者"。日本民众尊重氏族，崇拜祖先。对日本民众来说，这一规定非常有意义。日本朝廷赐给氏上的刀、盾等都是象征他们社会地位的符号。氏上有无刀盾能说明他们是否得到了日本朝廷的公认。大化改新的目的主要是废除氏族制度，但氏族制度是日本民族固有的社会习惯，从史前时期就发展起来，历史悠久。日本朝廷彻底消灭氏族制度是不可能的。因此，日本官方选出一个足以统辖一个氏族的人物，任命他为氏上，让他管理一个氏族内部的事务。因此，氏族制度属于一种社会自治制度。和原来不同的是，民部、家部已经不属于个人的组织了，是日本朝廷承认的职事、资人之类——后世称作大夫、杂掌等，在平安朝的贵族中保留下来。

天智天皇三年，日本朝廷修筑城池、设立烽火台，在边防驻扎边防部队。这些措施都是为加固国防而采取的。很明显，日本的这些措施和制度都是从中国引进的。修筑城池我们在前一节中已经讲过，这里不再赘述。设置烽火台的目的是通知人们外敌入侵或发生其他事变。在对马、壹歧、筑紫等地，日本朝廷每隔四十里①设置一座烽火台，一般都设在高处。人们通常在山顶上焚柴，或是火焰或冒出黑烟，前后呼应，一直到达京都，晚上使用火焰，白天使用黑烟。黑烟或火焰并非在一处生起，而是每隔二十五步点一堆火。人们在多处点火。很远的地方都能看到。日本将负责烽火台的人称作烽子，从壮丁中选拔，任命烽火台长，负责三个烽火台。在古代，作为报信的设施而言，烽火台是速度最快的，受到各国重视。朝鲜有很多烽火台遗址。由此可知烽火台的重要性。日本因为外寇很少，自然而然烽火台都荒废了，但有关烽火台的地名留了下来，譬如飞火野等。为了防止外敌入侵，日本朝廷设置边防军。边防军都是从日本各地地方军队中派出来的。边防军服役年限起初没有规定，后来规定为三年。日本的边防军制度是什么时候出现的尚不明确，但大化时期已经有了边防军制度。在日本和唐朝的海战中，日本惨败，由于害怕唐朝入侵日本，所以这时有必要设置边防军。一方面可以说是由

---

① 日本的一里约等于四公里。——原注

于形势的发展，日本不得已采取了上述国防制度；另一方面是因为天智天皇非常重视国防工作。这说明天智天皇不仅重视文治，还重视军事。

天智天皇非常重视文化建设，有诸多可圈可点之处，在这方面的成就超过了他在军事上的成就。在即位以前，天智天皇已经有诸多业绩。这里姑且不论。我们看一下他即位后的政绩。

一、天智天皇六年，朝廷迁都近江。天智天皇离开历代的帝都飞鸟，将国都迁到较远的近江大津。天智天皇迁都的理由虽然有很多，但主要是因为政府的权威逐渐波及日本东北地区，而日本朝廷和北陆地区的交流逐渐增多。琵琶湖是前往敦贺的出口。日本朝廷在琵琶湖畔奠都是基于想将首都建在国家中心这一考虑。这样来看这个问题恐怕更合理。

二、天智天皇制定《近江令》。今天我们尚不清楚制定这一法令的准确时间，但大概是在天智天皇十年。也有人认为是天智天皇七年。据说，《近江令》有二十卷之多，但没有保留下来。因此，我们现在搞不清楚《近江令》只是命令而已，还是编纂了律法。总而言之，《近江令》根据实际情况对大化改新的制度进行了修改，这一点是可以推测而知的。

三、天智天皇三年，朝廷制定冠位。天智天皇十年，天智天皇授予亲王及诸王位阶。位阶从五等到一等，总共五个等级。据说这是日本最初的位阶制度。

四、天智天皇十年，朝廷进行官制改革。这可以说这是天智天皇的主要政绩之一。具体来讲，天智天皇任命大友皇子为太政大臣，任命苏我赤兄为左大臣，任命中臣金为右大臣。以前日本朝廷实行大臣和大连两巨头执政，而今天智天皇改为三巨头执政。这一点是显而易见的。这一制度在后世得到继承。参加会议的人数最好是奇数，而在以前实行的大臣、大连两大臣制度中，参加会议的人数是偶数，在做出决策时非常不便。在这种情况下，天皇不得不参与决策。而今，实行太政大臣、左大臣、右大臣三大臣制度，让天皇规避决策责任，让执政者负全部责任。可以看出，新制度的着眼点就在于此。此时，天智天皇任命苏我果安等三人为御史大夫。御史大夫这一官职相当于后来的大纳言。新设御史大夫这一官职说明日本的官制取得了进步。公务逐渐繁杂。日本朝廷还设置了内

天智天皇

大臣一职。天智天皇任命中臣镰足为内大臣。这一点值得注意，因为这表明皇室和日本朝廷有了明确的区别。

五、天智天皇四年二月，日本朝廷将百济的逃亡者安置在近江的神前郡。据史书记载，天智天皇四年三月，日本朝廷分给百济逃亡者水田。百济逃亡者的总人数为四百余人，其中有三百三十人被太后间人皇女剃度了。天智天皇五年冬天，日本朝廷将百济二百多男女迁至东国，并给他们提供三年的粮食。这些移民都是被新罗和唐朝联军夺去土地和住房后九死一生逃到日本来的。日本朝廷将他们安置在近江和东国是为了让他们开垦那里的荒地。在新开垦土地还没有产出粮食期间，政府给他们提供三年的粮食。从这一点也可以看出天智天皇颇具经济眼光。

北畠亲房

六、天智天皇九年二月，日本朝廷造户籍，以此断绝盗贼和流浪人员的根源。史书上称此为"庚午年籍"。庚午年籍在日本后世的很长时期成为政治家采取行政措施的参考。

天智天皇的政绩很多，不胜枚举。日本南北朝时期①的英雄，也是历史学家的北畠亲房将天智天皇称作"中兴之祖"。直到后世，日本朝廷都以国祀规格来祭祀天智天皇。可见，天智天皇是个伟人。天智天皇的措施、计划适应时代要求，为人民谋福祉。日本史书和记录中没有完全将天智天皇的丰功伟业记录下来。最能令日本皇室尊重天智天皇的原因是天智天皇灭掉了专横跋扈的苏我一族，将皇室从权臣的压迫下解放出来，获得自由。

天智天皇的人格有很多可圈可点之处。意志坚强让天智天皇变得伟大。这一点贯穿了他的一生。在讨伐苏我一族中，天智天皇立下大功。下定决心帮助百济、和大国唐朝交战足见天智天皇勇气可嘉。天智天皇帮助孝德天皇进行改

---

① 即吉野时期。——原注

革，成就了大化改新的伟业。尽管如此，他将皇位屡屡让给长上，以皇太子身份从政，具有谦逊之美德。这都是因为他有坚强的意志。天智天皇花了很长时间进行政治改革。中臣镰足不断进忠言、辅佐天智天皇也是一大原因，否则天智天皇不会取得这样的成就。在讲天智天皇时，我们不能不讲中臣镰足的事迹。

在中臣镰足死后，天智天皇非常悲痛和寂寞。天智天皇年老时将皇位让给同母弟弟大海人皇子。即便任命自己的亲儿子大友皇子做太政大臣，让他处理政务，但天智天皇还是不能将皇位传给他。这让天智天皇颇感遗憾。中臣镰足死后第三年的九月，天智天皇患病。天智天皇将金钵、象牙、沉香等各种宝物献给法兴寺大佛，祈祷病愈，但病情还是不断加重。当年十月，天智天皇将皇太弟大海人皇子叫到枕边托付后事。大海人皇子坚辞不受，主张将皇位让给皇后倭姬王，让大友皇子听政。大海人皇子还说："我宁愿为天皇出家，静心修道。"因为知道天智天皇很爱大友皇子，所以大海人皇子只好选择退出。天智天皇似乎无奈地答应了大海人皇子的请求。在佛殿前剃发后，大海人皇子到吉野山修行。天智天皇赠予大海人皇子袈裟。大臣们送大海人皇子至菟道。看到大海人皇子穿着袈裟的样子，有人说道："虎生双翅，放虎归山终究为患。"这大概有点牵强附会，但当时一部分人这么想也是事实。

恐慌氛围布满宫廷。天智天皇十年十一月二十三日，大友皇子在西殿佛前召集重臣，想要了解他们的想法。被召集的有苏我赤兄、中臣金、苏我果安、巨势人和纪大人。大友皇子手执香炉，先站起来盟誓："我六人同心奉诏，若有异心者，必遭天谴。"接着，苏我赤兄等五人逐个手执香炉真心盟誓："我们五人跟随殿下，听从天皇诏书，若有违背者，必遭天谴。"天智天皇十年十一月二十四日，大藏省第三仓着火。近江宫一部分被烧毁。这件事让人感到疑云满腹。天智天皇十年十一月二十九日，苏我赤兄等五人簇拥着大友皇子到了宫中，在天智天皇病榻前盟誓。天智天皇十年十二月二日，天智天皇驾崩，享年五十八岁。当时童谣四起，人心惶惶。

第8节 壬申之乱

皇太弟大海人皇子被人比作插上双翅的老虎,在吉野深山修行佛道,但随他而来的舍人们不愿离开他。大海人皇子对他们说:"我要修行,这里只留下修行者就可以了。不想修行的人可以回去了。"但没有一个人愿意回去。大海人皇子重复了上述的话,终于有半数舍人回到了京都。

仰慕大海人皇子的不仅仅是舍人们、他的正妃鸬野赞良皇女、儿子草壁皇子、忍壁皇子,还有在宫廷中做事、了解大海人皇子本事的臣僚们。他们都非常信任大海人皇子。大海人皇子的兄长是天智天皇。天智天皇曾经作为皇太子辅佐齐明天皇到九州处理海表的军政。在此期间,大海人皇子留守大和,处理万机。他的才能和人品得到臣僚们的钦佩。正因为这样,天智天皇定大海人皇子为皇太弟。人们都认为天智天皇百年后会让大海人皇子继承皇位,并且都很希望这样。然而,在天智天皇患病、驾崩前,宫中人心惶惶。大家都在担心大海人皇子的安危。这种担忧没有确凿证据,只是朦朦胧胧而已。

毫无疑问,让宫中的人们感到惶惶不安的是大友皇子。这里有一件事情需要说明,即大友皇子在皇室的地位。本来,大友皇子是天智天皇的皇子,有可能继承皇位,但皇室对皇位继承人非常挑剔。自古以来,皇室有一个不成文的规定:即便是皇子,其生母的门第必须高贵,否则绝不能继承皇位。大友皇子生母的门第就不高。天智天皇的皇后是倭姬王,是古人大皇子的女儿,但倭姬王没有儿女。此外,天智天皇还有四个嫔妃。天智天皇第一个嫔妃是苏我仓山田石川麻吕的女儿远智娘,生下大田皇女、鸬野赞良皇女、建皇子。大田皇女和鸬野赞良皇女都嫁给了大海人皇子。后来当上皇后的是鸬野赞良皇女。建皇子是哑巴。天智天皇的第二个嫔妃是远智娘的妹妹苏我姪娘,生下御名部皇女和阿闭皇女。阿闭皇女就是后来的元明天皇。天智天皇的第三个嫔妃是阿倍内麻吕的女儿阿倍橘娘,生下明日香皇女和新田部皇女。天智天皇的第四个妃子是苏我赤兄的女儿苏我常陆娘,生下山边皇女。此外,天智天皇还和四个宫女生有儿女。第一个宫女是忍海造色夫古娘,生下大江皇女、川岛皇子和泉皇女。第二个宫女是栗隈首黑媛娘，生下水主皇女。第三个宫女是道君伊罗都卖，生下志贵皇子。第四个宫女是伊贺采女宅子娘，生下大友皇子。根据习惯，其中出身最高贵、有资格继承皇位的只有建皇子。其他有资格的都是皇女。天智天皇特别喜爱大友皇子，但不敢冒天下之大不韪立大友皇子为皇太子。然而，他对大友皇子的喜爱超过了一切，甚至希望皇太弟大海人皇子主动让位于大友皇子。于是，聪明的皇太弟大海人皇子将兵器交给有司，剃发进了吉野山。即便如此，大友皇子还不放心，和五个重臣盟誓。

这样一来，双方都以怀疑的目光看待对方，结果反目成仇。有人乘机利用这个机会。在吉野和近江都有这样的小人。天智天皇驾崩的第二年五月，在人心惶惶中，朴井雄君从美浓回来，对大海人皇子说："朝廷为了造山陵，让尾浓两国的国司征集人夫，并且每人要带兵器。"又有人告诉大海人皇子："朝廷从近江京到大和京到处设置密探。菟道的桥守禁止吉野宫的舍人私自运粮。"大海人皇子派人调查，发现消息果然属实。于是，大海人皇子说道："我本来打算隐居，但人家不让，那我也没有办法，不能束手待毙。"天智天皇驾崩的第二年六月二十二日，大海人皇子命村国男依、和珥部君手、身毛广到美浓带兵赶到不破关，封锁道路。大海人皇子又派大分惠尺、逢志摩等到近江请驿铃。大海人皇子亲自带着妃子鸬野赞良皇女及诸皇子从宇陀净顾伊贺来到伊势，命令那里的军队封锁铃鹿道。最终，大海人皇子一行到达桑名的郡家。当时，村国男依向大海人皇子汇报说："已经让美浓的军队封锁了不破关。"大海人皇子非常高兴，重赏了村田男依。大和的贵族基本都站在大海人皇子一边。

近江朝廷听说大海人皇子到了东国，大吃一惊。关于如何作战，近江朝廷分成两派，导致贻误了战机。大海人皇子一边已经开始行动。天智天皇驾崩第二年的七月二日，纪阿闭麻吕也率兵从伊势来到大倭。村国男依等从不破关率兵进入近江。在同一天，近江朝廷派山部王、苏我果安、巨势人等率军来到犬上川河岸进行防御。然而，近江朝廷军队发生内讧。山部王被杀。苏我果安自杀。军队无法继续前进。七月三日，近江朝廷一方的大野果安和大海人皇子一方的大伴吹负在乃乐山作战。近江朝廷一方虽然获胜，但由于大海人皇子一方防守严密，只好班师回朝。这样一来，近江朝廷和大海人皇子在各处交战。七月十三日，村国男依的军队来到安河，七月十七日击败栗太的近江朝廷军队，七月二十二日，村国男依进军濑田。当时，近江朝廷大友皇子在桥的西边坐镇，终于被大海人皇子的军队击败。大友皇子逃往山前。跟随者只有物部麻吕和两个舍人。苏我赤兄、中臣金等重臣都逃亡了。大友皇子终于进退维谷，自缢身亡，享年二十五岁。史称这场变乱为"壬申之乱"。

壬申之乱后不久，近江朝廷一方的人受到处罚。右大臣中臣金被斩首，左大臣苏我赤兄、巨势人及其子孙、中臣金、苏我果安的子孙都被流放。大友皇子的首级被送往大海人皇子所在的不破宫。这真是一场丑恶的叔侄争夺皇位的惨剧。当战胜的叔叔看到战败侄子的苍白的脸时，内心深处是否有叹息、悲伤和悔恨？大海人皇子论功行赏，之后从不破宫回到岛宫，非常忙碌。胜利的悲哀淡漠了很多。不久，大海人皇子回到冈本宫，又营造净御原宫，静静地追忆过去。此时，大海人皇子有一种不可言状之情。即便是强悍的大海人皇子也有柔情的一面。

日本民族同情弱者。这一价值观在壬申之乱中表现出来。后世舆论很多同情大友皇子。很长时间内，大友皇子没有被列入天皇之列。一直到明治初年，大友皇子才被赠予弘文天皇的谥号。在辞去皇太弟身份后，大海人皇子进入吉野山。之后，大友皇子成了皇太子，并在天智天皇驾崩后继承了皇位。但史学家并不认可大友皇子的皇位。大友皇子被立为皇太子的证据只有一个：记录中有"年二十二岁，大友皇子立皇太子"，但正史《日本书纪》中就此没有任何记载。连《日本书纪》的编者都对此事表示怀疑，或者是基于某一理由给含混过去了。总而言之，大友皇子即位的事实得不到承认。这大概是正确的观点。但自古以来很多人认为应该承认大友皇子的皇位。《日本书纪》注释中有一些词句承认大友皇子。

值得注意的是这些同情并非空穴来风。这是基于大友皇子是个风度翩翩的人物。就大友皇子的经历而言，人们知道的不多，但其"风采伟岸"，其思想"风范弘深"，"顾盼时眼睛有神"。唐朝使者刘德高见过大友皇子，评价说"此皇子风骨异于常人"。还有人说大友皇子"博学多才、文武兼备、群僚钦佩、肃然起敬"。由此可以推测大友皇子并非平庸之辈。大友皇子还留下两首五言诗，可以证明他的才学。其一题为《侍宴》：

皇明光日月，帝德载天地。

三才并泰昌，万国表臣义。

还有一首题为《述怀》：

道德承天训，盐梅寄真宰。

羞无监抚术，安能临四海。

同一时代的人评价大友皇子"天性聪明，好博古，下笔成文章，出言为论"。恐怕这并非过奖之辞。

今天还流传着一个奇怪的传说，讲的是壬申之乱的原因。据说天智天皇和天武天皇，即大海人皇子为了一个妇人发生感情冲突，而这是壬申之乱的原因。《万叶集》中记载道：天智天皇七年，天智天皇游猎蒲生野。镜女王歌道："茜指紫野行，标野行野守，袖振君不见。"皇太弟大海人皇子对道："紫霞照我妹，好生让吾恋，但已为人妻。"也就是说，大海人皇子暗恋天智天皇的宠妃。据说，起初大海人皇子娶了镜女王，即额田姬王为妻，生下十市皇女。天智天皇恨大海人皇子，因此罢免了大海人皇子皇太弟的地位。然而，十市皇女是大友皇子的妃子，已经生下葛野王。镜女王做大海人皇子的妃子至少在二十年前。在蒲生野游猎时，天智天皇的孙子葛野王已经七岁，而镜女王已经是年近五十的老妇人。称天智天皇和大海人皇子因为恋爱不和而发生战争是不可能的。某个史学家指出："真正诱发壬申之乱的首谋者是中臣金。他煽动壮年的大友皇子，要杀害大海人皇子。"这个论断比较有说服力。

这样看来，壬申之乱只不过是令人惋惜的争夺皇位的皇室内讧，但在当时社会上具有重大意义。天智天皇是革命的急先锋，隐忍奋斗数十年，成就了改革大业，将首都从大倭迁到了近江。一般民众，特别是守旧派并不欢迎这一举措。大化改新虽然是以孝德天皇的名义进行的，但实际上是天智天皇实施的。这一点尽人皆知。日本在经济、政治、社会上发生了巨变，而对此表示欢迎的人很少。天智天皇在世时一切风平浪静，但一旦天智天皇驾崩，守旧势力就会卷土重来，恢复旧制度。因此，皇位落在新人大友皇子手中对他们不利，于是站在大海人皇子一边的人就多了。大海人皇子上了岁数，长年处理政务，了解民情，意识到过激的改革不适合国情，因而并不赞成大化改新。这样看来，壬申之乱是革新派和守旧派的冲突，是新人和旧人的反目。结果，天智天皇播下的种子给儿子弘文天皇带去了灾殃。推古天皇时期，圣德太子引进中国文化、法制，到了这时已经不适应国情。憧憬日本固有文化的人们朦朦胧胧地觉醒了，回到旧习惯和思想，掀起了复古运动。这场运动以军事政变的形式表现了出来。

第4章

改造社会组织

第1节 天武天皇及其功业

673年2月,大海人皇子在飞鸟净御原宫即位,史称"天武天皇"。天武天皇很清楚和大友皇子争夺皇位会引起内乱,因此尽量收揽人心,避免遭人怨恨。即位后,天武天皇根据自己的理想采取诸多措施,颇有几分"笼络性政治"的色彩。刚即位,天武天皇就论功行赏。673年2月,天武天皇下诏给公卿、大夫、臣、连、伴造等:"让初登仕途者侍奉大舍人,然后根据才能提拔到合适岗位。妇女无论是否有丈夫,无论长幼,希望进入仕途者都可以允许。"天武天皇三年,天武天皇废除了天智天皇时期制定的氏部家部制度,制定贷税的新制度。如果贷税,就要调查农民贫富,根据贫富将农民分为三等,中户以上不予借给。天武天皇四年四月,朝廷在西国废除给予诸臣的封户的税,转而给予东国;臣、连、伴造、国造之子即便是畿外出身也允许入仕;庶人有技能也可以入仕;百济、高句丽的归化人也可以授予官职。以前只有畿内的民众受到特殊待遇。此后,朝廷在仕途上取消了歧视性待遇,结果也取消了爵位的内位和外位的区别。

天武天皇七年正月,天武天皇下诏对正月节的拜贺进行限制。天武天皇七年九月,天武天皇禁止朝廷对官人给予特殊待遇,清除了官民隔阂的壁垒。天武天皇清楚因为女天皇继承皇位而造成的各种弊端。他还努力革新社会风纪。天武天皇五年,天武天皇下诏取缔流浪者。天武天皇七年,天武天皇下诏取缔流浪者和恶霸。流浪者是由将官民作为私民造成的,结果民众中有很多人脱离籍贯成为流浪者。天武天皇这样做的目的是让流浪者回到籍贯所在地,从而进行征税。此外,当时恶霸横行乡里,而当地政府怕麻烦没有镇压。如今,天武天皇下诏让官员上下互相监督,除掉恶人。可见,天武天皇事无巨细都在进行管理。此外,天武天皇三年正月,天武天皇还规定百官进献的薪的长度为七尺,以二十株为一担。这是日本重量单位的起源。天武天皇还规定不允许竭泽而渔,不允许滥捕野兽,禁止吃牛马鸡犬之肉。这些规定都是根据佛教杀生戒律制定的,强调慈悲为怀。这给日本民众生活带来极大影响。从那时起,日本从食肉国变成食素国。

天武天皇最大的功业是修改了八姓和位阶制度。天武天皇九年二月,天武天皇和皇后鸬野赞良皇女一起来到大极殿,宣诏打算修改律令,让臣僚们着手修改《近江令》。天武天皇九年三月,天武天皇下诏川岛皇子等记录《天皇纪》和故事等,修改圣德太子编纂的日本国史。当时,天武天皇重新赐姓,命氏上尚

鸬野赞良皇女

未决定的人赶紧定下来申报朝廷。天武天皇十二年十月，天武天皇制定八姓，将复杂的氏族的阶层简化了。所谓的八姓是指真人、朝臣、宿祢、忌寸、道师、臣、连、稻置。真人有十三氏，朝臣有五十五氏，宿祢有五十氏，忌寸有十一氏。最高阶层是真人，和新罗王称号麻立干中的"麻立"是同义词，和"世子"起源相同。朝臣和辰韩的"阿残"是同一个词。今天朝鲜语中阿残的意思是叔母。二者意思相同。宿祢意思是小兄。忌寸是"大""美"的意思，和朝鲜语的"主长"意思相同。道师是天皇赐予有技能的家族的姓，意思是"各道的达人"。臣、连、稻置以前讲过，这里不再赘述。在臣、连、稻置这三个阶层中，对社会贡献最大者赐予最高的阶层，贡献不大者还在原位。这些阶层的名称源于对家族的称呼。可见日本社会是家族的延伸。

修改八姓的政策主要限于畿内地区，但也波及毛野、吉备、胸方、尾张等一些地区，很多仅局限于大倭的贵族。由此可见，文化尚未普及全国。远国的民众依然如故。

天武天皇十三年，天武天皇修改爵位制度，增加阶层。诸王以上的位有六阶。各阶又分为大、广两种。总共有十二阶。诸臣为六阶，各阶分四级，各级分两种。总共有四十八阶。这些阶层和服饰颜色也有关系。

持统天皇四年，上述制度多少有些改良。朝服在净广二以上为黑紫，净广四以上为赤紫，正位为赤紫，直位为绯色，勤位为深绿，务位为浅绿，追位为深缥，进位为浅缥。天武天皇七年，天武天皇下诏规定："天下百姓穿黄颜色衣服，奴穿皂衣。"民众的色彩观念逐渐成形。能够得到这些染料说明工艺发展到了这种程度。

这些爵位也伴随着物质上的恩赐。改位阶当天，天武天皇分别赐予草壁皇子净广一、大津皇子净广二、高市皇子净广二的爵位；授予诸臣大方直位及以下爵位。查阅持统天皇五年正月的封户，我们可以发现高市皇子为三千户，净广二穗积皇子、净大三川岛皇子为五百户，正广三丹比岛为五百户，正广四百济禅广为二百户。自天武天皇时起，人为制定的爵位逐渐受到重视，贵族之间互评。天爵不再像以前那样受到重视。阶层意识逐渐明确。这导致了后世经济上的阶级斗争。

朱鸟①元年五月，天武天皇患病，在川原寺让人念《药师经》，清扫各寺院塔堂，大赦天下。然而，天武天皇的病情并不见好转。朱鸟元年八月前后，天武天皇剃度了一百八十位僧尼，让人将一百尊菩萨像搬入宫中，又让人念《观音经》两百卷。然而，天武天皇病情越来越重。朱鸟元年九月九日，天武天皇驾崩，享年七十三岁。

天武天皇一生忙碌，辅佐天智天皇。然而，由于他其貌不扬，又是壬申之乱的始作俑者，并且害死年幼的侄子，因而在历史上不受人们爱戴，特别是后世民众很反感天武天皇。

然而，天武天皇的人格没有问题。他为人宽容，不责备他人。周围的人都不愿离开他。在天武天皇剃发进入吉野时，舍人也剃发相陪。他的妃子、皇子等与他患难与共。在他落难时，大伴、郡司等人率众来护卫他。在川曲坂下，天黑时突遭大雨，由于从者衣服湿了，天武天皇让人将自己领地房子的木头点着，让从者取暖、晾干衣服，很有人情味。

天武天皇的慈悲之情并非源自博爱之心，而是他重视每个人都有一项能力。壬申之乱后，天武天皇对手下论功行赏，的确有感谢之意，但同时更重视他们的技能。天武天皇元年六月，当百济沙宅昭明死后，天武天皇爱惜他是个人才，追赠他外小紫位。天武天皇八年，听说犬养大伴病危，天武天皇到他家探病。天武天皇还是皇太弟时，看到中臣镰足位极人臣，心中不平。有一天，天智天皇举行酒宴，当时还是皇太弟的天武天皇用长枪扎透座席。天智天皇大怒要杀他。经中臣镰足苦劝，天武天皇这才捡了一条命。之后，天武天皇非常信任中臣镰足。在落难时，天武天皇说："要是中臣镰足还活着，我不可能这么惨。"由此可见君臣互信。

天武天皇晚年笃信佛教，或抄经，或造访寺庙，厚待僧尼。天武天皇十三年，天武天皇下令诸国每家造佛舍、供奉佛像、佛经。天武天皇还抚恤贫民，赡养老人，养活残疾人，大赦天下。天武天皇不允许杀生，想匡正人类的残忍性，对扰乱秩序、危害和平者坚决弹压。天武天皇的柔情是以雄武为背景的，像佛

---

① 天武天皇十五年七月二十日，即686年8月14日，天武天皇定元号为朱鸟。

陀一样，既慈悲又有威严，并且胸襟开阔。然而，天武天皇对自己的侄子也是自己的女婿大友皇子却下了死手。原因何在？在天武天皇剃发到吉野后，大友皇子步步紧逼，派密探和伏兵想加害天武天皇。大概是因为天武天皇虽然忍耐性很强，但最终在忍无可忍时杀了大友皇子。大友皇子的妃子是天武天皇和镜王女所生的十市皇女。十市皇女将近江宫廷的一切事情都报告给天武天皇。作为外廷耳目，苏我安麻吕也给天武天皇通风报信。由于大友皇子的母亲是采女，地位卑微，所以大友皇子起初没有觊觎皇位的非分之想。天智天皇虽然喜爱大友皇子，但起初也没有打算废掉皇太弟大海人皇子而立大友皇子。然而，在天智天皇病重后，苏我赤兄、中臣金给年幼的大友皇子煽风点火，阴谋篡位。天武天皇感到危险，这才辞去皇太弟之位，到吉野山避祸，终于引起内乱。因此，罪在大友皇子一方。天武天皇一方只是被动还击。天武天皇众望所归，而大友皇子一方以失败告终。后世的一个历史学家也同情天武天皇。他的观点堪称卓见。天武天皇颇解风流，屡屡造访吉野山，赏樱花，赞美溪谷之美，传为后世佳话。

第2节　藤原宫的二元首及其政治

朱鸟元年九月，在天武天皇驾崩后，皇后鸬野赞良皇女临朝称制。鸬野赞良皇女腹中所生的草壁皇子被立为皇太子。因皇太子草壁皇子年幼，根据当时的习惯，皇后鸬野赞良皇女称制。其中还有一个原因：皇后鸬野赞良皇女的姐姐大田皇女先于鸬野赞良皇女做了天武天皇的妃子，生下大津皇子。大津皇子对皇太子草壁皇子非常反感。大津皇子终于谋反被抓，在译语田邸被赐死。日本国史就大津皇子记载如下："容貌伟岸，音辞俊朗"，颇得天武天皇宠爱。大津皇子有点神经质，想法新奇，有些本事，有轻视周围人的倾向。谋反大概是出于自负。大津皇子自杀时二十四岁。因此，也有人同情他的遭遇。大津皇子的妃子是山边皇女。山边皇女听说大津皇子遭难，披发跣足，跑到爱人身边自杀身亡。看到此场景者无不落泪。

朱鸟二年正月，草壁皇子率领百官到殡宫恸哭，接着赏给京城八十岁以上老人、残疾人、贫困者物品。朱鸟二年，朝廷将天武天皇葬于大内陵。朱鸟三年三月，朝廷大赦天下。朱鸟三年四月，朝廷将归化日本的新罗人安置在下毛野。在皇后鸬野赞良皇女称制后，政务其实由皇太子草壁皇子处理，但草壁皇子不幸于朱鸟三年四月驾崩。朱鸟四年正月，鸬野赞良皇女即位，史称"持统天皇"。

持统天皇虽是妇女，但气量很大，性格沉稳，恭俭谦逊，让人钦佩。在持统天皇即位后，高市皇子辅政，进行了一系列政治改革：朱鸟四年十一月，朝廷实施元嘉历和仪凤历。朱鸟五年八月，十八氏上纂记。朱鸟五年十月，朝廷颁布陵户令。朱鸟七年正月，朝廷规定百姓奴婢的服装颜色。朱鸟七年三月，朝廷奖励农桑。朱鸟八年，朝廷任命大宅麻吕、台八岛、黄书本实等为铸钱司。朱鸟八年十二月，持统天皇迁往新建的藤原宫。朱鸟九年，持统天皇屡屡行幸吉野，作了和歌。朱鸟十年七月，本来预定继承皇位的太政大臣高市皇子驾崩。朱鸟十一年二月，持统天皇立草壁皇子的儿子轻皇子为皇太子。朱鸟十一年八月，持统天皇让位于轻皇子。轻皇子继承皇位，史称"文武天皇"。文武天皇尊称持统天皇为太上天皇。太上天皇称号始自此时。大宝二年，持统太上天皇驾崩，享年五十八岁。

文武天皇的生母是天智天皇的第四女，即元明天皇。元明天皇也是持统天皇的异母妹妹。姐妹两个都秉承了父亲天智天皇的优点。文武天皇的父亲草壁皇子秉承了天武天皇的英迈。因此，文武天皇文武兼备，是一个完人。日本国史简单记载道："文武天皇精通书史，擅长射箭。"

在施政方针上，文武天皇坚持慈悲为怀，在即位那年将田租、徭役减半，三年不收大税之利，还抚恤老人，赏给亲王以下百官种种物品。文武天皇下令诸国每年放生，"恩及禽兽"。闰十二月，文武天皇听说播磨、备前、备中、周防、淡路、阿波等地发生饥荒，下令进行赈济，不让地方官员征收赋税。文武天皇的这些宽政早在日本古代就有。在儒学、佛教输入日本的同时，仁义慈悲观念根深蒂固，影响到执政理念。文武天皇实施仁政，努力消除对庶民的歧视性待遇，善待老人和残疾人。一般民众的伦理观念大幅度提高。博爱思想普及。这是日本国民道德史上浓墨重彩的一笔。下面举几个具体例子来说明文武天皇的仁政。文武天皇二年，越后国、近江、纪伊等国瘟疫流行。文武天皇分发医药进行救治。这项

元明天皇

善举始于推古天皇朝圣德太子时期。据《大宝律令》记载,文武天皇时期,文武天皇设立专门机构负责采药、治病。里面有医学博士、按摩博士、念咒祈祷博士。文武天皇命令他们传授百姓各种医术。此外,文武天皇在宫廷中设立内药司。以前,当冠位在五位以上的官员患病后,政府负责医治。所需医药每年都由典药寮采集制造。这一制度在地方上也实施。在瘟疫流行时,朝廷拿供给官员们的药来应急。文武天皇以此为基础,在天平时期①建了很多慈善医疗机构,提高了医疗水平。这是日本慈善医院的起源。究其原因是文武天皇受到了佛教的感化。

文武天皇还着意保护生孩子多的人。文武天皇三年正月,住在京职林坊的新罗女牟久卖生下四胞胎——两男两女。文武天皇听说此事赏赐大量布帛,还给配了一名乳母。在庆云②三年三月,右京的日置须太卖生下三胞胎,文武天皇

---

① 724年到748年。
② 大宝四年五月十日,即704年6月16日,朝廷在藤原京发现瑞云,因此改元庆云。

赐予衣服、粮食和乳母。江户时期，领主也奖励生三胞胎者。繁衍人口是古代日本民众的传统精神。文武天皇的这一政策与此相关。可见，文武天皇对多产者的育儿辛苦和花费表示同情。这是当今日本社会强调的"育儿是社会义务"这一观念的思想萌芽。

大宝元年①八月，文武天皇制定《大宝律令》。《大宝律令》是文武天皇最主要的政绩。《大宝律令》是忍壁皇子、藤原不比等、下毛野古麻吕等奉诏以天武天皇的遗制为标准制定的。流传至今的《大宝律令》其实是对《大宝律令》进行修改后制定的养老令。《大宝律令》是日本最早的成文法令。圣德太子制定的《十七条宪法》并非真正意义上的法令。从这个意义上讲，日本民族应该记住文武天皇在位的这一段时期。历史上将从孝德天皇到元正天皇不断修撰律令的时期称作"律令修撰时期"。

即位之初，文武天皇纳藤原不比等的女儿藤原宫子为夫人。藤原不比等是中臣镰足的儿子，学问、手腕与中臣镰足匹敌，为辅佐文武天皇献出毕生精力。文武天皇的伟业很多都是由藤原不比等来经营的。藤原不比等为人谦逊，忠心耿耿为朝廷效力。文武天皇赐给藤原不比等五千户，令他世袭。

文武天皇即位五年后的三月二十一日，建元大宝。大宝四年五月十日，文武天皇又改元庆云。在此之前，日本也有年号。孝德天皇时有大化、白雉年号。天智天皇时期使用白凤年号。天武天皇时期使用朱雀、朱鸟等年号。然而，前朝虽然使用年号，但都是断断续续的。而年号制度正式确立则是在大宝以后。有人说大化以前就有年号。现在有文物上刻着"法兴"二字。然而，这不是政府公认的，而是僧徒们私自使用的。

文武天皇继位以来一直住在先帝营造的藤原宫。庆云元年十一月，文武天皇扩充宫殿面积，将民户一千五百五十五户囊括其中。左右分两京，但规模较小。虽然朝廷之前讨论过迁都事宜，但庆云四年六月十五日，文武天皇驾崩。庆云四年十一月，在飞鸟冈实施火葬后，文武天皇被葬于桧隈安古山陵。文武天皇即位四年，僧人道照入寂，在栗原实施了火葬。这是日本最早的火葬。因为受

---

① 即701年。

藤原不比等

到日本传统信仰和习惯的制约,即便引进佛教之后,日本也未流行火葬,大多数实施土葬和天葬。古代日本人相信肉体是灵魂的归宿,如果肉体不腐烂,灵魂就不离开肉体。因此,尸体要安放。来世也像现世一样继续生活。等肉体自然化解后,灵魂回到本源。而今,在佛教传入日本后,人们的想法变了。人们认为肉体越早消灭,灵魂越能够早点游离,结果出现了净化的思想,最终发明了火葬。这些思想都是随着佛教一起传入日本的。然而,虽然佛教流行,但火葬尚未流行。直到文武天皇时期,日本才出现火葬。文武天皇驾崩后也是火葬,开了火葬先河。这一点是一个非常重要的史实。也就是说,到文武天皇时期,推古天皇时期以来实施的改革得到完全落实。火葬就是一个确证。

第3节 《大宝律令》

遣隋使和遣唐使数次到中国,来往于日本列岛和中国之间,让中国知道了日本的存在。与此同时，中国文化如工艺、美术品的制作方法、道德、法制也传到日本，使日本从蛮荒走向文明。日本制定法令便是其中一个典型的事例。在飞鸟时期以前，日本是个没有成文法律的国家。在圣德太子制定《十七条宪法》后，日本才成为成文法国家。但《十七条宪法》还不是真正意义上的法律。大化改新颁布的诏令具有法律的性质，目的是匡正旧习惯，但只是暂时性的文件，不够系统。而真正意义上的法令制度则是在近江朝修订的《近江令》，共二十二卷，但没有流传后世。内容不详。天武天皇修改《近江令》。文武天皇让藤原不比等等人对修改后的《近江令》进行改定，这才形成《大宝律令》。《大宝律令》由六卷律和十一卷令组成。到了元正天皇养老二年，朝廷进一步修正《大宝律令》。律和令各十卷，流传至今。今天所说的《大宝律令》实际上是《养老律令》，但两者没有太大差别。

律和令其实是两回事。当时的法学家认为："律以惩肃为宗，令以劝诫为本。之后又追加两个格式。格以衡量时间为制，式为补缺拾遗。这四者相辅相成，缺一不可，才能治国。"这种思想受到唐朝的影响。律就是刑法，保障社会生活的安全，本来是"禁止"的意思，后来开始附加刑罚。令本来就是命令的意思，以教育为主，也有禁止的成分在里面。后来律和令区别越来越小，都是为社会的共同利益服务。日本律令二法典的形成是在照搬唐朝法典的基础上，根据日本的国情制定的。之后，不符合日本国情的逐渐修改。《格》的不断出现证明了律令是有缺陷的。日本逐渐去除中国法典的成分。律令事实上成为一纸空文。这说明日本民族注重旧习惯，不喜欢新事物。这样一来，律令中日本固有的习惯等占了上风，到了镰仓时期才出现新法。

日本古代以固有习惯为基础形成不成文的古代法制，后来模仿唐朝法制，形成飞鸟宁乐时代的成文法律律令，但根据日本的固有习惯和国情进行了修改，在平安时期发布格式，根据固有习惯形成平安时期的法制。到了镰仓时期，日本制定式目法制。

一、律的体制及内容

律由十卷十二篇组成。大部分缺失，仅剩三篇。我们无法搞清楚律的整体内容。所谓十二篇是指《名例律》《卫禁律》《职制律》《户婚律》《厩库律》《擅兴律》《贼盗律》《斗讼律》《诈伪律》《杂律》《捕亡律》《断狱律》。现存的只有《律疏残篇》，收录在《群书类从》中。《名例律》是总则，共二十五条。《卫禁律》讲的是关于宫阙等的刑法事项。《职制律》共五十六条，讲的是官吏的相关事项。《户婚律》规定了户籍、财产、纳税、养子、婚姻、继承等，属于民法。《厩库律》规定了牛马、仓库等事情。《擅兴律》是关于军事的法律。《贼盗律》是关于谋反、谋大逆、盗贼、强盗等的刑法。《斗讼律》是关于诉讼的法律。《诈伪律》《杂律》分别类似于中国北魏的《贼律》和北周的《杂犯律》。《捕亡律》是关于追捕藏匿犯人、其他逃亡丁役、工匠的法律。《断狱律》是关于审问判决犯人的法律。

将残留的法律条文和《唐律》比较可以发现大部分内容是一致的。也就是说，《大宝律令》几乎原封不动地照搬了《唐律》，然后对不符合时代和国情的进行了取舍。日本的律有五大特色：（一）没有神道色彩；（二）犯罪的认定注重动机；（三）加入了伦理要素；（四）对官吏课以免官等特殊刑罚；（五）刑罚宽大，没有过于残酷者。

二、令的体制及内容

令由十卷三十篇构成，几乎全部保留至今。其中，日本固有的要素要比律多。因为唐令散佚，无法与其比较。令的三十篇有《官位令》《职员令》《后宫职员令》《东宫职员令》《家令》《职员令》《神祇令》《僧尼令》《户令》《田令》《赋役令》《学令》《选叙令》《继承令》《考课令》《禄令》《宫卫令》《军防令》《仪制令》《衣服令》《营缮令》《公式令》《仓库令》《厩牧令》《医疾令》《假宁令》《丧葬令》《开市令》《捕亡令》《狱令》。其中《仓库令》和《医疾令》散佚。国学家们从《续日本纪》《类聚三代格》《政事要略》《令集解》中收集散佚的令，但无法复原。

令的内容复杂，无法和今天的法律比拟，大体上可以分为臣民的阶级、臣民的位阶、官制、社寺制度、兵制、财政、土地制度、民法、诉讼法等。民法中的臣民的阶级与唐朝的完全相同，可见采用了唐令。日本自古以来也有一些阶级观念,也不是完全照搬唐朝。日本的令规定臣民分良贱两种。贱人又分官[①]私[②]两种。其中陵户与良民最接近。其他的在良贱之间。通婚都是在同一个阶级内进行。这是原则。唯独允许陵户和良民跨阶级通婚。

位阶是用来区分良民的阶级的,分为文位和勋位。文位又分为内位和外位。在内位中,亲王为一品至四品,臣下为正从一位,以下有三十等。在外位中有正五位以下二十等。勋位分为十二等,一等为正二位,十二等为准从八位下。这些位阶和官职有关系。在刑法上,位阶高的人受到宽大处理。位阶和食封、品田、位田、季禄等关系密切。这种歧视性待遇今天看来很不合理,但在当时是不得已的。

令中的社寺制度中重视供奉神祇。朝廷在中央官厅中设神祇官。神祇官地位重要。摄津职、太宰府、国衙等地方官厅也搞神事。神社都有神田、神户。这说明日本朝廷重视祭祀。僧尼、寺院由治部省玄蕃寮管理。僧尼从事精神界的救济事业,不允许积蓄田宅财物和做买卖、放高利贷。但寺院有寺田和若干奴婢,能自给自足。

诉讼有定期和临时两种。朝廷规定每年十月一日到次年三月三十日处理公务。但罪犯的审判、判决、告发、告状等紧急诉讼在受理的衙门处理。中央由刑部省负责审判,而地方由郡司、国司负责审判。当时的审判比较公平,重视自动招供和书面证据、物证,根据法律进行判决,也有今天的亲属回避制度。此外,《狱令》中规定公正、慈悲观念的成文法甚多。可见,立法者还是领会了道德政治,也就是礼制的宗旨和精神。这些并非照搬唐朝的成文律。

此外,令中有关军备、财政、土地的各种制度也很重要。从民法的各种规定中,我们可以猜测当时日本民众的生活。自圣德太子以来,宫廷的先觉者们一直梦想日本成为文化典章璀璨的乌托邦式国家。由于制定了《大宝律令》,这一梦想终于成真。日本也从不成文法律国家演变为成文法律国家。这是对日本社会组织的一次大的改造。但这一改造拘泥于形式,忽视了本质。因此,最终被"格

---

① 陵户、官户、官奴婢。——原注
② 家人、私奴婢。——原注

式"代替。在后世的日本社会，律令成为废纸，空有其名。这证明了以下几点：其一，日本吸收外来文化是困难的；其二，日本固有文化的力量是强大的。这一点从《大宝律令》的出发点和落脚点可以看出。飞鸟宁乐时代的文化尽管灿烂明辉，但没有给日本民众带来光和热。究其原因，飞鸟宁乐时代的文化是从中国借来的。为了引进中国文化，圣德太子、天智天皇、天武天皇、文武天皇、中臣镰足、藤原不比等及其他归化日本的学者们付出艰辛的努力。然而，这些努力只不过是脱离日本现实的梦想，因而没有结出硕大的果实。当然，上述伟人们的努力是让野蛮的日本民众更加接近文明几分的民众的契机。

第4节 系统化、体系化的政府组织

圣德太子梦想建立系统化、体系化的政府组织。在孝德天皇时期，在中臣镰足和中大兄皇子的努力下，经过不断完善，这个梦想大体实现。在文武天皇时期，日本的政府组织更加完善。文武天皇制定的《大宝律令》对政府组织做了详细规定，将政府组织分为中央和地方。中央官厅是地方官厅的中枢，由辐射线将两者结合起来，加强了皇室的权威，实现了中央集权统治。详情如下：

一、中央政府

中央政府由二官、八省构成。二官是指太政官和神祇官。神祇官负责国家的祭祀、占卜、天皇即位大礼。隋唐法制中没有这些内容。这说明这一制度保存了日本祭祀祖先神灵的传统习惯。这本来是皇室的任务，但政教分离以后，皇室掌管政务，祭祀由祭祀官掌管。祭祀神祇非常重要。神祇官地位居所有官员之上。从史前时期开始，祭祀专门由中臣氏和斋部氏掌管并且世袭。设立神祇官这一职位后，天皇任命亲王或名门贵族为神祇官。平安时期，花山天皇的皇孙延信王被任命为神祇官。之后，神祇官成为世袭官职。白川家族就是天皇的后裔。大中臣、斋部、卜部三氏被任命为大副，辅佐神祇官。在斋部氏断绝后，辅佐神祇官一事由其他两氏负责。藤波氏和吉田氏分别是大中臣和卜部的后裔。

太政官是最高行政机构，位于八省之上。太政大臣、左大臣、右大臣总理政务，被称为三公，在官吏中地位最高。只有天皇的师范、四海的楷模才能被任命为太政大臣。没有合适人选则空缺。大纳言负责宣旨、侍从和献策。少纳言禀奏小事情，负责让天皇盖章之类的工作。大外记和少外记负责起草诏书、奏文，阅读公文，制作文案。下面有大中少三弁官，都分为左右。左大弁管辖中务、式部、治部、民部四省；右大弁管辖兵部、刑部、大藏、宫内四省。天平时期以后，除此之外，朝廷还设了内大臣、中纳言、参议，称作"令外官"。内大臣地位仅次于三公，与三司相同。

八省的组织相当复杂。各省的业务设置、分工不像现在这样科学。中务省负责管辖中宫、图书寮、内藏寮、缝殿寮、阴阳寮、画工司、内药司、内礼司，相当于今天的宫内省，不负责民政。

式部省掌管内外文武官员的名簿、考课和升迁，经营学校，考试贡人，管辖着大学寮、散位寮。治部省负责雅乐①、玄蕃②二寮，管辖诸陵③、丧礼④二司。

民部省负责管辖户籍、交通机构、山川水田，还掌管民众的赋税以及减免税。民部又分为主计寮⑤和主税寮⑥。

兵部省掌管兵马司、兵器制造司、鼓吹司、主船司、主鹰司。省总部管辖内外武官的名账、考课、升迁、士兵以上的名簿、军队的出动、军需品的出纳、城隍、烽火台等。

刑部省相当于今天的司法省，主要处理诉讼、囚犯、监狱事务，设有大中少判官，定刑名，判决诉讼。刑部省还设有大中少解部，负责检察诉讼事件。此外，刑部省还有抄写判决书的书记。

大藏省负责诸国的调、货币、金银及其他特定的物品的出纳，掌管度量、权衡、公定价格等。大藏省分为典铸司、扫部司、漆部司、缝部司、织司。

宫内省的组织复杂、庞大，掌管内廷和宫中庶务，管辖着一职、四寮、十三司。这些部门都有大量的官吏执勤。大膳职掌管诸国，即地方政府的调，筹措菜

---

① 掌管文武雅曲、杂乐。——原注
② 负责僧尼和外国人的事务。——原注
③ 负责祭祀山陵，掌管陵户户口。——原注
④ 负责国事仪式。——原注
⑤ 负责收纳调物、国家财政支出。——原注
⑥ 负责仓库出纳、诸国的田租。——原注

肴、食盐、大酱等。木工寮掌管建筑。大炊寮掌管舂米、杂谷。主殿寮掌管皇室的轿子等。典药寮主管药物和治疗。司包括正亲司、内膳司、造酒司、冶金司、官奴司、园艺司、土工司、采女司、主水司、主油司、内扫除司、内染布司等。

还有一个独立的衙门，叫弹正台，负责风纪，弹劾内外不正行为。官吏有尹、弼、大忠各一人，少忠二人，大小疏各一人，巡察、弹正各十人。

此外，朝廷还有衙门府、隼人司、左右卫士府、左右兵卫府、左右马寮、左右内兵库。

二、地方政府

地方政府隶属中央政府，处理地方行政。其中特殊的衙门有左右京职、摄津职、太宰府。一般衙门有国衙、郡衙。京师分为左京和右京。京职分为左右两个，掌管京师行政，以前还监察买卖贸易。摄津职掌管旧京难波。难波是战略要地。

太宰府起源很早，但最初见诸大化四年三月。之前也应该有这个地方政府。有的史学家指出："筑紫国造筑紫磐井谋反被诛杀，其儿子葛子献给朝廷糟屋屯仓。此时，朝廷在傩津设立接待外国使者的宾馆。太宰府始于此时。"太宰府的任务是镇服西海，还负责边防、外交。下面官吏有主神、帅、大贰各一人，少贰二人，下面还有很多官吏。后世亲王任太宰府帅。太宰府是日本的西大门。

国分为大上中下四等。大国有守、介各一人，大少掾各一人，大少目各一人，史生三人。上中下国的定员逐渐减少。郡分大上中下小五等。大郡有大领、少领各一人，主政三人，主账三人。上中下小郡的人数顺次减少。此外，朝廷在一郡乃至数郡设军团。国设学生及医生，学习经学及医学。

令中规定的京官，即中央官吏有八千三百余人，地方官吏有三千五百余人。国家的发展与皇室的发展成正比。国力的充实和皇权的扩展成正比。政府组织外延的统一和伸张必然带来民族意识的统一和伸张。

第5节 财政上的一大飞跃

中央政府要加强中央集权和对地方政府的控制，而地方政府要加强对民众的统治。这些都需要强大和稳定的财政来源。飞鸟时期,经过不懈努力,朝廷确立了中央集权,与此同时巩固了财政来源。当时的财政来源有以下几类:

一、田租

飞鸟时期,货币经济还不发达。民众主要依靠实物经济维持日常生活。租税也征收实物,税率和大化时期相同。朝廷规定一段田收稻租二束二把。稻田长三十步、宽十二步为一段。十段为一町。这些稻租一部分作为舂米——正月至八月缴纳——送到京师,其他——九月中旬至十一月缴纳——收纳在地方官的仓库。

令中规定,土地分为国有地和私有地两种。私有地分为永久性的和暂时性的。全国土地的大部分是国有地。永久性的私有土地仅限于宅地和园地。功勋田中的上等田和后世的垦田属于永久性的私有地。职分田属于暂时的私有田。土地大体上分为口分田、位田、职田和功勋田。

男子分得口分田二段。妇女为男子的三分之二,但五岁以下的不分田。由于土地狭小,有的地方不能按照规定分好田,就根据地方的实际情况给予贫瘠的田。人民分得贫瘠的田的大小是应分得好田的二倍。位田的分配与位阶关系密切。一品为八十町,二品六十町,三品五十町,四品为三十町。以下正一位为八十町,从一位为七十四町,正二位为二十四町,从四位为二十町,正五位为十二町,从五位为八町,妇女为三分之二。职田的分配与官职关系密切。太政大臣为四十町,左右大臣为三十町,大纳言为二十町。地方官的大宰辅为十町,国守中的大国为二町六段。之后依次递减。就功勋田的分配而言,立有大功的世袭,上等功相传三代,中等功相传二代,下等功传到儿子这一辈。此外还有天皇的赐田。

除了口分田外,上述这些田都是私田。口分田和佃田之外的田都是公田。国司可以根据地方的行情出租公田。地租供太政官杂用。此外还有驿站田,大路支给四町,中等道路支给三町,小路支给二町。宅地与户籍关系密切,没有官方许可,不得买卖。园地以人口为标准支给,只允许种植桑和产漆的植物。园地如果绝户,就还给政府。只要不绝户,该户就可以一直将园地私有。此外,畿内还设置官田。大和、摄津各为三十町。河内、山背各为二十町,共一百町。每二町配一头牛。一户饲养一头牛。

从上述田地中征收的稻租就是国库收入，总共有十七万六千石。

二、庸

庸是指不出徭役者，以缴纳物品替代，税率因年龄而异。被课以徭役的有中男、正丁、次丁。中男是指十七岁以上二十岁以下的男子。正丁是指二十一岁以上六十岁以下。次丁是指六十一岁至六十五岁的男子。其余年龄段免徭役。正丁的徭役是每年有十天。如果以庸替代的话，一天纳布二尺六寸。次丁为正丁的二分之一。中男和畿内的居民免庸。

三、调

关于土地上的产物，除了稻租外，人们还要向官府缴纳其他产物，具体包括绢、丝、棉、布等。正丁每人要缴纳绢八尺五寸、丝八两、棉一斤、布二丈六尺、铁十斤、锄头三口①、食盐三斗、鱼三十五斤、乌贼三十斤、紫菜四十八斤、海藻五百五十斤、海松一百三十斤。以上物品属于正调，一个正丁顶两个次丁，或四个中男。此外，还要纳副调。正丁要纳紫三两、红三两、茜二斤、黄连二斤、东木棉十二两、木棉四两、麻二斤、纸张六张等等。这些要根据土地面积缴纳。以上物品属于副调。一个正丁顶两个次丁，或四个中男。

就上述的调和庸而言，孝子、顺孙、义夫、节妇经国郡的上奏予以旌表，同时免于课役。究其原因，当时的日本朝廷崇尚德治，表彰高尚的道德行为。官位在三位以上官员的父祖兄弟子孙、官位在五位以上官员的父子免于课役。这可以说是朝廷酬劳功勋的恩典。这并非是对特权阶级给予的特权利益，而是根据官员的社会贡献表示的感谢。

调庸物品都送入京师，归中央政府支配。当时虽然有驿站、马等，但不允许民众使用。民众运输这些物品到京师很困难，吃尽了苦头。再加上物品的质量问题，官民都很烦恼。譬如，在养老年间绢的尺寸各地不同。天皇下诏让官员妥善解决此事。此外，从别处买来缴纳、物品以次充好缴纳的现象也有。有时候，诸国的调庸经常收不上来。中央政府派主计寮到各方督促。

---

① 一口重三斤。——原注

四、放贷增加收入

政府放贷有两种形式——稻种和货币,即半钱。朝廷以此来增加财政收入。就半钱而言,利息的计算方法为每六十日为一期。利率在八分之一以下。如果过了八期即四百八十日,不允许收利息一倍以上。政府也不允许实行利滚利的复利法。放贷稻种年利率不允许超过15%,不允许计算复利。但实际上,地方官员阳奉阴违,都要高出这些利率,中饱私囊。有专家指出这是飞鸟时期特殊的财政制度。

五、屯仓和义仓的设置

特别值得一提的是当时人们已经有了保险观念。早在史前时期,日本已经有了屯仓。这不仅对国家财政大有裨益,还可以防备荒年。因此,国家从人民那里强制征收粮食储存起来。这类似一种农业保险制度。朝廷对此制度进行改良,建立义仓。《大宝律令》明文规定官员等级在一位以下、百姓、杂色都要缴纳栗子填充义仓,要和田租一起缴纳。上上户缴纳二石,上中户缴纳一石六斗,依次递减。假如以其他粮食替代栗子的话,政府规定,大麦一斗五升,或小麦二斗,或大豆二斗,或小豆一斗换算为栗子一斗。设置义仓的本来目的是平均分配财富,让有剩余的富人赈济穷人,却让穷人也担负起这个义务。这是不合理的。因此,庆云三年,朝廷规定中户以下的免除缴纳栗子的义务。这才体现出义仓具有善政的性质。

此外,在持统天皇八年和文武天皇三年,朝廷设置铸钱司。这些都证明在飞鸟宁乐时代日本的货币经济逐渐发展起来。具体来说,日本进入半实物、半货币的中间经济时期,说明飞鸟宁乐时代的日本在财政和经济上都出现了飞跃性发展。这要感谢圣德太子和天智天皇这两个伟人。此外,辅佐天智天皇的中臣镰足也为此做出重大贡献。

第6节 新势力的兴起

在飞鸟时期,为了消除氏族制度的弊端,朝廷采取各种措施。尽管如此,这一时期还是出现了一个强大的氏族,即藤原氏。起初,苏我氏和皇室站在一边,扬了家名,家运蒸蒸日上,权势凌驾皇室,最终导致灭亡。但苏我氏一族旁支很多。因此,即便宗族灭亡,苏我氏一族依然没有灭绝。灭亡苏我氏宗族的首谋者就是中大兄皇子,而帮助中大兄皇子制订计划的是中臣镰足。中臣镰足在历史上扬名的契机就是诛戮苏我氏。自那时起,中大兄皇子了解了中臣镰足,在当皇太子和天皇后一直重用中臣镰足。天智天皇之所以成为一代明君,完全是因为有中臣镰足的辅佐。如果没有天智天皇,中臣镰足也没有发挥才能的机会。而如果没有中臣镰足,天智天皇也不能发挥自己的才能。这两人密不可分,相辅相成。

中臣家族世世代代信奉神道,职责是祭祀国神,导致排斥儒佛。崇佛派的苏我一族怨恨中臣家族。中臣镰子和中臣胜海处境十分不利。中臣胜海很早被杀。因此,中臣一族开始反省,适应崇佛的时代潮流,计划通过研究儒佛二道振兴家运。其中中臣胜海的侄子中臣常磐首次被天皇赐予中臣连姓。由于目睹了祖父叔父的失败,中臣常磐侍奉钦明天皇时克勤克俭。中臣常磐的儿子是中臣可多能祜,侍奉敏达天皇。中臣可多能祜的长子是中臣御食子。中臣御食子的儿子是中臣镰足。推古天皇二十二年,中臣镰足生于藤原宅邸,母亲是大伴智仙娘。中臣镰足幼时好学,颇通神、儒、佛之道。中臣镰足和中大兄皇子能够联手灭了苏我一族,与中臣镰足师承南渊请安关系密切。在孝德天皇继位后,中臣镰足拜大锦冠,成为内臣,封两千户。到了白雉五年,中臣镰足受赐紫冠,封五千户。在齐明天皇兴兵援助百济时,中臣镰足和中大兄皇子到筑紫,后回到京师。中臣镰足和天智天皇、皇太弟大海人皇子一道振兴朝政,改革制度,参与制定《近江令》。天智天皇八年秋,中臣镰足家里遭到雷击。天智天皇八年十月,中臣镰足卧病不起。天智天皇上门探病。天智天皇问中臣镰足:"还有什么话留给朕吗?"中臣镰足答道:"我乃愚笨之人,没有什么要说的。只不过希望葬礼要简单。生前我没有为国家尽力,死后劳民伤财于心不忍。"数日后,天智天皇派大海人皇子到中臣镰足家,授予中臣镰足大织冠和大臣之位,赐姓藤原①。天智天皇八年十月十六日,中臣镰足死去。天智天皇九年闰九月,根据中臣镰足遗愿,朝廷将中

---

① 中臣镰足因此得名藤原镰足。

臣镰足简葬于山科陶原精舍。在中臣镰足病重期间，百济法明尼在山科陶原精舍诵读《维摩经》。该地后来逐渐发展为藤原家族的菩提所兴福寺。兴福寺是法相宗的大伽蓝，在宁乐时代的佛教史上占有重要地位。白雉四年，中臣镰足的长子定惠曾作为遣唐僧入唐。同时去唐朝的有安达，是中臣渠每连的儿子。一起入唐的道昭曾经师从玄奘法师学习法相宗。在中臣镰足的赞助下，法相宗在日本兴起。定惠后来再次入唐。在中臣镰足死时，定惠还在唐朝。听说父亲归天，定惠造中臣镰足像。回到日本后，在多武峰，定惠造圣灵院，在圣灵院造寺塔。

中臣镰足的嗣子是藤原不比等。藤原不比等的妹妹冰上娘和五百重娘是天武天皇的夫人。藤原不比等的女儿藤原宫子是文武天皇的夫人，生下圣武天皇。藤原宫子之妹光明子是圣武天皇的皇后，生下孝谦天皇。光明子的妹妹多比能是橘诸兄的妻子。藤原不比等的儿子武智麻吕、房前、宇合、麻吕分别兴起南家、北家、式家、京家，各自繁荣下去。藤原家族和皇室通婚始自中臣镰足。中臣镰足娶了镜女王。藤原家族所生女子进入皇宫则始自中臣镰足的女儿。在藤原不比等的时期，嫁入皇室者更多，最终打破旧习惯，藤原家族的女子开始做皇后。这证明了藤原家族的强大。打倒大氏族苏我氏的中臣镰足替代苏我家族在朝廷上掌握实权。

藤原家族这一新势力经过飞鸟宁乐时代进入平安时代，尽管经历了几番沉浮消长，直到今天还在持续着。大正时期的贵族过半都是藤原家族的后裔。由此可知，中臣镰足的影响力笼罩着日本国史的后半期。中臣镰足、藤原不比等、藤原武智麻吕三代都是人杰，其间培植的势力经历了千年的风霜，可见"积善菩提"一语并非虚言。尽管在后世，藤原家族也犯了很多罪恶，但他们永远保持着血统和势力。这在日本国史上堪称奇迹。总而言之，中臣镰足父子在飞鸟时代播下的种子发芽、生长，在宁乐时代开花，在平安时代结果，这是不争的事实。在飞鸟时代，藤原氏和皇室相结合，家运兴隆。因此，不讲这个家族就不能论述飞鸟时代。

第 5 章

飞鸟时代的文化现象

第1节 文化接触圈及时代文化

江户时代日本闭关锁国，使日本没有世界视野。相比之下，飞鸟时代日本人的祖先有着广阔的文化接触圈，将日本改造成文化国家。为了解这一时期的文化，我们需要就日本与朝鲜、中国、印度的交流情况进行分析。这一时期，日本和隋朝建交，和唐朝发生战争。这些事件与飞鸟时代的文化现象关系密切。

608年，即推古天皇十六年，日本派小野妹子到隋朝。630年，即舒明天皇二年，日本派犬上三田耜和医师惠日到唐朝通好。当时唐朝灭亡隋朝。唐太宗在位。日本之所以时隔数年派使者，是因为数年前惠匡等留学僧回国后汇报中国的近况，讲了此前日本留学生学成想回日本等事情，还有唐朝法制完善、与唐朝交流对日本大有裨益。舒明天皇四年八月，犬上三田耜带着胜鸟养等学问僧回日本。唐朝派高表仁护送日本使者回国。舒明天皇五年，日本派吉士雄麻吕等送高表仁到对马。舒明天皇十一年，学问僧惠隐等回到日本。舒明天皇十二年，留学生高向玄理、学问僧南渊请安回到日本。这些人将学来的唐朝文化在日本传播。其中，南渊请安门下出了中大兄皇子、中臣镰足。高向玄理参与律令的创制和官制改革。大化改新和佛教的传播都是留学生和留学僧推动实施的，他们功不可没。

因此，日本朝野崇拜唐朝、憧憬唐朝文化者增加。和明治时期初日本民众憧憬欧洲文化一样，大化时期的日本民众憧憬唐朝文化，但没有理解唐朝文化的实质，只是理解形骸而已。大化元年，高向玄理和僧旻被任命为国博士，参与日本的国政改革。高句丽的福亮、僧旻等十人率僧侣修行佛教。当时日本朝廷的意图是让民众浸染儒佛二道，让日本成为文化国家。然而，文明能够输入，文化却不能移植。飞鸟时期，日本进入模仿时期，出现了忘却精神醉心于形骸的社会现象。

白雉四年[①]五月，日本派一百人组成的两批遣唐使到唐朝。第一批的大使是吉士长丹，带着学问僧道严、道通等，以及留学生巨势药、冰老人等，共一百二十人乘船出发。第二批遣唐使的大使是高田根麻吕，带着学问僧道福等一行一百二十人乘船出发。653年7月，第二批遣唐使在萨摩竹岛门遇难。除五人外，乘员全部溺死。654年2月，日本朝廷又派遣唐使，命高向玄理为押使、河边麻吕为大使。一行人乘两艘船出发，沿着朝鲜西岸北进，从金州半岛折向西南，在山东莱州登陆，到达长安谒见唐高宗。押使高向玄理曾留学唐朝三十三年。东宫监门郭文举问高向玄理问题。高向玄理解释了日本的地理历史，对答如流。直到此时，唐朝才知道日本的情况，之前唐朝对日本所知甚少。博学能辩的高向玄理因旅途劳顿患病，最终客死长安。此外，日本遣唐使成员中或中途溺水或客死唐朝者不少。654年7月，遣唐使吉士长丹等带着大量文书、书籍回到日本。大使吉士长丹被唐朝厚赏，还赐姓吴。副使吉士驹被授予小山上。

白雉四年的遣唐使船有两艘。每艘船乘一百二十人。船相当大。其中一艘途中遇难。这说明船结构粗糙，经不起风浪，被风浪摧毁。在大阪市外的今福，人们从地下二十尺发掘出古代船。据推测，这艘船是飞鸟时期的。船由一根大树干锯成两半，去除中心部分，然后接合而成。这种船用于湖沼河川是没有问题的，但不足以航海。遣唐使船应该比这个结实，并且容积要大得多。当时，日本还未出现鉴真和尚的《东征绘传》中的帆船。

由于遣唐使的航海设备很差，因此出使唐朝是冒着生命危险的。后来，阿倍仲麻吕留在唐朝没有回来。其他遣唐使抱怨条件差没有起帆都是因为很危险。

---

① 即653年。——原注

阿倍仲麻吕望月思乡

尽管如此,由于受远距离崇拜的驱使,日本朝廷并未废除遣唐使。齐明天皇五年(659年)朝廷又派以坂合部石布为大使、津守连为副手的遣唐使到唐朝,结果大使乘的船遇难,坂合部石布溺死。副手津守连代行职责完成了任务。659年,唐朝派远征军到高句丽,并计划第二年攻打百济。唐军以着火为由扣留遣唐使一行。不久,日本朝廷为救援百济动员军队。日本和唐朝终于爆发战争。因此,十数年间,日本朝廷没有派遣唐使。日本军队在朝鲜半岛失利,几乎全军覆没。然而,唐朝在天智天皇四年派使者刘德高到日本修好。天智天皇十年,唐朝派郭务

西行图中的遣唐使

惊等两千余人到日本修好。究其原因，唐朝一是要刺探日本国情，二是担心日本复仇，对日本实施怀柔政策，没有主动对日本采取军事行动。

之后，大宝元年，即701年，日本派栗田真人为执节使、高桥笠间为大使、坂合部大分为副使到唐朝。栗田真人喜欢学问，善写文章，容姿闲雅。据说唐人赞美栗田真人的人品。自傲的唐朝人能赞美日本人说明当时日本的物质文化已经有了长足的进步。可以说栗田真人代表着日本外在的文明。

遣唐使冒着生命危险，不畏困难、频繁出使唐朝的原因有很多，主要是为了吸收唐朝文化并移植日本。自推古天皇时期以来，日本民众，主要是官僚，一直有这种愿望。事实上，这一愿望有一些实现了。在物质上、精神上，日本民族取得了令人惊异的进步。原来日本人住窝棚、穿布衣、狩猎、吃粗米，过着原始人的生活。之后，日本人识文断字，懂得道德。此外，日本民众开始热爱国家、尊重天皇，以此作为自己的义务。日本民众还知道有现世，有未来，要积阴德。这些新文化是以日本的固有文化为基础的。日本文化受到外来文化的刺激，不断加强、磨炼，否则是不可能取得上述成就的。在飞鸟时期末，日本文化已经并非固有的独立的文化，而是复合型的文化。也就是说，通过与外来文化的接触，日本文化吸收外来文化而得到加强。

通过与唐朝交往，日本吸收唐朝的文化，而唐朝文化本身也是复合型的，有广阔的文化圈。唐朝文化是世界文化史上的奇观，汇集了东半球各国的文化。唐高祖、唐太宗、唐高宗在位期间，通过武力、权力建立了大帝国，在物质上、精神上都实现了文化的集大成。其中最具有代表性的就是宗教。公元前10世纪，查拉图斯特拉创立拜火教。在中国南北朝时期，拜火教传入中国，在民众间传播。公元前5世纪前半叶，在东罗马帝国首都君士坦丁堡，东方教会的大主教聂斯脱里创立景教。景教是基督教的一个支派。贞观九年，即635年，景教由阿罗本从波斯传入唐朝。在得到唐太宗的允许后，景教逐渐开始流行，而后在各州建大秦寺。3世纪左右，波斯萨珊王朝初期，波斯人摩尼将基督教和拜火教混在一起，再加上佛教因素，创立摩尼教。一方面，摩尼教经东罗马帝国传入欧洲各国及非洲。另一方面，摩尼教传到回纥，经回纥传入唐朝，建有摩尼寺。571年，穆罕默德参考犹太教和基督教新创伊斯兰教，从大食国传入广州，建了伊斯兰教寺院。此外，唐朝民间信仰道教。在南北朝时期，道教和后汉时期传入

拜火教教徒

的佛教屡屡发生冲突。在唐朝时期，朝廷信仰道教，道教势力因而逐渐膨胀。各地建有道观，研究道学。道教和佛教的冲突越来越激烈，但佛教势力强大，地位在道教之上。

唐代让佛教发扬光大的伟人之一是玄奘法师。629年8月，玄奘在二十六岁时从陆路前往印度，研究佛教经典长达十七年，游历一百三十余国。贞观十九年正月，玄奘回国，带回梵文经典六百五十余部，并将此译成汉语进行传播。一般将玄奘的译经称作新译，以和龟兹国的鸠摩罗什在4世纪末翻译的旧译相区别。新译多译自原文，比旧译精确。鸠摩罗什传播了三论宗、成实宗。玄奘新传播了法相宗和俱舍宗。唐高宗咸亨二年，即671年，义净从海路到了印度，二十四年后带回梵文经典四百部。此外，印度僧人善无畏、金刚智、不空等僧侣相继来到大唐。大乘佛教盛行起来。佛教面目一新，出现了三论宗、净土宗、律宗、禅宗、华严宗、天台宗、法相宗、成实宗等。各宗派出现了很多名僧硕德。唐朝廷遵奉道教，但信仰佛教者也不少。在唐代宗皈依佛教后，佛教迎来盛运。京畿田地很多归寺院所有，僧尼十分跋扈。

唐朝文化的接触面很广，南有印度，北有回纥，西有波斯、阿拉伯、东罗马帝国、巴克托利亚，东面将朝鲜半岛和日本群岛纳入唐朝文化势力圈内，几乎占据东半球的中央部分。唐朝文化圈反映了时代特有的文化，异彩纷呈。唐朝文化不仅有宗教，还有文学、艺术，像涟漪一样向周围扩散。日本也受到唐朝文化的影响，在整个飞鸟时代受到熏陶。

日本不仅受到唐朝、朝鲜的影响，还直接受到印度、靺鞨文化的影响。孝德天皇白雉五年四月，吐火罗国的男女各二人、舍卫国的一个女人漂流到日向。齐明天皇三年七月，都或暹国的两名男子、四名女子漂流到筑紫。这说明了古代日本和南方国家的往来。这些都是日本史学家偶然提起的，其实遗漏的应该很多。之后，天竺国的菩提仙那、林邑的佛哲来到日本。这些人都是经由唐朝来到日本。日本朝廷制订开拓南岛的计划，并付诸实施。此外，西方及南方文化通过印度海路直接传到日本，或者经由唐朝传到日本。

日本国史上称在北方和日本进行文化交流的国家是高句丽——其实是渤海

国。钦明天皇三十一年,"高句丽"使者乘风破浪漂流到日本的越国,献上写在鸟羽上的信。敏达天皇二年五月和三年五月,有使者来到日本。很明显,这些使者并非高句丽人,而是来自与日本隔海相望的一个国家。这个国家只能是靺鞨。在魏国时期,靺鞨部族占据黑龙江和松花江的汇合处,逐渐受到汉文化的影响发展起来,人口大幅度增加,成为一个独立国家,即勿吉国,由粟末部、伯咄部、安东骨部、沸涅部、号室部、黑水部、白山部等七部组成。在隋末唐初,其中的七部很多被高句丽吞并,仅剩黑水部和粟末部相对立。粟末靺鞨部勇敢,富有尚武精神,屡屡入侵高句丽和新罗,希望从寒冷不毛的北方迁移至温暖富庶的南方。粟末靺鞨部最终在宁乐时代趁着朝鲜半岛动荡建立渤海国。在建国前,粟末靺鞨部憧憬着富饶的南方,利用海流向日本派使者,打算与日本开展贸易。虽然日本没有相关记录,但日本文化肯定受到渤海国的影响。譬如,日本通过从越前和越中一带进口渤海国的野兽毛皮懂得了皮革的制造和使用方法。

这样一来,北方、南方和西方的文化汇集到日本,经过冲突、淘汰、沉淀下来,这样就形成了飞鸟、宁乐时代的文化,一直到平安时代,经过日本民族的吸收、消化形成了国风文化。日本文化的接触面非常广,性质复杂,意味深长。在以下章节,笔者对日本的建筑、绘画、雕刻等艺术,天文、医学等科学进行论述。

第2节 日本建筑技术的进步

在日本飞鸟时代的文化中,最值得注目的是建筑。就内容而言,建筑和音乐一样,其价值因观赏者而异。每个人的印象都有所不同。这说明艺术品的内容是复杂的,有的人只能捕捉其中的一个部分。建筑艺术同样也很复杂,从大体上断定时代特征并非易事,但描述特征及其体系也不是不可能的。

飞鸟时代是日本建筑史上的黎明时期。此前,日本虽然也有建筑,但都是原始的建筑,从艺术史上来看不值一提。古代日本民族固有的建筑形式是所谓的构架式,还夹杂着一些重叠式的元素。材料以木材为主,用茅草树叶遮盖屋顶。朝鲜半岛受到中国的影响,在建筑和其他文化上发生很大变化。日本通过朝鲜半岛也受到中国的影响。在佛教传入日本以前,已经有新的建筑样式传入日本。

在佛教传入日本后,佛寺建筑形式传入日本,几乎从根本上颠覆了日本固有的建筑方式。如今,钦明天皇时期日本固有的建筑已经没有任何痕迹,连进行推测也很困难。由于当时日本从百济招聘很多工人,因此日本估计受到了百济的影响。在崇峻天皇时期,日本引进百济的寺院建造、铸造、造瓦、绘画技术。日本的建筑技术有了迅猛的发展。将这些技术集大成的是"推古式"或者"一新建筑样式"。建筑史学家将钦明天皇、孝德天皇之间的时期称作"飞鸟时代"。在建筑史上,飞鸟时代属于一个划时代的时期,它的中心是推古时期。推古时期的建筑大致情况如下:

一、大体上的设计

当时的建筑大体上属于直线型。弧线部分较少。人们水平或者垂直使用建筑材料,可以一直保持直线。因此,建筑学家将这类建筑称为"木造盾式"。这样的建筑可以分为竖面和平面来看。平面多呈正方形或长方形,也有多角形的。竖面比较简单,单层或重层的较多。譬如有三重塔、五重塔、七重塔。这些建筑可以整体看作伽蓝,单个来看可以看作堂或门。我们可以将这些建筑脱离建筑群,作为单个建筑来看——也都具有生命力。但艺术家倾向于将它们作为一个整体来看,将整体设计称作伽蓝配置。当时的伽蓝配置有各种各样。这里仅举两个代表性的例子。

(一)四天王寺的伽蓝平面图

这个图略呈正方形。正面有中门,进入中门后有五重塔,塔后面有金堂,金堂后面有讲堂。走廊将中门和讲堂连在一起。走廊外面有钟楼和鼓楼。

(二)法隆寺的伽蓝平面图

法隆寺的伽蓝平面图大体呈长方形。进入中门后,正面是讲堂,中间有走廊连接。朝着走廊中部,右面是金堂,有卒塔婆。在走廊外面,间隔相同,右面有东室,左面有西室,后面有北室。这三个房间都是长方形设计。在北室和走廊之间,左右有经藏和钟楼。这是古时的设计,和今天的设计有所不同。

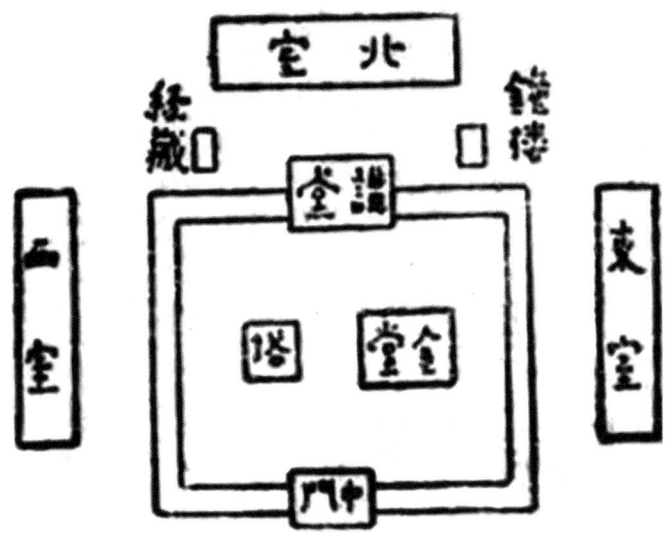

法隆寺的伽蓝平面图

从这两个设计可以看出，就飞鸟时代伽蓝的配置而言，中门和讲堂在一条直线上，二者用走廊相连，形成一个四角区域。区域内建有五重塔和金堂，或纵向或横向排列。

二、内部结构

就内部结构而言，首先建筑物不是直接立在地上。而是立在戒坛之上。法隆寺的金堂、五重塔立在双层的石坛上。法起寺的三重塔建在一层的石坛上。础石大致使用自然石，上端弄成扁平，没有用切石。地面铺了石头或瓦，没有使用木料。柱子呈弧形，上下很细，中部鼓起，在全长三分之一处最粗，越到上部越细。将斗和下面的肘木称作"斗拱"。大斗有称作"皿斗"的板子。另外，斗和肘木都呈弧形，也称作云斗或云肘木。轩是一层的。屋脊铺瓦。大梁两端竖着鬼瓦。勾栏的鼻子上没有弯曲。

三、飞鸟时代日本建筑在世界建筑史上的地位

在古代来说，飞鸟时期的建筑比较复杂，绝非一代人、两代人发展起来并获得大成的，有着很久远的历史。人类的努力是连续性的，这才形成传统。日本建筑史学泰斗伊东工学就此说道："公元前327年，马其顿的亚历山大大帝势如破

塞琉克司

竹,平灭西亚各国,进一步渡过印度河上游,平定四邻。之后,亚历山大大帝开启了东西文明交流的端绪。接着,亚历山大大帝的宿将塞琉克司①占据西亚各地,和印度结交。东西文明逐渐融合。特别是在巴克托利亚建国的希腊人不断将其文明输入印度。此后,中亚各地可以见到泰西美术的传播。"

在此之前,在天竺的迦毗罗蟠窣都城出现瞿昙氏,创立佛教。之后,孔雀王国的阿育王进行第三次集结,进一步完善教义,派弘法者到外国弘扬佛教。二百余年后,犍陀罗贵霜王朝的迦腻色伽一世专心传播佛教,进行第四次结集,大兴寺塔建筑。在中亚,印度、希腊两种美术相遇,形成印度希腊式建筑风格,使美术发展起来。成为其中枢的就是包括今天的阿富汗东部及印度西北部在内的甘都哈拉。

从汉武帝时期开始,中国就开启了与西域间的交通。汉明帝永平七年,佛

---

① 指后来的塞琉古王朝建立者塞琉古一世。

教开始传入中国。之后，在汉魏六朝之间，佛教信仰达到高潮。中国和中亚，即西域诸国的交流日益频繁。历代中国帝王中有笃信佛教、鼓励佛教美术者。在唐朝，佛教美术终于达到鼎盛。日本的佛教文化就是由隋唐传来的。由此可见，日本美术和中国骨肉相连，和天竺也有很深的渊源，进而和泰西美术也有一定的关系。

希腊印度式美术传到中国后，形成一种新型的美术形式，然后经过下述路径传到日本：其一，经过朝鲜半岛由百济人传入日本。日本称其为"推古式"——自佛教传来至天智天皇时期，约一百一十三年。其二，直接由中国传到日本，命名为"天智式"——自天智天皇至元正天皇，约六十二年。继承这一形式的称"天平式"——自元正天皇至桓武天皇，约七十年。

某些学者认为推古式中没有夹杂着犍陀罗式的元素，将西域式和犍陀罗式看成不同的艺术种类。但推古式的遗迹中使用了希腊式，因此我们可以认为推古式中夹杂着希腊印度式，也就是说夹杂着犍陀罗式。

为了观赏、理解含有希腊印度式要素的飞鸟时期的建筑，必须了解源头希腊建筑及印度古代建筑。由于内容过于庞杂，这里仅就印度古代建筑进行概述，以推测印度古代建筑与日本飞鸟时代的建筑的关系。

印度的古代建筑仅存的只有卒塔婆。卒塔婆多为半圆形，是为保存释迦牟尼的遗物、记载、传说、事实而建的。卒塔婆的设计结构似乎来源于埃及。初期的卒塔婆是独立的建筑，建有门和勾栏，上面有华美的雕饰。后期的卒塔婆成为寺院的中心建筑，形似基督教的长方形教堂，用柱子区分主殿和侧殿，在方形殿的旁边还有一个侧殿。后来，主殿里面不再放释迦牟尼的遗物，而是放佛像，侧殿开始放佛龛。在寺院的建筑物中，卒塔婆是最神圣的地方，用尖塔形式来表现。侧殿前面有圆柱的地方是有盖玄关。这样一来，典型的印度教寺院就发展起来。

卒塔婆往往与伽蓝相伴，一般的设计是被僧房围着，有一个很宽敞的院子。伽蓝内部各有不同，初期是开凿岩石而建。这在西印度有很多。在其他地方，伽蓝是在砖结构的基础上用木头搭建的。寺院组织发展起来后，这种伽蓝建筑在印度西北地区发展起来，规模很大，能够容纳很多人。伽蓝的建筑形式与南方的寺院相似。

卒塔婆是现存的印度建筑中最古老的形式。在阿育王以前，大建筑的基础和柱脚都是用砖砌成的，上面是木材。阿育王大兴土木，建造了很多建筑，用砖和石头建造上部。除了石材外，这些建筑的其他部分没有留下。卒塔婆的设计以圆形为主，侧面图是半圆形，或者是扁平形，起源不详。弗格森说这是从土冢发展起来的，而文森特·亚瑟·史密斯则认为这是从铺着竹屋顶的小房子发展而来的。詹姆斯认为这是模仿了苍穹的形状。这几种说法哪一种正确还不好说。按照吠陀时代的仪式，人们将死人的骨灰放在骨壶里，上面埋上土。可以说卒塔婆就是模仿了这一形状。印度的圆房子及与此关系密切的穹庐形式和西方的建筑形式迥异。西方的拱形建筑由辐射形拱石组成，利用横向压力来构成，可谓独具匠心。而印度建筑中没有这种痕迹。印度建筑中通用的拱形完全是水平的，有时候水平层是连续的，然后集中在一点而建；有时候让从双方的柱头突出的木材交汇而建；有时候让几根木材以规则的间隔突出，将这些组合起来而建造。腕材的使用方式属于多拉维特式。而印度雅利安式，即北方式，则通过水平层形成圆顶状及拱形。印度式拱形特点是屋顶重量纵向压在支柱和腕材上，比罗马式的安全。卒塔婆的外部是圆顶状，内部没有空隙，不敞亮。

卒塔婆的代表性建筑是位于桑吉附近的比尔萨佛塔。比尔萨佛塔和勾栏都是阿育王时期的建筑，而门是一个世纪后建的。比尔萨佛塔属于砖塔，表面用石头装饰，曾经有浮雕，内部没有空隙。基础部分圆形腰的直径为一百二十一英尺，顶部为一百零六英尺，高十四英尺。比尔萨佛塔的周围有走廊。参拜者围着走廊转。腰的一侧有楼梯可以上去，顶部是平坦的，直径为三十四英尺，环绕着勾栏。平坦部分的中央是方形的小建筑物，上面盖着平板石，是个呈伞形的圆盘。

比尔萨佛塔是在印度内地发现的典型的卒塔婆，和西北边境上的卒塔婆迥然不同。马尼卡拉的卒塔婆大概是公元前1世纪建的，是一个直径一百二十七英尺、周长四百英尺的半圆形建筑物。腰部比较圆，还有两列方形柱。

围绕着比尔萨佛塔外侧的勾栏引人注目，由直径为一百四十英尺的扁平石头组成。勾栏都有东南西北四个门。门是后世建造的，以精美的雕刻表现出佛教的教义、释迦牟尼的传说、神话的光景。勾栏模仿木造的建筑，每隔两英尺都有高为八英尺的八角柱，末端镶嵌在穿过水平上栏深二点三英尺的槽里。上栏下面围绕着直立的柱子，有三根中栏。柱子的中部有带装饰的圆盘。底部和顶部有样式相同的半圆盘。全部勾栏都有装饰和浮雕。勾栏布满石雕和绘画，形成很气派的屏障。

阿玛拉瓦琪是古代多哈拉尼克塔的遗址，是此类建筑的最美最完善的代表。这个卒塔婆是公元前200年建造的，周围的大勾栏是2世纪末或以后建的。勾栏周围约六百英尺，直径一百九十二英尺，是由立在大理石板上的柱脚构成的。卒塔婆直径一百六十二英尺，装饰着大理石板。圆顶上涂的是白石灰，以牌片装饰。

就寺院而言，如前所述，卒塔婆是有圆柱的长方形的房间的偏房，后来发展成典型的寺院。看一下黄金时代的寺院建筑的主要部分就可以发现：（一）灵屋是从包含卒塔婆或佛像的偏房发展起来的；（二）塔建在灵屋上，表示神圣；（三）与灵屋相对的玄关是由原始寺院发展起来的。

印度雅利安式建筑推广到印度北部，从喜马拉雅山的南边一直到迪康的北边。印度雅利安式建筑的特色就是具有肋骨的尖塔。尖塔的侧面有弧线轮廓，而平面图是直线，而非是圆形的。因此，戴维·菲尔加逊说这一尖塔是从水平拱形进化来的。在古代的寺院中，尖塔非常低，随着时间的推移变得细长高大。尖塔上一般装饰着圆形的冠石。冠石上有弯曲的低低的圆顶，周围是壶形的尖塔。在古代寺院中，冠石周围环绕着尖塔，尖塔周围有一定的间隔，目的是进行装饰。有的时候尖塔纵向排列。

这种内部平面图是方形、侧面有种种凸出的附加物让建筑发生变形。随着时间的推移，这些凸出物的数量逐渐增加，逐渐变宽，形成一个角度，和原来的方形斜对，形成另外一个方形。

奥里萨的寺院特别是布伏瓦涅斯瓦尔的寺院属于印度雅利安式鼎盛时期的标志性建筑。基本设计由两个构造要素形成：一个要素是包含灵屋的建筑物，大体上呈方形，里面的塔呈弧形，有一个具有金字塔型屋顶的玄关。后面这个要素是后世加上的，属于传统的设计风格。布伏瓦涅斯瓦尔的众多寺院大约是在650年到900年建的。尖塔顶上有冠石，呈现富于变化的竖面图，还有带着低屋顶侧壁的玄关。这些经常是弧形的，内部通常没有圆柱。该建筑群中有的是后世建造的，上面有高高的尖塔，线条是纵向的，一直延伸到顶部。玄关的屋顶很高，镜板富于弯曲，没有一根圆柱。这种建筑样式中最美的建筑物是11世纪建造的大寺院林嘉拉加大寺院。林嘉拉加大寺院的设计和奥里萨寺院的设计有相同之处，不过有两个后期的附加建筑。其中一个是大舞蹈室，另一个是小食堂。全长二百一十英尺，宽六十至七十五英尺。尖塔周长为六十六英尺，高超过一百八十英尺，整体呈现柔和的弧线，各个面有八个该塔的模型。玄关上有高高的金字塔型屋顶。这在此后一个时期的拉加拉尼小寺院中也能看到。拉加拉尼小寺院是11世纪或12世纪修建的，尖塔细长，整个表面覆盖着圆柱和精巧的雕刻。克纳拉克寺院是13世纪建造的，玄关保存完好，与布伏瓦涅斯瓦尔的大寺院的建筑风格类似。

达到完美境地的这种建筑样式的代表作是位于文德尔克汉德的克哈杰拉赫的坎达尔雅马哈弟娃寺院。坎达尔雅马哈弟娃寺院是在10世纪或11世纪用片麻岩造的建筑群，细腻的地方是用砂岩建造的，长一百零九英尺，宽六十英尺，地面以上高度为一百一十六英尺。尖塔由小尖塔组成，装饰和雕像极其丰丽。

经过各个发展阶段后，这种建筑样式保留在印度北部和印度中部。近代的建筑中屡屡采用这样的建筑样式，但品位显著下降，并且圆顶上加入大量伊斯兰教元素。在本加尔的固有的建筑样式中看到一个非常有趣的变化：建筑特征是弧线的蛇腹，模仿了本加尔地区的小舍的竹屋顶。这看起来娴雅，但缺乏尊严和平静。最后值得一提的是比较近代的非宗教式建筑，即王宫和纪念碑。这类建筑也采用了印度雅利安式建筑样式，并且取得良好的效果。

要搞清楚印度的古代建筑是如何与欧洲及日本的飞鸟时代的建筑发生关系的并非易事。笔者拟参考史学家前辈的观点进行概述。众所周知，飞鸟时代的建筑中最有代表性的就是法隆寺。因此，将法隆寺和印度、欧洲的建筑物进行比较，我们会发现：法隆寺的中门和金堂的柱子没有基础，而是直接立在坛上。这一点和希腊的多利亚式建筑样式关系密切。此外，法隆寺的柱子中部鼓起，呈现出希腊建筑样式的曲线。关于中门的大小，底部为一尺七寸六分，然后稍微向上的全长的三分之一处为一尺八寸四分，在三分之二处又是一尺七寸六分，头部变细，为一尺四寸。由此可见，就柱体的膨胀轮廓而言，从下部开始以柱长三分之一的地方为起点，向上向下描绘出同一曲线。上部延长至大斗，下部较短，接触地基，和希腊的建筑方式有所不同。但毋庸置疑，这属于同一性质的曲线。此外，在大斗之下、柱体之上有"凤斗"——这就相当于希腊建筑中的颈。

在法隆寺建筑中常见斗拱，即云斗及云肘木，介于柱子和对数弧线形成的轩之间，非常圆满地将两者协调、连接在一起。这与希腊的柱头装饰有关，同时在地面上与印度常见的腕材及印度雅利安式的水平穹庐相交。斗拱是日本佛寺建筑及神社建筑中经常使用的普通手法，但"云形"的建筑样式只有在法隆寺、法轮寺及法起寺三处才能见到。不能不说这三座寺无论在时代上还是技巧上都

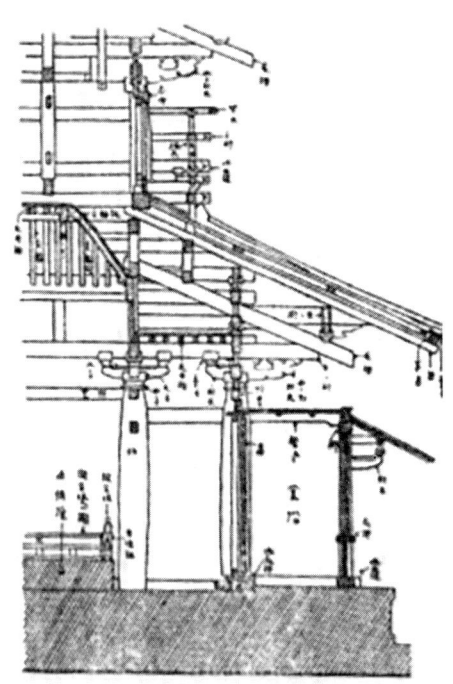

法隆寺建筑中的斗拱

属于姊妹关系。云斗及云肘木取一片弯曲的弧线，用水平线交叉，进而再用弧线交叉。栎木线不是垂直的，反而向外部形成凹曲线，在"リ"这一点上无限扩散。这是值得注意的特征。有的建筑学家指出：正是因为有"リ"点这个力量，建筑才能够绰绰有余地承受云斗的巨大的压力。

让人惊奇的还有勾栏。仅看勾栏可以发现：高度过高，不够协调，但整体上来看还是很合适的。勾栏的横木和最下端横木间有卍字的支架。这给人一种非常新奇的感觉。与此建筑样式相同的建筑可以在山西大同云冈石窟看到。这可以看作显示飞鸟时代外来建筑传入日本的路径的一个证据。在支撑最下端的横木的三斗中间用的并非是木股的一种建筑形式，比较特别。很明显这是向木股建筑样式过渡期的一种建筑样式。这些支柱呈曲线。与此形状相同而呈直线的有山西大同的云冈石窟和洛阳的龙门石窟。

此外，塔婆是在此之前修建的，大概没有法隆寺那样的气派。塔婆也就是卒塔婆的简称，进而略称为"塔"。塔的古代音是"tap"，古代英语是"tope"。二者相似。这一点非常值得注意。从语言学角度来看，"塔婆"这个词来自印度语，而从概念和技术上来看，也能判断它是从印度传来的。只不过由于材料的原因，建筑形状由圆形变成了方形。尖塔变成了圆塔。

伽蓝是僧伽蓝摩的省略，是以斯图帕为中心而发展起来的寺院建筑的一个典型。一般的设计是在正中央有用僧房围起来的院子。这是飞鸟时代的伽蓝建筑样式中所共有的。

此外还有诸多特征，举不胜举，就此搁笔。日本飞鸟时代的艺术和中国、中亚、希腊、印度有着密切联系。这与上述地区与佛教渊源很深有关系。这一点是不言而喻的。除了建筑外，在雕刻、绘画等领域，日本和上述地区也有很多联系，耐人寻味。就这一点，笔者将在后面章节讲解。

第3节　绘画及其体系

在六大艺术中，绘画基于材料关系，是最容易磨灭的。古代的绘画遗物很少，因此情况也不甚明了。现在日本还保留着些许飞鸟时代的绘画作品，能够让我们了解那个时期绘画的形式及其艺术价值。笔者在前面已经讲过飞鸟时代以前的绘画的大致情况。之后，佛教艺术随着佛教传到日本。在此之前，日本的绘画艺术进步不大。河内高井田古坟的墙面上刻画着一群人物。我们从这些人物的着装可以推测这些壁画应该是原始时期的作品。绘画采用了沉刻或镂刻的方法，手法比较粗略。但这些艺术手法告诉我们当时的绘画艺术所处的发展阶段。这些绘画技巧尚不成熟，尺寸比例也不匀称。要理解绘画的主题是相当费功夫的。

在钦明天皇时期，百济向日本朝廷献上学者和艺术家。其中包括画工。但日本古代书籍上没有记载这些画工的名字。然而，当时日本朝廷聘请的艺术家们是为了替换此前已经来到日本的艺术家们。也就是说，在此之前学者和艺术家们已经来到日本。笔者认为其中有的画工已经掌握了相当先进的绘画艺术。单就出现在文献史上的画家而言，画家首次来到日本则是在崇峻天皇元年。当时，百济献上一名叫白加的画工。白加是和造寺工、造瓦工及铸造工一起来到日本的。由此可以推断，日本为了建造佛寺才将白加聘请到日本。据史料记载，推古天皇五年，百济王子阿佐来到日本，给圣德太子画了肖像。但经艺术史学家从样式、笔法等角度进行鉴定，他们断定"这些作品都是宁乐时代初期的作品"。

推古天皇十二年九月，日本朝廷聘请黄书画师、山背画师。这些画师都是归化日本的外国人。日本朝廷保障他们的生活，让他们可以专心致志地从事绘画工作。据说，黄书画师住在大和国山边郡，山背画师住在山背国久世郡。从这些记载来看，推古天皇时期日本已经有了很多画工。推古天皇十八年，高句丽王向日本贡献僧人云征和法定。云征不仅能解读五经，而且熟知制造色彩和纸墨之术。也就是说，云征虽然是个僧人，但擅长画画。有人说法隆寺金堂的壁画是鸟佛师之作，也有人说是云征之作。实际上这是天智天皇时期的作品，因此不是鸟佛师之作，而是云征之作。

推古天皇时期有一幅刺绣作品。推古天皇二十九年圣德太子驾崩时，圣德太子的妃子橘大郎女悲痛万分，为了哀悼圣德太子而让人制作了这幅刺绣。刺绣描绘了圣德太子死后的生活。这虽然不是绘画作品，但对让我们了解与绘画有直接关系的色彩的知识大有裨益。这幅刺绣作品是两张刺绣帐,底画是河内的归化汉人末贤、高句丽的归化人加西溢及归化汉人奴加已利画的。在椋部秦久麻的监督下,宫廷采女们制作了上述刺绣帐。刺绣帐的原物现在保存在中宫寺,名为天寿国曼荼罗绣帐,非常有名,现在已经褴褛不堪,大部分已经面目皆非。然而,能工巧匠将褴褛碎片通过拼凑,修复成一幅挂轴,现在妥善地保存着。虽然构图很难看清楚,但从部分来看,上面画着钟楼、花草、鸟兽、佛像、恶鬼等,让我们了解了遥远的过去日本的绘画的状况。向我们淋漓尽致地展示了推古天皇时期盛观的当属法隆寺。法隆寺的金堂里留着两幅飞鸟时代的绘画的代表作,在世界上也是罕见的。一幅是西间的天盖天人图,另一幅是玉虫厨子①的绘画。

法隆寺的金堂里吊着三个天盖。其中西间天盖上面的天井上画着天人图。这并非是为了装饰天盖而画的,而是画工作为底画画在某块板子上,然后将板子用作天盖。将这一天人图和当时的雕刻进行比较可以发现,在性质上,绘画和雕刻完全一致。某个艺术史学家断言:"这幅天人图和从高句丽时代的遗址中挖掘出来的绘画的画风相似。"在朝鲜平安南道遇贤里的大墓石室的第二层的侧面画也画有天人图。由此可见,上述艺术史学家的结论是正确的。在朝鲜龙冈郡安城洞的双楹冢羡道有壁画,上面画着牛车、骑士、妇女、男子等。从服装等来看,壁画内容与中国隋朝近似,与日本推古天皇时期相距不远。关于这一点,将壁画与隋朝的画像石、中宫寺的天寿国曼陀罗等进行比较就可以一清二楚。骑士图中的马的骨头的画法、笔法、构图和在古代于阗发掘的板画马近似。由此可见,虽然时代多少有些差异,但它们都属于一个绘画艺术体系。

据说玉虫厨子是推古天皇的念持佛,在它下方是须弥座,上面载着类似宫殿的东西。在宫殿样式的建筑的正面和左右两侧的门的表里画着菩萨、四天王等的画,在里面的墙壁上画着多宝塔。在须弥座的正面有供奉舍利的图,右侧有《金光明经》舍身品的画,左侧画着得到《涅槃经》四句偈八字文的图,后侧画着须弥山的图。这些画都是在木板上涂了黑漆,上面描着图样,是密陀绘,在性

---

① 收藏在奈良县斑鸠町法隆寺的飞鸟时代国宝级佛教工艺品,由于装饰时使用了吉丁虫的羽毛而得名。

质上类似今天的油画。图样虽然略显幼稚，但笔力强劲，重点放在"骨法用笔"上。画在橱子上的云和凤凰与在高句丽时代的壁画上见到的一致。由此可知，当时日本的艺术和高句丽的艺术关系密切。

日本的艺术不仅和高句丽的艺术关系密切，而且和遥远的西方的波斯也有关系。玉虫厨子的须弥座上的画被称作密陀绘。由此可见作画的材料是密陀僧。密陀僧中记录着不留记录的秘密，告诉我们令人难以置信的古代的交通、古代的文化交流、古代的艺术传统。如果了解密陀僧本身的历史的话，密陀僧所显示的秘密史实是可以理解的。

"密陀僧"的一种写法是"没多僧"，是波斯语的音译，意思是铅的渣滓，即黄丹，在中国唐代的词典中介绍为"胡语"。"胡"应该是指波斯人。

据艾布马舍尔的药物法讲，"黄丹"源自波斯语阿拉伯化的读音。研究波斯和中国语言关系的拉乌法教授认为7世纪前密陀僧就传到中国。此外，这个词可以上溯至波斯萨珊王朝。

这样一来，在推古天皇时期，日本的绘画得到长足的发展。画家中不仅有归化日本的外国人，也有日本本土人。作画的题材起初都是与佛教有关的，后来主题范围逐渐扩大，还描画人物、花卉等。在皇极天皇三年六月，剑池开了一茎双萼的莲花。看到这一情景时，苏我虾夷说："这是我家兴旺的征兆。"于是，苏我虾夷让画工用金泥将这个情景画下来献给法兴寺的丈六佛。此外，据说苏我马子让画家画了一幅自己跪在圣德太子面前的画，挂在桃原墓前。孝德天皇白雉四年六月，孝德天皇命令狛竖部子麻吕、鲫鱼户直二人画佛菩萨的像安置在川原寺。

在飞鸟时代末期，日本的绘画艺术出现一大飞跃。画家的人数很多。政府在中务省中设置画工司。据大宝元年制定的《杂令》记载，画工司有正一人、画师四人、画部六十人。这些画家的任务都是画纹样。这说明在那个时期，绘画的需求是非常多的，而画画的人也是很多的。此外，绘画的发展也印证了佛教文化在日本的普及。

第4节 雕刻的高潮

雕刻是绘画的姊妹艺术。在飞鸟时代，雕刻占有怎样的地位呢？只要了解佛像的历史，这一点就不言而喻了。这是因为在佛教传入日本后，具有艺术水准的雕刻才在日本出现。在佛教传入日本以前，日本当然也有朴素的雕刻艺术，但很多属于沉雕，还没有出现浮雕。石制及土制的圆雕用于宗教仪式。其中土制的雕刻自然，技巧较幼稚，但有一种美感在里面。这些雕刻作品被称作民间艺术，并非是训练有素的艺术家制作的。

在佛像传入日本的第二年，茅渟海上飘来樟木。钦明天皇让人用这樟木雕了两尊佛像。这件事众所周知，但樟木佛像现已失传，不知道原物是什么样了。在推古天皇时期，日本朝廷建了很多佛寺。因此，雕刻也兴盛起来。起初，日本非常推崇的佛像大都是百济、新罗献给日本朝廷的。到了推古天皇十三年，日本铸造了最初的佛像。这就是丈六大佛，是高八尺的释迦牟尼的坐像。今天称作"飞鸟大佛"。这尊佛像安放在飞鸟的安居院。飞鸟大佛的雕刻者是鞍作鸟[①]，是从中国归化日本的汉人司马达等的孙子。在铸造飞鸟大佛之际，推古天皇和各王臣一起热心进行祈祷，高句丽王进贡黄金三百两。这些都说明铸造飞鸟大佛是一件非常重大的事情。就是在今天，铸造飞鸟大佛也绝非易事，而在古代进行这样一项事业则说明奉命铸造的鸟佛师是非常杰出的铸造师。法隆寺金堂的释迦三尊也是在推古天皇三十一年由鸟佛师铸造的。

飞鸟大佛大部分已经破损，之后逐渐得到修缮，大致能推测原型。此外，法隆寺的释迦三尊完整地保存了下来。由上述可以看出当时已经形成"鸟佛师式"雕刻样式，这成为飞鸟时代主要的雕刻样式。这一雕刻样式和当时朝鲜、中国的雕刻样式类似。笔者推测中国南北朝的雕刻样式传到朝鲜，又从朝鲜传到日本。这些雕刻样式与鸟佛师式间的差异也就是鸟佛师的独创之处。从这里可以看出飞鸟时期雕刻艺术的特征。但大体上来看，飞鸟时代的佛像体现着中国南北朝时期的艺术特征，而宁乐时代的佛像雕刻艺术体现着唐代的艺术特征。

[①] 以下称"鸟佛师"。

从材料的角度来看，由于木材丰富，日本大部分雕像是用木料来雕刻的。此外，铜像也相当多，但看不到石像。也就是说，日本缺乏大理石、石灰石等适合雕刻的石材。

足以代表飞鸟时代雕刻的文物很多都保存在法隆寺附近。就木造佛像而言，有法轮寺金堂的释迦如来坐像和虚空像菩萨立像。这些佛像的雕刻手法和鸟佛师派略有不同。某个学者推断这些是在推古天皇末期雕刻的。据古记录记载，法隆寺梦殿的救世观音立像身高和圣德太子相同。由此可以推断，这尊救世观音立像是圣德太子在世的时候造的。这个佛像宝冠、璎珞、手镯等一应俱全。从面相和姿势来看，大体上属于鸟佛师式。服装的线条比较柔软，比鸟佛师派稍弱。

飞鸟时代雕刻的高潮时期的代表作是中宫寺的弥勒佛像，姿势优美，非常匀称、稳重，值得注目。《中宫寺传》将这个佛像称作如意轮观音，而学者们称它为弥勒菩萨。作为朝鲜半岛三国时代的遗物，这样的半伽姿态的弥勒菩萨像有很多保存在当地，面相虽然与日本的有所不同，但雕刻手法颇有几分相似。这个半伽姿态的弥勒菩萨像能够打动人之处在于制作手法精湛。这一点毫无疑问。一些敏感的文化史学家指出："年代久远，触摸的人多，油光锃亮。因佛像是菩萨像，可以断定这里是尼姑寺。"

人们看到这尊弥勒菩萨像都着了迷，感动得不住地流泪。弥勒菩萨身上充满慈爱和悲哀，有一种悲喜交加、喝光杯中酒的感觉。那是一种至纯的美，并且不光是美，还有一种用语言难以表达的神圣。笔者将她称作圣女。与其用观音这个称呼，圣女这个称呼更合适。但她不是圣母。既是母亲又是处女的玛丽亚非常美，而这种美是母亲的慈爱和处女的清纯的结合，有一种将女性净化、透明的感觉。在哥特式雕刻中，玛丽亚被刻画成母亲。而在文艺复兴时期的绘画中，玛丽亚则被刻画成圣女。这是不可避免的。圣母表现出救世主的母亲的威严。与此同时，圣母又被净化为维纳斯式的圣女和很清纯的处女，看起来不像神或者人的母亲。但圣母表情复杂，给人的感觉不像是不食人间烟火的圣女，也不像俗世的女人。维纳斯不管如何被净化，最终没有成为圣女。并且维纳斯让人感觉到有女人味儿。那种温柔如果不是女人味十足的话就不能表现出来。那么这到底是什么？这就是圣母的慈悲的表露。人类在内心深处都希望慈悲，因此将这种渴求、愿望集中在人的形体上。以上是文化史学家对这尊佛像的评价。

看到这尊弥勒菩萨像时，笔者也被它的美打动了。这主要是因为时间的腐蚀和环境所导致的一种刺激。从弥勒菩萨像的面部表情来看，笔者体会不到文化史学家体会的那种感觉。侧面还不明显，尤其是正面，反而让笔者感到一种阴影。这种感觉和同一时代的其他佛像的感觉相同。

此外，法隆寺的金堂还有四天王像。这是现存的飞鸟时代唯一的四天王像。由背光铭可知，这尊四天王像的创作者是山口直大口。山口直大口是孝德天皇时期的人。与鸟佛师相比，山口直大口雕刻的佛像的姿势、衣纹等线条更稳健、柔和。这尊佛像面貌柔和，与后世令人恐惧的凶猛的四天王像风格迥异。这是山口直大口作品的特征。

就铜造的佛像而言，首先要算法隆寺金堂的药师像。看一下这个佛像的背光铭可以发现：用明天皇元年，用明天皇身体欠安，下诏皇后和圣德太子许愿在各寺铸造药师像。不久，用明天皇驾崩。这一愿望没有实现。推古天皇十五年，推古天皇和圣德太子一起铸造药师像，终于完成用明天皇的遗志。这个药师像本来是法隆寺金堂的本尊，现在中央安放着释迦牟尼像，而药师像被放在右边。这尊药师像的台座和背光保存完好，对研究当时的雕刻样式十分有益。可以说这是鸟佛师派的代表作。释迦三尊像是圣德太子患病时，圣德太子的妃子和群臣许愿要铸造的释迦牟尼像。但由于圣德太子和太子妃都驾崩了，推古天皇三十一年，为了完成这个遗愿，推古天皇命令鸟佛师铸造了释迦三尊像。这件事情明确记录在背光铭上。这可以说是当时的代表作。时代和作者都很确实。

除上述作品外，今天保存在宫内省的四十八尊佛像在献纳以前保存在法隆寺，在此之前则保存在橘寺。在上述四十八尊佛像中也混杂了崇峻天皇时期铸造的佛像。从流派上讲，里面既有鸟佛师派的作品，也有非鸟佛师派的作品。造型别致、让人感到好奇的是安放于法隆寺的观世音菩萨立像。在佛像之外的艺术作品中，有附于法隆寺金堂天盖上的凤凰雕像，十分精致。这和出现在高句丽时代的坟墓壁画上的凤凰画像是一致的。

飞鸟时代的雕刻作品反映了艺术家们精湛的技艺。在日本艺术史上,飞鸟时代是一个具有划时代意义的重要时期。对飞鸟时代雕刻的传统进行观察可以发现:雕刻艺术和其姊妹艺术绘画、建筑一样,都由复杂的要素构成。具体来说,包含印度、萨珊王朝、东罗马帝国的样式的西域艺术和具有汉人样式的南北朝艺术相结合。其中有一派形成隋朝的艺术,另外一派在流入朝鲜后进一步传到日本,形成飞鸟时代的艺术。由此观之,在飞鸟时代,雕刻艺术从朝鲜传入日本,在此基础上不断培育、茁壮成长起来。但其中也受到隋朝的一些影响。不管怎么说,飞鸟时代的日本人笃信佛教这个新宗教,借用从西方传来的雕刻这一艺术形式表达自己对佛教的虔诚信仰。这是毋庸置疑的事实。这里有根深蒂固的东方艺术要素。这一点也是不争的事实。飞鸟雕刻艺术的形成和印度犍陀罗雕刻艺术的形成是同一路径。因此,笔者有必要在这里讲一下古代印度的雕刻发展史。这项工作并非无用。

阿育王建造的柱子有雕刻作品。这大概是最古老的印度雕刻作品。这些圆柱都是圆圆的单石棒,上面有柱头装饰。柱头用有浮雕的台板装饰着。台板上的雕刻是动物或者动物的象征,或者是两者的结合。整体上来看,雕刻手法遒劲,技巧熟练。特别是上面雕刻的动物颇具写实性,有一种狂热的感觉,具备足以引导后世雕刻艺术的价值。阿育王石柱雕刻的创意很明显受到波斯和亚述的雕刻艺术的影响。这些影响通过布哈尔胡特和桑吉的雕刻一直持续到5世纪。但这些雕刻作品本身是印度的雕刻作品。印度的艺术家们虽然借用了外国的雕刻艺术观念,但将这些艺术观念完全同化到印度的雕刻艺术中,成为自己的东西。此外,里面还保留着同一时期的雕像及其他国家的雕刻艺术元素。

在公元前2世纪的遗物中,有布哈尔胡特的石勾栏。上面有精巧的浮雕,耐人寻味。然而,这些作品在布哈尔胡特和桑吉的雕刻面前黯然失色。布哈尔胡特有卒塔婆。卒塔婆由石勾栏和门组成,上面有描绘释迦牟尼的传说的精美的雕刻。勾栏高七英尺一英寸,上面放着长度大概相同的冠石。这些都是公元前2世纪前叶雕刻的。桑吉的大塔婆门上也有雕刻,雕刻艺术之精湛令人吃惊。四个门的高度都是三十四英尺。每个门由两根高十四英尺的直立方柱和稍微弯曲的三

摩耶夫人梦见象从天降

根梁石组成,上面有各种各样的雕像、象征物。两侧表面表达的都是释迦牟尼传说,上面刻有浮雕,都是用来装饰的。可以推测这些都是公元前2世纪的东西。

  在上述各个地方及其他佛教圣地,最常见的象征物就是大象、树木、车轮及卒塔婆。之所以选择这些事物是因为这些都象征着佛教的真谛。传说,释迦牟尼的生母摩耶夫人梦见象从天降,之后生下释迦牟尼。大象也就是释迦牟尼的象征。树就是菩提树。释迦牟尼就是在菩提树荫下开悟的。法轮象征着释迦牟尼的说教。卒塔婆是释迦牟尼通过死亡来达到大涅槃,是一种表现超绝的安静状态的形式。此外,最值得注意的是尽管这些古代印度的雕刻表现的是释迦牟尼的成佛过程,但释迦牟尼本人并没有出现在雕刻中。当希腊的雕刻艺术传到印度后,释迦牟尼的肉体姿态才出现在美术中。希腊艺术教给印度人睁开肉眼看神圣的东西。不过,希腊艺术进入印度是在之后的时代。

  古代的佛教雕刻中有一种魅力。这种魅力不仅表现在装饰丰丽、技巧熟练上,还表现在带有感情起伏和活着的欢喜的本能上。布哈尔胡特的雕刻中表现出一种毅然的、大胆的氛围。雕刻表现出的这一慈悲心肠充满温情,雕刻属于高等的佛教艺术。之后出现了犍陀罗派的雕刻,犍陀罗派受到几分尚古精神的约束,没有充分表现出来。

印度雕刻艺术出现了程度不同的发展。这和佛教传入日本以前的日本固有的石人、石马、土偶中表现出的那种轻快的氛围和作为崇拜的图腾的象征有相似之处。古代印度的暗刻艺术受到波斯和亚述的影响。古代日本雕刻中也可以看到匈奴和突厥的雕刻艺术的影响。在这一点上,印度和日本有相似之处。精通印度古代史的巴涅特认为印度艺术受到希腊的影响。这就是所谓的希腊印度式的犍陀罗派。详情如下:"犍陀罗派兴起于公元前1世纪。50年到250年,犍陀罗派雕刻艺术达到圆熟的程度。这一流派兴起的中心地区是印度西北边境甘德哈拉地区。甘德哈拉地区遗留着很多雕刻作品。犍陀罗派的艺术是在印度古代样式的基础上加入希腊的雕刻艺术的元素,之后印度和希腊的雕刻艺术的精神实质逐渐同化,终于浑然一体,实现了完美的融合。北印度的佛教徒作为表现高远的理想的媒介,应用了犍陀罗派的艺术。具体来说。他们用犍陀罗派的艺术进行绘画和雕刻创作。这些绘画和雕刻艺术经中亚传到中国、朝鲜和日本。"

在某种意义上,飞鸟时代日本的雕刻艺术是朝鲜播下的种子的萌芽,又吸收了隋朝的肥料而茁壮成长起来的。但笔者认为如果寻根溯源的话,还是应该在印度的甘德哈拉地区。笔者认为飞鸟时代日本雕刻艺术的根源在更远的叙利亚、希腊、东罗马帝国、美索不达米亚、埃及。这就是飞鸟时代日本雕刻艺术的所属系统和性质。为了清楚了解这一点,笔者在下一节详细论述。

第5节 飞鸟纹样是时代艺术的象征

飞鸟时代日本艺术的特征是"世界性的",换言之就是"四海之内皆同胞"。在前面,笔者已经讲过这一点。为了不断追求真善美,飞鸟时代的日本艺术家们排除人种偏见,超越边境观念,根本无暇考虑自己的艺术思维是以日本固有的精神为基础还是拘泥于外来习惯。飞鸟时代的日本艺术家们只不过根据当时的敏锐的艺术感觉进行创作。这一艺术感觉是在强烈的佛教信仰的推动下产生的。飞鸟时代的日本艺术家们并没有遵循传统或者模仿某一原型的想法，只不过全神贯注地忘我地从事艺术创作而已。当然这其中是有几分模仿要素的，也有几分沿袭传统的成分。即便在这些作品中，我们仍可以看到原来的方法和原型的元素，但这些元素一旦融入他们的头脑中，给外界留下的印象就不再仅仅是模仿和追随。那里会闪现出作为时代艺术的具有划时代意义的地位和价值。

这样一来，在飞鸟时代的艺术中出现其他时代的艺术中所见不到的特殊性。其特殊性是飞鸟时代艺术的本质——"世界主义"的体现。笔者认为这一特殊性的代表就是艺术史学家所说的飞鸟纹样。通过对飞鸟纹样在世界艺术史上的定位进行考察，笔者具体论述飞鸟时代日本艺术的"世界性"这一观念。

飞鸟纹样（一）

飞鸟纹样（二）

　　笔者尊敬的伊东、冢本、关野三个工学博士经常研究艺术史上的各种问题。他们颇具工艺学眼光，因而有不少特殊的发现。他们的这些发现告诉我们飞鸟时代的日本艺术的价值和系统及在世界上的地位。伊东博士就飞鸟纹样写了学术论文。虽然数量不多，但质量颇值得注目。伊东博士指出："在表面装饰艺术上，最重要的纹样是用无数的线条纵横画成的，通过无穷无尽的色彩自由地上彩，结果乍一看千差万别，相互之间没有关系，但如果从系统上来进行梳理、分类的话，就会纲举目张，能够追溯到根本。结果发现其原型很少，并且可以发现其发源地是埃及、亚述。这一点令人感到不可思议。日本的纹样也是继承了这一系统的衣钵。"伊东博士以其远见卓识就飞鸟纹样做了考察。

　　飞鸟纹样种类繁多。仔细分类可以发现其中植物纹样占大多数。其中唐草

飞鸟纹样（三）

纹样最多。飞鸟纹样来源于在希腊、西亚经常观赏的忍冬纹样。飞鸟纹样会作为金工出现在法隆寺及同一时代其他寺院的佛像的背光铭、法隆寺金堂的四天王的宝冠、服饰中；作为木工出现在法隆寺金堂的中央天盖的伎乐天人的背光中；作为表面装饰出现在玉虫厨子及上述法隆寺天盖等的彩画中；作为刺绣出现在天寿国曼荼罗绣帐上；作为纺织品出现在四天王纹旗的狮子狩猎的纹样上；作为瓦出现在法隆寺、法轮寺的唐草瓦上。这些纹样在花瓣的排列、曲线的安排上有共性。

这些纹样和中国六朝时期的纹样完全一致。中国的固有纹样出现在周、汉时期的铜器等上面，是用很硬的直线组合的，即便里面混用了曲线，也看不出来。新纹样是在与西域交往后传入中国的。后汉时期的遗物中已经能够见到一种西域的要素。这种纹样在六朝时期已经日臻完善。就遗物而言，北朝有很多，而南朝较少。北朝的飞鸟纹样可以在山西大同的云冈石窟的佛像和洛阳的龙门石窟中见到。云冈石窟是拓跋魏定都大同时期开凿的，龙门石窟则是在拓跋魏迁都洛阳之后开凿的。这些纹样都和飞鸟时代的纹样是一致的。作为南朝的遗物，在《梁书》侍中禅道中有这一纹样。在隋代的《仪同三司龙山公墓志》中能看到实例。到了唐代，这种纹样已经消失了。这和到了宁乐时代，飞鸟时代的纹样消失是一个道理。

日本受到中国的影响，而中国受到中亚的影响。大谷光瑞在土耳其斯坦发现的陶器上，有与飞鸟纹样密切相关的纹样。这大概是受到隋朝、唐朝的影响。

犍陀罗建筑的雕刻上只有零星的飞鸟纹样。印度西北部的优思弗札伊的卒塔婆的破片中发现了飞鸟纹样。犍陀罗艺术是印度和欧洲西部古典艺术的混合。罗马要素要比希腊要素浓。因此，飞鸟纹样继承的在希腊观赏到的忍冬纹样系统的要素较少，而继承的在罗马能够观赏到的爵妆纹样的要素很多。犍陀罗纹样仅保留在石头刻的作品中，而在纺织品、刺绣、木工、金工中的作品大部分消亡了。因此将这些和飞鸟纹样进行比较是很困难的。根据如上所述的实际案例，笔者可以假定这些纹样是跨越葱岭及喀喇昆仑山脉进入中国的。

印度和西亚在艺术上进行了交流。这是一个极其重要的问题。既有从印度传入西亚的艺术，也有从西亚传入印度的艺术，还有印度艺术与西亚艺术混合的艺术。因此，当时形成三种艺术。阿拉哈巴德的阿育王石柱头部是印度最古老的佛教艺术的代表作。上面的纹样可以看作是忍冬纹样的变种。这是从西亚传到印度的艺术。飞鸟纹样还出现在拉卡纳乌博物馆的石雕、康德建筑的一部分上。但飞鸟纹样和印度纹样之间没有直接的关系。古代从西亚传到印度的忍冬纹样发生了各种变形，在此基础上进入锡兰（今斯里兰卡），偶有和飞鸟纹样一致的。这一点可以想象出来。阿江塔壁画上没有飞鸟纹样。可以看出这些壁画中的纹样进入波斯及西亚，最终传到了中国。

波斯萨珊王朝的艺术造诣很深。这表明萨珊王朝不仅和西亚及东罗马帝国有很深的渊源，还和犍陀罗乃至中国都有密切的关系。萨珊王朝纹样的实例很少，而属于飞鸟纹样系统的实例很多。波斯凯尔曼沙附近王宫门的雕刻、印度加尔各答博物馆收藏的纺织品、叙利亚的拉贝特阿蒙宫殿的内壁装饰就是这样的实例，都与飞鸟纹样类似。

东罗马帝国艺术的主要成分是西欧的古典艺术，其中有东方艺术的要素，形成一种新的艺术形式，非常奇妙。萨珊王朝式、犍陀罗式艺术也包含在这种新的艺术形式中。东罗马帝国的艺术是在亚洲的最西端和希腊艺术、西亚艺术融合而成的。安息元素和萨珊王朝元素是其中的重要元素。东罗马帝国有很多飞鸟纹样的实例。君士坦丁堡的斐奇佳米的装饰纹样和中国的实例是一致的。其他东罗马帝国纹样也与中国的石窟寺的纹样是类似的。

在希腊寻求东罗马帝国艺术的起源之前，我们应该看一下伊斯兰教艺术。也就是说，东罗马帝国的艺术受到萨珊王朝、叙利亚、埃及等周边艺术的影响，不知在什么时候进化为一种新的样式。这一点值得注目。这就是艺术史学家所谓的"阿拉伯-拜占庭式"。这种样式后来转而形成纯正的撒拉森式。撒拉森式和伊斯兰教式一起传播到各地，和各地的原有艺术合为一体，形成一种混合的撒拉森式。7世纪到12世纪、13世纪，阿拉伯-拜占庭式艺术在埃及、叙利亚、美索不达米亚、小亚细亚十分流行。耶路撒冷的雅克萨教堂的墙壁纹样是7世纪的艺术，出自忍冬纹样，里面均等地包含着东罗马帝国艺术和阿拉伯艺术的要素，是一个耐人寻味的实例。埃及的格列也是其中的一个实例。埃及开罗的逸文·次仑大教堂的纹样中东罗马帝国的要素已经淡化，而阿拉伯要素越来越浓。将中国石窟寺的纹样和保留着阿拉伯艺术元素的纹样进行比较，几乎堪称异曲同工。在这里可以发现与飞鸟纹样的类似之处。美索不达米亚的牙雕也属于这种艺术形式。从12世纪、13世纪到14世纪、15世纪，纯正的撒拉森式艺术非常盛行。阿拉伯唐草和阿拉伯几何纹样是观赏的对象。飞鸟纹样的元素完全消退。混合的撒拉森式在伊斯兰教传播的地方非常流行。埃及、叙利亚等传到西面的艺术中几乎没有飞鸟纹样的影子，而传到东面的艺术中有接近飞鸟纹样的。西班牙的撒拉森纹样起源于西亚，里面添加了西方艺术的要素，一般称作"穆阿式"。相比之下，印度的撒拉森纹样中包含着飞鸟纹样的元素。

东罗马帝国艺术起源于希腊。在希腊，观赏最多、最纯的纹样是忍冬纹样。

下面笔者列举实例来说明。希腊的陶器纹样属于严格、规则、均匀的纹样。这和玉虫厨子的纹样几乎没有区别。这一点谁都能看得一清二楚。希腊的陶器、土耳其的古遗址、小亚细亚的艾菲索斯古遗址的纹样和法隆寺的背光及中国龙门石窟的石雕中的艺术手法是一样的。这些手法软化后，演变成其他希腊陶器上看到的纹样。这些艺术手法更自由、更大胆、更婉约、更美丽，又添加了远东的艺术要素，之后演变为法隆寺的飞鸟纹样。

众所周知，希腊的忍冬纹样起源于亚述和埃及。这一点毋庸赘述。为了方便起见，这里笔者举一个亚述纹样的例子来证实它们的关系：法隆寺佛像背光的边缘有几种相似类型的纹样。这一点颇耐人寻味。

以上笔者对飞鸟纹样进行了追本溯源，对飞鸟纹样的分布系统进行了论述，内容繁多，乍一看和日本国史没有关系，但笔者的目的是让读者了解飞鸟艺术在世界上的定位。仅此而已。在发表了上述论文后，伊东博士又发现很多新的材料。我们也发现了很多材料。这些都对上述飞鸟时代的艺术与外国艺术的关系进行了印证。因为过程比较复杂，这里不再一一详述。

不过，这里需要强调的是中国六朝特别是北朝的艺术传到了朝鲜半岛，再经朝鲜半岛传到了日本。因此，按理说朝鲜半岛有为数众多的飞鸟纹样。

在新罗都城庆州附近的四天王寺遗址上发掘出的唐草瓦上，有很多飞鸟纹样。这种飞鸟纹样在玉虫厨子上也可以看到。这些遗物的制造年代在飞鸟时代稍微往后。在舒明天皇时期修建的黄龙寺遗址、钦明天皇时期修建的兴轮寺的遗址上，我们发现有连续的忍冬纹样浮雕的唐草瓦，这和耶路撒冷的雅克萨教堂的纹样几乎是一致的。不仅如此，在庆州附近的古寺遗址上，笔者发现了很多甍石及巴瓦，其中有不少纯粹的哈尼萨克尔纹样。

与新罗相比，高句丽的绘画历史更悠久。早在佛教传入以前，高句丽已经掌握了彩色绘画技术。在高句丽的古坟壁画上，能够发现若干飞鸟纹样。朝鲜江西第二古坟的天井上的忍冬纹样最具有代表性，带有日本飞鸟时代的纹样的特色。在学术和艺术上，高句丽对日本影响很大。这一点日本国史已经证实了。在文化特别是在艺术上，高句丽对日本的影响要比新罗对日本的影响大。

在日本和中国的北朝之间，朝鲜的遗物架起了桥梁，是了解艺术史的珍贵材料。笔者不再列举证据讲这一点了，下面要讲一下其他问题。笔者拟引用伊东博士论文的部分内容论述一下忍冬纹样产生之后是经过怎样的过程传到日本的。

一、萌芽期

忍冬纹样萌芽于埃及、亚述的哈尼萨克尔纹样。这种纹样很硬、很强，略显稚气。

二、集大成时期

这一时期纹样为希腊式的忍冬纹样，流畅、圆滑、变化自然，并且线条端正、严格。

三、变迁时期

这一时期，希腊的哈尼萨克尔纹样传到东方，性质发生变化。也就是说，这种纹样在条支、大夏、安息、萨珊王朝、东罗马帝国等西域各国盛行，很明显带有东方特色，还带有一种稚气，是以天真无邪的手法创作的。

四、分裂时期

这一时期，上述哈尼萨克尔纹样流传到印度、中国、日本。其中一支演化为撒拉森艺术，又产生很多分支。前期，忍冬纹样的创作手法还没有固定下来，到这一时期开始固定下来，成为一种固定模式。

然而，上述是以忍冬纹样为本位进行的分类。如果以日本的飞鸟纹样为本位进行分类的话，飞鸟时代就算是一个集大成时代。这是伊东博士的结论。果真如此的话，即便飞鸟纹样的起源是外来的，其中也必然有日本式的元素。飞鸟时代是日本历史上最大的东西融合时代。

不管怎么说，在遥远的过去，憧憬着遥远的西方各国艺术之美的艺术家，和喜爱东方艺术的艺术家们，在太平洋上的孤岛日本握手、互相交流。这一点是非常有趣、耐人寻味的史实。在这一点上，飞鸟时代能和明治时代媲美。它们都是活跃的、革命的、具有划时代意义的时代。

第6节 科学领域的一大进步

如上所述,在飞鸟时代,日本在艺术领域取得长足的进步。与此同时,日本在科学领域也取得了长足的发展。科学是一个很难懂的专业术语。飞鸟时代日本到底有没有称得上科学的学问?大概大家都会有这个疑问。事实上,在飞鸟时代,科学已经有了相当大的进步。这一点是大家没有想到的。可以用数学的进步来衡量当时科学的发展程度。

现在尚不清楚日本古代的数学处于何种状况,但综合神话传说可以发现,当时人们能从一数到万,已经用上十进位制,而最大的数字已经到了一万。数学史学家解释这是用四位数来循环。这种说法令人生疑。日本古代的数词是1、2、3、4、5、6、7、8、9、10。其中"10"在日语中是"卜",意思是手或手指。古代日本人用两个手的手指来计数,到了"10"重新来过,不断重复。除了"10"外,今天的日语中的数词词尾都使用"ツ"。这个"ツ"和"10"的"卜"是一致的,意思是一根手指。

古代日本度量衡的发展情况尚不清楚。原始时期有"束""咫""广"这些度的称呼。"束"是指小四指的宽度;"咫"是指大中指间的伸长;"广"是指两手的张距。就量、衡而言,没有相关的确实资料。

在钦明天皇时期,从百济来了易博士、历法博士。由此可以看出,当时盛行中国的数学。这一点毫无疑问。在推古天皇时期,百济僧人观勒献上历法、天文、方术、遁甲等相关书籍。日本朝廷让百济僧人分科教授日本人这些学问。自那时起,日本固有的算术失传了。中国式算术取而代之。方术和遁甲到底是何物现在还不清楚。笔者认为这大概类似于一种魔术。总而言之,在天文学传入日本后,日本人增加了关于时间的知识。自从实施历法以来,日本人在掌握关于时间的知识方面取得了更大的进步。

在舒明天皇时期,日本制定了度量衡,开始使用中国的斗、升、斤、两等制式。在孝德天皇时期,主政、主账大概选用的是精于书算之人。在齐明天皇时期,日本甚至制造了漏刻器。在天智天皇时期,日本修建了新台,在那里撞击钟鼓报时。数学最初用于装饰,而今进入实用领域。天武天皇修建占星台进行天文测候,还设置天文博士,让学生学习天文。持统天皇四年,日本实施元嘉历。民众关于日月运行的思考越来越确实。今天已经搞不清楚当时的占星台的建筑结构了。新罗的善德女王时期①,新罗建了占星台,时至今日还保存在庆州郊外的校里。日本占星台的修建年代与此相差无几,因此可以推断日本占星台的建筑结构与新罗的占星台相似。

经过不断发展,到了玄武天皇时期,日本已经成为一个数学强国。玄武天皇大宝二年,日本制定《学令》,在里面规定将《算经》从经中分离出来,分为《孙子》《五曹》《九章》《海岛》《六章》《缀术》《三开重差》《周髀》《九司》,并让学生学习这些科目。此外,日本朝廷还设有掌管天文、历法、数学、气象的部门,称作阴阳寮。据《职员令》记载,阴阳寮有长官一人,副手一人,允一人,大属一人,少属一人。阴阳寮还有阴阳师六人,负责通过占筮术相地。阴阳寮还设有阴阳博士一人,教授阴阳生。学习阴阳的阴阳生有十人。此外,日本朝廷还造历法。教授历生的历博士有一人。学习历法的历生有十人。还有天文博士一人,负责观测天文、气象,教授天文生。学习天文气象的天文生有十人。还有漏刻博士二人,负责率领守辰丁,监视漏刻之节。负责问漏刻、以时击鼓的守辰丁有二十人。此外还设有使部二十人、直丁二人。当时,阴阳寮非常忙碌,是负责天文台、气象台及相关教育的一个衙门。笔者将历术作为科学进步的一个象征,在下节讲。

下面笔者讲一下日本当时的医学和医疗制度的情况。医学教育分为大学和国学。大学教育在典药寮进行。在典药寮受教育的人中,有的有药师姓,有的三代学习医术。典药寮受教育的人都是子弟,可以获得名分。如果名额中有富余的话,典药寮还从庶民中选拔优秀人才。年龄在十三岁以上十六岁以下,人员仅限四十人。国学附属于国衙。医方的教授和学习的年限与典药寮相同。医生的人数因国的大小而异。大国有十人,上国有八人,中等国有六人,下国有四人。学生有六种:医生、针灸生、按摩生、咒禁生女医、药园生。讲习科目如下:

---

① 632年到646年。——原注

典药寮印

一、医生要学习《甲乙经》十二卷、《脉经》二卷、《新修本草》二十卷、《小品》十二卷、《集验》十二卷。学习完这些知识后，四十人中有二十四人学习体疗，即内科，六人学习疮肿，即外科，六人学习少小，即儿科，四人学习耳目口齿，即耳科、眼科、口腔科，进行专业学习。

二、针灸生要学习的教科书有《素问》三卷、《黄帝针经》三卷、《明堂》三卷、《脉诀》三卷，此外还有《流注经》一卷、《偃侧图》一卷、《赤乌神针经》一卷，并且要经常跟随前辈实地诊疗。

三、按摩生要学习按摩、伤折之法及判缚之法。

四、咒禁生学习咒禁、解忤、持禁之法。

五、女医是官户之婢，年龄在十五岁以上，二十五岁以下，性情敏慧。共选拔三十人学习保胎、应对难产及创肿、伤折之法、针灸之法。

六、药园生学习《新修本草》二十卷，学习各种药的形状、性质及采种的方法。

上述各类学生的学习年限详情如下：内科为七年；儿科及外科为五年；耳

科、眼科、口腔牙齿科为四年；针灸生为七年；按摩生为三年；咒禁生为三年；女医为七年。其中耐人寻味的是咒禁是一种魔术。那个年代已经有从事女医、护士、产婆的职业妇女。她们负担部分医疗工作。

刚才笔者讲了医疗方面的情况。除了上述医疗机构外，中务省也有内药司，宫内省也有典药寮。内药司掌管皇宫的药剂，典药寮掌管医药事宜，以前也曾教授学生。典药寮的人员有长官一人、副手一人、允一人、大属一人、少属一人、医师十人、医学博士一人、医生四十人、针师五人、针博士一人、针生二十人、按摩师二人、按摩博士一人、按摩生十人、咒禁师二人、咒禁博士一人、咒禁生六人、药园师二人、药园生六人、使部二十人、直丁二人。此外，还有药户、乳户附属。其实上述这些只是记录在文字上，实际未必配全这样的人。药剂也经常短缺。人们即便想买，也没有卖的人，急得束手无策。这种事情后代也有。在整个飞鸟时代，这种悲哀一直持续着。一边是金童佛光炫目，一边是病魔缠身，死神在招手，前途暗淡。明暗对比强烈。这是任何时代、任何国家的历史上都不可避免的社会现象，只不过是暗影被明光遮住还是明光被暗影遮住的问题，因而有的时代称作光明时代，有的时代称作黑暗时代。

第7节 历法——科学进步的象征

飞鸟时代学术、科学的进步可以用历法来代表。据《日本书纪》记载，钦明天皇十四年，钦明天皇命令百济献上卜书、历本、药物等，并送来医学、易经、历法三博士，服务几年后轮换。毫无疑问，在此之前，百济也送专业技术人员到过日本。钦明天皇十五年二月，百济派德率东城子莫古替换奈率东城子言，又让五经博士王柳贵替换固德马丁安，让僧人云惠等九人替换僧人道深等七人。此外，百济又奉日本天皇命令派易经博士施德王道良、历法博士固德王保孙、医学博士奈率王有陵陀、采药师施德潘量丰、固德丁有陀等替换以前派的人。有计算日月经验的文化民族一旦不计算日月，人们就不能生活下去。这是人之常情。从朝鲜半岛和中国中部不断有人移居日本列岛。他们或多或少都有历法的知识，来计算他们经过的日月。最晚从履仲天皇时期开始，通过干支计算年月的历法就传到了日本朝廷。当时的一般民众不可能理解历法。但日本原住民应该有一种非学术性的极其原始的历法，在日本建国前已经在计算日月了。也就是说，在汉历传到日本以前，日本不可能没有历法。无论什么民族都应该知道怎样计算时、日、月、年。他们没有抽象的时间观念，所有的都是通过具体的观察。除了实实在在的太阳、太阴、季节外，他们内心深处几乎没有任何抽象的时间观念。不仅如此，他们计数的能力是有限的。最原始的数数仅能数一到八，后来顶多数到十二，再后来顶多数到百、千。因此，日本历法的起源是建立在太阳的出没上。太阳从东面出来落到西面这一现象大概是全世界任何地方每天都经历的事情。人们大概将这就算作一天了。在看不到太阳期间，能看到太阴或者星星，人们就将这看作一夜了。原始时代的民众将我们所说的一日分成昼和夜。从语言习惯上来讲，我们日本人的祖先也有这样的观念，最先知道的是一日，因此他们将"历"说成"こよみ"或"日置"。"こ"和"か"是同义词，意思是"日"。"よみ"的意思是"计算"。笔者虽然不赞同日本古代就有"日置"这种造历的职业，但相信至少有一类人比较熟悉造历这一事情，并且这类人应该得到了当时人们的尊重。

比"天"或者"日"长的时间就是"月"。太阴逐渐由缺变圆，又由圆变缺，最后几乎看不到了。这种现象给原始社会的日本人留下深刻的印象。之后，当时的日本人将它和"日"相对应。这一周期约需要二十九天半。于是，日本人将这一段时间算作一个月。经过了十二个月，同样的气候还会重复，春去春又回，因而日本人将这一段时间算作一年。这样一来，原始时期的日本人就记住了日、月、年这三个时期的循环，并逐渐加深了认识。这一点是不争的事实。日语里将时间称作"とき"，将太阴或月亮称作"つき"，将年称作"とし"。这三个词是同源的。因此，可以推测日本人的祖先计算日历的方法一开始就是以太阴和太阳二者为基础的太阴太阳计算法。

日本人种的主体是南通古斯人。通古斯人的故乡在东北亚。因此，要搞清楚日本古代的历法，就应该和东北亚的各民族的历法进行比较，从民俗学角度进行还原,否则是无法搞清楚的。当然,飞鸟时代的文学中或多或少也有印证日本古代历法的相关内容。然而,通过文学了解日本古代历法的详细情况是很困难的。日本古代民众都知道四季的循环。他们通过自然现象的推移能够推测四季的循环。从飞鸟时代的文学中"天香具山晒白衣"一句可以推断,这讲的是春去夏来。我们通过"云蒸霞蔚春日山"这一句可以推测这讲的是冬去春来。这些诗句是日本人耳熟能详的。但笔者很难相信古代日本人的时间观念只有这些。在古代日本人留给现代日本人的语言习惯中,构成一年的十二个月都有相应的固有名词。在古代,日语中将一月称作"睦月",将二月称作"如月",将三月称作"弥生",将四月称作"卯月",将五月称作"皋月",将六月称作"水无月",将七月称作"文月",将八月称作"叶月",将九月称作"长月",将十月称作"神无月",将十一月称作"霜月",将十二月称作"师走"。因为岁月过于久远,其中有的忘记了词的原义。由此可见,早在古代,日本人已经有了月的观念。下面笔者解释其中几个月的原义。二月"如月"在日语中的原义是脱掉皮衣换上布衣的意思。三月"弥生"意思是草木茁壮成长的意思。四月"卯月"意思是卯花盛开的月份。五月"皋月"意思是插秧的月份。十一月"霜月"意思是霜降之月。在古代,日本人用与自己的日常生活有关的自然现象来称呼月份。这对东北亚民族来说是最常见的事情。

自古以来,阿伊努族与日本民族关系最密切。阿伊努族中也有类似的名称。他们将阴历的正月称作"很长的日子",将二月称作"鸟啼月",将三月称作"开始挖草根的月",将四月称作"挖很多草根的月",将五月称作"开始采玫瑰的月",将六月称作"采很多玫瑰的月",将七月称作"开始落叶的月",将八月称作"落叶月",将九月称作"脚冷月",将十月称作"用草火抓鲑鱼的月",将十一月称作"弓折月",将十二月称作"潮速月"。八月的说法和日语相同。有人认为这是因为受到日本人的影响。但这些知识逐渐沉淀在阿伊努人的文化中,有可能是只有某一阶层的人掌握了古代的先进文化。舒克丹岛的阿伊努人在木板面上凿孔,每天早上竖起一个小木块来计算日子。这可以说是古代文化的残留。

在人种上,通古斯人比阿伊努人更接近日本人。通古斯人将一年分为冬夏两季。夏季从出现苍蝇、螃蟹开始。从这个月开始，树木开始长叶子，开得早的花也开始开花了。二月意思是鲜花盛开之月。三月是成熟的意思，是野生果实成熟的季节。四月是脊骨之意，在这个月红鹿交尾。五月是红鹿长毛的季节。夏季有五个月，冬季有七个月。一月是狩猎的月份，从此时开始降雪，不久开始穿毛皮衣服。二月原义是肩关节的意思，是白天最短的季节。三月的原义是想起骨头，白天逐渐变长。四月也是狩猎的季节，开始穿黑貂皮。五月燕子、乌鸦、鸱鹟开始飞来。六月是冰雪开始融化的季节。七月河冰完全解冻。七月末已经属于夏季了。通常来说，通古斯人一年有十三个月，但只有十二个月的名称。或许是因为他们将月份名称重复了一个。鄂霍次克海的通古斯人一年连十二个月都没有，其中能搞清楚的月份第一是草月，第三是鱼马月，第四是成熟月，第五是拳月，第六是肱月，第七是肩关节，第八是肩。从第五到第十一是以人的骨骼来命名。其中第五到第八逐渐往人的上半身走，第九到第十一逐渐往人的下半身走。第十二的意思不明确，大概是脊骨之类。

  根据某个旅行家的记录，黑龙江的通古斯人一年有十一个月。第一个月是落叶月，相当于日本的八月。第二个月是驯鹿月。第三个月是暗月。第四个月叫沙月。风将雪吹起来，像沙子一样。第五个月是静月。波澜不惊。第六个月是善月。好天气比较多，是捕获兽类的季节。第七个月是鹫月。第八个月是鸭月或产犊月。第九个月是洪水月。第十个月是跳月，是指鱼跳到浅滩。第十一个月叫大月。日或月很长，故此得名。

  对这些月的名称进行比较可以发现，大体上自然现象是命名的主要依据。其中以狩猎或捕捞的目的物来命名的比较多。日本古代的月的名称中有带有农业性质的名称。而通古斯族则生活在农业生活以前的狩猎生活时代，因而月份名称多与狩猎有关。狩猎时期不可能出现真正的历法，只有进入农业时期之后才可能出现历法。播种、灌溉、舂米等农业生产活动都是需要人类智力的活动。只有进入这个时期之后，人们才会密切关注气候的变化，才会对日、月、年这三要素进行深入、精细的观察。从这一点可以推断，日本人的原始历法和东北亚民族今天使用的原始历法是一样的。在引进中国历法后，日本的固有历法逐渐变得精密准确，到钦明天皇时期出现了足以指导民众生产的历法。这也是理所当然的。认为在钦明天皇以前日本没有历法是大错特错的。尽管是原始的，但日本还是有一种固有的计算时间的方法的，后来才逐渐使用从中国传入的干支计算法。毫无疑问，日本官僚等有识之士中间或公或私都在制定历法。这是以太阴，即月亮的运行为标准的。这一点可以用下述事实来证明：在日语里，每月的第一天的意思是"月亮出发"，每月的最后一天称作"月云"。上面讲过，年的日语意思和时间的日语意思都是从"太阴"这个词派生出来的。将表示太阴的日语和东北亚民族的语言进行比较就可以发现，朝鲜语的月亮和日语的月亮说法类似，契丹语的月亮和蒙古语的月亮说法类似。在月亮这个词的说法上，最和日语接近的是住在北印度的西克希姆的列普查人的语言，都是"tsuki"。此外，将表示时间的日语中的"toki"和东北亚语进行比较可以发现，朝鲜语、蒙古语、鞑靼语都有相同的部分。这说明它们的词根是一样的。而古代日本固有的历法和东北亚民族历法的起源相同。现在要找起源的话非常困难，应该是古代的查尔德亚。东亚的历法是通过交通线的北线从西方传来的。同样，汉历也是通过交通线的中线从查尔德亚传来的。对中国历法产生影响的印度历法也受到查尔德亚的影响。这样一来，世界各国的历法都是从查尔德亚传来的。查尔德亚的历法将黄道十二等分，将星宿命名为十二支，根据太阳的运行将一年分成十二个月。中国通过天地仪制定历法，将黄道十二经配二十四节气。查尔德亚历法和中国的历法如出一辙。汉历是以太阴朔望晦为计算基础，但这并不是说汉历就不重视太阳的运行。从汉代开始，中国就开始观测太阳的运行。计算的结果是地球围着太阳转四周需要一千四百六十一天，而围着太阳转一周需要365.41天，以此作为一年的天数。这个天数进而除以月，那么绕太阳一周所需天数的十二分之一几乎和朔望月一致。一朔月约为二十九天半，十二朔望月约为三百五十四天。从回归年开始约缩短十一日。月设"中"，来定月位，有朔无中为闰月。因此，汉历在基本运算方法上和今天的太阳历是一致的。如果细微的观测出现错误，就不能进行精密的计算，导致天象和日历发生不吻合的情况。

即便是中国也会发生观测、计算上的误差，而百济的误差更大。历法从百济传到日本,也是无法进行精密观察和计算的。这是理所当然的。当时大概就不进行实际的天体观测,而是根据既定的方法进行计算而已。然而,推古天皇十年,百济僧人观勒来到日本,将历法、天文、地理、遁甲、方术等相关书籍献给日本朝廷。日本朝廷选拔三个书生,让他们学习上述书籍。阳胡史之祖阳胡玉陈学习历法。大友村主高聪学习天文、遁甲。山背臣日并学习方术。毫无疑问,日本是有上述学术性的历法的。日本当时的历法叫元嘉历,实施的范围很小,并没有得到普及。据说这是何承天实际观测天体而创的历法。其实,只不过是应用了从僧人慧严、婆利等人那里听来的印度的太阳观测法而已。在元嘉历前,日本还实行过景初历。何承天将日影的最长日作为冬至,将日影的最短日作为夏至,立八尺之表,十几年间持续观测。结果,何承天发现日本当时的现行历法比实际天数晚三天,终于决定制定新的历法。很明显,元嘉历是受印度的影响而创立的。在佛教传入日本后,日本盛行印度式的建筑。在那个时期,印度的历法也打着中国的旗号传入日本。这一点颇耐人寻味。

然而,在实行元嘉历七年后,文武天皇元年,日本人发现元嘉历与天体的运行情况不合。于是,日本朝廷决定采用唐朝的仪凤历。仪凤历是唐朝顺德二年由李淳风制定的,在天武天皇时期传入日本,在持统天皇四年和元嘉历一起使用。此时日本专门采用仪凤历,以后应用了六十六年。在淳仁天皇天平宝字七年,日本人发现仪凤历比天度晚十四刻,于是决定自这一年后使用大衍历。到了宁乐时代,日本文化取得长足进步,发现下述事实:天体观测要在实地进行,其结果和根据沿袭的计算方法计算得出的结果是不同的。

据说在天智天皇十年四月,日本首次制造了计算时间的器具。这一器具就是所谓的漏刻。据说这是天智天皇还是皇太子时自己制作的。据《大宝令》记载,阴阳寮设置漏刻博士二人,下辖守辰丁二十人,经常观察漏刻的节,按照这个时间来击钟鼓。也就是说,这相当于日本今天的午炮,相当于江户时代的时钟。由此可知,在飞鸟时代已经有了通知民众标准时的设施。这一漏刻也是从中国传来的。古代日本人已经掌握了使用方法。漏刻原始的计算方法和日影的观测大概日本本来就有。波利尼西亚人在杯底钻小孔,然后放在水瓮中,测量其沉下去的时间，来观测时间的经过。美洲的普布罗族将透过家里窗户照到墙壁上的日影处刻上记号，掌握了太阳的运行规则。前者相当于日本的漏刻，后者相当于日时计。这些都是古代人想出来的办法，是各个民族的原始的历法。这样原始的历法在日本原住民时期已经存在了。不管怎么说，在飞鸟时代，日本人在历法上取得飞跃性的进步。可以看出日本朝廷当时大刀阔斧推进日本文化的进步，并且卓有成效。日本人在历法上的成就就足以证明这一点。

第 6 章

宁乐时代初期的社会状况

第1节 奠都平城京

由于古代日本人恐惧死魂灵,而建筑材料也有颓废之气,再加上约定俗成的社会习惯,所以古代日本人经常搬迁。因此,以皇宫为中心的聚落,也就是首都,也屡屡搬迁。就这一点,笔者在前面已经讲过。起初,首都的规模很小,迁都也并非琐事、难事。然而,随着文化的发展,首都规模不断扩大,导致迁都费时、费力,劳民伤财,成为一个沉重的负担。就持统天皇营造的藤原宫而言,第一次修建就用了三十二个月。持统天皇六年五月,日本举行地镇祭。持统天皇六年六月,持统天皇亲自勘察地形。持统天皇八年正月,藤原宫大体竣工。持统天皇行幸藤原宫。持统天皇八年十二月,朝廷迁到新都。新首都的整顿、搬迁准备等约花费一年时间。从地镇祭到迁都约用了两年零八个月。由此可见新都的规模相当宏伟。

营造新都耗费了大量劳力。营造藤原宫所需的建筑材料——木料——主要是从近江①的田上山采伐的。采伐木材后,将木材投到宇治川,顺流而下,在山城②的泉河用木筏载着木料逆流而上,大致在今天的木津暂时上岸,又在佐保川

---

① 今栗太郡。——原注
② 今相乐郡。——原注

的上游装上船，顺流而下进入大和川流域，进而在飞鸟川逆流而上，来到藤原地区。木材在采伐地略微进行加工，都选用桧树木材，是最上等的木料。此时的建筑用材除了来自田上山外，还有来自其他地区的，通过陆路运往藤原宫。运输木材时有的走高市郡巨势路。从事伐木、搬运的人都是所谓的役民。他们忘却身家从事这项艰苦的工作。从事水上搬运的役民像鸭子一样浮在水中，为新宫的修建付出了努力。

就持统天皇修建藤原宫花费的财力而言，虽然无法统计具体数字，但仅伐木、运输这两项的花费就十分可观。除此之外，建筑材料的花费也不菲。不仅如此，在迁都后，百官还要拜贺，要赐予亲王及以下郡司布帛，还要召集公卿大夫，大排筵宴。这些费用也相当庞大。

即便在经济观念比较淡薄的古代，上述三方面的费用也是特别巨大的。人们自然会对这样的宫殿表示尊重、爱戴。因此，迁都、迁移皇宫绝非易事。也正因为这样，迁都次数逐渐减少，首都倾向于固定。这也在情理之中。在某种意义上，我们可以说，营造藤原宫就预示着新都不再搬迁。因此，在日本历史上，藤原宫占有重要地位。遗憾的是，历史上没有留下关于藤原宫及都城的详细的设计资料。不过，藤原宫所在位置就是今天的白檀村一带，大体形状应该是长方形的。作为皇宫，藤原宫有东南西北四个门。东门对着香具山，西门对着亩旁山，北门对着耳成山，南门对着吉野山。皇宫坐落在平原上，给人以稳重、平安的感觉。皇宫面积不算太大，和以前的其他皇宫一样，都离飞鸟川流域不远。香具山的斜面很长，延伸到埴安池的东北方，西面有池塘——由河水堰塞而成，风景优美。这个平原本来叫藤井原，有一眼清泉。在古代，清泉是最吸引人的灵物。因此，在有村落的地方必然有清泉。在藤井原营造藤原宫的最大动机就是这里有清泉。

在持统天皇驾崩后，文武天皇继位，仍旧住在藤原宫。庆云元年，文武天皇扩张藤原宫规模，赐予一千五百户百姓布帛，让他们搬迁。由此可见藤原宫规模之大。而今已经无法知道宫殿的详细配置情况。大体而言，在净御原宫有大极殿、大安殿、小安殿等。天皇在大极殿举行朝仪，在大安殿举办私宴，在小安殿日常起居。此外，还有所谓的后宫，是内亲王、女王、命妇等上朝的地方。我们可以推测在宫城内还有东宫、中宫、二官八省的官衙。除了官衙外，还应有贵族的住宅。并且可以推测这些住宅的样式和法隆寺东院的传法堂、以前橘夫人居室的建筑物的样式类似。法隆寺的这些建筑未必保持了原样，也未必保留了纯粹的"白凤式"建筑样式。这是因为后世的人在修缮之际加入了后来的技术和手法。尽管如此，这些建筑还是占整体的比率较低，稳重、安详，这些特点还是与当时没有什么变化。住宅建筑和佛寺建筑有几分不同，住宅不像佛寺那样庄严，但依然有一种安详、稳重之感。

一旦首都具备了这样大的规模和结构，迁都就绝非易事。这一点毋庸置疑。然而，藤原宫的两侧是位于丘陵地带的飞鸟川的倾斜面。这对一国首都来说过于狭小，更何况首都规模会不断扩大，而这一狭小地域会越来越不能适应这一要求。这也是不争的事实。文武天皇血气方刚，进取心十足，即位不久就想将首都迁到更宽阔、开阔的地区。庆云四年正月，文武天皇下诏诸王群臣商议迁都之事。然而，文武天皇不久后驾崩，迁都的愿望未能实现。

在文武天皇驾崩后，他的母后阿闭皇女即位，史称"元明天皇"。元明天皇是天智天皇的第四皇女，嫁给草壁皇子，生下文武天皇。当文武天皇在二十五岁驾崩后，阿闭皇女不得已继承皇位。这事情发生在庆云四年七月十七日。和铜元年正月十一日，武藏秩父郡献上熟铜。元明天皇非常高兴，改年号为和铜。和铜元年二月，元明天皇和群臣商议文武天皇以来的迁都问题，决定迁都平城，并下发诏书。诏书要旨如下：京师是百官之府，四海所归，并非只考虑对朕有利。殷王五次迁都，周后三次才定太平之称。而今听从众议，迁往新都平城。这里四禽和睦，三山坐镇，是个理想之地。和铜三年，元明天皇迁都平城①。平城京南北长三十六町，东西长三十二町，是一个大都市。南北九条，东西八坊，街道整齐，一丝不紊，设计非常合理。由此可以看出当时人们心目中的都城是什么样子。

这些想法自然是遵循了日本古代的传统精神，但毫无疑问也是受到中国都城思想的重大影响。新都的名称宁乐，或称奈良"nara"，与朝鲜语"国家"同源。通古斯族也有一个相同的词汇。鄂仑克语中有个词是"na"，意思是陆地、

---

① 也称宁乐、奈良。——原注

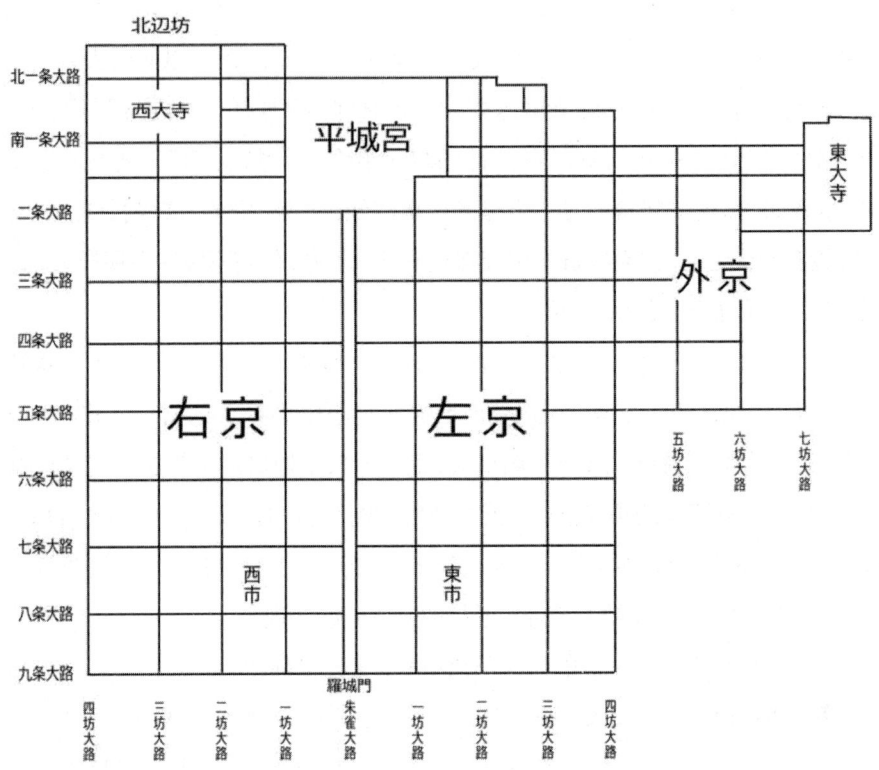

平城平面示意图

原野、国家，而"nala"的意思是村、国。也就是说日语中的"nara"——宁乐或奈良——与这两个词同源。古代九州的大码头傩津的"傩"不是"鱼"的意思，而是"国"的意思。"hara"和"nara"是同义语，日语中的"开阔的地方"，即"原"也是它们的同义词。"平整土地"的"平"是在"nara"的基础上形成的动词。由此可知，"nara"也有"平"的意思。宁乐的学者将"nara"意译为平城是非常恰当的。在元明天皇实施这一迁都计划后，首都逐渐离开溪谷，迁至平原上。这是一种趋势。而聚落也从自然聚落向人造的聚落发展。这在历史地理上是非常耐人寻味的事情。

和铜元年三月，元明天皇任命大伴手拍为造宫卿。和铜元年九月，元明天皇行幸宁乐，查看地形。之后，元明天皇任命阿倍宿奈麻吕、多治比池守为平城宫司长官，任命小野广人、小野马养为次官，任命坂上忍熊为大匠。此外，元明天皇还任命判官七人、主典四人。和铜元年十月，元明天皇向伊势神宫的天照大神汇报造宫之事。和铜元年十二月，元明天皇举行地镇祭。和铜二年八月，元明天皇行幸宁乐。和铜二年九月，元明天皇赐大倭守佐伯男、造宫大丞台阿倍宿奈麻吕等爵位，亲自巡抚百姓，赐给造宫将领们物品。在工程进展过程中，人们挖到了坟墓。各种随葬品暴露在光天化日之下。于是，元明天皇命人进行祭祀，抚慰幽灵。因为迁都导致民心动摇，元明天皇下诏免去百姓当年调租。和铜二年十二月，元明天皇又行幸宁乐。和铜三年正月，宁乐都城营建工程大致竣工。元明天皇在大极殿接受朝贺。和铜三年三月十日，元明天皇迁都宁乐。

就宁乐京及其大内的研究而言，就笔者所知，工学博士关野的研究水平最高。下面笔者主要根据关野博士的研究内容进行论述。首都由南北九条、东西八坊构成，京城最北边贯穿东西的道路称作一条北大路。位于南四町的大路称为一条南大路。在南四町还有二条大路。向南每四町都有贯穿东西的大路。从

太极殿复原图

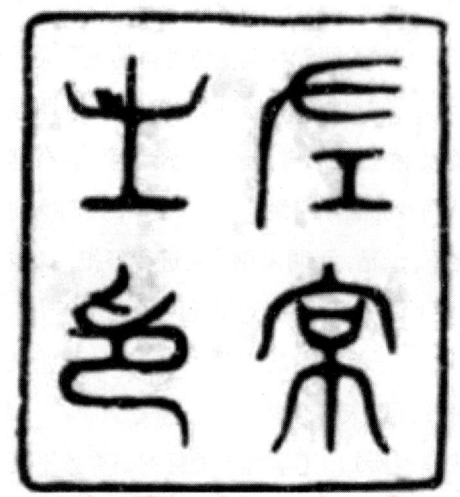

左京印

三条大路一直到九条大路，就到达京城的最南边。此外，朱雀大路南北纵贯京城中央，将京城分为东西两部分。朱雀大路以东称为左京，西边称为右京。与朱雀大路并行，左右每四町南北贯通大路。南北大路都有四条，其两极为东京极路、西京极路。因此，宁乐京城南北三十六町，东西三十二町，与除去北边的平安京是相同的设计。在东西南北各大路之间，每隔一町都纵横贯通小路。因此，京城内大路小路非常整齐，如同棋盘一样。此外，在一条北大路和南大路之间宽四町之地称作二条，北边各大路之间称作三条乃至九条。从朱雀大路往东西各条走四町，也就是正方四町之地称作一坊，下面的四町称作二坊，再下面的称作三坊、四坊。因此，坊是四町见方，四面以大路为限。坊内由小路分为十六块。一小块称作町[①]。

　　这一都城规划设计是以以前的班田为基础的。贯穿京城中央的南北线朱雀大路和班田的干线是一致的。最北边的线和添上郡班田的最北边的线是一致的。不仅如此，纵横的大小路也和班田区划的经纬线方向完全相同。此外，观察一下京城外边的条理区划的纵横线可以发现，这也和京城内的条坊区划的经纬

---

① 后来是坪。——原注

线是一致的。留有朱雀大路痕迹的添上、生驹两郡的郡界线及与之并行的留有一坊大路痕迹的郡山街道等针对宁乐旧京的南北线的子午线的向西倾斜角约0.24度。明治三十二年,即1899年,关野博士就宁乐时代建造的堂宇进行调查,看到这些针对磁针的倾斜,发现兴福寺金堂向东倾斜4.4度;东大寺大门向东倾斜4.42度;唐招提寺金堂向东倾斜4.4度。明治二十八年,即1895年,很多学者调查发现,奈良针对子午线的磁针的倾斜度向西倾斜4.276度。假定在1895年和1899年之间这一倾斜度几乎没有差异,那么这些堂宇的倾斜度针对子午线的倾斜度向东倾斜0.1度至0.12度。这和班田区划的南北线相反,其差为0.35度左右。那么,班田区划的南北线由大化时代的磁针来确定。由此可以断定,这些堂宇是根据那个时代的磁针的方向而建的,否则道路的方向和建筑物的方向不会相差这么大。由此观之,宁乐新都的条坊制是在大化以来的班田制的基础上建立的。这一点毫无疑问。

  关野博士冥思苦想,想出办法来测量都城的面积,用心良苦。宁乐城东西长约1418丈,平均一町的大小为44.31丈。南北长约1608丈,平均一町的大小为44.67丈。其中,除了道路,一町的大小为40丈。在宁乐时代的古文书中,屡屡看到"1町2段24步"的字样。这就是一坪——坊或町的面积。和铜六年,朝廷的田制规定:"六尺为一步,三百六十步为一段,十段为一町"。一坪的面积按照换算成尺坪,开平方求出一面的长度为:1町=3600步;2反=720步;1町2反124步=3600+720+124=4444步。

  将它换算为尺坪就是36尺。

  4444×36=159 984方尺

  1坪是39.998平方丈,实际上是40平方丈。根据田制将40平方丈换算成步就是4444.414步。将此四舍五入就是4444步。这和上述1町2反124步是吻合的。这样一来,1坪的面积为40平方丈。由此可见,这一推测是正确的。

  新都的周围有罗城。可以推测那里有罗城门。罗城内有左右两京,开着东西两市。东市在辰市村大字杏的辰市一带。西市在郡山町大字九条的田市一带。根据古图所示,市东西占有二町、南北占有三町之地,栽了道旁树,花果飘香。

宫城位于都城的中央北部，南临二条大路，东西以左右两京的一坊大路为限，北邻一条北大路，面积为东西八町，南北八町。平安京有北边，南北延长二町。而宁乐京没有北边，因此相应就面积小一些。宫城四面环绕着筑墙和沟，每面有三个门，总共有十二个门。朱雀门是宫城正面的门，正对着朱雀大路。各个门有门前桥——那里必须架桥，可见护城河很宽。在宫城内的建筑物中与政治有关的是朝堂、大极殿、朝集殿、南院。宫廷使用的有大内、大安殿、中安殿、内安殿、皇后宫、东宫等。园池点缀其间。北面有郁郁葱葱的松林，西南有池，池里有小岛。早在推古天皇时期，庭园建造艺术已经发展起来。这样的设计未必是新颖的。很明显，因为模仿了唐朝才有这样的进步。

朝堂的遗址在今天的添上郡都迹村公家茶屋南面。根据各种各样的遗址和地势，可以知道围绕朝堂的走廊、南外门、南门、东西朝集殿、十二堂、大极殿等在什么位置。大极殿遗址高出地面六尺左右，四面都是水稻田。自古以来将那里称作大黑殿，大概是大极殿的讹音。不仅如此，人们还从大极殿挖掘出古代的瓦片。这让我们想象到那时的建筑物的宏伟。现在已经无从知道这些殿堂详细的建筑结构。其中朝集殿之一后来划拨给唐招提寺。今天那里成了讲堂。由此能够大致推测当时的大体设计。关野博士列举了宁乐时代的建筑方法，详情如下：（一）柱子呈凸肚状；（二）残留着大斗、肱木、卷斗的一部分；（三）有大虹梁和繁虹梁，这是那个时代的特色；（四）暮股脚部形状相当优雅；（五）天井倾斜度较缓和；（六）木材内外部都涂丹土，格间、支轮间都涂胡粉。

以前建筑物遗址周围有勾栏，后来为了修缮建筑物，将勾栏都拆除了。就讲堂的设计而言，正面九间，共111.84尺，四个侧面长为45.04尺，将这换算成古代的尺子则是：梁间距为46尺，横木长为114尺。这样的遗址告诉了我们当时朝集殿的规模，虽然是偶然，也让我们惊喜不已。

宁乐京的营造大概是模仿了唐朝的建筑方式。当时唐朝有东西两京。西京是长安城，是隋文帝建造的。东京是洛阳，在隋炀帝时开始建造。两京在建筑设计上是相似的。西京的皇城和宫城在京城的中央北部，由其正面的朱雀门街将都城分割为左右，设有东市和西市。东京的建筑设计稍微有些不同。日本的宁乐京显然模仿了西京的建筑样式。在西京,朱雀门街只不过是万年、长安两县的边界,条坊各自有各自固有的名称。而宁乐京的朱雀大路是东西两京的分界线,由纵横的大路分开,分割出条坊,由小路分割出坪或者町。这些条、坊、坪都以数字来称呼,区划整齐划一,一丝不乱,是一种非常方便的设计。这一点甚至优于当时的先进国家唐朝。

　　和铜三年,宁乐京竣工。元明天皇之后的六位天皇在宁乐京即位,并在宁乐京处理政务,在宁乐京驾崩。延历年间,桓武天皇迁都山背的长冈,之后又迁都平安京。直到此时,人们都将宁乐京当作万代不动的长久的平安都城。从政治家的眼光来看,营建新都一事反映出中央集权获得成功,国家势力不断膨胀。而在

桓武天皇

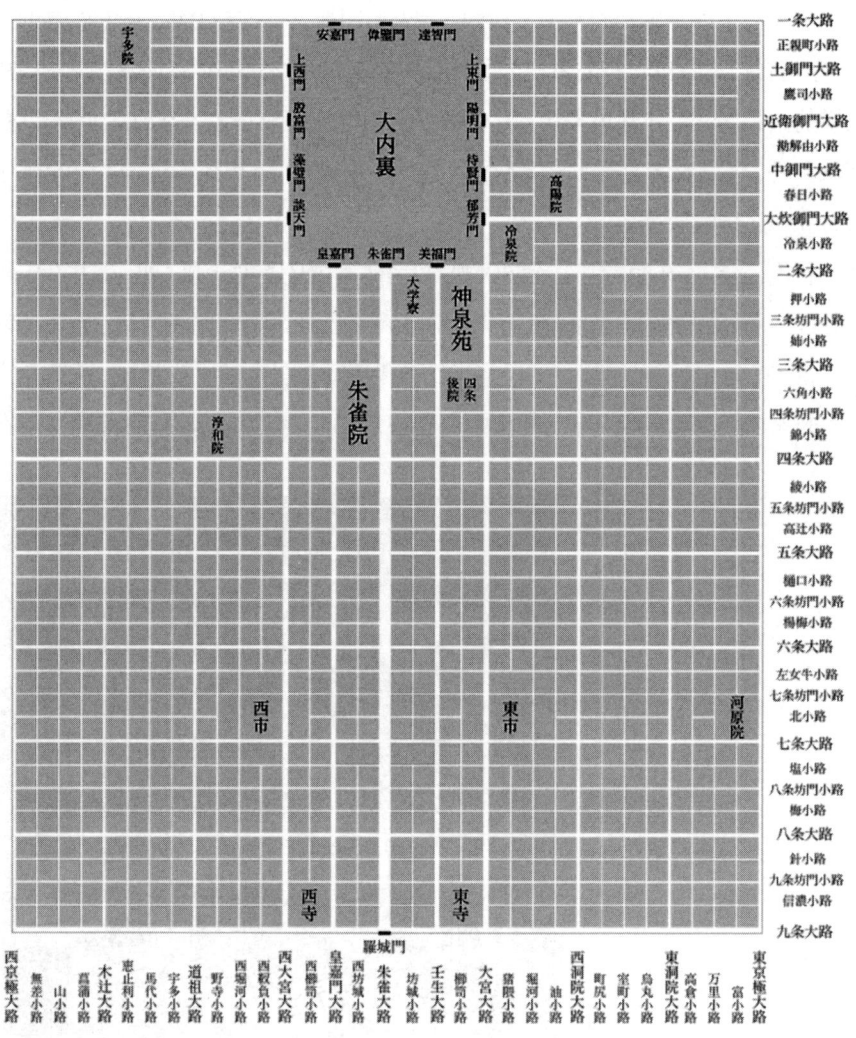

平安京平面示意图

经济学家看来，营建新都则意味着少数贵族阶级驱使大量庶民阶层，进行压榨剥削。宁乐时代的人们生活在赞美、憧憬和思慕当中。当时的一个诗人将宁乐京比喻为樱花盛开之都。一个旅途中的人说道："因为天皇在宁乐京，藤色变为紫色。怎么能不怀念那个时候呢？"还有人则在边防任地感叹年老，感叹不能看到都城一眼就会死去。在那个时代，首都是民众赞美、憧憬和思慕的地方。

第2节 铸造货币

元明天皇在位期间政绩很多,不仅实现了迁都大业,还铸造了货币。这一举措证明日本古代经济领域出现了一大变化,是一个极其重要的历史事件。在物物交换的阶段过后,人们就开始流通通用的特殊物资,之后就出现了金属实物货币,最后阶段出现铸造货币。这是任何国家在经济史上都要经历的阶段。

日本开始使用货币的时期很早。起初日本使用铁币。铁币是直径五分左右的铁块。这种货币在一部分日本民众间流通。之后,日本进口中国钱币。其中流通最多的中国钱币是汉武帝元狩五年,即公元前118年开始铸造的五铢钱和王莽建国二年,即公元10年新铸的货币。在朝鲜和日本内地的遗址中,这些中国钱币和其他文物一起被挖掘出来。由此可知,日本史前时期使用了中国钱币。之后,日本开始使用银块作钱币。如今有时候社会上会出现银块,称是那个时期的钱币,此事是真是假尚不能搞清楚。天武天皇时期,日本朝廷下诏要求百姓"使用铜钱,不要使用银钱"。可以推断,日本先使用银钱,后使用铜钱。持统天皇八年,持统天皇任命大宅麻吕等为铸钱司。有记录称,文武天皇三年,日本才开始设立铸钱司。因为只靠从中国进口钱币是不够用的,所以日本也开始铸造钱币。这一点是确定无疑的。当时日本不断发现铜矿,因而日本也开始生产铸造钱币的铜。这也是日本开始铸钱的一个主要原因。

起初,日本的铁、金、银、铜等金属都是从朝鲜半岛进口。但进口总归不太方便,有很多不利之处。于是,日本人开始在日本列岛勘探金属矿藏,搜寻矿石。结果各地发现各种各样的矿物。文武天皇二年,因幡、周防两地献上铜块,伊予、伊势两地献上铬。文武天皇二年十二月,文武天皇命令对马精炼金矿。文武天皇四年,丹波献上铬。文武天皇五年二月,对马献上黄金。日本朝廷改元大宝就是因为对马献上黄金。宝就是指黄金。日本朝廷喜出望外。有的历史学家觉得这件事很奇怪,认为这是对马从朝鲜进口的黄金,谎称是对马产的献了上去。但当时日本人到处寻找矿石,并且在各地也发现了各种各样的矿石。这已是不争的事实。我们将那时称作"发现矿石的时代"也不为过。

随着矿藏勘探的进展，元明天皇时期，日本人终于发现熟铜。元明天皇决定设立催铸钱司。催铸钱司的长官就是多治比三宅麻吕。史书上没有明确记载采用什么样的方法铸造钱币。

文武天皇五年五月，铸钱司开始铸造银钱。文武天皇五年八月，铸钱司开始铸造铜钱。很明显，日本开始铸造银铜货币。文武天皇五年七月，文武天皇命令近江国铸造铜钱。一般认为和铜年代的新钱称作"和同开珎"。考古学家对此表示异议。举例来说，唐高祖时期铸造的"开元通宝"好像就不是对应年号。因此"和同开珎"也并非冠以和铜年号，只不过是一个佳称而已。"和同"一词使用了《春秋外传》周语的成句。开珎就是开宝之略。珎的意思不是宝，而是珍。

和同开珎

笔者等憧憬古代的人将考古学家山中笑看作叔父一样。据山中笑的研究，在和同开珎中有古和同和新和同两种。新和同酷似唐朝武德四年①铸造的开元通宝，制作精巧，文字鲜明。只看新和同背面是无法和开元通宝进行区分的。新和同中没有银钱。但古和同中银钱多，铜钱少，让人感觉银铜同范。现在我们尚未挖掘出在和铜年间以前埋下的铜钱，但笔者认为古和同有一种古雅的感觉，没有模仿其他的钱。新和同大概是模仿了开元通宝的铸造方法，一直沿袭到日本的神龟、天平年间。从日本周防的铸钱司村、长门的府中出土的钱范都是新和同的模子。迄今为止，我们还没有发现古和同的模子。奈良的兴福寺金堂是和铜三年从山阶搬过来的。在这个遗址上，人们挖掘出和同钱一百四十枚。其中字形很明确的有八十七枚，约有十二种。由此可见，和铜初年，钱币已经有很多种类。

总而言之，和铜元年，日本铸造了银铜新货币。在新旧货币替换时，朝廷发现民间私铸钱现象严重，和公铸钱混用，十分混乱。因此，和铜二年正月，日本朝廷严禁私铸银钱。和铜二年三月，日本朝廷规定价格在银钱四文以上的物品用银钱支付，价格在银钱三文以下的物资一律使用铜钱支付。和铜二年八月，朝廷决定废除银钱，改用铜钱。和铜三年九月，朝廷禁止使用银钱。当时一般流通货币。货币成为交易的媒介。以前用几束稻表示物价，而到了和铜四年五月，谷子六升钱一文。和铜五年末，布一尺钱五文。物价开始用货币来计算。因此，调庸也用钱来换算。也就是说，日本已经脱离实物经济的时代，进入货币经济的时代。和铜五年是值得记住的年份，在日本经济史上极其重要。

唐朝的开元通宝是以汉代的五铢钱为模板制作的，是日本新铜钱的模板。汉代的五铢钱以铜五铢算作一枚，故此得名。一铢是二十四分之一两，五铢钱约五分之一两，计算起来非常不方便。唐朝废除十二进制，采用十进制。唐朝规定十分之一两为一钱，或一文。这样一来，铜钱一枚就是一文，即十分之一两。行情就这样确定下来。日本的和同开珎也效仿这个例子，采用一枚一文的制度。货币质量的优劣与物价关系密切。因为这是古代的事情，所以人们一般对其关注度不大。对和同开珎进行调查后发现，其质量良莠不齐。下面看一下甲贺博士对

---

① 即621年。——原注

和同开珎质量的分析。出土地分别是近江稻津、近江濑田、山城桃山、大阪淀川和舶来品；金属种类有铜、铅、锡、铁、锌、锑、铋金、银、镍、钴；还公布了所调查钱币的合计数字、比重、直径。其中有的有痕迹，有的没有痕迹。这些都是甲贺博士研究的一部分。即便如此，人们也能看出钱币的质量参差不齐。到处在铸钱，其中有的质量非常低劣，大概都是私铸的。因为钱币的质量良莠不齐，所以人们接到钱时当然需要挑拣，决定要还是不要，有时还会发生争执。和铜七年九月，朝廷发布命令规定不得拒绝接受官钱。

这样一来，即便进入货币经济时代，人们还是只有在买卖的时候才使用钱币。没有人将钱币当作财富来储存。和铜四年十月，天皇下诏制定升官进位之法，规定"从六位以下储蓄十贯①以上者进位一阶"。与此同时，为了防止私铸钱币，天皇下诏规定"主犯斩首，从犯没官，家口处以流放之刑。郡司少领以上者有见识、认清形势者，而且为官清廉者，必须积蓄六贯以上，否则不予任用"。由这些措施可以看出，为了使钱币顺利流通，日本朝廷可谓用心良苦。

第3节　行政措施充满文化气息

宁乐时代可以说是振兴内政的时代。宁乐时代初期，元明天皇在位，开启了振兴内政的新局面。元明天皇尝试在行政上采取文化措施。天智天皇以来，日本从朝鲜半岛撤出，逐渐呈现出岛国化的趋势。日本天皇整理内政，建立有组织性的政府，使社会秩序得到好转。开启这一新时代的就是元明天皇。

从都城的经营、铜钱的铸造方面，日本在行政上的文化政策可见端倪。和铜六年，元明天皇致力于整顿国郡制度，命令有司选定地名、调查产物。

一、整顿国郡制度

整顿国郡制度的目的是将自然发展起来的国郡人为地进行整顿，给行政工作带来方便。因此，朝廷重新划定国郡疆界。下面笔者举几个例子来说明：割丹波的五郡设立丹后国；割备前的六郡设立美作国；割日向的四郡设立大隅国；割

---

① 即一千文。——原注

陆奥二郡设立出羽国。这些是按照自然地势设定统治区域,可以说是一种实事求是因地制宜的措施。

二、选定地名

地名是根据很久以来的传统自然确定的,而用汉字来写则各种各样,很难统一。于是,朝廷决定选定吉祥的汉字来确定地名。同样一个地名"asuka"可以写作明日香、飞鸟,"ishikawa"可以写作石川、石河,在实际生活中非常不方便。因此,在确定一种说法的同时,一定要避免意思不好的汉字。

三、调查产物

日本朝廷命令各郡记录各郡郡内所产的银、铜、颜料、草木、禽兽及虫鱼之类,与此同时,还要记录土地的肥沃与贫瘠情况、山川原野名称的由来及老人之间流传的故事等。各郡在记录好后要上交给日本中央政府。这就是和铜年间的《风土记》,一直流传到今天。虽然大部分已经散佚,但现存的《风土记》成为忠实记录当时情况的珍贵史料。

有一个与《风土记》相关的文化事业必须作重点讲解,即和铜五年成书的《古事记》。《古事记》是日本最早的史书。和铜四年九月,天皇下诏太安麻吕撰录此书。和铜五年正月,《古事记》脱稿,并献给天皇。《古事记》总共由三卷组成。上卷记录了神代的事情。中卷记录了神武天皇至应神天皇时期的事情。下卷记录了仁德天皇至推古天皇时期的事情。《古事记》使用的文体是和汉混杂文。当时假名还没有发展起来,日本国语都是使用汉字,但用的是汉字音,和汉文性质迥异。而编纂国史并非在这一时期突如其来地开始的。早在圣德太子时期,朝廷就根据履仲天皇以来的史料开始编纂国史。这一点笔者前面已经讲过。之后,天武天皇在位时,让稗田阿礼习诵天皇的皇统及前代的旧辞。于是,稗田阿礼修改各家族流传的帝纪、本辞的谬误处,记录国家和皇室的发展史。然而,修史事业还未完成,天武天皇就驾崩了。之后修史事业被放置一边。元明天皇继承历代遗志,让太安麻吕完成修史事业。在天武天皇在位时,稗田阿礼二十八岁,到了和铜年间至少已经六十六岁高龄了。太安麻吕是将稗田阿礼习诵的内容进行取舍,经过辛勤的笔耕,终于完成三卷《古事记》的撰写工作。就此书而言,以前有各种各样的诟病。也有人认为这是最近为了加强皇室的权威而编造的故事。笔者认为《古事记》是比较忠实的神话、传说的记录。乔姆巴林将《古事记》翻译成英语，在序言中写道："经过十二个世纪的撰录，这套书是摆在我们面前的日本文学渊薮中最重要的纪念品，是720年编纂的。这就是《古事记》。这套书比任何一本书都诚实地记录了古代日本的神话、风俗、语言及传统历史。这本书被认为是讲类似于阿尔泰语的一大人种的最古老的典籍。与印度的最古老的文书相比至少早了一个世纪。"

和铜七年二月，元明天皇下诏纪清人、三宅藤麻吕进一步撰修国史。养老四年五月，舍人亲王献上《日本书纪》三十卷，系①图一卷第一部分。成书前后花费七年时间。笔者综合史学前辈们的研究发现：圣德太子的原作止于《用明纪》《崇峻纪》。《推古纪》以下由苏我家族补修。天武天皇九年，中臣大岛、平群子首等执笔神代至天武天皇元年的记录，纪清人、藤麻吕执笔天武天皇元年至持统天皇时期的记录。到了养老年间，天皇命舍人亲王将上述各部分集大成，然后由太安麻吕进行校补完成。舍人亲王担当编修总裁的角色。《日本书纪》全部都是汉文，也有几分日式汉语的味道。《日本书纪》所有语言表述方式都参照了中国的史书。这一点和《古事记》风格迥异。然而，这样一来，日本固有的民族性、传统黯然褪色。据说，日本朝廷编纂《日本书纪》这套史书的目的是给外国人尤其是中国人看。正因为这个原因，书中夸张之处、润色之处颇多。在《古事记》成书后仅两年，日本朝廷就下令编修国史。八年后，《日本书纪》杀青。从这一点来看，撰修《日本书纪》的目的就是给中国人看。

单从文化事业的角度来看，编修历史及地理书籍的事业也是一项重大的事情。笔者认为此外还有更重大的意义。这是因为：在编修国史时，必须对国家、民族有很深的认识，有民族自觉感。国史的出现证明日本人有了国家意识。日本民众的国家意识并非与国家建立同时形成。在拱卫皇室的人中形成拼死捍卫皇室的忠诚观念是在建国之前。这一忠诚观念本来就是建国的基础。日本成为一个统一的国家后，爱国观念产生较晚，产生于建国两三个世纪之后。人们对日本

---

① 即家谱。——原注

的爱国观念根深蒂固后，逐渐凝练，才形成纯正的国家意识。那么，形成这一国家意识的契机如下：在朝鲜白村江的海战中，日本惨败给唐朝。之后，日本放弃对外政策，将一切注意力集中在内政上，以此为契机才出现纯正的国家意识。圣德太子也曾着手编纂国史。这也是产生爱国观念的反映。天武天皇及其以后的天皇的修史事业也证明了国家意识的存在。

我们能够通过传说史证明古代日本人就有忠诚观念。但这一忠诚观念萌芽、成形则是在飞鸟时代以后。古代日本在朝鲜半岛实施殖民政策，但以失败告终。这在很大程度上刺激了日本民众的爱国观念。如上所述，日本和唐朝打了一场海战，日本惨败。结果导致日本岛国化倾向日益明显。这大大促进了日本国家意识的产生。忠诚观念、爱国观念、国家意识这三种意识合并为一种意识，形成了强烈的尊皇爱国精神。这一观念占据日本民众的头脑则是在《日本书纪》成书之后。

下面笔者讲一个插曲来证明尊皇爱国主义精神在日本民众中开始扎根这一事实。持统天皇四年，即690年，军丁大伴博麻吕从唐朝回到日本，被持统天皇授予务大肆之位。与此同时，持统天皇还赐给大伴博麻吕绢五匹、棉十屯、布三十端、稻一千束、水田四町，直到曾孙三世免于课役，以示嘉奖。对于一个军丁，天皇竟然给予这样的厚赏。齐明天皇七年，即661年，大伴博麻吕跟随日本救援百济的军队参加战斗，和四个同伴一起被唐军俘获，而后受尽百般折磨，吃尽苦头。到了天智天皇称制三年，即664年，听闻唐朝制定了对日本的策略，大伴博麻吕想早点回日本上奏朝廷。

然而，大伴博麻吕无法得到回日本的衣服和粮食，只好卖身为奴，将通过辛勤劳动得到的收入交给四个同伴，让他们先回到日本。之后三十年间，大伴博麻吕一直待在唐朝，由于语言、风俗、人种不同，因而在那里生活得十分痛苦。尽管如此，大伴博麻吕早起晚睡，作为贱奴一直干活。最终，大伴博麻吕服务够了年限，被唐朝放还日本。据《日本书纪》记载，大伴博麻吕是筑紫上阳咩郡的军丁。今天在筑后八女郡北河内村的伊势神社院内有座石碑，表彰大伴博麻吕的功绩。石碑立于戒坛上，上面刻着"大伴博麻吕碑"几个字。在勾栏二柱上刻着

"尊朝爱国""卖身输忠"。参拜的人络绎不绝。大伴博麻吕的事迹堪称乡土道德教育的模范。

如果仅有大伴博麻吕这一个例子，还不足以证明尊皇爱国观念在日本民众中根深蒂固。还有一个与此相似的故事可以作为佐证。伊予越智郡的大领的祖先越智直在上述对唐战争中出征百济，被唐军抓为俘虏。越智直和八名同伴被囚禁在一个岛上。后来，他们用松树造船，顺着西风漂流到筑紫。最后，朝廷不仅赦免了越智直等人的罪行，还允许越智直在筑紫立县。最后，朝廷允许越智直立县。被俘虏的日本军人冒着危险回到乡国，这就是爱国、尊皇的表现。

元明天皇的儿子文武天皇在壮年时驾崩，不得已，元明天皇只好继承皇位，等着孙子首皇子长大成人。和铜七年，首皇子十四岁。元明天皇将首皇子立为皇太子。和铜五年，元明天皇已经五十六岁，她感到疲劳和倦怠，有意退位。但首皇子还年幼，元明天皇只好让首皇子的姐姐冰高内亲王即位，史称"元正天皇"。和铜八年九月，元正天皇刚刚继位，左京职献上瑞龟。于是，元正天皇将和铜八年改元为灵龟元年。

在即位的同时，元正天皇下发大赦令，赏赐亲王及以下百官，京畿各寺院的僧人和尼姑，以及各个神社的神职人员物品。此外，元正天皇还抚恤年老多病，无法自理的鳏寡老人，还在门闾旌表孝子、贤孙、义夫、节妇，免除他们终身劳役，并免除全国百姓当年的租税。灵龟元年十月，元正天皇下劝农诏书，要求人们"不要仅仅栽种水稻，还要在旱田里种小麦、大麦、粟，以备歉收之年食用"。在诏书中，元正天皇明确表示出农本主义的思想。可以看出，元正天皇在经济上采取农本主义政策。当时是农业经济社会，因而元正天皇采取这些政策是不可避免的，也是理所当然的。在位期间，元正天皇尤其重视农业生产。元正天皇在武藏国设立高丽郡，这样一来，让分散居住在骏河、甲斐、相模、上总、下总、常陆及下野七国的一千七百九十九名高丽人迁居高丽郡，让他们从事高原的开垦工作。养老五年四月，元正天皇下诏勉励耕田。养老六年七月，元正天皇下诏储蓄备荒。这些措施都是农本主义的表现。

上述这些措施是在前朝以来的计划的基础上实施的。灵龟二年，元正天皇设立和泉监。养老二年五月，元正天皇设置能登郡、安房郡、石城郡和石背郡。养老五年四月，元正天皇割佐渡杂太郡，设立贺茂、羽茂二郡。养老五年六月，元正天皇设立诹方国。元正天皇为了设置国郡而操心。这些都是后人应该记住的。

在国郡设置工作大致告一段落后，元正天皇勉励国司、郡司勤于政务，检查、校对版籍，开荒种田。元正天皇最留意的工作就是振兴地方行政工作。养老三年七月，元正天皇设置按察使，让有威望的国守兼任，管辖两国或者三国。按察使的职责如下：如果国司有过错或侵扰庶民，由按察使巡视管辖区域，调查实际情况。流放罪以下，按察使有权按照法律罢免、处置国司。如果国司犯有流放罪以上罪状，那么由按察使禀奏天皇，等待敕命。按察使是一个新的官职，介于中央政府和地方官之间，防止地方官纪律紊乱，惩治官员的违犯法纪行为。之所以设置按察使这样的官职是因为地方行政废弛、地方官吏腐败。也就是说，元正天皇是根据法家思想来治理地方行政的。当时，谙熟立法工作的藤原不比等就此事为元正天皇献计献策。据说，当时各国被判处流放罪的罪人共计四十一人。这与按察使的监察工作关系密切。

养老二年，元正天皇下诏选定律令。这也是一项非常重要的政绩。朝廷对《大宝律令》不完善的地方进行补充、修改，以适应社会实际情况。这是选定律令的主要目的。当时，主要负责刊修律令的是藤原不比等。负责删定任务的是博士大倭长冈、阳胡真身、矢集虫麻吕、盐屋古麻吕、百济人成、大倭小东人、山田白金等人。大倭长冈精通刑名之学，而山田白金不太懂法律。《养老律令》共十卷，据说就是保留到今天《令义解》的正文部分。

元正天皇在位期间发生的耐人寻味的事情是规定了服装制度。养老三年二月，朝廷规定百姓都要右衽；官僚在主典以上者都要持笏板。左衽是一个专业术语。自古以来汉人用左衽来称呼胡人的服装。在日本，直到此时，民众都是左衽。左衽服装是北方民众的固有样式，构成日本人种主要部分的通古斯人也是左衽。到了宁乐时代，日本为了吸收中国文化可谓呕心沥血，最终废除了左衽服装样式。今天，在西伯利亚地区还有左衽的习俗。无论在血缘上还是在文化上，俄罗斯人都与东方民族渊源很深。俄罗斯人依然喜欢左衽的服装样式。养老三年十二月，元正天皇对妇女服装做出规定。虽然现在不清楚这一制度的详情，但大体而言，衣服分为上衣和下衣，上衣为窄袖，下衣为今天的灯笼裙裤。有资料证实当时也使用领巾。当然腰上系着细带子，一端长长地下垂。大体而言，与日本服装相比，当时的服装更类似于朝鲜服装，与朝鲜服装相比，则又更类似于欧洲服装。

在此期间，皇太子首皇子逐渐长大成人。在养老三年正月的拜贺仪式上，首皇子在藤原武智麻吕、多治比县守的引领下来到大极殿。大约在养老三年六月，首皇子开始听政。养老五年十二月，元明太上皇驾崩，享年六十一岁。三年后

藤原武智麻吕

的神龟元年二月，元正天皇让位于皇太子首皇子，史称"圣武天皇"。这样一来，在辉煌了两代后，女性天皇时期终于结束。其间，功臣藤原不比等、太安麻吕去世，皇室的懿亲和朝廷的重臣穗积亲王①、志贵亲王②也薨逝了。两代女天皇的文化政策带来天下太平。皇室没有出现内讧和争权夺势的情况。宁乐都城春意盎然，樱花盛开，似乎在祝福新天皇的未来。

第4节 逃兵不断出现

都城出现在大和原野上，樱花盛开。这时，从远国，即日本国内偏远的地方来京师纳贡的马背上驮的不是粮食而是一囊钱。人们终于盼来货币带来便利的时期。宁乐时代初期听起来好像是充满和平与幸福的天国。然而，这只是表面上的盛世，实际上民众的生活绝不幸福。经济上的大变动威胁着生活。到了对社会组织进行改革的时候了。

营建都城的计划给民众的生活带来重大影响。这表现在各个领域。最显著的现象就是不断出现迁徙者和逃亡者。和铜二年十月，朝廷制定禁制，和铜四年九月发出相关诏书。这都证明了上述事实的存在。大化以来，各地不断营建皇宫和离宫。特别是藤原宫和宁乐宫的营建，主要是驱使庶民来完成的。动员的总人数非常多。很多人都是从各地来到大和原野上集合的。工程一竣工，这些人分别回到自己的故乡。不回故乡的就躲在畿内及近江的农民家里。这样的人有很多。元明天皇迁都是在和铜三年进行的。和铜四年，宫墙尚未竣工。兵库等地防守非常薄弱，很不安全。因此，元明天皇急忙让人造兵舍，负责守卫皇宫。但"役夫连日施工，疲惫不堪，逃亡者不断出现"。即便有人想老老实实回家，也会在途中断粮、饿死。于是，日本中央政府命令国司抚恤这些役夫。如果是在半路上饿死的话，就予以掩埋，记下名字，报给户口所在地。

这些逃亡者、行路病人和走在半路死掉的人中很多是役夫，其中脚夫也不

---

① 知太政官事。——原注
② 光仁天皇的父亲。——原注

少。首都营建工程不仅需要役夫，还需要材料。材料是从日本各地的调庸、规定之外的贡献品中筹措的。而搬运、运输这些材料需要很多人和马。于是，这类人也遭遇了与从事土木工程的人一样的悲惨的命运。

从户口所在地逃跑到他乡谋生者有两种人：其一是"他逃"，没有住处而寄生在别人家；其二是"他在"，即备案后寄生在别人家。后者也被征收调庸，服徭役；而前者想逃避纳税义务。于是，为了惩治这些逃税者，朝廷在养老八年五月下令："流浪者在一个地方逗留三个月以上者，可'土断'。当地政府可以命令其缴纳调庸。"土断就是断定侨居为当地住户。这是一种非常有效的措施，惩治了这类逃税者。

当时的户籍也有保存到今天的。查一下当时的户籍可以发现，"他逃""他在"者极多。举一个例子来说，山背爱宕郡下里的出云臣君麻吕的户籍散佚，已经找不到了。但良民中混入了其他成分的人，都是三十五人——男十二人、女二十三人，其中免除调、庸杂役的人为三十人——男七人、女二十三人。而住在同一个村子里的出云臣某的户籍只剩下残片，上面记录了三十三个人的情况。在这三十三个人中，逃亡者的人数为十一人。男二人，女九人，占比非常高。观察这些户籍可以发现，逃离农村的原因有很多。为了营建都城，出人、出力、出材料，负担很重。这是一个重要原因。但还有其他原因，详情如下：（一）畿内地区人口过剩，百姓生活苦不堪言，为了到偏远地区开荒，人们不得不迁徙；（二）日本朝廷采取措施，防止姓氏阶层的品位下降。当然，有的因为其中一个原因，有的因为两个原因，有的因为三个原因。情况都不一样。

（一）为了逃税，有人逃往外地。如前所述，为了应对这类人，和铜八年，朝廷下令采用土断方法，规定在某地居住时间超过三个月者要纳税。此外，在户籍方面，有"他逃"和"他在"两种情况。"他在"是通过正当手续而迁徙他处的，故在迁徙地缴纳调庸等税。而"他逃"则有所不同，不履行手续而离开户口所在地。户主被迫替他纳税。这些逃亡者中不仅仅是流浪各地、无业游荡的这类人。有的逃亡者在他乡从事开垦，在侨居地纳税即可。因此，人们必须迁走户口。但如果迁走户口的话，就会导致姓氏品位的下降，而这是朝廷不允许的。如果让户口所在地的户主代缴的话，那么侨居地的产物就会被户口所在地课税，而侨居地的地方政府年财政收入就会减少。因此，籍贯所在地的地方政府和侨居地的地方政府产生矛盾。这是不可避免的。于是，为了纠正这一弊端，日本中央政府下令土断。

（二）畿内附近开垦历史悠久。能够开垦的土地已经开垦殆尽。然而，人口数量一直在增加，导致生活状况每况愈下。人们如果还留在户口所在地的话，就活不下去。为了追求新的生活和能吃饱饭，人们只好背井离乡，到外地谋生，开垦不毛之地。就笔者在前面讲过的出云臣的例子而言，户主四十岁的弟弟乎多须在和铜二年逃往武藏琦玉郡，之后一直从事土地开垦工作。户主十九岁的女儿岛卖在养老六年逃亡，和外地某人结婚，成立新家庭。户主另一个十四岁的女儿真成卖在灵龟三年逃到摄津岛上郡，逃亡的时候才四岁，应该是让人带走的。户主三十三岁的堂妹子足卖住在丹波的多纪郡草上乡。三十六岁的奴仆麻吕、三十九岁的奴婢忌日卖、四十三岁的黑卖和三十九岁的宿奈卖跟着小足卖的奴婢在播磨国。在子足卖逃亡后，子足卖拥有的奴婢跟着小足卖的奴婢逃到播磨国。小足卖和家住赞岐国的户主的姐姐若卖结婚了，或者因为门不当户不对，或者因为其他原因，将户籍复原了。

由于需要开垦新田，日本朝廷将百济、新罗、高句丽的归化民迁往偏远地区，让他们垦田。持统天皇三年，朝廷解放下毛野古麻吕的奴婢六百口，将他们编入公民。大宝三年，朝廷释放了从安艺，即广岛掠来的奴隶二百口回到户口所在地，目的是让他们开垦土地，作为报酬给予他们良民的身份。

（三）社会阶层具有重要的意义，在物质上伴随种种特权。在这样的时代，社会上形成一种非常忌讳姓氏降级的风潮。假如离开户口所在地迁往他乡的话，身份就会降低。要想避免这一点就只能将户籍保留在原地，人前往他乡。住在美浓砺杵郡的纪阿佐麻吕属于臣姓，如果儿子移居他乡的话，家族级别会降低，成为庶民。人们不愿这样做，只能选择"他逃"或者"他在"。这样做可以维持大家族制度。

日本农村出现人口逃亡现象的原因如上所述。这意味着日本在社会层面、经济层面不断发生变化，按照原来的制度已经不能再维持和平与安宁了。生活水平提高、人口增加、经济膨胀造成逃亡者的不断涌现。与此同时，流浪者增加，盗贼也出现了，而有的人不再履行纳税义务。这说明社会出现了问题。在某种意义上讲，这导致民众出现严重的阶级分化。光明面和黑暗面形成平安时代的社会的两个层面。早在宁乐时代，这两个层面已经初现端倪。

第5节 民众生活的实际状况

宁乐时代，日本出现人民逃亡现象，民众生活状态堪忧。要想清楚了解实际情况，我们必须弄清楚日本的家族制度。宁乐时代继承了飞鸟时代的遗产，与此同时破坏了旧有的氏族制度，将民众作为组成国家的一个有机因素来看待。这就是宁乐时代的时代特征。然而，传统和习惯是无法实现这样的理想的。民众依然在阶级的重压下呻吟着。大家族制度是氏族制度的残留，而由于受到大家族制度的桎梏，人们生活的自由被剥夺了。

大家族制度将家庭作为社会的一个单位来看待。在该制度下，不承认个人的存在。因此，个人成为家庭的牺牲品。这是当时的普遍现象。奈良正仓院保存着古代的户籍。这是推测当时家族制度的珍贵资料。最古老的资料是大宝二年御野①国的户籍，此外还有筑前、丰前、丰后的若干资料。这些户籍都是纸质的，卷起来的。每个村有一卷。在每张纸的相连处注有国、乡、里、年度。纸面上按着国的公章。户籍一式三份，一份留在国衙，两份留在太政官处。登记在户籍上的人都如前所述分为六类，分别是黄、少、中、丁、老、耆。黄是指三岁以下，少是指十六岁以下，中是指十六岁以上二十岁以下，丁是指二十一岁以上六十岁以下，老是指六十一岁以上六十六岁以下，耆是指六十六岁以上。此外，日本朝廷将病残者分为残、废、笃三种，针对妇女设寡、妻、妾三种。二十一岁以上六十一岁以下的男子是正丁，被课税。残疾人和老人作为次丁和中男一起有纳税的义务。日本朝廷将纳税者称作"课口"，将不纳税者称作"不课口"。不课口包括黄、少、

---

① 即美浓。——原注

者、残疾、笃疾、妻、妾、没有姓的贱民、家人、奴、婢、位于社会上层的皇亲、八品以上的人、五品以上人的子、三品以上人的祖父、父亲、兄弟及子孙。

根据研究上述户籍的学者的观点，当时家族一户平均五十人左右，多的超过百人。这一点毋庸赘言。日本朝廷将如此多的人口的集体作为一个单位，称作户。户由户主和家口组成。五户称作保，互助互警。这就是所谓的五保制度。其中的一户的户主是保长，管理一保。一户户主的权力很大，全家人绝对服从他的命令。虽然偶尔会出现女户主的情况，但大部分都是男户主。仅次于户主的有势力的是嫡子，嫡子比母亲还有权力。伯叔父虽然是尊属，但不能作为户主坐在一家人的最前面。此外，这些户根据家口的多寡分为上上户、上中户、上下户、中上户、中中户、中下户、下上户、下中户、下下户三种九等。家人、奴婢将名字记载在自己所属的家族户籍上，没有独立的户籍。

大宝二年筑前岛郡川边里的户籍断片上有个堪称大家族标本的家族。户口总计一百二十四人。这一家分配的田地为十三町六段一百二十步。从属户主的奴婢有十人，从属户主母亲的奴婢有八人，户主的私奴十八人，合计一家使用三十六名奴婢。但这本户籍只残留一部分，仅凭这一点无法知道详细情况。

大宝二年的御野国肩县①郡肩里的户籍有上政户国造大庭的户籍，几近完整地保留下来。户主大庭四十一岁，是正丁。从属于他的家族的总共有九十五人，加上户主大庭本人，总共九十六人。其中良口为正丁七人、小子九人、耆老一人，士兵一人，缘子三人，合计二十一个男子；正女七人，小女六人，耆女一人，次女一人，缘女一人，共计十六名女性；奴婢正奴十二人，次奴一人，小奴十二人，耆奴二人、缘奴三人，合计三十名男子；正婢十二人，次婢一人，缘婢一人，耆婢一人，小婢十四人，合计二十九名女子。也就是说，如果分为良贱两个等级的话，良口三十七人，贱口五十九人。按男女性别来分的话，男性五十一人，女性四十五人。由此可见，良民阶层的家里使唤了很多奴婢，在经济上是很富裕的。此外，在这个家族中，除去奴婢外剩下的都是所谓的良口身份。就这些人而言，户主是家长，下面有母亲国造白发卖和妻子国造尼卖。男子中有嫡子虫奈、小万。妾

---

① 即方县。——原注

所生的儿子中有大麻吕。女儿有儿万卖、小万卖、真万卖。此外还有亡妻所生的儿姊卖、小姊卖。孩子共计八人。此外，户主弟弟广庭和弟媳小志比卖生出嫡子大川。广庭的哥哥都良——户主的弟弟——有嫡子大得、国益两个儿子。户主的哥哥党广四十六岁，是正丁。还有这家人收留的国造族安。族安与妻子生有儿古与、五百岛、千岛三个儿子。这家收留的生部君朝占生有嫡子田久麻吕、龙、安麻吕及刀自卖三儿一女。收留的其他人有刑部盐盖、国造族荒马、六人部羊三个男子。此外还收留了丹人部止乃井卖、服部止己卖、秦人稻卖、物部古卖四个女子。物部古卖带着一个孩子叫守部波利卖。还有贱口的情况如下：户主的奴有石井、乎都支、小目、稻足、得世、广山、伴足、药、加须、比麻吕、志积古、弟足、粳麻吕、伊罗利等十四人。不仅如此，还有小目的儿子乱，乱的儿子足、石人、伴麻吕，还有稻足的儿子观世、麻加世、意富知，还有弟足的儿子麻吕等八人也归户主所有。户主的妻子的奴有石手和其子犬麻吕、廷、真廷，还有麻礼、山寸、麻吕三人，还有户主的奴乱的儿子小足也归户主的妻子所有。婢女有阿由卖、加须弭卖、于奈卖、志气卖、胡乃卖、古尼卖、广卖、第一刀自卖、志祁多卖、意伎都卖、第二刀自卖、与志卖、殿卖及志祁卖的女儿姊郡卖和小姊郡卖、乎奈卖的女儿玉卖、古尼卖的女儿小伴卖、真御伴卖、第一刀自卖的女儿小山卖、志祁多卖的女儿国侬卖。仅仅养活这么多的奴婢也需要很多费用。从上述数据可以看出，地方上的大家族的家长拥有的财富和权力有多么大。

　　这些奴婢很容易买卖。天平二十年十月，大原真人栉上将四个奴婢卖给东大寺。当时的行情是钱二十贯。每个奴婢的价格为五贯。被卖的都是一家人。奴婢因年龄、性质、技术等不同，行情也各不相同。这一点可以从美浓国司天平胜宝二年四月二十二日的文书中看到。婢比奴要便宜两成左右，价格非常低廉。年富力强的贵，年少的便宜。这一点毫无疑问。

　　由上述可知，就连普通的民家都驱使着大量的奴婢。东大寺竣工后，要求各地给送大量的奴婢。太政官捐出官奴婢二百人。奴婢分为常和今两种，在劳役上没有任何区别。天平胜宝二年二月二十六日，太政官捐给东大寺奴婢，两天前由官奴司选定报上来。奴中的岛官奴三十四人、官奴六十六人，合计一百人；

婢有岛宫婢四十九人、官婢五十一人，合计一百人，总计二百人。岛宫奴三十四人中的十人是养老至天平胜宝年间的逃亡者，因为流浪最终被编入贱口，其中或许有姓氏高贵的。婢中也有很多是逃亡者。岛宫婢四十九人中四人是逃口。这样看来，贱民在人种上和良民没有什么不同，一旦编入良民的话，其间没有任何区别。在向东大寺捐献的寺奴中，年龄四十八岁的伊麻吕性格温顺、克勤，非常勤快，受到众僧的怜悯，被编入良民。奴隶得到解放不仅是奴隶获得经济上的自由，从人道主义角度来看，这也是日本国民道德史上值得注意的现象。

这样的大家族生活在一个屋檐下，在一个篱笆中杂处，日常生活是低质量的，也没有保健的观念。了解当时民众的健康状况可以知道他们的文化发展到什么程度。虽然详细情况搞不清楚，但大体而言就算不是残疾，属于非常态体质的也应该很多。看一下当时的记录可以发现，男女有黑痣的很多。有的右颊有黑痣，有的左颊有黑痣，有的左右脸颊都有黑痣。一家十四个人中有黑痣的有九个人，没有黑痣和其他斑点的只有三个人。有黑痣的占64.29%。其实这也不是一家中的遗传。日本各地都是这样，长黑痣的人很多。可以想象有所谓的"酒糟鼻子"的人也不少。翻阅一下后世写的《福富草纸》可以发现，里面描写的鼻梁高大、有酒糟鼻子的人很多。这些都说明宁乐时代患病的人很多这个事实。《万叶集》中也有不少诗歌可以对这一事实进行佐证。其中有的诗歌颇具诙谐味道。最有名的是池田朝臣和大神朝臣写诗歌，互相赠答。池田朝臣长了个酒糟鼻子，而大神朝臣是个瘦高挑个子。池田朝臣在下面的诗歌中嘲讽大神朝臣：各寺都有女饿鬼，大神之母女饿鬼。听到这首讽刺诗歌，大神朝臣也很不服气，回敬道：作佛真朱不够用，池田朝臣鼻水凑。由于穗积朝臣体毛很浓密，平群朝臣在诗歌中嘲讽道：童子闲来把草割，恰巧朝臣从旁过。穗积朝臣唤童子，请割吾之腋下毛。而平群朝臣也有毛病，长了个酒糟鼻子。于是穗积朝臣回敬道：正愁何处寻真朱，平群朝臣鼻上挖。由上述可知，当时日本人中长红鼻子或酒糟鼻子的人很多。

此外，当时日本人中残疾人很多。这一点也不能忽视。这从一个侧面反映出当时的医疗和药物水平还很低。与此同时，这也反映出当时的社会生活和个人生活都有诸多缺陷。譬如，出云吉事是户主，年龄为三十四岁，得了癫狂病。这属于痼疾。他的母亲六十二岁，只有一只眼能看见，属于残疾。住在同一个村的出云文田家里的情况也类似：户主的妻子六十二岁，一条腿残废；户主的堂弟三十三岁，一只眼失明了。邻居出云冠家也是如此：户主五十七岁，两只耳朵聋了，左手食指没有指甲；儿子三十岁，右脚踝筋断了。还有个不知道属于哪个国、哪个郡的人，哥哥五十八岁左眼失明了；妹妹五十四岁，双眼都失明了。仅看这几个例子就可以发现，当时日本人中残疾人很多。《大宝律令》在户令中划分出残疾、废疾、笃疾三类。这一分类其实是模仿唐朝的分类方法，事实上也是非常必要的。下面笔者对这三类进行详细解说：（一）残疾是指一只眼失明了或两耳聋或手无二指，或脚上没有三个脚趾头，或手足没有拇指，或秃疮、没有头发，或罹患久漏[①]、下重[②]、大型肿瘤的；（二）废疾是指以下的人：语言障碍者、低能儿、侏儒、腰折或背折或一条腿废了的人等；（三）笃疾是指下述人：恶疾、癫狂、两条腿废了、两眼失明的人等。其中除了残疾人外，其他两类人都和年老者一样免除调庸等。作为社会福利政策来说，这一措施是理所当然的。那么上述这些疾病都是遗传的吗？或者是无法治愈的病吗？这些情况也有，但很少。今天，上述大部分病都能治好。一只眼失明了大概是遇到了不测之祸。按照今天的医疗技术，即便是双眼失明者，只要实施治疗的话，大部分还是能够治好的。总而言之，当时的保健知识还很不成熟，保护生命的努力是不够的。当时这一社会现象是令人悲伤的。为了粉饰宁乐时代，圣武天皇的皇后光明皇后还搞了一些慈善事业。其实，这件事情还反映了一个社会现实：当时的社会的确缺医少药。光明皇后的举措也是无奈之举，尽管杯水车薪，但总比没有要好得多。

此外需要思考的问题是当时的婚姻问题。《大宝律令》对此也做出相关规定："正丁男女二十一岁结婚。"二十一岁意味着人已经成年了，并非指具备结婚能力的可婚年龄或者适婚年龄。后来，在进行修改后，《大宝律令》规定"就婚嫁年龄而言，男性在十五岁以上，女性在十三岁以上。结婚需要媒妁之言。媒人

---

① 指不治的肿瘤。——原注
② 指妇科病。——原注

圣武天皇

首先要争得女方家长的同意，由女方家长决定将女儿嫁给谁"。女方要嫁的人大体上是户主。这件事情大体定下来后，女方家长和近亲商量，之后才答复媒人是否同意这桩婚事。如果是明媒正娶的正妻，要由夫家来迎娶。但如果是正妻以外的妾，女方就一直待在娘家，男方经常到女方家去相会。当时人们通常就是这么做的。为了迎娶正妻，男方通常要盖新房子。翻阅一下古代户籍就可以发现，如果是正妻的话，妻子通常要比丈夫大两三岁。在早婚的国家，无论哪个国家都一样，朝鲜也是丈夫比妻子岁数要小。这是因为男方到了一定岁数后年富力强，而女方已经上了岁数，于是男方不得已就找年轻貌美的女子纳为妾。当然也有不是这样的情况。

《大宝律令》对离婚的条件也做了规定。就离婚的条件而言，江户时期即便是今天都规定"三从七去"原则：趁男子不在的时候和其他男人有淫乱行为的；不侍奉公婆的；多言者；盗窃者；忌妒心强者；患有恶疾者。也就是说，妻子有上述情节之一者，丈夫主张离婚是理所当然的。然而，如果有下述情况，即便有上述情节之一，也不可离婚：妻子正给公婆服丧期间；结婚时妻子的身份下贱，后来身份高贵了；虽然有接受的地方，但无家可归了。当时日本妇女的社会地位未必低，但由上述规定可知，妇女完全成了男人的牺牲品。这是因为当时实施的是男子家长制度。在宁乐时代之前的古代，日本也曾有过女子家长制度。与女子家长制度相比，男子家长制度的特点是胳膊的力量战胜了爱的力量。不得不说人类的生活越来越粗野了。

不管怎么说，自从日本吸收了中国文明后，日本民众的生活无论是在精神上还是在物质上都发生了很大的变化。一方面，日本有取得进步的地方，这一点也是不争的事实。另一方面，日本民众也有堕落的地方。飞鸟时代在日本历史上是一个过渡期，宁乐时代则是一个充满矛盾、冲突的时代。也就是说，在宁乐时代，向上的力量和堕落的力量形成一个漩涡，掀起了波澜。这种感觉非常强烈。在这样的时代，表面上十分光明、光鲜，而在社会的背面则有冷漠、黑暗的影子在浮动。

第6节 社会背面黑影幢幢

佛教传到日本后，给日本民众的信仰生活带来重大影响。通过制定律令制度、班田收受制度、氏族的变更等措施，日本实行了大规模的社会改革。这一系列改革给日本民众的物质生活及精神生活带来深远的影响，在社会各个层面发生了很多大的变动。自推古天皇以来，历代天皇励精图治，不懈努力。原始社会的日本在文化上取得重大的进步。这是一种积极向上的奋进运动。这种改良、改善运动日积月累，导致出现很多新的社会现象。日本民众的社会生活和家庭生活都发生了很大的变化。下面笔者就此进行详细论述。

在佛教传入日本以前，日本人是所谓的"自然民众"，一切都根据本能，吃喝拉撒睡，与自然共存，过着单纯的生活。但外来文明势头强劲，传到日本，从根本上颠覆了日本民众的信仰，也从根本上改变了日本民众的生活。结果出现了很多令人恐惧、令人悲叹的社会现象。这些现象无限地扩展、变化，形成一幅悲哀滑稽的画卷。日本民众的生活日益复杂起来，但依然没有脱离自然民众的区域。日本民众还不具备"文化民众"的素养，在精神上和物质上还都没有做好充分准备。上述所说的社会现象都是因为这个原因而发生的。当时，日本民众最感到痛苦的是生活艰难。当感到生活艰难时，日本民众也就开始知道储蓄的重要性了。这也是日本民众追求物质欲望最炽烈的时期。这个时期的日本民众无暇环顾四周，优先自爱、自我满足，及时行乐。日本民众的这一心情十分强烈。也正是在这一时期，原有的家族制度开始出现裂缝。父母儿女互相仇视，兄弟阋墙，姐妹争斗。社会弊端环生，令人担忧。下面笔者讲几个插曲来说明这一社会状况。

宁乐都城里有一名女子，已经出嫁，住在婆家，平时没有丝毫孝心，对自己的亲生父母没有敬爱之心。父母家贫，过年过节都无米下锅。母亲抱着吃奶的孩子来到女儿婆家，希望女儿给一碗饭吃。然而，自己的女儿冷眼相对，恶语相加："现在我男人去寺庙了，我自己也得吃饭，没有饭给你吃。"母亲迫不得已饿着肚子回到家里，看到家门口有个竹筒，里面盛着米饭。母亲想这大概是释迦牟尼相助，于是拿起来吃了这些饭，由于长期的饥饿和疲劳，不久就沉睡过去，到了半夜听见有人敲门，然后听见敲门人说："你女儿胸口扎了针，快要死了，你赶紧去看看她吧。"母亲内心十分焦躁，但筋疲力尽，没有去女儿那里。

无知的妇女虽然不孝，但还有可以饶恕的地方。然而有一个人饱读诗书，是一世的楷模，竟然利欲熏心，折磨生身母亲。从这一点上可以看出当时的日本人的内心深处是多么黑暗。在大和添上郡有一个叫瞻保的学者，平素饱读汉学书籍，学术造诣很深，被社会上视为楷模，受到敬仰。然而，这个学者对母亲不孝顺，不赡养母亲，不给母亲吃的穿的。母亲迫不得已向瞻保借稻子来糊口。到了期限，母亲根本还不起瞻保的本和利。瞻保逼着母亲还债，恶语相加。母亲匍匐在地央求瞻保宽限日期，瞻保却趾高气扬，不依不饶。保人实在看不下去了，说道："世间为父母建寺造塔、祈祷父母平安无事者很多，而你家财万贯，学识渊博，为何连母亲都不能孝养？"听保人这么一说，瞻保怒喝道："你不要多管闲事。"毫无反省之意。于是，众人替母亲还了瞻保的稻子后，离开那里。母亲恨恨不平，一边露出乳房给瞻保看一边说："我在抚养你的时候，每天晚上都睡不着。世间的儿子都孝顺母亲，唯独你如此邪恶。有你这么一个儿子，我感到羞愧，后悔不该将你养大。我劝你早点悔过，有一颗真心。否则的话，你不是催我还你稻子吗？我让你还我奶水。今天，我们母子二人恩断义绝，形同陌路。"说着，老母亲哭了。贪得无厌的瞻保也默默回到里屋，将借条投入火中烧了。瞻保疯疯癫癫地跑出家门，头发凌乱，身体受伤，三天三夜在路上狂奔。第三天，瞻保家发生火灾，完全被烧毁，瞻保的妻儿失去生活来源，瞻保不久也饿死了。如来佛祖教诲人们"孝养父母能够往生净土"。然而，瞻保违背了这一教诲，结果遭到天谴。本来这是宁乐的药师寺的僧人景戒的说教材料，但从中也可以看出当时日本有很多人贪婪成性，不赡养老人。可以说这也反映了当时的时代病是多么严重。

家族是以血缘为基础的，氏族是以家族为基础的。家族成员要互爱互敬，同甘共苦，在年长者和年少者之间有一种春风般的温暖。这就是自古以来的日本的淳风美俗。然而，到了宁乐时代，这一优秀传统被人们忘却了。日本还是自然民众的时期就有上述淳风美俗。然而，在先进文明传入日本后，这一优秀传统被破坏殆尽。日本民众虽然进步为文化民众，但生活方式和价值观丑态百出，让人忌惮。文化越进步，人们对自己的意识越强，越以自我为中心来看待一切。结果，这导致人们走上了利己主义的黑暗道路。在原始时期，当日本人像野兽一样过着群居生活时，人类露出牙齿，互相撕咬，演出一场场惨剧。之后，日本人开始进步，过上家族生活。这时候，粮食还比较充足。被服、住宅也很简朴。人们对此已经很满足了，每天过着和睦相处的生活。大家都在享受生活。然而，在社会制度确立后，政府组织也开始完善起来。人们开始负担租税、劳役等其他义务。人们仅仅为了自己和周围劳动的话，已经不能够再像往常那样过日子了,于是就产生了激烈的生存竞争。强者享受着舒适的生活,弱者过着痛苦的生活,可以说有着天壤之别。舒适和痛苦是反义词,如果让人选择的话,没有人愿意选择后者。中国文化发出灿烂的光彩,威胁着满足于日本固有文化的日本民众的生活。日本高层积极倡导中国的先进文化,移风易俗。这首先导致日本民众在经济上的困苦。为了摆脱经济上的困苦,日本民众不得不采取了利己主义态度。日本民众胆子开始大起来,只要是为了自己和周围的利益的话,什么都可以牺牲。还有比这更丑陋的社会现象。当时出现了为了自己追求享乐,清除一切障碍的人。这类人为了达到享乐的目的,不惜牺牲父母的利益。下面这个传说讲的就是这种现象。

这件事情发生在圣武天皇时期。在武藏国多摩郡鸭里有一个叫吉志火麻吕的人。吉志火麻吕被征调到筑紫做边防军,三年都不能回家。在这一期间,吉志火麻吕舍不得离开爱妻。于是,吉志火麻吕竟然丧心病狂地打算杀死母亲,以给母亲服丧为名逃脱兵役。吉志火麻吕的母亲笃信佛教,因此吉志火麻吕非常认真地对母亲说:"那边的山里在讲法华经,为期七天,我陪您一块去吧。"母亲非常高兴,烧洗澡水,沐浴更衣,跟着儿子到了山中。在半路上,吉志火麻吕对母亲说:"快!您坐在地上!"因为吉志火麻吕的这一行为非常唐突,母亲大吃一惊地看着儿子的脸:"你是不是中邪了?"吉志火麻吕默默拔出刀要杀母亲。母亲磨破嘴皮子劝吉志火麻吕不要做傻事请,但吉志火麻吕丝毫没有悔改之意。于是,母亲留下遗言:"将我身上的衣服脱下,一件给大儿子①,一件给二儿子,一件给最小的儿子。"这么慈爱、无私的母爱依然没有能让被欢乐蒙蔽了眼睛的吉志火麻吕悔悟。刀光一闪,瞬间地裂,吉志火麻吕掉了进去。母亲站起来,抓住吉志火麻吕的头发,要将他拉出来。但吉志火麻吕越陷越深,在母亲手中只剩下吉志火麻吕的头发作念想。母亲将吉志火麻吕的头发拿回来装在盒子里,并放在佛像前,准备做法事。这个故事将残忍的儿子和慈爱的母亲做对照,让听众可以做出在道德上孰是孰非的判断。这虽然也是个佛教的说教故事,但反映了这种无情的时代的社会现实。这也是不争的事实。

---

① 即吉志火麻吕。——原注

由于过分爱妻子，就牺牲对自己有恩有义的父母，这种案例可能还有。还有一种父母，为了自己的欢乐，而牺牲自己的儿子。这也是一种极端的自私利己的表现。世上虽然很少有这种事情，但还是存在这样的事情的。下面就有这么一个令人震惊的传说。光仁天皇宝龟元年十二月二十三日夜，出生于纪伊的僧人寂林法师沿着斑鸠宫前面的大路一路向东走去。走着走着，寂林法师发现一个胖女人赤裸着蹲在树荫下的草中。两个乳房膨胀，不断地往外流脓。那个女人不断地呻吟着，估计是疼痛难忍。寂林法师走到女人身旁问道："你是哪里人？"女人很羞愧地回答说："奴家是越前国加贺郡大野乡亩田村的横江臣成人的母亲。年轻的时候，为了寻欢作乐，我将吃奶的孩子抛在一边，和情夫睡觉。孩子们都饿哭了，其中最饿的一个是横江臣成人。结果现在我遭了报应，乳房胀得厉害。听说如果横江臣成人知道了这事情，我的罪过会被赦免，乳房也不会这么疼了。"寂林法师从梦中惊醒，这才发现是做了一个梦。于是，寂林法师决定想方设法去越前，将梦中的情况告诉横江臣成人。不久，这一天终于到来。寂林法师向横江臣成人详细讲述了梦中的情况。于是，横江臣成人惊讶地说："我小的时候就离开了妈妈。这件事情我一点也不知情。我有个姐姐，还是问问姐姐吧。"说着，横江臣成人就问他姐姐。姐姐说寂林法师的梦说的是事实："我们母亲很漂亮，很多男人都喜欢她。母亲到处跟男人厮混，不愿意喂给我们奶吃。这也是事实。"说完这番话后，横江臣成人的姐姐对母亲乳房患病表示同情。于是，孩子们为了减轻母亲的罪孽，造佛像，抄写经文。不久，那个淫荡的母亲又托梦给寂林法师，说"自己的罪孽已经得到了赦免"。上面这个故事当然也是僧侣们进行说教的材料，但当时的确有妇女为了寻欢作乐不管孩子们的死活。这则故事是对这一社会现象的佐证。儿女比丈夫或妻子、父母都可爱，有的父母为了儿女甚至不惜牺牲自己的生命，这也是人之常情。然而，横江臣成人的母亲为了和情夫寻欢作乐，竟然不给孩子喂奶。在日本明治、大正时期，妇女担心容姿色相衰减，或者嫌麻烦，不给孩子喂奶。由此可以看出，这些妇女是多么堕落。其实早在宁乐时代，一些妇女就犯下了这样的罪孽。上述传说反映了当时的社会现实。宁乐时代的文化生活非常灿烂，但在其背面也有黑暗的影子在晃动。这也是不争的事实。

然而，不管怎么说，上述事情都是发生在家庭内部的，没有直接给其他人带来危害。利己主义进一步发展就是害人利己。只要对自己有好处，一些人不管别人死活，甚至干出不人道的事情。这一恶劣现象首先发生在最早受到外国文化影响的畿内地区。在文化进步程度上，畿内要好于畿外。正是因为这个原因，弊端也相应更大。由于生活费用不断增加，民众生活日益困苦。为了从生活困苦中解脱出来，欺诈、盗窃、胡作非为者剧增。当时佛像是人们崇拜的对象，也是畏惧的对象。然而，居然有人从寺院里偷盗佛像。一个盗窃犯家住和泉日根郡，绰号一刀切。世上盛传关于他的故事。一天，有个人骑马在尽惠寺北边的路上奔驰时，听见有人叫"疼死我了"！此人停下马侧耳倾听，只听到锻冶金属的声音。他想大概是听错了吧。接着，他又策马扬鞭，往前赶路。过了一会儿，他又听到之前的叫声。于是，他又停下马来，侧耳一听，又是只听到锻冶金属的声音。他觉着不可思议，让跟班的进屋内观看，发现里面立着缺手足的佛像。跟班的领着一个男子回来汇报了情况。他问跟班的："这到底是哪里的佛像？"跟班的回答："这是这个男子从尽惠寺偷来的。"于是，骑马的人向尽惠寺确认此事，才知道尽惠寺丢了佛像。于是，骑马的人将那个男子和残破不全的佛像交给了尽惠寺。僧侣们感动得热泪盈眶，急忙将佛像放回原来的位置。僧侣们慈悲心肠，将那个偷盗佛像的人放了回去。然而，尽惠寺近邻的人不答应，将那个盗窃犯抓住，扭送官府。虽然这就是个编造的故事，但这反映了当时真有这种偷盗佛像的犯罪现象。还有一个故事与此类似，讲的是宁乐葛木尼寺的佛像的事情。

这些都是缺乏教养的人犯的罪行，因此兴许还有可饶恕之处。而有教养的官吏盗窃，或者合伙盗窃，则说明社会人心已经腐败到了严重的程度。有一个故事讲的就是监守自盗。元正天皇养老四年六月二十八日，漆部司官员从八位上丈部路忌寸石胜和直丁秦犬麻吕一起偷盗漆部司的漆，获罪被流放。丈部路忌寸石胜有三个儿子，一个是十二岁的祖父麻吕，一个是九岁的安头麻吕，还有一个七岁的乙麻吕。他们来到官府，说道："父亲是为了养活我们才盗窃了漆部司的漆，被判处流放之刑，下场悲惨。我们不能无动于衷，请让我们代替父亲服刑。我们愿当官奴，来赎父亲的罪。"听说此事后，元正天皇怜悯其志，让三个孩子做官奴,赦免了他们父亲的罪。人们因为生活艰难而犯盗窃罪。可以说,财富分配不均的社会也有罪责。更何况丈部路忌寸石胜身为官员是因为不忍看到爱子饿死,才会明明知道是官府的财产也要偷盗。在断罪时,审理丈部路忌寸石胜的法官也泪流满面。元正天皇养老四年七月二十一日,丈部路忌寸石胜的三个孩子被释放,编入良民。这一处理方式也反映出当时执行的是慈悲为怀的政治手段,富有人情味。

当狡猾和盗窃相结合时就表现为欺诈。欺诈的种类很多。譬如,有两种度量衡,卖方都会选择短、少、轻的,而买方愿意选择长、多、重的。这可以看作发展到欺诈的过程。有一个故事讲道,信浓的小县郡迹目村的他田虾夷在借给别人稻子时用轻斤,在征纳时用重斤,结果恶贯满盈,落入地狱。这个故事反映出人们为了牟取利益使用奸诈的手段。知识也随着这样的罪恶不断进步,提高了一般民众的文化水平。人们从凶猛、强悍的杀人犯罪进化到欺诈等智能犯罪。从侧面来讲,这又反映出知识取得了进步。人类的进步是从明暗两方面并行的。善恶也是像一团乱麻一样混在一起,很难分离。这属于常态。

第7节 同化不同种族的运动

日本不得不改革国郡制度意味着人口不断增加,聚落不断发展、扩大。本来日本列岛处于自然状态,但由于人口的增加和聚落的发展,有必要通过人为方式进行分界,使统治更简便。在飞鸟时代和宁乐时代,在统一的中央集权下,所有民众必须接受统一的管理。日本人并不都属于同一个民族或同一个人种,而是不同人种的集合体。这一点前面讲过多次。其中力量弱小的尼古里特族已经消亡了,而文化进步的汉人在社会上地位较高,他们的血液和其他种族混合,失去了本民族的特色,变得性格温和。而印度支那族人口比较多,接受了占据肥筑地区、实力雄厚的新来的民族的统治。因此,印度支那族抛弃固有习惯,和统治他们的民族进行调和。通古斯族是构成日本列岛居民的最主要的民族,分为鄂伦克族、达斡尔族、格尔德族等。他们由于本来就血缘相同、语言相同、风俗相同且关系密切,所以当时完全融合。其间没有任何部族差别。这一种族的适应性非常强,具有特殊的同化力。因此,通古斯族也就具有伟大的包容力量,和如上的不同种族进行调和,将他们包容在自己里面,已经不再互相区别、排斥。4世纪以前,这四个种族的融合已经大致完成,之后一直按照相同的步伐前进。自日本的原始时代以来,朝鲜人和中国人不断移民日本,被日本民族强大的吸收力和包容力量同化了,不留任何痕迹。

前面已经讲过,占据九州一角的隼人属于印度尼西亚人,性格顽固执着,在血液和文化上很难和日本民族同化。此外,虾夷族居住在本州的东北部到北州。

阿伊努人

毋庸赘言，他们主要是阿伊努人，体质和日本民族迥异，文化也根本不同。经过十几个世纪，阿伊努族依然没有被同化。尽管如此，在建立帝国之后，日本民族致力于同化很难被同化的这两个种族，常年来采取的方针是威压和怀柔并用。

推古天皇时期，两个掖玖人来到日本朝廷觐见推古天皇。天武天皇五年，多㳽人来朝。天武天皇十年，多㳽人、奄美人、掖玖人来朝。这些人都受到日本朝廷的欢迎。朝廷奏乐、大排筵宴款待他们。持统天皇九年及文武天皇二年，朝廷派文博势等人率兵到南岛探险。文武天皇三年，南岛人来朝。同年冬天，文博势等人班师回朝。当时，萨末、衣、肝冲等居民俘虏了文博势率领的一行人中的刑部真木等人。于是，朝廷改变了对南岛的政策，开始采取强硬手段。在此之前，朝廷对南岛一直在采取怀柔政策。持统天皇命令驻扎筑紫的太宰帅河内王等派僧侣到大隅和阿多向隼人宣扬佛法，想通过宗教的力量同化南岛人。而统治隼人的南方民族担心如果日本朝廷开拓南岛的话，自己的利益会受到侵害，因此才威胁刑部真木等人，结果导致隼人的叛乱。

大宝二年，萨摩、多执拒绝执行日本朝廷的命令。日本朝廷发兵，征讨这两个地方。在平定这两个地方后，日本朝廷调查户口，实施民政。和铜二年来日本朝廷的萨摩隼人郡司说他管辖着一百八十六人。可见部分民政逐渐就绪。大宝三年正月，左将军大作旗人等举行了骑兵阅兵式，让萨摩隼人观看，目的是向他们示威，让他们服从日本朝廷。日向隼人曾君细麻吕因为教化蛮荒人，让他们脱离蛮俗，立下大功，被日本朝廷授予外从五位下。这可以看作日本朝廷的怀柔政策。

和铜六年，隼人发动叛乱。养老四年三月，隼人又发动大规模叛乱，元正天皇任命中纳言大伴旅人为征讨隼人持节大将军，前去讨伐隼人。不久，大伴旅人凯旋。副将军笠御室等人留下来平定残余势力。养老六年四月，元正天皇对作战人员论功行赏。养老七年，日向、大隅、萨摩三国因长年战争疲惫不堪。元正天皇恩准给予它们三年休养生息的时间。养老七年五月，六百二十四名隼人来到日本朝廷，觐见元正天皇。元正天皇赐宴，隼人们表演了民族传统歌舞。于是，隼人的叛乱暂时得到平定。

阿伊努族一直占据着日本东北地区。日本朝廷从太平洋和日本海沿岸两个方向开拓东北地区。在孝德天皇时期，朝廷设置磐船栅，地点在越后地区。这是日本人防御虾夷的最前线。到了元明天皇时期，边界不断北移。和铜元年九月，越后国司上奏朝廷，请求批准建立出羽郡。朝廷批准了这一请求。和铜二年三月，陆奥、越后两国的虾夷屡屡戕害良民。朝廷大怒，征发远江、骏河、甲斐等七国兵马，任命左大辨巨势麻吕为陆奥镇东将军，任命民部大辅佐伯石汤为征讨越后虾夷将军，前往讨伐。和铜五年九月，根据太政官的上奏，元明天皇准许割去陆奥国的最上、置赐二郡，设立出羽国。这件事情意义重大。今天羽前的最上盆地四面环山，只有北端的古口和酒田平原相连。古代那里是一个大湖沼，从今天的山形市到尾花泽都有细长的湖沼。这与以新庄为中心的圆形湖沼相连。在这些湖沼的西岸有阿伊努人和若干日本原住民夹杂其间居住，占据那里，多多少少进行了混血，但远未达到民族融合的程度。这一点前面已经讲过。这些人过着原始的狩猎生活。他们的领地逐渐被北进的日本人夺去。于是，阿伊努人等舍弃平原，逃到山岳地带。酒田平原从越后的磐船方向沿着海岸线逐渐北进。最上盆地一部分从越后沿荒川流域上溯，一部分从磐城福岛经过栗子岭，从白石沿着白石川流域上溯，翻过金山岭西进，扩展到日本人居住的地区。笔者对羽后的寒河江附近的遗迹进行调查发现，山地上有很多阿伊努人的遗物，在低地的同一地平线上发现了类似弥生式的东西和阿伊努式的东西，并且还保留着很多古坟。从这些遗迹依稀可辨老阿伊努人和日本原住民的关系及日本人入侵出羽之后的情况。

　　经过日本朝廷的不断努力，灵龟元年正月，陆奥、出羽的虾夷开始向日本朝廷入贡。但这只是一小部分虾夷而已，大部分还没有顺服。此外，虽然朝廷设立了国，但官吏、人民数量很少。因此，灵龟二年九月，朝廷让信浓、上野、越前、越后的农民各百户归属出羽国。养老四年正月，朝廷命渡岛津轻的津司诸君视察靺鞨。很明显，朝廷这是让津司诸君渡过津轻海峡到北州的一个地点。从日本人的角度来看，朝廷的这一积极态度当然是好事情，堪称"快举"，但从阿伊努人的角度来看，这就属于不愉快的事情。不仅如此，阿伊努人还失去了稳定的生活。养老四年九月，阿伊努人发动叛乱。朝廷派按察使上毛广人镇压了叛乱，又任命阿部骏河为持节镇狄将军，配了监军、军曹各二人去镇抚虾夷。灵龟五年八月，朝廷规定出羽归陆奥按察使管辖。

多治比家主是当时的出羽国司，致力于对外种族的怀柔和同化。其中有五十个外种族的人遵奉日本朝廷的命令，开展民族融合工作。养老七年九月，多治比家主上奏朝廷授予这五十个异族人爵位。元正天皇准奏。这样一来，出羽地区不断得到开发，日益开化。相比之下，陆奥方面要滞后得多。到了圣武天皇时期的神龟元年，陆奥地区才设立了多贺城。因此，我们可以将这一带看作日本势力圈的最北端。不管怎么说，在宁乐时代，朝廷对日本东北地区进行了开拓。这样一来，朝廷势力在北纬38度60分附近的地点横跨本州岛，有些地方还进一步向北伸展。这一点是显而易见的。自推古天皇时代以来，日本不断加强中央集权统治。朝廷对东北地区的开拓就反映了中央集权的成功。换言之，日本人的北进运动和日本中央政府权力的加强是成正比的。

第 7 章

日本致力于建成佛教国家

第1节 宗教信仰的变迁及其领袖

佛教正式传入日本已经过了将近二百年。讨论是否可以信奉佛教的问题早已成为遥远的过去。当时，没有一个人非议佛教信仰。佛教几乎成为所有人的信仰。佛教能在日本普及到这种程度也是伴随着很多牺牲的。为此，日本发生过内讧，发生过暗杀行动，甚至还发生过弑君行为。在日本付出这么大、这么多的牺牲后，佛教在日本的传播和人们对佛教的信仰才走上正轨，最终在宁乐时代进入全盛时期。

信仰是从人的心底涌出的不可思议的力量，一代一代传下去，形成一种固有的传统精神。当然，随着时代的进步，信仰或多或少会变形，而要变形，需要有引导它的伟大力量。妇女就具有这种力量。实际上，妇女是推动时代前进的最大的力量。在妇女没有动起来之前，时代不会在整体上向前运动。即便佛教文化逐渐浸润日本，但如果妇女不理解佛教教义、不参与信仰佛教的话，就说明佛教还没有在社会上拥有真正的力量。在敏达天皇时期，在日本找到个僧人并不容易。于是，敏达天皇将高句丽的已经还俗的僧人惠便请到日本来剃度日本人。善信尼是第一个被剃度的。这样一来，佛教才真正传入日本，开始扎根。善信尼是司马达等的女儿，俗家名字是岛女。在得度时，岛女年仅十一岁。善信尼有两个弟子。一个是寒热夜菩的女儿丰女,另外一个是锦织壶的女儿石女。她们也得度,法号分别为禅藏尼和惠善尼。苏我马子对这三个人的宗教造诣十分崇敬,不仅如此,还在经济上厚待她们。苏我马子的目的是利用肉眼看不见的力量努力传播佛教。之后,善信尼、禅藏尼及惠善尼等人受到物部守屋等一伙排佛派的迫害。尽管如此,她们依然不改变对佛教的信仰。不久,她们三人被救了出来,由苏我马子供养起来。当时日本人并没有真正理解佛教的教义。注重戒法、形式的倾向非常明显。因此,善信尼等将重点放在戒律上,为了学习戒律曾打算留学百济。于是,善信尼向苏我马子讲了这个想法。在用明天皇驾崩那年六月,百济来了使者吊唁。苏我马子拜托百济使者在回国时将善信尼、禅藏尼、惠善尼三人也带回百济。然而,百济使者回复说必须征得百济国王的同意,就先回国了。第二年,百济使者恩率守信等来到日本。苏我马子又拜托恩率守信等人将善信尼、禅藏尼、惠善尼等人带回百济。两年后,善信尼等从百济回来,住在樱井寺。在此期间,善信尼剃度了大伴狭手彦的女儿善德、狛夫人、新罗妇女善妙、百济妇女妙光,还有善听、善通、妙德、法定、照善、短聪、善智慧、善光等汉人妇女。善信尼就是日本第一个女留学生,将佛教传入了日本的家庭,让佛教在日本社会扎下根来,并逐渐传播开去。善信尼是日本宗教史,特别是日本佛教史上不能忘却的人,对日本佛教事业的发展做出了重大贡献。

这样一来,寺院数目和僧尼的数目不断增加。佛教信仰已经成为日本朝廷不能忽视的社会现象。因此,推古天皇三十二年,朝廷设置僧正和僧都等职务,让他们负责监督佛教信仰及相关事宜。推古天皇三十二年九月,日本对佛教事宜的监督、检查工作结束,记录了佛寺修建和僧尼信仰佛教的缘由、过程等。经过当时的调查,朝廷搞清楚了下述事实:寺院有四十六座,僧人有八百一十六名,尼姑有五百六十九名。僧尼共计一千三百八十五人。在不满百年的时间内,佛教传播如此之快,成就如此显著,出乎意料。然而,这并不意味着日本人真正理解了佛教的深奥教义,而是他们相信,通过祈祷能够福德圆满,获得现世的功利。

因此,尽管僧尼人数众多,但其中有人几乎不理解佛教的真谛。而有些僧尼即便作为俗人,在学问和德行上也不足称道。如上所述,朝廷设立僧正、僧都等职务是有原因的：推古天皇三十二年四月，某个僧侣挥舞着斧头殴打其祖父。这件事情对朝廷震动很大。当时，推古天皇叫来大臣，大发雷霆道："出家人应该皈依三宝，恪守戒律，却犯下恶逆之罪，实乃大不孝也。这种事情匪夷所思。以此为契机，各寺院要将僧尼召集起来进行训教。"大臣将有地位的僧尼们召集起来，讨论如何惩处恶逆不孝的僧侣。百济僧人观勒上奏道："佛法传到日本时间尚短。僧尼还不适应法律，没有法律观念，因而犯下恶逆之罪。而其他触犯法律的僧尼也十分惶恐。希望朝廷赦免除了恶逆罪者外的其他僧尼。"听了这话，推古天皇觉着有理，于是设立管理僧尼的官职。起初，推古天皇任命百济僧人观勒作僧正，任命鞍部德积作僧都。

当时，官方修建的大型佛寺有飞鸟的元兴寺、斑鸠的法隆寺、难波的四天王寺。在百济宫旁，钦明天皇修建熊凝道场。熊凝道场也算作日本官方修建的大型寺院。大化元年，孝德天皇下诏政府对正在动工修建、还未竣工的寺院予以补贴。由此可见日本朝廷是如何鼓励造佛、造寺事业了。这一点不言而喻。随着佛寺、佛像的增加，僧尼的数量也在增加。白雉二年，当孝德天皇讲经时，参加讲经会的僧尼的数量超过了两千一百人。白雉三年，当孝德天皇讲《无量寿经》时，来听讲的沙门有一千人。由此可见，当时的僧尼是很多的。

天武天皇笃信佛教，禁止百姓吃肉、杀生，对佛教推崇有加。天武天皇十三年三月，朝廷命令诸国每家要造佛舍，准备佛像和经典。下这个命令是决心很大的，这是信仰佛教。也就是说，天武天皇的理想是将佛教作为日本国教。这一理想随着时间的推移逐渐具体化了。仅在飞鸟京一处就有二十四座寺院。其中的飞鸟寺①、大官大寺②、河原寺③和药师寺为官方的四座大寺院。这样一来，日本在首都修建起很多宏伟的大寺院。大寺院的屋宇非常气派，而当时的民房低矮，房顶上铺的是稻草、木板。两者形成鲜明的对比。当时，佛教的信仰、传播不仅在首都和畿内地区十分兴盛，而且逐渐扩散到地方上。地方上也逐渐开始修建佛

---

① 也叫元兴寺。——原注
② 也叫大安寺。——原注
③ 也叫弘福寺。——原注

寺、造佛像。尾张①的爱知郡有座福兴寺,俗称三宅寺。这座寺院是三宅连麻佐在神龟元年修建的,当时他在这里做地方官,能够主事。此外,尾张国叶栗郡有座光明寺,俗称叶栗尼姑寺,是在天武天皇在位时期由小乙中叶栗臣人麻吕修建的。此外到处都有没有知名度的小规模寺院。

就修建这些佛寺的动机而言,首先是人们笃信佛教,是为了宗教信仰而修建的。这样的情况居多。其次,修建寺院可以得到土地捐赠。佛寺的建筑形式都是一定的,而有的寺院还没有竣工,就到处寻求资助,要求周围捐赠稻田,就算土地到手,也不修建寺院的房屋,门庭荒废也不闻不问,最后连佛像上都盖满了尘土。这种情况比比皆是。有鉴于此,后来朝廷下令各地合并了很多佛寺。也就是说,维持这些佛寺花费巨大,是很困难的。

要建造佛寺需要花费巨额资金,费时费力。看一下筑紫观世音寺的工程就可以明白这一点。齐明天皇曾经许愿修建寺庙,而筑紫的观世音寺是天智天皇为了实现齐明天皇的这个遗志而修建的。到了元明天皇和铜二年,这座寺院还没有竣工。因此,元明天皇命令筑紫太宰府使用官仆五十余人参加寺院的修建工作。此外,在农闲时节,元明天皇还征调劳工参加这座寺院的修建工作。最终,筑紫的观世音寺总算竣工了。由此可以看出,即便是政府修建寺院都这样困难,民间修建寺院自然更是难上加难。尽管困难重重,一座座寺院还是拔地而起。在持统天皇在位期间,日本总共有寺院五百四十五座。在将首都迁往宁乐时,政治中心也从飞鸟迁到了宁乐。很多寺院也搬迁到宁乐。佛教中心自然也就转移到新的首都。养老四年,宁乐已经建有四十八座寺院。

由此可见,佛教的信仰和传播是多么兴盛!这一形势的出现与佛教领袖人物、名僧的出现关系密切。事实上,飞鸟、宁乐时代就是名僧辈出的时代。圣德太子是飞鸟时代的伟人,也是佛教界的领袖。高句丽的僧人惠慈对圣德太子熏陶很深。譬如,圣德太子的《佛经疏解》就受到提婆空宗很深的影响。由此观之,惠慈所主张的也是以《三论》为根据的三论宗的旁支而已。《三论》是指提婆所著的《百论》二卷再加上提婆的老师龙树撰写的《中论》和《十二门论》,讲了大

---

① 今名古屋。——原注

哲理，为佛教的兴隆提供了契机。推古天皇时期来到日本的百济僧人观勒就信仰三论宗，但没有能够充分宣传三论宗的教义。推古天皇时期末，高句丽僧人惠灌来到日本，在观勒之后做了日本的僧正。惠灌大力宣扬龙树的"八不"教义。"八不"是指不生、不灭、不常、不断、不一、不异、不来、不去这八个观念。"八不"教义认为人们将假相误认为真相而产生迷惑和妄想，因此应当抛却这些，到时就会出现真相。惠灌曾经留学隋朝，师从嘉祥吉藏，来到日本后一直住在元兴寺。在发生旱灾时，惠灌求雨，非常灵验。朝野上下非常钦佩他。

天武天皇时期，百济僧人道藏来到日本，编纂《成实论》的疏解，并就此内容进行演讲。《成实论》是中印度的诃梨跋摩在疏勒国撰写的。诃梨跋摩在观察诸法之际，立下真俗二谛。如果是俗谛门的话，要根据小乘教义；如果是大乘佛教的话，要采用大乘佛教所主张的空观。究其实质是将大乘佛教思想和小乘佛教思想融合了，形成了一种具有批判性的佛教统一论。成实宗以佛教统一论为根据，其势力在中国曾经一度压过三论宗，非常兴盛。在日本，成实宗不仅独立成为一个宗派，还总是站在三论宗的旁支的立场上宣传佛教。从成实宗的历史来看，道藏是一个杰出的人物，但并未带来多大影响。在日本成实宗的历史上，带来最大影响的是惠灌。惠灌的门徒众多。其中有僧旻、福亮、智藏、慧师、慧轮等名僧，他们都担任过僧正。此外，惠灌的门下还有道登①、慧云、灵云、慧妙、常安、慧临、智圆等名僧。这些名僧都曾经留学，之后在日本传法。福亮本来是汉人，归化日本后，成为惠灌的弟子。智藏是福亮还没有入佛门时生的儿子，将福亮作为父亲和老师看待。在去唐朝后，智藏的学问、德行最好，门下有道慈法师、智光、礼光三名高徒。自那时起，日本的三论宗获得长足的进步。于是，社会上将惠灌、智藏、道慈三人称作"三论宗的三传"。

道慈师从智藏学习《三论》，还在龙门寺跟随义渊学习《唯识论》。大宝元年，道慈跟随遣唐使到了唐朝，师从嘉祥吉藏的法孙元康，探求空宗的奥秘。不仅如此，道慈还遍访各宗派的名僧，学习他们佛教学问的宗旨。道慈回到日本后当上大安寺的住持，不久隐居竹溪山寺。由于慨叹同时代的僧尼违背佛法规定

---

① 架设了宇治桥。——原注

玄奘法师

者颇多，道慈写下《愚志》一卷，讲了自己的志向。智光、礼光门下出了灵睿、药实等。他们将元兴寺作为弘法的根据地，因此被称为"元兴寺流派"。道慈门下出了善议、庆俊等，在大安寺传播他们流派的教义，被称为"大安寺流派"。这些流派被称为三论的旁支。这是日本佛教史上应该大书特书的事情。

  包含着成实宗教义的三论宗在日本得到传播。在此期间，包含俱舍宗教义的法相宗也传到日本。这一宗派是齐明天皇在位时由道昭传到日本的。道昭是百济王辰尔的后裔，出生于河内丹比，是船连惠尺的儿子。白雉四年五月，道昭跟随遣唐使到了唐朝，师从玄奘法师。与此同时，在业余时间，道昭还学习禅宗。在唐朝留学七年后，道昭回到日本，住在元兴寺。之后，道昭云游日本各地，在路旁凿井，在码头造船，为民众谋福祉，做了很多好事。文武天皇二年，道昭圆寂。根据道昭的遗言，人们将道昭实施火葬。这是日本火葬的开始，这一点前面已经讲过。智通、智达二人比道昭晚五年入唐，搭乘新罗船西航，分别师从玄奘及慈恩大师学习法相宗。大宝三年，智凤、智鸾、智雄等奉诏入唐，师从智周大师学习

《唯识论》。社会上将道昭的留学学习佛教教义称作第一波,将智通等留学唐朝学习佛教教义称作第二波,合称南寺流派或元兴寺流派。与此相比,社会上将智凤等人留学唐朝学习佛教教义称作第三波,称"北寺流派"或"元福寺流派"。

俱舍宗、法相宗这两个宗教流派属于姐妹关系,都是根据犍陀罗国的世亲所论而兴起的宗派。自古以来,世亲被称作"千部论主",堪称多产作家。在信奉小乘时期,世亲撰写了《阿毗达摩俱舍论》。后来,《阿毗达摩俱舍论》发展为一个新的学派,叫俱舍宗。世亲在信奉大乘时期著述很多,其中《唯识三十论颂》和《唯识二十论颂》合称《唯识论》。世亲最后的著述最简明地讲述了唯识佛教的要谛。在世亲死后,从这些观点中产生出种种异论。总而言之,世亲的论述是法相宗的依据,与日本的佛教文化关系很深。在南寺流派中,在道昭、智达之下出了行基。北寺流派智凤门下出了义渊僧正。行基受教于义渊僧正。义渊僧正是大和高士郡人,俗姓市往。义渊僧正的父母名字不详。传说,义渊僧正的父亲发愁无子,向观自在像祈祷。

义渊僧正

某一天傍晚，义渊僧正的父亲听见孩子的啼哭声。他来到外面一看，在柴门上挂着一个包，打开一看，里面是个孩子。他喜出望外，决定收养。听说这件事情后，天智天皇决定将孩子在冈本宫和皇子一起抚养。之后，义渊出家，拜师于智凤门下，学习唯识学，又修建了龙门寺、龙盖寺、龙福寺等，同时教育门徒。法相宗在日本兴盛起来与义渊僧正的努力是分不开的。北门流派①出了玄昉、宣教、良辨、行达、隆尊、良敏等七名义渊僧正的高徒。此外，义渊僧正给传播《三论》的道慈带来影响。大宝三年，道慈被任命为僧正，直到神龟五年十月圆寂，一直受到钦明天皇的景仰，一生声名很高。

由上述可知，当时日本众多名僧闪亮登场，致力于教化事业。然而，佛教原理高远，一般民众是很难理解的。对一般民众来说，佛教只是一种祈祷现世的幸福的宗教而已。本来日本民众就缺乏很深的思考能力。他们没有沉思和探究人生目的的愿望。本来人们应该追求的彼岸的事情、身后的世界，但他们认为只有现在住上豪宅、吃上美食、穿上华丽衣服才是真正的生活。也就是说，一般民众并非是憧憬彼岸的理想主义者，而是为眼前的事情思考、烦恼的现实主义者。一般民众不喜欢深入观察，充实内心世界，而是想享受美酒和美女。环顾周围，他们发现山清水秀，鸟语花香，那里虽然没有佛教中描绘的常世②的香果，但也没有必要担心地狱里毒蛇吐信或猛兽张牙舞爪扑过来。在现世中，只要辛勤劳动，土壤肥沃，五谷丰登，他们就会得到丰厚的回报。在青山绿水之间，他们劳动，享受劳动成果。在一般民众眼中，尽管自然并不令人生厌，但人情比自然更重要，不仅是血缘相同的同族，萍水相逢的人们都有情有分。一般民众的社会生活充满爱与和平。因此，日本的一般民众不知道厌恶世界、诅咒人类。佛教的教义发人深思，但日本的一般民众理解不了。这是理所当然的。将佛教塑造为祈祷现世的幸福、祈求愉快的生活的宗教也是可以理解的。

因此，从飞鸟时代到宁乐时代初期，日本一般民众的宗教思想与其说是佛教，毋宁说是受到道教的支配。这种倾向非常明显。钦明天皇时期，外界向日本

---

① 即北寺流派。
② 即死后的世界。——原注

输入易筮。推古天皇时期，日本引进遁甲、方术。日本累代输入的儒教中夹杂着阴阳、纬候。比起主张实践道德的孔夫子主义，夹杂着秘密宗教因素的儒家思想更受欢迎。在日本民众看来，儒教、佛教和日本固有的宗教原始神道并没有太大区别，都和魔术无异。当日本民众这样看待儒教、道教时，也就意味着他们认为儒教和佛教不再引得国神发怒了。在《大宝律令》的《职员令》中，这一不可思议的宗教现象得到淋漓尽致的体现。据《大宝律令》记载，阴阳师掌管占筮、相地，和历数、天文一起都归中务阴阳寮管辖。咒禁师掌管咒禁，归宫内的典药寮管辖。从僧尼令的禁止条款中可以看到禁止僧尼观玄象、讲解灾难和吉祥、占卜吉凶或行占筮之术。也就是说，民间的宗教思想处于混沌中，正处于暗中摸索的阶段。

象征这一混沌状况的就是行者。行者就是所谓的仙人，是在山中修行、夹杂了几分佛教因素的通神方士。行者中有一个著名代表，叫役小角。下面是关于他的传说。需要指出的是，文武天皇三年，役小角获罪，被流放到伊豆。这一点历史上有记载，里面有真有假，但可以判断他是个实际存在的人物。对于役小角的传说，今天我们听起来都觉得是一些荒诞不经的编造的故事。传说的内容如下：役小角每天晚上乘着五色云飞到神虚之外，和仙人宾客们一起游玩于亿载的天庭，又卧在药平苑吸收灵气来养性，年过三十还住在石窟之中，以葛为衣，吃松子，用清泉洗濯俗世之污垢。役小角会行孔雀的咒语，能用奇异之术。他能自由驱使鬼神，在金峰山和葛城山之间架桥。因为役小角过于神通广大，葛城山的一言主神非常担忧。葛城山的一言主神就在天皇面前告役小角的状。于是，天皇派官吏来抓役小角。役小角通过特异功能逃避追捕。官府始终无法达到目的。于是，官府将役小角的母亲抓住。为了让官府放了母亲，役小角出来自首被捕。因此，役小角最终被流放到伊豆岛。然而，役小角堪称水上飞，在海上如履平地，能从高处像鸟一样飞下来。白天，役小角听从天皇的命令待在岛上，晚上却去富士山的石窟里修行。数年以后，役小角终于成仙，飞入仙界。从唐朝回国途中，道昭在新罗山中讲《法华经》，听到听众中有人用日语问问题。道昭问道："你是谁？"回答说："我是役优婆塞。"于是，道昭走下讲坛来找那个人，但没有找到。这是个奇迹，在人间是不可能发生的。然而长久以来，日本民众对这个故事信以为真。需要指出的是，役小角就是贺茂役公氏，出生在大和国葛城郡茅源村。这一点确凿无误。《续日本纪》中记载了役小角被流放的事情。起初，从五位下韩国广足师从役小角学习技艺，之后忌妒役小角能力非凡，向天皇进谗言说："役小角为妖惑之事。"因此，役小角被判流放之罪。据同时代的记录讲，韩国广足是咒禁的名人。中伤竞争对手是很普遍的社会现象。韩国广足诽谤役小角是非常可能的。

在日本飞鸟时代的宗教界，役小角是个具有象征意义的人物。在飞鸟时代，僧人们纷纷留学唐朝，在造诣很深的唐朝名僧的指导下，经过长年学习，对日本的佛教教义进行改善，使日本宗教在形式上和内容上逐渐完善、充实。到了宁乐时代，日本僧人中出现了思考能力卓越、实干能力强大的英才。日本佛教的发展逐渐看到了转折点。元明天皇、元正天皇两朝实质上是日本佛教的发展发生转折的准备期。到了圣武天皇时期，日本佛教的转折才实现。

第2节　圣武天皇和光明皇后

日本的宗教正处于转折时期。圣武天皇开始尝试将宗教和政治结合，采取政教合一的措施。元明天皇和元正天皇都是女天皇。在皇太子，即后来的圣武天皇成人前，她们的统治只不过属于过渡性的政权。两位女天皇盼望着皇太子早一天继承皇位。其间，元明太上皇驾崩。元正天皇一直在等待着将皇位让给皇太子的机会。养老八年，皇太子已经二十四岁。元正天皇从御座上下来，看着圣武天皇继位。这一天是养老八年二月四日。当天，圣武天皇改元神龟。改元的动机如下：养老七年九月七日，左京纪朝臣献上长一寸五分、宽一寸五分的两眼是红色的白龟。于是，当时的元正天皇下令有司进行调查，结果发现经中说"天子有孝，天龙降临，地龟出现"。因此，这的确是国家的大瑞。

在即位当天，圣武天皇采取以下措施："大赦天下，京城内外文武官员及五位以上者，如果处于接班人的位置的话，授勋一级；赐给八十岁以上的老年人谷物；有道德高尚的行为者旌表门第；士兵们的调减半；给皇室的亲属一品舍人亲

大伴旅人

王增封五百户;授予二品的新田部亲王一品;授予从二位长屋王正二位;舍人亲王知太政官事,长屋王从右大臣晋升左大臣,辅佐天皇;任命多治比池守为大纳言;任命巨势邑治理、大伴旅人、藤原武智麻吕为中纳言;任命藤原房前为参议。"这些人都进位、增封。神龟元年二月六日,圣武天皇下诏尊自己的生母藤原宫子为太夫人。然而,神龟元年三月二十二日,左大臣长屋王就此称号上书称:"人们都将藤原夫人称作'太夫人',然而看过《公式令》发现,藤原夫人应该称'皇太夫人'。"要是以敕语为准的话,"皇"字是不需要的,但如果以令文为准的话,就会违背敕语,因此左大臣长屋王恳请圣武天皇做出裁断。于是,圣武天皇发出以下诏书:"文字用'皇太夫人'这几个字,发音要和'大御祖'一样。"这样说来,好像就没有什么问题了,但笔者觉着这里有个很大的谜团需要解开。

　　太夫人藤原宫子是藤原不比等的女儿,在文武天皇继位那年的四月二十日入宫,被封为夫人。当时后宫的人数大体上是有限制的。详情如下:妃子二人,夫人三人。藤原宫子与纪窑门娘、石川刀子娘一起被封为夫人。妃子出身于皇族,夫人出身于贵族。藤原宫子的娘家是藤原氏,虽然在门第上并不比纪氏、石川氏好,但藤原宫子先生下首皇子,即后来的圣武天皇,作为国母受到特别尊敬。藤原宫子的父亲藤原不比等是中臣镰足的嫡系子孙,年近五旬,功勋卓著,在宫中颇有势力。藤原不比等的爵位是直广二位,官职还不到中纳言。藤原不比等虽然在父亲死后成为嫡统的家长,但负责藤原家族世袭职业祭祀神衹的是藤原意美麻吕,而不是藤原不比等。而自从文武天皇二年以来,藤原意美麻吕恢复旧姓,称中臣氏。这样一来,当时藤原家族的势力并不强大。藤原宫子的生母是贺茂朝臣的女儿,叫贺茂姬。此外,藤原不比等还纳了一名妇女为妾,叫县犬养连三千代。县犬养连三千代生下一女,就是后来成为圣武天皇夫人的藤原光明子。藤原光明子是圣武天皇生母的同父异母的妹妹。

　　县犬养连三千代起初是三野王的妻子,在天武天皇十二年生下了葛城王——后来的橘诸兄。后来县犬养连三千代侍奉文武天皇,养育了元明天皇和草壁皇子生的文武天皇。因此,当文武天皇在选夫人时,县犬养连三千代必然提出建议。因藤原宫子被选为夫人,藤原不比等非常感激县犬养连三千代。后来,县犬养连三千代和藤原不比等两情相悦。对藤原宫子来说,县犬养连三千代就是母亲。大宝元年,藤原宫子生下首皇子。当时文武天皇才十八岁。藤原宫子比文武天皇年长。生下孩子后,藤原宫子身体恢复情况不佳,患上抑郁症,跟自己的儿子首皇子很少见面。县犬养连三千代很早就让自己的亲生女儿藤原光明子入宫。藤原光明子与首皇子同岁。在县犬养连三千代的建议下,首皇子在即位的同时就封藤原光明子为夫人,爵位为从三位。允恭天皇刚毅果断,立皇室子女为皇后,规定皇后所生的儿子有权继承皇位,为皇室开了先例。然而,苏我氏的女儿入宫,成为钦明天皇的皇妃,生下用明天皇、崇峻天皇、推古天皇。这样一来,和皇室

藤原房前

没有血缘关系的外戚势力膨胀，最终导致天智天皇诛杀苏我入鹿这一大事件的发生。天智天皇、天武天皇、文武天皇都是皇族出身。他们的生母皇极天皇、齐明天皇、持统天皇、元明天皇都继承了皇位。因此，皇室不用担心皇权会受到外戚的左右。然而，圣武天皇是藤原家族的女儿所生，那么外戚就会在宫中掌握实权。从圣武天皇的角度来看，藤原不比等和县犬养连三千代分别是外公和外婆，而藤原武智麻吕、藤原房前、藤原宇合和藤原麻吕都是姨表兄弟。即便在藤原不比等死后，藤原家族还掌握着太政大臣高位，维持着很高的门第。职务田、分封的农户可以一直世袭。藤原不比等的亡妻县犬养连三千代被授予正三位的高位，儿子藤原武智麻吕在神龟末年被授予三位爵位，极尽荣华富贵。长屋王非常聪明，对这些情况了如指掌，对藤原家族十分不满。县犬养连三千代的权力根深蒂

藤原光明子

固。这一点毋庸赘言。藤原武智麻吕兄弟都在朝廷做了高官,把持朝纲。对此,长屋王深感忧虑。苏我家族的先例可谓殷鉴不远,而今又有类似的情况出现在眼前。因此,在不知不觉中,长屋王在等待机会采取断然措施。事实上,藤原太夫人的称呼这个问题没有必要大张旗鼓进行上奏并请天皇做出裁断。

神龟四年,藤原光明子怀孕。神龟四年闰九月,藤原光明子生下皇子,圣武天皇非常高兴。神龟四年十月,圣武天皇来到中宫,宣布大赦天下,赏赐百官物品,赏赐天下与皇子同一天出生的婴儿布、棉花、稻谷若干。神龟四年十一月,圣武天皇再次来到中宫,接受太政官及八部的贺表,召集群臣,大排筵宴,赏赐百官棉和丝织品。这一天,圣武天皇立藤原光明子生的皇子为皇太子。皇太子搬到太政官官邸居住。圣武天皇就此事下诏,颁布天下。僧纲、僧尼等上表致贺词,得到圣武天皇的赏赐。大纳言多治比池守等一起来到太政官官邸，拜见皇太子。藤原宫子的病情越来越好转，圣武天皇增赐藤原光明子食封千户。藤原光明子的生母县犬养连三千代以前被赐姓橘宿祢，这次群臣建议圣武天皇赐予县犬养连三千代同族的犬养五百枝、犬养安麻吕、小山守大麻吕等宿祢姓。

朝野上下皆大欢喜，不知不觉已是年末。神龟五年八月月底，基皇子生病，经久不愈。圣武天皇让人造观音像一百七十个，抄经一百七十七卷，希望通过礼佛转经祈求基皇子痊愈。不仅如此，圣武天皇还命令大赦天下，令人到山陵祭奠，期望基皇子早点痊愈。到了神龟五年九月，基皇子的病情越来越重，最终在神龟五年九月十三日驾崩。神龟五年九月十九日，圣武天皇命人将基皇子的遗骸葬于那富山。圣武天皇三日不朝。基皇子出生时，圣武天皇非常高兴，而基皇子驾崩导致圣武天皇悲伤欲绝。圣武天皇本来就笃信佛教，因为这样的机缘对佛教的信仰更加深了。圣武天皇宠爱的藤原光明子也笃信佛教，因为这一悲运更加信仰佛教。内心和情感受到挫伤时，人们对宗教信仰的依赖程度就会加深。这也是人之常情。早在很久以前，日本皇室就考虑将佛教普及到民众中去，来增进民众的福祉。与其他人相比，圣武天皇的这种欲望更加强烈。神龟五年十二月，圣武天皇将《金光明经》六十四帖、六百四十卷颁行诸国。每国有一帖十卷，进行传阅。圣武天皇打算通过这些措施来祈祷国家的平安。此事是以皇太子基皇子驾崩为契机兴起的。这一点毋庸置疑。不仅如此，以此为契机，日本开始建立国分寺。这是值得注意的地方。

神龟六年二月，左京人中臣宫地东人、漆部君足等秘密汇报圣武天皇："左大臣长屋王学习旁门左道，想要颠覆国家。"于是，圣武天皇当夜遣使令部队固守三关，与此同时派藤原宇合等包围长屋王的官邸。接着，圣武天皇让舍人亲王、新田部亲王、多治比池守、藤原武智麻吕等来到长屋王的府邸问罪。最终，神龟六年二月十二日，长屋王被赐死。长屋王家里有二品吉备内亲王，是文武天皇的妹妹，和长屋王的四个儿子膳夫、桑田、葛木、钩取等四王一起自缢而亡。这一族的自杀多么令人心痛！长屋王是天武天皇之孙高市皇子的儿子，死时四十六岁，年富力强。长屋王的诗歌有三首收录在《怀风噪》中。其中一首叫《元日宴应诏》，是五言律诗，利用对句流畅地描写了新春的场景。另外一首是长屋王将新罗的客人邀请到自己家中的作宝楼宴饮时写的，也是五言律诗。这首诗的最后部分是"莫畏沧波隔，长为壮思篇"，抒发了长屋王的豪壮之气。长屋王儒学素养很深，诗文娴熟，常常举办宴会，切磋诗文。长屋王是天武天皇和高市皇子之后，必然有精明强悍的气概。长屋王曾经就藤原太夫人之事上奏表示异议。藤原家族及其党羽对长屋王一直不满，耿耿于怀。告密发生在基皇子驾崩后，而告密者之一是中臣宫地东人。长屋王的罪名是"诅咒皇太子或诅咒夫人"。这有可能是藤原家族在背后指使的。在长屋王被赐死时，仓桥部女王歌道："大君诚可畏，非是大荒城，从此隐云里，谁来伸冤屈。"由此可见，长屋王周围的人对长屋王之死表示同情。

  为什么笔者怀疑藤原家族是告密人的指使者呢？这件事情是不言而喻的。神龟六年六月，左京职大夫藤原麻吕献上长五寸三分、宽四寸五分的龟，龟背上面写着"夫王贵平知百年"。神龟六年八月五日，圣武天皇下诏改元天平。当时，这样的祥瑞广受欢迎。有野心者纷纷献上各种祥瑞之物。这些祥瑞之物很明显是自己制作后献上去的。而献上祥瑞之物的是藤原家族中非常有实力的藤原麻吕。藤原麻吕是藤原光明子的兄长。得到这只龟的是贺茂子虫。让他献上去的是僧人道荣。可以看出这些人都是一丘之貉。这件事情过去五天后的天平元年八月十日，圣武天皇下诏立藤原光明子为皇后，史称"光明皇后"。圣武天皇将高官们召入宫中，让舍人亲王宣读立藤原光明子为皇后的诏书。大致内容如下："朕即位以来已经六年了，其间立了皇太子。立其母藤原光明子为皇后。天皇没有皇后是不合适的。有了皇后就好比日月同辉，山川并立。这件事情必须早点定下来。我祖母元明天皇在赐朕皇后之时说：'皇后的父亲是辅佐皇室的大忠臣，永远不要忘记其功勋，其女儿只要无罪不能舍弃。'朕遵照大命在六年期间多次考验了她，因此决定立她为皇后。这种做法并非没有先例，在仁德天皇时期，就立葛城袭津彦之女磐之媛命为皇后，这也并非是朕的新法。"圣武天皇打破从皇族中立皇后这一惯例，为自己从臣下的女儿中选立皇后做解释。这些解释相当勉强，牵强附会。要是性情耿直的长屋王还在的话，绝不会接受这份诏书的。舍人亲王、新田部亲王不得已默认了这一诏书。大伴、石上、纪、巨势等各贵族恐怕内心也很是不服。其实除了藤原家族，对于立后的决定，臣下谁都不会心悦诚服的。为了减轻阻力，圣武天皇强行通过这一决定。县犬养连三千等人耍阴谋诡计，制造了长屋王的冤狱，献上背上有图的灵龟。后世的史学家都怀疑这一切都是藤原家族的阴谋。

长屋王死后，圣武天皇没有任命大臣，而是晋升藤原武智麻吕为大纳言，和多治比池守一起参与大政。天平二年九月，多治比池守死了。圣武天皇任命太宰帅大伴旅人为大纳言。然而，天平三年七月，在回京赴任的第二年，大伴旅人病

藤原宇合

死。元勋的辞世颇让圣武天皇感到心痛。圣武天皇将群臣召集宫中，商议启用新人才，决定任命藤原宇合、藤原麻吕、多治比县守、铃鹿王、葛城王、大伴道足等为参议。在此之前，藤原武智麻吕已经是大纳言，藤原房前已经被任命为参议，加上新任参议的藤原宇合和藤原麻吕，兄弟四人都列于庙堂之上。而葛城王是县犬养连三千代和三野王所生，是光明皇后同母异父的兄长。这些人再加上光明皇后，兄弟姐妹七人包围着年幼的圣武天皇，负起内外辅佐天皇的责任。从这个时候开始，藤原家族的命运真正开始走向昌盛。

然而，天平五年正月，县犬养连三千代去世。之后，圣武天皇派舍人亲王等人到县犬养连三千代宅邸追赠从一位爵位。这位杰出的女性在女天皇登基时发挥了政治手腕。这一点笔者在前面已经讲过。县犬养连三千代与三野王生的葛城王后来被列为臣籍，称橘氏，和藤原氏一起直属皇室，并扩张势力。后世，橘氏和藤原氏还被讴歌为"源平藤橘"，在宫廷培植势力，根深蒂固。这些都是县犬养连三千代打下的基础。在日本历史上，这是罕见的。

光明皇后的父亲是藤原不比等，堪称俊杰。母亲是县犬养连三千代，是个才女。光明皇后继承二人中任何一人的基因都会成为一个高智商的人。圣武天皇打破先例立光明皇后，说明光明皇后具有吸引圣武天皇的魅力。可以说，光明皇后的一半魅力就来自她的聪慧和善解人意。光明皇后不仅智商、情商一流，而且身材相貌也是一流——这是她魅力的另一半。敏感异常的妇女具有让人惊鸿一瞥的魅力。光明皇后是天平时代美女的典型代表，脸颊丰润，眉目清澈，黑发柔长。光明皇后清澈的眼睛奕奕有神，丰润的脸颊充满爱意。看到这些后，无人能抵御这种魅力。因此，圣武天皇对光明皇后言听计从也在情理之中。

关于光明皇后容貌的传闻并不多。但从"光明子"这个名字的字义中就可以想象到她的容貌之美。后世有一本书题为《元亨释书》，描写光明皇后"体貌姝丽，光彩照人，名如其人"。这虽然只是想象，但既然有这个传说，想必就不会假。关于光明子的头发也有一个有趣的传说。宁乐兴福寺的宝库中保存着各种各样的佛像、书籍，其中有一个圆盒子，里面收藏着妇女的头发，长一丈多，颜色漆黑，举世无双。这是光明皇后年轻时期的头发。室町时代末期看到这个头发的人慨叹道："这和今天的头发完全不同,古代竟然有这样的头发?真让人匪夷所思。如今虽然经过了九百年的风霜,但感觉还能够瞻仰光明皇后的容姿。"光明皇后的头发和衣通姬的小袖、小野小町的梳子等都属于同类的东西。这些传说都能印证光明皇后的美丽和魅力。

天平二年五月,在藤原光明子被册立为皇后的第二年,朝廷在皇后宫中设立施药院和悲田院,让各地出资,让太政大臣家献上封赏、庸物,每年购置草药送到京师。光明皇后根据佛教的慈悲教义来救治病人,救济穷困者。在建兴福寺佛塔时,光明皇后亲自用簸箕运土,由此可见光明皇后笃信佛教。

由于光明皇后笃信佛教,圣武天皇的崇佛热情也被点燃。天平九年三月三日,圣武天皇下令各国造释迦牟尼佛像一尊,抄写《大般若经》一部。天平十二年六月,圣武天皇下令大赦天下,并让每国抄写《法华经》十部,又让各国建七重塔。天平十三年正月,圣武天皇将太政大臣家族献上的三千户的食封施舍给各国的国分寺。可见,此时各国已经修建了国分寺。据说在光明皇后的劝谏下,圣武天皇命人建国分寺及国分寺的总部东大寺。此时,除了笃信佛教的光明皇后外,

玄昉

还有行基、玄昉等杰出的僧人，一起将日本的佛教信仰推向高潮。不管怎么说，圣武天皇让各国建寺塔的目的在于将日本建设成为佛教国家，建立一个政教合一的国家。这样一来，政教二者完美结合，国家充满美丽、信仰和力量，让民众生活在和平与幸福中。自圣德太子以来，这种理想在皇室中已经根深蒂固，并非在圣武天皇时期突然产生的。在唐朝留学时，僧侣们听说了印度的政治情况，从唐朝回到日本后向圣武天皇讲了以下情况：其一，远有阿育王的事迹，他将佛教的精神应用在内政外交上，获得了成功；其二，近有笈多王朝的政绩，笈多王朝向外扩张势力，对内实施善政，结果国家走向富强，民众享受太平。

听完这些事迹后，圣武天皇也开始树立起将日本建成佛教国家的远大理想，并且付诸实施。在中印度首都华氏城有致力于救济贫困、孤寡、生病者的福德医药舍。当地废弃斩刑，让民众恪守五戒，不设屠宰场，没有销售酒肉的店铺，保持着和平的秩序。当地以文化立国，光耀世界。正是因为有这样的国度存在，圣武天皇和光明皇后才会梦想将日本建成佛教国家。

总而言之，在圣武天皇和光明皇后的推动下，日本诸国都建了国分僧寺和国分尼寺，在首都宁乐也建起东大寺。卢舍那大佛就安放在东大寺。天平二十年四月，元正太上皇在六十九岁高龄上驾崩。天平二十一年正月，圣武天皇在平城中岛宫请大僧正行基给自己授菩萨戒，法号胜满。太后藤原宫子法号万福。光明皇后法号德太。天平二十一年二月，日本陆奥国向朝廷进献黄金。圣武天皇的喜悦和对佛教的信仰达到了狂热程度。天平二十一年四月，圣武天皇向卢舍那大佛称自己是"三宝之奴"。接着，圣武天皇来到大佛殿，在百官簇拥下授予左大臣橘诸兄正一位爵位，任命大纳言藤原丰成为右大臣，改年号为天平感宝，将皇位禅让给阿倍内亲王，即后来的孝谦天皇。圣武天皇称太上皇。这是天平二十一年七月发生的事情。在此之前，圣武天皇就将御座迁往药师寺，将那里当作行在。宗教狂热让人的行为也发狂。多年来，圣武天皇就想建立佛教国家，而今这一理想实现了。于是，圣武天皇松了一口气，心理上发生微妙的变化，有些癫狂了。对于这些事实，《续日本纪》并没有记录，大概因为有些事情是犯忌讳的。圣武天皇对佛像的态度过于虔诚，而日本民众素来重视传统，所以对此事

孝谦天皇

颇感不快。造寺、造佛的大事业花费了大量的金钱,导致国力衰落,国库空虚,让群臣颇感不安。由于种种原因,最终导致圣武天皇退位。

圣武天皇和光明皇后属于手和手套的关系。圣武天皇的心思就是光明皇后的心思。光明皇后的心思也就是圣武天皇的心思。圣武天皇和光明皇后都是慈悲心肠,笃信佛教。有一则关于光明皇后的非常有趣的传说就讲到了这一点。在长年期盼建成的东大寺竣工时,光明皇后心中想:"大殿堂也建起来了,大佛像也铸成了。这样一来,就没有什么遗憾了。天皇陛下在外努力,我自己做贤内助,功德已经圆满。"想到这里,光明皇后美丽的额头上放出骄傲的光辉,满面笑容,充满了自豪和满足。有天傍晚,光明皇后听到空中有人说话:"皇后!不能骄傲自满,如果建造浴室沐浴更衣的话会更功德圆满。"光明皇后感到不可思议,赶紧命人造浴室,让人们无论身份贵贱都可以进去洗澡。即便如此,光明皇后还不满意,发下誓言要亲自去千人之污垢。对此,群臣中很多人颇不以为然,但光明皇后主意已定,无人能够阻拦。光明皇后立刻着手实施誓言,给人洗澡。最终,当洗到了九百九十九人,还剩最后一人时,光明皇后见此人全身长满疥疮,发出异样的臭味,刺鼻难闻。光明皇后有些气馁了,但一想到洗完这个人后就功德圆满了,而躲是躲不过的,于是忍着异常难闻的臭味给他搓背。在光明皇后给这人搓背时,这人说:"我患此病已经很长时间了。有个医生对我说'没有必要担心,只要让人给你吸脓,这个病是可以痊愈的',但世上慈悲的人很少,因此我的病情越来越重,我只有靠皇后大发慈悲了。"听完这话,光明皇后迫不得已开始吸吮他的疮口,吐出脓来,从头顶一直吮吸到脚后跟。之后,光明皇后悄悄对这人说:"不要跟别人说起我为你吸吮癞疮。"突然,这人放出光明,说道:"皇后,你为阿閦佛去了污垢,此事不能对别人讲。"光明皇后大吃一惊,抬头看去,在灿烂的光明中看到端庄严肃的妙相。妙相不久就消失了。光明皇后只剩下惊愕和欢喜。之后,光明皇后在这个地方修建伽蓝,起名阿閦寺。关于阿閦寺的原址在哪里,众说纷纭。有的说是在北山十八间户,有的说是在法华寺的院里,还有的说是在讲堂的旁边。无论哪一个说法都没有真凭实据。本来这就是个传说,而找传说中提到的遗址就更愚蠢了。但光明皇后修建浴室这件事情也不能说没有,所谓的无风不起浪就是这个道理。

天平胜宝八年正月,笃信佛教的圣武太上皇开始患病。天平胜宝八年三月,孝谦天皇行幸难波。天平胜宝八年四月,圣武太上皇又患病了,请来僧人看病、加持、念咒、讲经。僧侣们是以良辨、慈训、安觉等为首的一百二十六人,人数众多,但依然没有奏效。不仅如此,圣武太上皇的病情越发严重。天平胜宝八年五月二日,圣武太上皇派大伴古麻吕等到伊势神宫奉上神币。天平胜宝八年五月二日,圣武太上皇终于在寝殿驾崩,发下遗诏立道祖王为皇太子。藤原丰成等被任命为御装束司,多治比广足等被任命为山作司,大藏麻吕被任命为造方相司,佐味广麻吕等被任命为养役夫司。接着,朝廷在七大寺诵经。当时,大伴古慈斐和淡海三船诽谤朝廷,缺乏人臣之礼,被左右卫士府关押起来。可以看出,大伴古慈斐和淡海三船是对朝廷不满的代表人物。

第二年,天平宝字元年正月,橘诸兄离世。天平宝字元年三月,皇太子被废。天平宝字元年四月,新立大炊王为皇太子。天平宝字二年八月,孝谦天皇退位,皇太子大炊王继位。这就是作为废帝而很久没有被赠予谥号的淳仁天皇。天平宝字四年六月七日,光明皇太后驾崩,享年六十岁。《续日本纪》中记录了光明皇太后略传:"太后性仁慈,有教物之志。"这未必是溢美之词。光明皇太后度过了华丽的一生。佛教文化在推古天皇时期萌芽,之后逐渐成长起来,在圣武太上皇和光明皇太后时期结果。圣武太上皇和光明皇太后前后离世,宁乐时代的荣光落下帷幕。首都宁乐落英缤纷,呈现出晚春的光景。走在路上的行人寂寞的表情预示着宁乐凋落的命运。

第3节 国分寺的修建

修建国分寺最早萌芽于天武天皇时期。这一点笔者在前面已经讲过。神龟五年十二月,圣武天皇向六十四国每国颁行一帖十卷《金光明经》,为使国家太平,让每国转读。神龟五年九月,皇太子基皇子离世。圣武天皇陷入悲愁之中,结果更加笃信佛教,因而才向各国下达上述命令。后世的丰臣秀吉失去爱子丰臣鹤松,悲痛欲绝,为了转移悲痛,才征伐朝鲜。同样,圣武天皇向各国颁发经书也是为了消除和转移悲痛。天平九年三月,圣武天皇下诏让各国造释迦牟尼佛像一尊和挟持菩萨二尊,抄写《大般若经》一部。当时社会上流行痘疮,人民痛苦不堪。在主观上,圣武天皇此举是为了拯救百姓。天平九年四月,藤原房前去世。藤原房前深受圣武天皇信任,是朝廷重臣,还是圣武天皇的姨表哥。天平九年七月,藤原麻吕、藤原武智麻吕、藤原宇合三兄弟相继去世。看到这些,圣武天皇命人向太宰府管辖内的各神社奉上神币,祈祷瘟疫消退。接着,圣武天皇颁布禁酒、禁止屠宰的诏书,还下令大赦天下。由此观之,日本全国流行瘟疫,死者不计其数。圣武天皇宅心仁厚，慈悲心肠，笃信佛教。这种悲惨的境况让他发下誓愿，要通过造佛来积功德。这一点可以推测得知。

和希望佛祖保佑自己而去寺庙里拜佛的老太婆不同，圣武天皇的这些计划是站在国家和民众角度来考虑的。也就是说，圣武天皇并不仅是为了自己，还为了国家太平、民众的安康而着想。基督教教徒祈祷人间成为天国。与此相同，圣武天皇希望日本成为一个佛教国家，在这片秽土上将饥荒、瘟疫、劳苦一扫而光。圣武天皇的这一愿望一年比一年强烈。天平十二年六月，圣武天皇下令诸国每国准备《法华经》十部，建七重塔。圣武天皇崇佛并非只是为了一己之私，还为了国家和民众。看一下天平十二年九月的诏书就可以明白这一点。近来，筑紫出现叛臣，于是圣武天皇出动军队平叛。而为了稳定民心，圣武天皇让每国造观音像一尊，抄写《观世音经》十卷。

天平十三年正月，太政大臣家族，即藤原家族奉还朝廷食封五千户。圣武天皇仅退还了其中的两千户，将三千户布施给各国的国分寺，以充作造丈六佛像之资。天平十三年三月，圣武天皇下诏每国建七重塔，抄写《金光明最胜王经》《妙法莲华经》各十部。此外，圣武天皇还亲自抄写金字《金光明最胜王经》，在每座塔放一部。总而言之，这一计划是让佛法和天地共传，让各国拥护佛法，建起佛塔后，成为该国的标志性建筑物。因此，各国要选择位置，建在景胜之地，还要命国司派人进行清扫。圣武天皇的诏令规定捐赠每国僧寺封五十户，水田十町，尼寺水田十町。僧寺命名为"金光明四天王护国之寺"，配置寺僧二十人。尼寺称为"法华灭罪之寺"，配置尼姑十人。僧尼每月八日转读《金光明最胜王经》，月半颂《戒羯磨》，每月六斋日，无论公私都禁杀生。从这些规定可以看出：国分僧寺和国分尼寺是在天平十二年进行策划，在天平十三年着手建造的。在远离首都的偏僻之国，文化没有发展到能按照诏令建造佛寺的地步。国司中也有怠工不开工的。天平十九年十一月，圣武天皇命令石川年足、阿部小岛、布势宅主等分道检查寺院土地，在今后三年内完成塔婆、金堂、僧房的建设。工程迟迟得不到进展主要是经济上的原因造成的。圣武天皇命令进一步增加田地，捐赠僧寺九十町，尼寺四十町。天平十六年，为了筹措国分僧寺、国分尼寺的日常

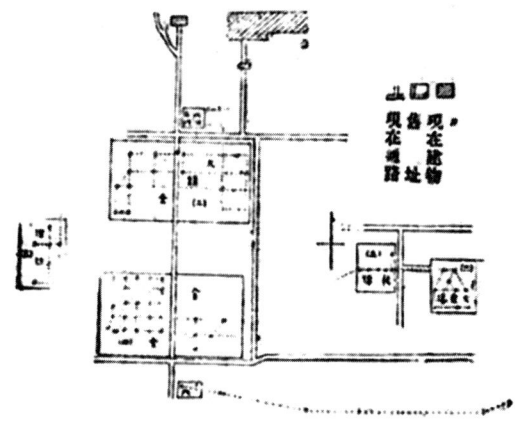

国分寺遗址

维持费用,圣武天皇下令各国,割取正税四万束分配给两个寺,用每年将这些稻谷借出去得到的利息来做经费。

而今,国分寺完全倒塌了。至于保存当时遗址的地方,我们几乎一处都找不到,因而无法了解国分寺建筑的全貌。大体而言,国分寺和飞鸟宁乐时代的伽蓝配置是一致的。法隆寺、大安寺、毛远寺等大和地区的寺院就是国分寺的设计原型。通过各地残留着的础石,我们可以大体了解国分寺的设计。笔者曾调查过安房、武藏、下总等地的国分寺遗址。虽然武藏的国分寺遗址情况不太清楚,但前辈们已经调查过了。

从上述插图可知,在最南端有一个础石,这里应该是中门。那么南大门应该在较远的南面,姑且将它叫作南门。在这块础石的正北有两块础石。这就是北门。北门南面是讲堂,隔着一百四十尺,有一堆础石。这就是金堂遗址。从金堂直到中门约有一百六十尺。从金堂和讲堂之间稍微往西走,有一堆础石。这些就是僧房、浴室、厨房等的遗址。在中门以东约四百六十尺的地方有一堆础石。这些是走廊或者钟楼的遗址,然后向东隔着一百二十尺也有础石。起初有四列,一列摆着四块,现在只剩下九块。其中一块中央有双重凹陷处,很明显是塔婆的心柱。因此,毫无疑问,这里就是七重塔的遗址。由此进行大致推算,这个伽蓝东西长约二百间①，南北长约四百间，也就是说总面积为八万坪②，在国分寺中属于规模较大的。这是某个考古学家的看法。

以前，人们从整个遗址上挖掘出很多瓦，今天还残存一些，摆放在地上。这些就是所谓的布目瓦。这些瓦很大，灰白色。巴瓦上出现了莲花纹样。唐草瓦上有唐草纹样。最值得注目的是平瓦，上面刻着郡名、乡名和人名。郡名中有丰岛、荏原、琦玉、入间、高丽、比企、横见、大里、男衾、播罗、儿玉、秩父、新罗等，乡名中有大井、蒲田等，人名中有户主宇迟部。文字繁简不一。雕刻有阴阳两种。由此观之，在建造寺院时，各郡、各乡都分配到了进贡瓦的任务。有的氏族也进贡了瓦，如上面所讲的宇迟部。下总的国分寺的瓦中出现了雕刻有"荒人"的瓦。上野国分寺的瓦中发现了雕刻有"八田甲斐女"的瓦。由此可以印证上面的结论。

上野国分寺僧寺位于总社町字山王的日柱神社旁。在它下面三尺左右，人们挖掘出一个大础石。这个础石上部平坦，中间有两段圆形凹孔，直径分别是八寸五分和二尺一寸五分，深度达一尺五寸五分。周围环绕着深一寸、宽二寸的圆沟，还有十字小沟穿行其间。圆孔是容纳佛舍利的地方。沟是用来排水、防腐的。础石上面的尺寸是长八尺九寸，宽八尺二寸，下面铺着碎栗子。无须多言，这里就是塔婆心柱所在位置。从金堂遗址挖掘出的础石用的是宁乐时代通用的形式，长三尺五寸，宽三尺二寸，是将自然石的表面和底面平整后制成的。表面呈圆形，直径二尺二寸。中央有直径五寸的小孔。从这里挖掘出来的瓦中有平安时代的。推测遗物的时代非常困难。这个伽蓝规模宏大。

与国分僧寺相比，国分尼寺规模要小得多，维持它的费用也较少，很快就化为废墟，很多已经不知遗址所在了。所谓的国分寺其实就是宗教上的地方分权制度，地位接近于国衙。朝廷选择景色优美的地方建造寺院，便于国衙和国分寺的联络。就像地方政府服从中央政府的命令一样，当时的官方地方寺院受到官方的中央寺院的管辖，而为了管辖地方寺院，朝廷修建了总国分僧寺和总国分尼寺。

---

① 1间约1.81米。——原注
② 1坪约3.3平方米。——原注

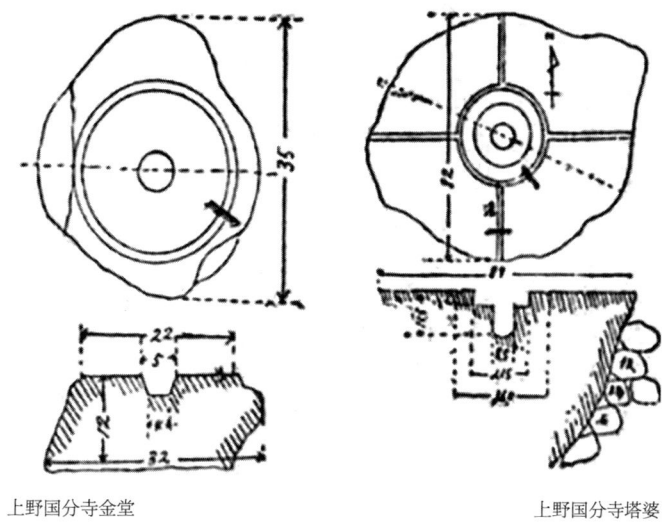

上野国分寺金堂　　　　　　　　　上野国分寺塔婆

第4节　东大寺大佛

圣武天皇的理想就是将日本建设成佛教国家。通过修建国分僧寺、国分尼寺，圣武天皇的这一理想接近实现了。然而，圣武天皇对佛教的信仰越深，修建寺院、造佛像和抄经书的野心就越膨胀，没有终止的迹象。

因此，圣武天皇进一步建造总国分寺，并在总国分寺安放卢舍那大佛。这就是圣武天皇进一步的梦想。早在天平十二年，在开始计划修建国分寺时，圣武天皇就有了上述梦想。而到了天平十五年七月，圣武天皇行幸紫香乐宫之后开始将这一梦想付诸实施。天平十五年十月十五日，在圣武天皇发出的诏书中，他将铸造大佛的目的写得一清二楚。大致内容如下："此番发下菩萨大愿，铸造一尊卢舍那大佛金铜像。希望利益均沾，共造菩提。朕拥有天下的权势和财富，铸造此佛像并非难事。事情容易办成，但心里过不去。这项工程会劳民伤财，会有人借此毁谤朝廷和朕。因此，参与造佛者需要出于至诚者。有钱者出钱，有力者出力，哪怕拿来一棵草一把土也是可以的。这些事情都是自愿的，国司、郡司绝不能侵扰百姓。"天平十五年十月十九日，圣武天皇来到紫香乐宫，作为造佛的第一步，开拓了寺院的土地。行基和弟子们一起劝说民众帮助圣武天皇完成这一大事业。在此之前，僧人玄昉在宫中受到圣武天皇、光明皇后的宠爱，被奢靡的宫中生活腐蚀成憧憬地位和权力的俗人。行基则与此不同，唾弃俗世的荣光，将进行众生教化作为自己的终极目标，在社会上从事实际活动。其足迹遍及日本各地。声望一日比一日高，一年比一年高。于是，圣武天皇自然开始对行基另眼相看。玄昉才学过人，擅长讲经、斗论，但不善于接触民众、教化民众。与此相反，行基是有德行之人，人格纯真如璧，能与民众心心相印。圣武天皇看出行基具有这样的长处。圣武天皇铸造大佛的目的是为国家和民众谋福祉，希望国民自发性地帮助自己玉成此事，而非采取强制命令、劳民伤财。为了遂圣武天皇这一心愿，除了行基外，无人能劝说民众。行基并非做学问的人，而是善于行动的人。行基忘我地云游天下，劝说民众，成就圣武天皇的心愿。圣武天皇对行基的信任与日俱增。天平十七年，圣武天皇任命行基为僧正。在此之前，天平十六年十一月，圣武天皇在紫香乐宫附近的甲贺寺开始建卢舍那佛的佛体骨柱。圣武天皇亲自拉绳，召集四大寺的僧侣们演奏各种音乐。然而，之后出现种种变故。首都又迁回宁乐。紫香乐宫成为一座空宫。卢舍那大佛也改在宁乐铸造。建造大佛的地址选定为位于东山之麓的金钟寺内。天平十七年八月二十三日，人们开始做铸造大佛的各种准备工作，圣武天皇用袖子盛土，亲自运土。贵族们纷纷效仿，运土修建台座。天平十九年九月二十九日，人们开始铸造大佛。铸造工作并不顺利，屡屡失败，第八次才铸造成功。这一天是天平胜宝元年①七月二十四日。当时圣武天皇已经退位，孝谦天皇已经即位。仅在三年之间，大佛竟然改铸八次。从这一点可以看出大佛铸造事业是多么困难。之所以能战胜种种困难，最终获得成功，是因为以下原因：其一，主要是在信仰的力量的推动下，心诚所致。其二，是从事大佛铸造的技术人员诚心诚意、殚精竭虑的结晶。大佛师是国公麻吕，铸造师是高市真国、高市六麻吕、柿本男玉三人。国公麻吕是在百济灭亡之际规化日本的德率骨富的孙子。鉴于前几次铸造失败，无论哪个铸造工一听说要铸造大佛，都非常恐惧，退避三舍。唯独国公麻吕临危受命，为铸造大佛呕心沥血，终于完成这一伟业。

---

① 或天平二十一年。——原注

铸造工序完成后并不意味着造佛事业完成了。佛像外面必须涂上黄金才行。日本国内不产黄金，必须依靠从国外进口，但即便进口黄金也很难弄到手。圣武天皇以及负责铸造大佛的人为此煞费苦心。天平二十一年二月，在大佛铸造工作行将结束时，有人报告陆奥国发现黄金。圣武天皇闻言十分高兴，命人向陆奥国各神社奉上神币，向神汇报此事。天平二十一年四月初一，圣武天皇行幸东大寺，来到卢舍那大佛前殿，对佛北面而立。光明皇后和皇太子阿倍内亲王侍立身旁。群臣百官列于殿后。左大臣橘诸兄奉圣武天皇之命，向着佛殿宣读祝词。大意如下："我在佛前宣读自称是三宝之奴的天皇的大命。本来都以为大倭没有黄金，然而陆奥国守百济王敬福称从部内小田郡出了黄金，并献了上来。这完全是卢舍那大佛的赐福，朕高兴之余率百官前来礼拜。"圣武天皇认为发现黄金是卢舍那大佛的赐福，欣喜若狂。于是，圣武天皇赐敬福从三位爵位，接着授予陆奥介、镇府判官、获得黄金的人、冶炼黄金的人及发现黄金的山的神主爵位，改元天平感宝。天平二十一年四月二十二日，百济敬福又献上黄金九百两。圣武天皇下诏免去陆奥国三年调庸，小田郡永远免除调庸，其他各国一年免两郡调庸，免去陆奥国当年的田租。圣武天皇大幅度的免税是表示对大佛诚心诚意的感谢。然而，大概圣武天皇还是感到诚意不够吧。天平二十一年闰五月，圣武天皇向大安寺、药师寺、元兴寺、兴福寺、东大寺五寺捐赠布、帛、棉、稻谷若干，捐赠垦田地各百町，又向法隆寺、弘福寺、四天王寺、崇福寺、香山药师寺、建兴寺、法化寺等寺捐赠了大致同样的物品和垦田地。这些施舍都是大手笔。国库不堪重负。圣武天皇非常认真地解释说："之所以向各寺施舍物资是因为希望天下太平、兆民快乐，佛法界同仁共同成佛。"圣武天皇对佛教的信仰超过笃信，达到了狂热的程度，丝毫没有消退的迹象。最终，圣武天皇迁到药师寺。天平二十一年七月二日，皇太子阿倍内亲王继位，改元天平胜宝，史称"孝谦天皇"。政局发生了巨大变化。

天平二十一年七月二十四日，大佛铸造工程快要结束时，圣武天皇来这里视察。天平二十一年十二月十七日，圣武天皇改称太上皇，和光明太后一起行幸东大寺，请五千僧人礼佛、读经，让乐师奏唐朝、渤海国、吴国的音乐，让人舞五节田舞、久米舞。这个法会非常豪华和隆重。当天,圣武太上皇向东大寺施舍食封四千户,奴婢各百人,还给造东大寺的官员们赐爵,可谓皇恩浩荡。

自天平胜宝四年三月十四日起,人们开始给卢舍那大佛涂金。天平胜宝四年四月九日,涂金工作完成。朝廷举行盛大的开光法会。孝谦天皇率领文武百官行幸大东寺,设台请万僧。音乐如花,舞蹈如蝶。《续日本纪》记录了当天的盛况:"佛法东归以来,未曾见过如此大的盛会。"

此时,佛像殿堂已经落成。这项工程耗时长、困难大,非常烦琐,是无法用语言来描述的。从时间上来看,天平十五年开始动工,天平胜宝四年举行开光法会,耗费了十年时间。此外,就耗费的物资来看,仅铸造大佛用了熟铜七十三万九千五百六十斤,白铬一万两千六百一十八斤,炼金一万零四百四十六两,水银五万八千六百二十两,木炭一万八千六百五十六石。长年累月、耗费巨资铸造的大佛的各种尺寸大得惊人。日本是远东的蕞尔岛国,在距今约一千二百年前,就能铸造世界最大的卢舍那大佛。这称得上是世界上的奇观。然而,要将这座让世界震惊的大佛搬进大佛殿里,无论从高度上还是面积上,都需要大佛殿。这个大佛殿有两重十一间,高十五丈六尺,东西二十九丈,宽十七丈。基础高七尺,东西长三十二丈七尺,南北长二十六丈六尺。柱子有四十八根。殿门有十六个。东西塔婆都有七重。东塔高度为三十三丈八寸。西塔高度为二十三丈六尺七寸。露盘高度为八丈八尺二寸。用于制造这些的熟铜为七万五千五百零二点五斤,白铬为四百九十一斤。木匠是从五位下猪名部百世、从五位下益田绳手。猪名部是对从新罗派来的一群技术人员的总称。这些人估计是累世从事手工业的技工,技艺娴熟。除了这个堂宇外,还有讲堂、厨房、食堂、戒院、官舍、僧房等,建筑物众多,设计起来并非易事。即便是今天有进步的科学头脑的建筑家,建造这样宏伟的建筑物都是很困难的。当时能够完成此项大工程的猪名部百世、益田绳手等真是了不起,而铸造大佛的国公麻吕、高市真国等也很了不起。这堪称日本工艺建筑史上的奇迹。当然,这与强大的近乎狂热的信仰力量是分不开的。否则这样的造佛造寺大事业是很难圆满完成的。

部分	尺寸	部分	尺寸
结加趺坐高	535寸	脸长	170寸
发髻高	20寸	脸宽	95寸
眉毛长度	54.5寸	眼长	39寸
口长	37寸	颐长	16寸
耳长	85寸	颈长	26.5寸
肩径	287寸	胸长	180寸
腹长	130寸	臂长	190寸
肘、胳膊长	150寸	掌长	56寸
中指长	50寸	胫长	238.5寸
足下	120寸	膝前径	390寸
铜座高	10寸	膝厚	70寸
铜座径	680寸	九百六十个螺形高	10寸
铜座上方周长	2140寸	九百六十个螺形径	6寸
铜座底部周长	2390寸	石座高	80寸
圆光一个高	1140寸	石座上面周长	3070寸
圆光一个宽	960寸	石座基座周长	3950寸

与佛像相比，更值得一提的是吊钟。吊钟高一丈二尺六寸，口径九尺一寸三分，口厚八寸，深圆八丈，所用的原料是熟铜，用了五万二千六百八十斤，用了白铬四百九十斤。这个吊钟铸造于732年，总重量为四十九吨。这不仅是日本的怪钟，也是世界上的怪钟之一。1733年俄罗斯铸造的科洛克尔沙皇钟约重一百九十六点五吨，据说是世界最大的吊钟，但已经出现裂纹。此外，科洛克尔沙皇钟实际上从来没有吊起来过，也没有被敲过。莫斯科的第二大钟重量为一百二十八吨，1406年中国铸造的北京大钟重五十三吨。从重量上来说，东大寺的吊钟排第四位。从时代上来说，东大寺的吊钟比任何一个吊钟都早几百年。东大寺的吊钟能吊起来，还在敲，并且保存完好。在世界铸造史上，这是一个奇迹。

从物质文化上来看，东大寺的建筑、大佛及吊钟的铸造是历史上的奇迹。从精神文化上来看，我们可以发现一个耐人寻味的事实，即神佛习合这一不可思议的事实。这在宗教史上有着极其深远的意义。一般来讲，一个民族固有的信仰很难与外来的精神文化融合，即便与外族的信仰进行接触也很难包容并理解它。日本民众本来的宗教信仰是原始神道。即便佛教进入日本后，日本也不可能从根本上与佛教产生共鸣。真正理解佛教的日本人屈指可数。有些人看似理解了佛教，但也只不过是接触到了佛教的外延而已，并非立即想了解佛教的深邃内涵。在不了解佛教真谛的情况下，日本人念经敬佛，祈求天下太平和国土安全。由此看出，日本人是将佛教当作用于祈祷的宗教来对待。日本人之所以这样做也是因为他们不理解佛教的深刻内涵。即便有的日本人对佛教有几分理解，他对释迦牟尼的礼赞之心也会经常受到对日本固有神祇信仰的威胁。人类将自己拥有的信仰具体化的对象就是崇拜的客体。就崇拜的客体而言，无论它转变成什么形式，它的宗教价值只有一个。但古代民众是不知道这一点的。日本民众不能超越神道、佛教之间的鸿沟，自己给自己加上了桎梏，在这种信仰的矛盾中而烦恼苦闷。消除这一矛盾会让无知的日本民众信仰佛教时心安理得，毫无疑问，这对他们来说是最大的幸福。这为外来宗教佛教在日本的传播提供了动力。

消除神道与佛教间的矛盾、解决日本民众心结的手段就是神佛归一说，这是那个时期新出现的现象。随着日本民众文化水平不断提高，固有的神道信仰逐渐得到改善。日本神道教本来属于多灵教的，逐渐转变为多神教，进而原始神道在将这些神灵进行综合、统一的基础上升华为超越众神灵的宗教。《古事记》中记载了宁乐时代的宗教信仰：天御中主神是宇宙的中心，是宇宙的拥有者，是无比优越的存在。与此同时，《古事记》认为，在天照大神的照耀下，光华六合，并且认为天照大神很有人情味，具有人格魅力。不仅如此，《古事记》还主张天照大神是日本皇室的祖先。经过这一系列对神道信仰、教义的诠释，神道教从多神教转化为一神教。这就是神道教的发展历程。因此，神道教一直拒绝在这个信仰系统中有一个以上的优越性的存在。这也是情理之中的事情。即便统治者说神道教和佛教是可以同时存在的，但民众的脑子里还是不太认可这一说法。于是，统治者开始思考将佛教和神道教合二为一，主张两者本源是一个，不是两个。于是，统治者让僧侣们宣扬"化身说"。在铸造大佛之际，僧侣们认为光明普照的卢舍那佛作为天照大神在日本显灵。这就是本地垂迹说。将这些说法广泛散布民间的恐怕是僧人玄昉。没有迹象表明行基反对这种说法。宇佐八幡的祢宜尼大神杜女、主神司大神田麻吕也致力于宣扬神佛习合学说，天平胜宝元年十一月初一，为了嘉奖二人，孝谦天皇赐二人大神朝臣的姓。天平胜宝元年十一月十九日，宇佐八幡①根据神谕前往京师。孝谦天皇任命石川年足等作为迎接使，率领士兵警卫前后。天平胜宝元年十二月十八日，宫廷的官僚在平群郡将八幡大神迎接入京，迁到在皇宫南面的梨园宫建造的新殿中。天平胜宝元年十二月二十七日，宇佐八幡的祢宜尼大神杜女乘坐类似于皇家轿子的紫色轿子参拜东大寺。孝谦天皇和圣武太上皇、皇太后一起行幸东大寺，奉八幡大神为一品，比咩神为二品。查阅当时的宣命可以发现：宇佐八幡曾宣布"我会率天神地祇，帮助造佛事业"。这番话非常灵验。这项大工程终于顺利竣工。与此同时，宇佐八幡的祢宜尼大神杜女被授予从四位下，田麻吕被授予外从五位下。祢宜尼大神杜女宣传在铸造大佛时，八幡大神伸出援助之手。因此，在大佛铸造结束后，传出神谕，八幡大神入京。天平胜宝二年二月十九日，天皇赠给一品八幡大神封户八百户，爵位田八十町。天平胜宝二年十月，根据八幡大神的神谕，藤原乙麻吕被任命为太宰帅。由此可见，在八幡大神、祢宜尼大神杜女、藤原氏之间有某种联系。天平胜宝七年三月二十八日，八幡大神的神谕中说道："我是神，不好奢侈，封户和水田都返还朝廷，只保留神田。"对这些文句进行分析不难发现：八幡大神和卢舍那大佛之间有着密切的关系，祢宜尼大神杜女等让神佛习合，打算从中牟利。

这样一来，本地垂迹说的色彩越来越浓厚，终于在平安时代开始普及。这件事情可以说是印度宗教的日本化，也可以看作日本固有神道的佛教化。这样说恐不为过。从祢宜尼大神杜女在朝廷上势力膨胀这一事实可以看出在宁乐时代，宗教思想处于什么样的地位，以及宫廷政治受宗教影响的程度。

将日本建成佛教国家是圣武天皇毕生的理想。圣武天皇在日本各地修建国家寺院的分寺。为了统一管理这些寺院，圣武天皇让人修建总国分寺东大寺，并在东大寺安放大佛像。此外，圣武天皇还打算修建总国分尼寺，旨在统辖全国的国分尼寺，而这一计划也得到实施。至少在形式上，日本成了佛教国家。为了

---

① 是日本全国四万四千个八幡宫的总社，古称八幡宇佐宫或八幡大菩萨宇佐宫。

让佛教国家名副其实，大僧正行基竭尽全力劝化民众。在卢舍那大佛铸造工程尚未结束时，归化日本的婆罗门僧菩提和良辨继承了行基的衣钵。菩提任僧正，良辨任少僧都。他们努力推进卢舍那大佛铸造工程，直到竣工。圣武太上皇一直梦想工程竣工。天平胜宝八年五月二日，在卢舍那大佛铸造工程结束后不久，圣武太上皇驾崩，享年五十七岁。长期以来，官僚和市民一直紧绷着的神经终于舒缓下来，好比终日暴风雨之后静夜来临一般。

第5节　日本对多贺城和东北的经营

为了实现将日本建成佛教国家这个梦想，圣武天皇像丢了魂似的，将半生都用在造佛造寺上。这是不争的事实，但圣武天皇不仅造佛、造寺，还振兴文教事业、改革内政、充实国防。由此可见，在政治上实施文化政策的同时，圣武天皇在军国政策上也没有懈怠。圣武天皇笃信佛教，慈悲为怀是他的人生理想。然而，圣武天皇还致力于扩张并巩固地盘，甚至还为此采取了军事行动。从这一点来看，圣武天皇和圣德太子的做法很类似，简直如出一辙。这种类似难道是偶然的吗？

关于圣武天皇采取的措施，首先就是神龟元年，他命人修建多贺城。日本民众经营东北地区始自史前时期。有很多神话提到了这件事情，而作为历史事实出现则是在钦明天皇以后。在大化改新后，日本民众经营东北地区一事清楚地记录在日本国史上。就宁乐时代初期日本朝廷经营东北的情况而言，如上所述，朝廷采取威压和怀柔并用的策略，逐渐向北扩展势力。最终，朝廷在东北地区设立陆奥、出羽二国。然而，日本民众还未能真正同化这些异族。阿伊努族和通古斯族的原种占据原来的地方，生活方式和风俗与日本民众迥异。在当地，异族人数占大多数，仅有少量日本人杂居其中而已。太平洋沿岸交通不发达，开拓较晚。到了养老二年，日本朝廷才在这里设立石城国、石背国。养老四年九月，虾夷族发动叛乱。按察使下毛野广人被虾夷人杀害。多治比县守等前往镇压。当地人烟稀少，大部分是原始的林野。当时，人们无法确切知道日本边境最前沿能到什么地方。因为异族不断来袭击劫掠、杀人，养老六年，元正天皇下令免除陆奥按察使管辖区域内农民的庸调，劝课农桑，教习骑射。为了防御异族，朝廷建立了类似于屯田兵的制度。养老六年八月，朝廷命令各地各选拔栅户一千人，配置在陆奥的镇所。因此可以想象，朝廷强制移民，将军队送往前线与异族对抗，防止异族入侵。

陆奥的镇所在什么地方现在已经无从知晓，但可以推测镇所应当位于最前线的南面比较安全的地方。具体位置大概就是后来修建多贺城的地方，或者附近。镇所距离京城很远。物资供应短缺。因为新开垦的土地收获还很少，所以物资匮乏成为常态，使当地人痛苦不堪。养老七年二月，常陆的那贺郡大领治部直荒山向陆奥镇所献上个人稻谷三千斛，被日本朝廷授予爵位。这一点正是反映陆奥物资匮乏的历史事实。圣武天皇神龟元年二月十九日，大伴南渊麻吕、锦部安麻吕、角山内麻吕等百姓向陆奥镇所献上私谷，被授予外从五位下爵位。不仅如此，圣武天皇神龟元年二月二十二日，镇守陆奥国的军卒等上书请愿将原籍迁到陆奥，并将父母妻儿接来。这一要求得到批准。因此，经营东北的工作年年获得进步。朝廷不断从内地送来移民作屯田兵。圣武天皇神龟元年三月二十五日，陆奥大领佐伯儿屋麻吕被虾夷人杀害。由此可以看出，日本政府军对虾夷造成重压，虾夷起来反抗，并展开反击。神龟元年四月七日，圣武天皇任命藤原宇合为持节大将军，任命高桥安麻吕为副将军征讨太平洋沿岸的虾夷。神龟元年四月十四日，圣武天皇命令坂东九国的军队三万人演习骑射，练习排兵布阵，将大量的布、帛、棉等物资运往陆奥镇所。这样一来，对虾夷的征讨就更有组织性和计划性了，规模也更大了。神龟元年十一月十五日，圣武天皇派内舍人到近江慰劳藤原宇合。神龟元年十一月二十九日，藤原宇合凯旋。由此可见，日本政府军在夏季积极展开进攻，从秋天到冬天终止战斗，将军们回京述职。

神龟二年闰正月，朝廷将一百四十四个俘虏发配到伊豫，将五百七十八个俘虏发配到筑紫，将十五个俘虏发配到和泉。接着，圣武天皇授予藤原宇合、大野东人、高桥安麻吕等征讨虾夷的人爵位。被授予爵位的人数达到一千六百九十六人。俘虏人数为七百三十七人。受到奖赏者多达一千六百九十六人,说明神龟元年朝廷征讨虾夷的规模相当大。

就修建多贺城而言,官方编纂的日本国史没有提到一句。但多贺城碑上写着"神龟元年按察使兼镇守将军大野东人建多贺城"。长期以来,人们都相信这个说法。最近有人指出这碑是后世人刻的赝品,碑上所记载的内容不足凭信。某个对书法颇有研究的书法家将古代中国的拓本和这碑上的文字进行对比发现,几乎一字不差,碑文出处可疑,因此断定这是后世的赝品。很多人对此看法存有异议。不管怎么说,多贺城的经营是在神龟元年左右进行的。这一点应该没有疑问。

多贺城遗址位于陆前宫城郡多贺城村大宇市川。城市跨市川、浮岛二村,位于从东北向西南突出的丘陵端。北面有加濑沼。牙城在丘陵的西南端上。海拔一百零三尺。以前东西长五十间,南北长五十间。而今,周围有土垒,中央有草坪,到处是表面直径为二尺至五尺的础石,总数有十几个,排列成行。在牙城遗址的东北约三百间处有东门。础石散乱在那里。门外还残存着土垒。除此之外,还有贯穿南北线的外郭的土垒相连。习惯上,人们将外郭土垒和牙城之间称作三之丸,将牙城及连接牙城北面东西线的土垒之间称作二之丸。当然,后世对此进行了修补。通过从城址挖出的古瓦,我们可以看出多贺城建造的年代应该在很久之前。根据考古学家的研究,就从城址挖掘出的古瓦而言,巴瓦有两种,唐草瓦有三种。第一种巴瓦直径六寸,沿厚九分,雕刻的莲花的中房小而高,里面有五个莲子,花瓣有八个,界限分明,各瓣的末端隆起,向中心画着纵线。在接近各瓣面的中房的地方有小叶,这在飞鸟时代末的巴瓦上见不到,而类似于在白凤时代的能够见到的卵状隆起。这个瓦上有狭长的花瓣和小叶,属于飞鸟时代末期京畿地区的东西,在宁乐时代已经见不到了。在偏僻的地方,即便是飞鸟时代以后的遗址也能找到。多贺城的巴瓦使用的样式是首都已经不流行的样式。第二种巴瓦中房很小,由八瓣组成,各瓣间距离较大。第一种唐草瓦的正面厚度为一寸七分,在纵断面上,前端正面和上面呈钝角,越往后厚度越减。这样正面对上面呈钝角的形式是在大化以后和铜以前人们使用的手法。第二种唐草瓦的正面厚度为一寸八分，正面对上面成钝角。这一点和第一种一样。纹样左右匀称。唐草的描法极其拙劣。第三种唐草瓦无沿，只是刻了三条重弧纹，里面有大波纹。从飞鸟时代起，重弧纹的唐草瓦就开始使用，宁乐时代也能见到。这种手法找不到类似的。平瓦弯曲得很厉害，恐怕是因为着火烧弯了。里面有布纹、表面有三角纹样的阴刻。根据这些遗物，我们可以推测，称多贺城的建筑是在神龟年间修建的传说及多贺城碑的铭文还是值得相信的。

在神龟元年爆发的虾夷之乱很快就被平定了，但日本人越压迫虾夷，虾夷的反抗就越激烈。这是理所当然的。在修建多贺城以来，日本人以多贺城为根据地，开始北进。天平五年十二月，朝廷将出羽的栅户迁往秋田村的高清水冈，在雄胜村建立郡家，制订让移民住在当地的计划。为了将陆奥和出羽打通，陆奥按察使大野东人需要将雄胜从虾夷那里夺过来。于是，大野东人上奏朝廷请求批准。圣武天皇任命藤原麻吕为持节大使到陆奥，和大野东人一起经营陆奥。天平九年三月，大野东人开始采取行动，开辟了从多贺城通往出羽玉野的道路。天平九年四月，大野东人从色麻栅来到出羽的大室驿，和出羽国守田边难波一起从已经开辟了道路的玉野出发，向虾夷的根据地比罗宝许山进军。大野东人听从田边难波的建议，没有向对手发动进攻就撤军了。这一北进运动是值得关注的大事件。在此之前，日本海沿岸的出羽国军队从越后方面北进，而太平洋沿岸的军队北进的程度要深一些，将根据地设在了多贺城。因此，这才有必要将日本海沿岸和太平洋沿岸连在一起。也就是说，在此之前纵向有两条线，而今横着有一条线，横穿东西。

陆奥、出羽的开垦并不容易。朝廷为如何选拔移民前往陆奥、出羽而犯愁。于是天皇下诏"将不孝顺、不恭敬、不友善、不顺从的人发配到陆奥的桃生和出羽的雄胜"。这样一来，一方面搞好治安，净化了社会风气，另一方面又巩固了边防，可谓一石二鸟。淳仁天皇四年正月，朝廷将官奴官婢配置在雄胜城。桃生、雄胜这两座城堡是淳仁天皇三年九月开始着手修建的。在城堡竣工后，朝廷将奴婢作为良人派往这两座城堡作屯田兵。被派往雄胜城的有官奴二百三十八人，官婢二百七十七人。当时，负责经营东北且立下战功的有陆奥按察使兼镇守将军藤原惠美朝臣朝集①。桃生、雄胜二城规模相当大。参与修建的人有郡司、镇兵、马子总计八千一百八十人，从春天到秋天从不休息，一直从事劳役。接着，朝廷命令让坂东八国及越前、能登、越后等流浪者两千人移居桃生、雄胜，成为栅户。此外，日本朝廷又在出羽新设雄胜、平鹿二郡，又设置了玉野、避翼、平戈、横川、雄胜、助河六个驿站，在陆奥设置了岭基等驿站。在京师的官僚热心于崇佛之际，开拓东北的工作也在有条不紊地进行着。他们每年都将前线向北推移，逼近津轻海峡。

第6节 军队编制和国防

圣武天皇实施的是慈悲为怀的德政，但仅限和统治者血缘相同的民众，而对异族则采取军国主义政策。军国主义政策主要表现在建立军队编制、补充军队给养、对内保障和平、对外维护国家独立等方面。那么当时的具体情况是怎样的？笔者就此进行论述。

要想彻底搞清楚日本历史上的兵制的全貌并非易事。笔者认为氏族是构成一个军的单位。氏族制度是以保护氏族的世袭权力为目的的。各氏族都有祭祀、战斗、生产等专门职业，分工明确。跟随神武天皇的来目部是专门从事战斗的武士集团。其名称"来目"和近代词汇中的"组"是同义词，就是团体的意思。在氏族时期，强大的战斗团体有物部、大伴二氏族，在发生战争时赶往前线作战，平时则护卫朝廷。物部氏族守卫殿内，大伴氏族守卫宫门。这一点笔者前面已经讲过。物部氏族和苏我氏族争斗，以失败告终。因此，物部氏族很早就在宫中失去势力。而直到宁乐时代，大伴氏族一直维持着自己的势力。在氏族制度时期，日本出现了很多氏族。从事领军和指挥军队的并非都出自物部、大伴这两个家族。

在日本国史上讲到了当时的军队编制问题。崇峻天皇四年十二月，崇峻天皇任命纪男麻吕宿祢、巨势臣比良夫、狭臣、大伴啮连、葛城乌奈良臣为大将军，任命各氏族的臣连为裨将、部将，命他们率领两万余人到达筑紫。从这一记

---

① 即藤原朝集。

录中，我们可以推测筑紫驻军的编制。大将军以下有裨将和部将。大将军不是一个人，而是五个人。这五个人通过集体协商来决定一般的方针政策。军队兵力总数为两万人，由五个将军平分。一个大将军统率四千人。假如将这四千人看作一个军团的话，那么全军由五个军团组成。这些军团被进一步细分后，由臣连等小氏族长来率领。也就是说，大将军相当于师团长，裨将相当于旅团长，部将相当于联队长。在这些军队中，也有若干妇女随军。证据如下：上毛野形名在征讨虾夷时受到妻子的鼓舞，勇敢作战；在征讨新罗时，川边琼缶的妻子甘美姬也在军中；调吉士企伜的妻子大叶子也在军中；神功皇后征伐朝鲜的传说也反映了妇女在军中活动的事实。

  天皇将指挥军队的权力交给氏族长，因此，强大的氏族间经常发生争斗。朝廷不仅不能制止这一争斗，甚至连朝廷都被强大的氏族左右。在大化改新之际，日本朝廷让兵制和氏族制分离，将散落在民间的武器没收，收藏在官库中，禁止人民私自使用武器。随着东北地区不断开拓，朝廷在北边和虾夷、肃慎发生冲突，在筑紫和隼人发生冲突。因此，日本朝廷不仅对内需要军备，为了维持日本在朝鲜半岛的势力，也需要不少兵力。在充实军备上，日本朝廷付出艰辛的努力。在齐明天皇、天智天皇两朝，日本和唐朝交战，日本战败。此后，日本朝廷痛感军备和国防的必要性，修筑高安、屋岛、金田三城，还养马、训练军队。《近江令》就是在那个时期编纂的，里面包括赋税、劳役、军队、边防等规定。天武天皇三年，天武天皇任命栗隈王为兵制官长，负责整顿兵制。天武天皇六年，日本已经开始区分文武官员。卫府、军团的官员等带剑者属于武官，与文官相区别。当时朝廷规定，除了刀外，文官不准带兵器，而武官允许带剑。然而，从天武天皇十二年开始，文武官员都可以用兵乘马。有马的称骑士，没有马的称步卒。持统天皇虽然是女天皇，但非常重视充实军备。在持统天皇三年以后，每国抽调四分之一的士兵。其中高田石成熟悉三兵，受到嘉奖。三兵是指步、骑、弩三种兵种。其中，弩是日本最得意的武器，而唐军的弩比日本军队的还要强大。持统天皇七年，持统天皇将阵法博士派到诸国教授军阵。持统天皇非常重视战术的演练。文武天皇三年，文武天皇让正大二以下，无官爵以上者按人头分别准备弓、箭、铠甲、矛及兵马,修缮高安、三野、穗积三城。日本朝廷之所以充实兵器、巩固国防是因为对内对外都有必要采取军国主义政策。这一点毋庸赘言。

自《近江令》以来,军国主义政策逐渐法制化了,有了一定之规。军国主义政策真正系统化是在《大宝律令》发布以后。根据《大宝律令》规定,朝廷选拔全国丁男的三分之一,分成几个军区,每个军区建立一个军团。一般来讲,兵种分为步兵和骑兵。士兵五人为一伍,二伍为一伙,五伙为一队。队正率领一队五十人。两队百人为一旅,由旅师率领。四队二百人为一个师,由校尉率领。五个师有一千人,称作军团,由大毅率领。下面设立少毅二人。不过,军团不满一千人,则大毅、少毅各一人,如果是五百人以下的话,则只设毅一人。

作为军需品而言,一伙十人配备驮马六匹。每个士兵配备粮食六斗、食盐二升。所用的武器储藏在军团仓库里。还有一张藏青色的布帐篷一个,铜杯、小锅两个,铁锹一个,锉槌一套,大斧子、小斧子各一个,凿子一个,镰刀两把,钳子一个。一队还配备有火镰子一个、熟艾草一斤、手锯一个。每个士兵需要自备一张弓、一个弓弦袋子、两根备用的弓弦、五十支箭、一口大刀、一把刀子、一块磨刀石、一顶茧帽、一个饭袋、一个水桶、一个盐桶、一条毛巾、一双鞋。

就士兵的义务服役年限而言,作为卫士前往京师的服役一年,作为边防军前往太宰府的服役三年。卫士分为两班,隔日执勤,在不执勤的时候练习弓马、刀枪、弩石。午后为休息时间。任用规定如下:大毅、少毅从部内的散位①、勋位及庶人武艺精湛者中选拔。士兵以上都制作简历、名簿两套,一套留在国衙、一套留在朝集使那里,送至兵部省。大将在出征时被授予节刀,之后禁止回家住宿。三千人以上的出征,由侍从作为钦察来慰问。一千人以上的边防军出发时,由内舍人来慰问。在军营门设卫兵,盘查人员出入。卫士在不执勤的时候禁止到三十里②以外的地方。

出征的士兵在超过一万人的情况下,设将军一人、副将军二人、监军二人、军曹四人、记录员四人;五千人以上的话,设将军一人、副将军一人、监军一人、记录

---

① 即六位以下。——原注
② 一里等于今四公里。——原注

员二人，军曹四人；三千人以上的话，设将军一人、副将军一人、监军一人、记录员二人，军曹二人。一万人以上、五千人以上、三千人以上皆为一军。为了统帅三军，设大将军一人。在《制定大宝律令》以后，妇女禁止从军。

一郡乃至数郡设立一个军团，分别配备大鼓两面、大号角两个、小号角四个，让士兵共用。人们在军团的兵器库内造架子，存放兵器。因兵器的种类不同，放置的场所也不同，有时候需要晾晒后保存起来。三关——伊势的铃鹿关、美浓的不破关、越前的爱发关——配置士兵，倒班把守。

朝廷非常重视边陲的防御工作。边城的城门开得晚，关得早。朝廷规定，城主本人来掌管城门的钥匙。住在东、北、西边境的郡民都在城堡中有住宅，而耕作的场所仅设有厩舍。边防军士兵在其守卫的场所近旁得到一片空闲地，可以在那里栽种稻子和蔬菜，供自己食用。边防军每执勤十天就休息一天，如果生病的话，由公家提供医药，让伙内一人专门负责看护。边防军提出申请后，可以允许带着家人、奴婢和牛马前往驻地。

作为边境，太宰府最受朝廷重视，设置了很多职员。这一点前面已经讲过。民众作为边防军被派往西陲边城，都感到非常痛苦。很多人想方设法躲避兵役，恰逢父母去世的话，就可以免除兵役。因此，甚至有人谋杀生母。如果不这样，那么边防军的服役年限是三年。在出发时，边防士兵和父母妻儿道别，非常悲伤，绕过丘陵、已经看不到家的时候，数次回首，依依不舍地离开家乡。留在家里的母亲掩面大哭，白发的父亲垂泪，目送着远去的儿子的身影。妻儿左右前后互相拉着衣袖，站在那里，看着行路人的脸。家人祈祷边防军内的亲人在上船后海路平安。边防士兵看到飘在空中的云的影子，将云影比作使者，慨叹没有办法让云影将土特产带给家人。武州琦玉郡的上丁藤原部等麻吕在翻越足柄山时，回头望着家乡，慨叹如果在这里晃动袖子的话，家里的妻子是否能够看到？武州都筑郡的上丁服部于由作为边防士兵出发的时候，歌道"千里行路难，寂寞把家恋，足柄山峰云，替我捎书简"。他妻子昏女怅然答道："夫君是我宝，而今去筑紫，思夫不解带，长夜多难熬。"边防士兵与家人的别离之苦由此可见一斑。在同时代的诗集《万叶集》中收录了很多描写边防士兵与家人的离别之苦的诗歌，不胜枚举。

边防士兵个人的悲哀确实有可叹可同情之处，但日本民众相信，为了保卫国家，牺牲个人的幸福乃至生命是不可免除的义务。当时，国防这一概念已经在日本民众心中根深蒂固，特别是筑紫的边防军带有防御外来入侵的性质，无论是日本朝廷还是日本民众都不可能不重视筑紫的防务。在宁乐时代初期，朝廷将主要精力放在了开拓东北地区上。到了圣武天皇神龟元年，朝廷设置多贺城。到了宁乐时代中期的天平时代，日本的对外关系开始复杂起来，并且还出现了恶化的倾向。因此，朝廷将精力从东北的开拓转向对西部边陲的防守上。自从日本与唐朝进行海战、大败而归后，新罗统一了朝鲜半岛，出现了所谓的"新罗统一时代"。新罗与日本继续维持着友好关系。然而，天平八年二月二十八日，被任命为遣新罗使的阿部继麻吕和副使大伴三中、大判官壬生宇太麻吕、小判官大藏麻吕等一起于同年四月从京师出发，进入新罗，但新罗的圣德王一反常态，没有接待日本使者。正大使阿部继麻吕非常郁闷，在归途中死于对马。副使大伴三中等患病，不能进京。于是，大判官壬生宇太麻吕等人先行出发，天平九年正月二十七日入京，同年二月十五日向圣武天皇禀奏事情经过。圣武天皇将六品以上官吏召集到大内征求意见。有人态度强硬，主张征伐新罗。天平九年三月，副使大伴三中也回到京师。朝廷获悉更详尽的情况。天平九年四月，圣武天皇派钦差到伊势神宫、大神社、筑紫的住吉神社、八幡神社及香椎宫，奉告神灵新罗无礼之状。

天平十年正月，太宰府汇报朝廷新罗使者级飡、金相纯等一百四十七人来到日本。朝廷商议应该如何处理此事。天平十年六月，朝廷命太宰府招待金相纯等一行。之后，日本将新罗使者一行打发走了。然而，不知道因为什么原因，天平十四年正月，朝廷废除太宰府，将太宰府官务交付筑前国司，这恐怕是由于实施消极的对外政策导致的。然而，到了天平十四年二月，太宰府报告朝廷，新罗大使沙飡金钦英来到日本。朝廷又命令太宰府招待新罗来使，并将他们打发回去。日本朝廷不让外国使者进入日本首都，在边境就将外国使者打发回国，这是因为嫌弃外交活动烦琐。但朝廷还是不放心西部边陲。天平十五年十二月，朝廷设置镇西府，任命石川加美为将军，大伴百世为副将军。天平十六年四月，朝廷尝试非军国主义政策，废除造兵司、锻冶司。天平十七年六月，朝廷再次设立太宰府，任命镇西将军石川加美为太宰府大贰。在西部边陲恢复太宰府这一机构其中必有隐情。

在圣武天皇退位后，孝谦天皇继位。天平胜宝四年六月，新罗的景德王将王子金泰廉等一百七十余人派往日本，进贡方物。和以前不同，新罗表示了诚意。天平胜宝五年二月，孝谦天皇任命小野田守为遣新罗大使。从前后的情况推测，日本和新罗的关系绝称不上友好。天平胜宝八年六月，日本朝廷在筑紫修筑怡土城。这可以佐证日本的对外关系非常紧张这一点。日本对新罗非常不满，原因如下：其一，长年以来，新罗在外交上对日本无礼。其二，天平胜宝六年正月，遣唐副使大伴古麻吕从唐朝回来，向孝谦天皇上奏："天平二十年①正月，各国使者在唐朝的蓬莱宫朝贺。当时，新罗使者的座次排在东畔第一大国大食国之上，而日本使者的座次排在西畔第二的吐蕃之下。我说，'自古以来新罗向日本朝贡，而其座次排在日本之上是不合适的'，言辞激烈，进行理论。之后，将军吴怀实将新罗使者的座次排在了西畔吐蕃之下，将日本使者的座次排在东畔第一大国大食国之上。"听到日本在国外受到不公正待遇一事后，日本朝廷的官僚认为有必要向新罗宣示日本的地位在新罗之上。以这一想法为基础，日本对新罗的态度逐渐强硬起来。而作为自卫的手段，日本首先开始修建怡土城。

修建怡土城时，太宰府大贰负责监工。怡土城的城址位于筑前丝岛郡怡土村高祖山。怡土城位于可以俯瞰丝岛平原和博多平原的战略要地。由此观之，与其说大野城和水城直接防卫太宰府，不如说还有一个更重要的任务②。时至今日，城址上还保留着土垒。内部有广阔的、较缓的、倾斜的地面。当时，这里建有屯营、仓库、寺院等建筑物，一旦发生战事，可以让附近的居民在这里避难。据某个史学家说，这是一个很完美的军事设施，并有配套的措施和计划。

淳仁天皇天平宝字二年，唐朝安禄山发动叛乱。太宰府严加防备。天平宝字三年五月，日本朝廷让太宰府训练行军阵式，目的是为征讨新罗做准备。天平宝

---

① 即唐朝天宝十二年。——原注
② 指防御外敌入侵。

字三年八月，淳仁天皇派太宰帅船亲王到香椎宫，向神灵奉告征伐新罗一事。接着，淳仁天皇命令日本各地造船五百艘。这本来是为了对外征战而准备的，因此竣工时间限定在三年以内。天平宝字四年九月，新罗派来使者。朝廷斥责新罗无礼，将新罗使者赶了回去。天平宝字五年正月，朝廷让美浓、武藏的少年学习新罗语。天平宝字五年十一月，朝廷派人检查东海、南海、山阳、西海的军备。天平宝字六年十一月，淳仁天皇再次派人到香椎宫奉告神灵征伐新罗事宜，接着训练军队。天平宝字七年二月，朝廷又将新罗使者赶了回去。这一年，怡土城大致落成。吉备真备上京。称德天皇[①]天平神护元年三月，太宰大贰佐伯今毛人接着将吉备真备修建城池的工作干下去，于天平神护二年二月完全竣工。虽然中途工程进度有些放缓，但自开工以来，在第十一个年头上，筑城工程终于竣工。这是佛教全盛时期日本完成的筑城大工程。当时，日本处于梦幻一般的时代。在宗教狂热的驱使下，君民像做梦一样，但人们也没有忘记现实中的国防事业。在对外政策上，特别是在对新罗的政策上，日本采取强硬态度，并且还制订了征讨新罗的计划。在日本文化史上，宁乐时代被比喻为绿色，而征讨新罗的计划则可以比拟成红色，这是一个大放异彩的史实。

第7节 奖励学问和派遣遣唐使

在公布《大宝律令》后，日本才开始逐步建立教育行政制度。之前播下的学问的种子在推古时代萌芽，在天智天皇时期发育，在天武天皇时期开花，在宁乐时代结果。因此，《大宝律令》中的《学令》是关于教育行政的规定，总共有二十二条内容。除了《学令》外，《职员令》中对大学寮、雅乐寮、阴阳寮、画工司、图书寮、典药寮等各种关于国学的规定合起来后，它们的职能就相当于日本现在的文部省，即教育部。

大学寮隶属于式部省，设一名头领，选拔考试学生，掌管释奠工作，下面设助理一人、大允一人、少允一人、大属一人、少属一人、博士一人、助教二人，收纳

[①] 孝谦天皇重祚，史称"称德天皇"。

学生四百人,学习经学。此外,音乐、书法、算术博士各有二人,教育音乐、书法和算术。国学按照国别设置博士一人,教授学生一人。招生比例如下:大国的学生有五十人,上等国的学生有四十人,中等国的学生有三十人,下等国的学生有二十人。前面笔者已经讲过典药寮的教职员及学生,国学的医师及医生,大学的算术博士及学生,以及阴阳寮的教职员及学生的情况,在这里不再赘述。《学令》规定任博士、助教的人不仅要精通经学,并且其德行必须能够为人师表,还规定书法、算术只要学术优秀就可以。大学生都是五品以上的官员的子孙及东西史部之子才能入学,八品以上的官员之子如果提出要求的话,也允许入学。国学生一般招收郡司的子弟。上述学生年龄在十三岁以上十六岁以下,必须是资质聪明者。学生在入学的同时必须向老师行束脩之礼,根据长幼排序。

教科书是经书,以《周易》《尚书》《周礼》《仪礼》《礼记》《毛诗》《春秋左氏传》为正科,兼学《孝经》和《论语》。朝廷命令在对上述经书的解释上不能自由发表意见,必须受到束缚,要使用规定的注释书。也就是说,在学习《周易》时专修或兼学郑玄或者王弼的注。学习《尚书》时也要学习孔安国、郑玄的注,三礼和《毛诗》要学习郑玄的注,学习《春秋左氏传》时也要学习服虔、杜预的注,学习《孝经》时要学习孔安国、郑玄的注,学习《论语》时要学习何晏的注。今天看当时的这种教学方法,很明显陷入了官学之弊,破坏了阐释的自由和学问的独立。但是,在当时甚至很难得到上述的注释书。与其说是为了规定标准,不如说是作为参考列举了书名。这些经书分为大、中、小三经。一开始学习小经二经,之后学习大经一经和小经一经。如果用中经的话,学习其中的两部经即可,学习了三经的人再学习大中小各一经。学习了五经的人再学习所有的大经,《孝经》和《论语》是共同的必修科目。

日本朝廷的《学令》规定学生首先学习素读(朗读),之后学习翻译、解释。一旬的授课中休息一天。在休息之前,博士进行考试,在千言中,摘出三言,让学生来读;另外,从两千言中摘出大义一条,出三个问题,两个问题通过之后算及第。如果只答出了一个问题,其他的问题没有答出来的话,根据情况予以处罚。大学生由头和助理来负责考试,国学生则由国司来负责考试,选拔成绩优良者。在一年的授课中，出八道大题，得分在六以上的为上、得分在四以下者为中，得分在三以下者为下。在三年中得分都是下，或者在学九年不能够升为贡举的，命令退学。精通二经以上的学生，如果要求出仕者，允许举荐。出十个问题，得八分以上者送太政官。国学生精通二经还想继续学习者，申送式部进行考试，及第者补大学生。学生中即便不擅长言谈，但是文采优秀、有望成为秀才进士者，允许推荐。学生中罹患疾病者或者家里有人生病者，在大学就读者向头请假，在国学就读者向国司请假，可以得到休假。在校期间，学生除了学习琴、弓之外，不得学习其他乐器和杂戏。一年中如果学生休学百日以上者必须退学。学生因服丧年休学25日以下者，服丧期结束后复学的话，予以允许。除了一旬一天的休假之外，每年有两次定期休假，一个是五月的田假，另一个是九月的授衣假，当时允许学生放假回家。

当时日本的大学、国学教育目的和今天的学校不同，不是为了提高民众的文化水平，而是为了培养能够处理政务的官吏。大学、国学的入学资格是有限制的。一般庶民是没有资格入学的。总之，学问是为贵族服务的，并非是为庶民服务的。大学和国学之门是不对庶民开放的。庶民是没有办法找到学习知识和修习道德之路的。

这样在贵族中出现了通晓文学、经学的人。藤原不比等作为明法家非常活跃，藤原不比等的儿子藤原武智麻吕、藤原房前、藤原宇合、藤原麻吕并驾齐驱，驰骋在文坛。在养老三年七月，新罗使者金长吉回国时，长屋王把他请到自己家中，设宴款待。陪酒的有阿倍广庭、参议藤原房前、大学头山田三方、大学助教下毛虫麻吕、图书头吉田宜、明经博士背奈行文、调古麻吕、刀利宣令、百济倭麻吕等。在座者都赋五言诗来助兴。

养老年间编修国史，删定律令，非常重视文章之道，尊重明法之道。为了鼓励贵族学习这些学问，在养老五年正月，朝廷赏赐有名的汉学家和艺术家物品。在明经领域有赐予锻冶大隅、越智广江第一博士称号，被授予第二博士称号的是背奈行文、调古麻吕等，这些人还得到赏赐。在文章领域，山田三方、纪清人、下毛野虫麻吕等得到赏赐。此外，明法、算术、阴阳、医术、解工、和琴师（日本琴师)、唱歌师、武艺精湛者也有很多人受到赏赐。日本朝廷进行赏赐的目的是厚待学问艺术方面的名人,同时鼓舞后进不断进取。然而,当时的时代氛围是崇尚享乐,做学问需要认真的态度,而且枯燥乏味,做起来非常辛苦。所以喜欢做学问的人很少。青年人都憧憬享受和名誉。天平时期即将迎来学问绝迹的时代。天平二年,阴阳和医学、七曜和历数等各位博士都进入老年,现在不教授学问的话,日本的学问有可能荒芜。于是,日本朝廷命令吉田宜、大津守、御立清道、难波吉成、山口田主、和部石村、志斐三田次七人培养弟子,以大学生来对待。其人数有的每人教授三人,有的每人教授两人。粟田马养、播磨乙安等五人是翻译,负责翻译不同种族的语言,日本朝廷命令他们五人各收两名弟子,学习外语。大学生中有贫困者,日本朝廷配给衣服和食物。从这些记载可以推测,学生们侧重于文章经学的学习,愿意学习属于技术类别的医术、历术的人很少,整个一代人都沉湎于享乐,浮华轻佻的学风弥漫。在这一时代背景下,青年中出现这样的倾向也并非不可思议。

日本朝廷并非不重视在实际的文化生活中不可或缺的技术,毋宁说还倾向于奖励学问。这一点可以由上述的措施得到印证。日本朝廷的施政方针本来就倾向于文化,为了促进和提高国民的文化水平付出了艰辛的努力。在元正天皇灵龟三年三月(公元717年)又恢复了一度中断的遣唐使。担任遣唐使使者的是多治比

安倍仲麻吕即将西行

真人县守。在元正天皇灵龟三年二月，天皇命人在盖山之南祭祀神祇。三月九日，天皇赐予多治比真人县守节刀。之后，多治比真人县守立即出发踏上前往唐朝的旅途。翌年，多治比真人县守平安回到日本。当时，多治比真人县守带着在大宝元年到唐朝的副使坂合部大分回到日本。国史上就此没有任何记载。但是，据中国历史讲，在此时的使者一行中有留学生安倍仲麻吕（又作阿倍仲麻吕）。多治比真人县守回到日本之后，于翌年正月拜贺天皇时还穿着唐朝赐给的朝服。由此可以推测，他们是多么崇拜唐朝！多治比真人县守周围的人也用好奇的目光看着他，羡慕他的服饰充满着异国情调，可以推测多治比真人县守是多么得意。

安倍仲麻吕是中务大辅船守之子，从幼年时就以才子著称。他被选拔为留学生时年仅十六岁，还是红颜美少年。安倍仲麻吕到了唐朝之后，唐玄宗十分喜欢他，让他到唐朝廷做官，授予左补阙。留学数年之后，安倍仲麻吕改名朝衡（又作晁衡），与诗人墨客交往，其才学受到朝廷内外的称赞。之后，官至秘书校书、秘书监，兼卫尉卿。天平胜宝四年（公元752年），遣唐使藤原清河到唐朝时，唐玄宗命令安倍仲麻吕迎接日本使者。天平胜宝五年，藤原清河要回日本之时，安倍仲麻吕透露了想回日本的想法，唐玄宗派安倍仲麻吕为使者出使日本。安倍仲麻吕来到唐朝之后，已经过了三十七个年头，而今已经五十三岁，鬓发皆白，已经看不到少小离家之时的半点痕迹。安倍仲麻吕不仅聪明，而且多才多艺，到哪里都能够施展才能。但是，安倍仲麻吕年过半百，思念家乡。安倍仲麻吕回忆在日本度过的少年时期，感慨万千，越发思念祖国。他燃起了重温少年时光，访问母国日本的希望。当唐玄宗下达任命他作遣日本使时，安倍仲麻吕欢欣雀跃，赋诗一首："衔命将辞国，非才忝侍臣。天中恋明主，海外忆慈亲。伏奏达金阙，骈骖去玉津。蓬莱乡路远，若木故园临。西望怀恩日，东归感义辰。平生一宝剑，留赠结交人。"安倍仲麻吕把留学之地比作"天中"，把父母之国比作"海外"，这说明安倍仲麻吕已经彻底中国化了。诚实、直率、肚量狭小的爱国史学家屡屡大骂安倍仲麻吕，称其为"卖国奴"。仔细玩味安倍仲麻吕的这首诗，感觉到无限的情愫涌向心头。安倍仲麻吕夹在对唐玄宗的忠爱之情和对父母的义理之念之间，在不知不觉中潸然泪下。安倍仲麻吕在离开唐朝之际，一代诗人王维作诗及序为其

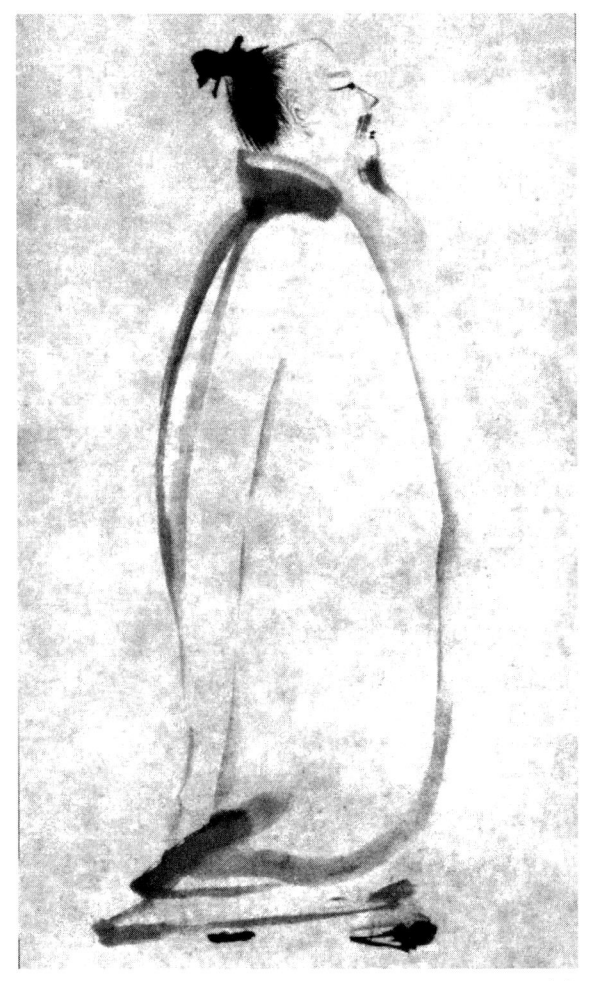

李白

送行，包佶、赵华等人也都赠诗，依依惜别。这些人都是唐朝文坛的有名诗人。由此可知，安倍仲麻吕在文学领域占有重要地位。安倍仲麻吕来到明州，和唐人惜别之际，眺望着升到东方天空的月影，不禁怀乡之情，赋诗一首："辽阔长天玉镜升，仰首遥望动乡情。犹是当年春日月，曾在三笠上顶明。"原诗是用日语写的，由三十一个音节组成，"天の原ふりさけ見れば春日なる三笠の山に出てし月かも"。这说明在长达三十七年之间，安倍仲麻吕虽然崇拜唐朝，但是从心灵深处并没有忘记祖国日本。安倍仲麻吕将这首和歌译成汉诗给唐人看时，唐人都泪下沾襟。

安倍仲麻吕所乘的船因为遇到了暴风，漂流到了安南（越南）。唐朝人认为安倍仲麻吕肯定遇难了，李白等作诗表示悼念。然而，安倍仲麻吕和藤原清河等人从安南回到了长安，故友感觉到不可思议。不久，唐朝爆发安禄山之乱，唐玄宗退位，太子肃宗即位。安倍仲麻吕和藤原清河决心留在唐朝。海上的危险是让他们下决心留在唐朝的一个原因，这也是不争的事实。先进的唐朝文化吸引着他们也是一个重要的原因。安倍仲麻吕从左散骑常侍安南都护升任光禄大夫，兼御史中丞、北海郡开国公，封邑三千户。宝龟元年（公元770年），安倍仲麻吕在七十岁上去世。唐代宗追封安倍仲麻吕潞州大都督。在日本，宝龟十年，光仁天皇赐祭祀费用。仁明天皇承和三年（公元836年），追赠安倍仲麻吕正二位遣唐使封号。

在安倍仲麻吕入唐的灵龟三年以后，在十几年间，日本没有派遣唐使。在圣武天皇天平四年（公元732年）八月，日本朝廷决定派遣唐使，任命多治比广成为遣唐大使，任命中臣名代为遣唐副使，同年九月命令近江、丹波、播磨、备中四国建造遣唐使乘用的船只。遣唐使的船只总共有四艘，当时的日本人称之为"四舶"。遣唐大使等于天平五年三月，接受节刀，踏上漫长的旅途。天平七年三月，遣唐使回到日本，奉还节刀。多治比广成在回国之际，带回了灵龟三年的留学生下道真备、留学僧玄昉。下道真备带回了《唐礼》一百三十卷、《太衍历经》一卷、《太衍历立成》十二卷、《乐书要录》十卷，还有测影铁尺一枚、铜律管一个、铁如、方响、写律管十二条、弦缠漆角弓一张、射甲箭二十支等，献给了天皇。这些书籍和器具、机械对当时的人来说都是文明之利器，让他们震惊。

多治比广成从苏州江口出发时，副使中臣名代、判官平群广成等都乘船出海了。突然暴风骤起，四艘船互相之间失去了联系。遣唐大使的船漂流数个月之后到达多执岛，遣唐副使中臣名代的船只漂流到南海，不久又回到了唐朝的海岸。遣唐副使中臣名代在唐朝逗留一年之后，和判官田口养年、富纪马主及唐人皇甫朝和波斯人李审医等一起于天平八年七月回到日本。判官平群广成的两艘船漂流到了海南，一艘沉没，一艘漂流到昆仑国（今天的柬埔寨）。乘组人员或被

藤原清河

土人杀害或因接触瘴气,死了一百多人,只有四人九死一生被钦州的熟昆仑送回唐朝。平群广成就是其中的一个。在安倍仲麻吕的斡旋下,唐朝政府配给其船粮,取路渤海,于天平十一年三月从登州启航,五月到达渤海。正好忠武将军胥要德、云麾将军胡珍蒙等要去日本,决定立刻出发。然而,船只遇到暴风,胥要德等四十人溺死,平群广成和胡珍蒙等人漂流到了出羽,同年十一月三日,平群广成终于回朝复命。

由上述可知,派遣遣唐使是一件冒险的事情,不仅损失财物,有可能还会让遣唐使及其随行人员丧命,其目的是为了吸收外国文化。对于为完成这项使命而冒生命危险的人们来说,这是很大的牺牲。因此,日本朝廷也非常优待遣唐使,使者在出发之际要向住吉大神进行祈祷。这已经形成习惯。天平胜宝二年（公元750年）,孝谦天皇任命藤原清河为遣唐大使,任命大伴古麻吕为遣唐副使。天平胜宝三年,天皇进一步任命吉备（下道）真备为副使。当遣唐使出发去唐朝时,皇太后（光明子）赐和歌给藤原清河："大船高又大,能堪大海浪,吾儿去唐国,大神来保佑。"听到皇太后的和歌后,藤原清河回赠和歌说："寒风凛冽春日野,三诸梅花正盛开,此去前途多险阻,待我回朝梅还在。"同族人大排筵宴,为遣唐使者壮行,席间人们吟咏和歌抒发情怀。留下来的人将要赶路的人比作天上的云彩,内心祝愿亲人此番去遥远的唐朝能够平安回来,相信他们也一定能够平安回来。然而,一旦分别,依依难舍,内心伤悲。住吉神社的神职人员也向即将远行的遣唐使者团献上祝福,希望往返船速度都很快,以此来慰藉遣唐使者团。行将出发的人要给留下的人打气,让他们振作起来,说此番到唐朝之后,能见到长年以来一直想念的留在唐朝的留学生、留学僧们,这是件很令人高兴的事情,而这一天越来越近了。但是事实上,这些要走的人作为日本国家的代表,渡过沧溟万里的大海九死一生。因此,不论是要走的人还是送行的人都有一抹暗云蒙在心头。藤原清河一行乘船来到难波时,孝谦天皇派高丽福信为敕使,赐酒肴并宣读御制的和歌。这酒是打算在遣唐使者的四条船平安结束航海、顺利回到日本时喝的喜酒。

　　天平胜宝四年,藤原清河到了唐朝,受到日本留学生安倍仲麻吕的款待。天平胜宝五年,藤原清河在蓬莱宫谒见了唐玄宗。当时,副使大伴古麻吕因为座次的事情和礼部争论,为日本扬眉吐气。这件事情前面已经讲过。天平胜宝五年,藤原清河打算率领安倍仲麻吕等回日本,途中遇到暴风,漂流到安南,九死一生回到唐朝。这一点前面也已经讲过。藤原清河在安史之乱中,无法回日本,就逗留在唐朝。淳仁天皇天平宝字三年（公元759年）,天皇任命高元度为迎入唐大使,派他到唐朝迎接藤原清河。然而,藤原清河害怕遇到海难,不肯回日本,最终留在了异乡。不怕死的血气男儿称安倍仲麻吕和藤原清河是没骨气的怂包蛋也是情有可原的。

　　之后,宝龟八年（公元777年）,光仁天皇派小野石根等为遣唐使入唐,在回

吉备真备

来途中船破,小野石根和唐朝使者赵宝英等一起溺水而死。其实这是宁乐时代的最后的遣唐使,也是以最悲惨的悲剧画上了句号。

遣唐使本身就是冒着死亡和损失的风险而派遣的,那么其给日本的文化史上带来了多少好处呢?使者本来就是代表国家形象的人物,不能对其报以奢望。以前有在礼节上让异邦人惊叹的粟田真人,后来有据理力争为日本争得体面的大伴古麻吕。他们为了日本国家的兴盛豪气万丈。但是,日本文化史上的功绩与其说是由上述这些人的表现而取得的,不如说是由脚踏实地、扎扎实实、坚持不懈的人取得的。这些人在数量上未必太多,而其中能力最全面、最有代表性的则是吉备真备。吉备真备入唐时间和安倍仲麻吕一样,都是灵龟三年,当时25岁。在唐朝,吉备真备跟四门助教赵玄默学习儒学。在唐朝二十年间,吉备真备学习三史、五经、刑律、算术、阴阳、历术、天文、漏刻、韵学、书法等，学习了当时唐朝的几乎所有的学问。在天平七年，吉备真备并没有接受大学助这一职位的任命，而是沿着右京大夫、中宫亮这一顺序，走的是"双六"之道，节节攀升、出人头地。孝谦天皇在东宫（当太子）时，吉备真备作为学士，得到特殊的宠爱。然而，在太子即位之后，吉备真备被左迁为筑前首，不久转任肥前太守。天平胜宝四年，吉备真备作为遣唐副使再次到了唐朝。天平胜宝六年，吉备真备回到日本，做了太宰大贰，把精力放在了修筑怡土城的工程上。这一点前面已经讲过。之后，吉备真备奉旨上京参与东大寺的营建工作。天平宝字八年，惠美押胜发动叛乱时，吉备真备在军事上进行策划，为平叛工作立下了殊功，任中纳言之后又升任右大臣。在光仁天皇即位后不久的宝龟二年三月，吉备真备致仕。这说明在吉备真备平步青云的背后开始出现阴影。以前，吉备真备不能制服惠美押胜的专横，后来也不能制止道镜的跋扈。这不免会有人批判吉备真备作为有教养的儒臣没尽到职责。不仅如此，甚至有人批判吉备真备和奸臣惠美押胜妥协，被奸僧道镜利用，助纣为虐。即便后世的人对吉备真备的批判过于苛刻，但也并非空穴来风。但是，鉴于环境、时代的力量很大，是人力不可抗拒的，我们不禁同情吉备真备的境遇。总而言之，吉备真备身在异乡二十年间刻苦学习，回国之后将学到的知识活用到实际生活当中，促进了日本文化的发展。吉备真备给日本的政治、法律、天文、文学、军事各领域带来了文明之光，其功绩是我们应该予以认可的。民间传说吉备真备发明了片假名，其口碑极好。还有传说讲吉备真备能够解读邪马台的诗歌，让唐朝人惊叹不已。这些都反映了吉备真备学问造诣很深，能够活学活用。正如空海是平安时代的大师、名僧一样，吉备真备是宁乐时代的伟人。

飞鸟时代以来的学术主要传承了中国六朝的风格，并且很多都是经由朝鲜半岛移植到日本的，起初是从百济、高句丽，后来从新罗间接引进。正是因为如此，在经书、诗文上，飞鸟时代的日本只不过是模仿了陈朝、隋朝的遗风。在和唐朝直接交往后，日本引进盛唐文化。盛唐的文学艺术新鲜、丰富，具有世界性气魄，被日本引进后，促进了日本文化的发展。天平时代正值日本新文化盛开时期，"落英缤纷满地白"，颇有万春气象。这预示着女性主权的时期不远了。

第 8 章
宁乐时代艺术的内涵及外延

第 1 节　绘画和时代精神

　　无论是什么时代，无论是哪个国家的艺术，如果不能体现时代特征和民族精神，就算不上真正的艺术。日本宁乐时代的艺术也应如此。飞鸟时代以来，日本继续从先进的文化国家引进充满世界芬芳的文化。在一百几十年里，这些先进文化不断刺激着日本民众的脑海。在连续的艺术革命中，日本迎来宁乐时代。宁乐时代的艺术颇耐人寻味，并且意味深长。下面就宁乐时代的绘画进行论述。

　　飞鸟时代日本的绘画艺术主要是经过朝鲜半岛从中国传来的。而宁乐时期日本的绘画艺术是直接从中国传来的，因此获得重大发展。当时中国正值盛唐时期，和印度、萨珊王朝、东罗马帝国一道被称为世界四大强国。唐朝和这些国家直接或间接进行交流。西方的艺术传到唐朝，给唐朝的绘画艺术带来革命。阎立本、李思训、吴道子、王维等名画家辈出。唐朝的绘画颇具世界气息。由于日本和唐朝直接往来，唐朝绘画艺术和其他文化一起传到日本。唐朝绘画技术、风格、样式都移植到日本。然而，虽然同一时期的雕刻作品保留了下来，但绘画艺术基于其材料的性质，很多已经失传，因此我们很难想象出当时的盛况。但法隆寺金堂的壁画、当麻寺的净土曼荼罗图、正仓院的树下美人图都保留了下来，能让人想象到当时绘画艺术的盛况。

宁乐时代绘画的一个代表就是法隆寺金堂的壁画。法隆寺金堂壁画的创作时代，众说纷纭。但笔者认为作画年代应该在天智天皇前后。壁画构图、规模宏大，表现手法很有特色，不仅色彩华丽，而且被赋予表情，线条稳健自在，毫无局促之感。此画的最大的特色是通过明暗对比让欣赏者感到远近凹凸。很明显，作画者有意识地应用了光学原理。脸部、手足、衣服都有阴影，非常逼真，虽然有夸张和错误处，但大体上根据阴影的原理表达了远近。尽管如此，由于忽视了光线的方向，壁画缺乏来自投射到物体上的光体的照明，让人陷入错觉。此画并非通过阴影的色差来表达整体，而总是用相同粗的红色或黑色的外线来表达。据说，印度的阿旃陀石窟中的壁画是6世纪或7世纪左右制作的，与法隆寺壁画相似。这说明印度的作画方法通过中国传到了日本。

在保存于法隆寺的橘夫人的念持佛厨子①的四方的门扉上有密陀僧画的菩萨、四天王、金刚力士等。这些画作的画技比法隆寺金堂的壁画更精湛。厨子的台座上还画着天人或罗汉画，色彩和手法类似于印度的壁画。厨子中放着的弥陀三尊是飞鸟时代末期至宁乐初期的作品。厨子也是同一时代制作的。弥陀萨那尊的风格属于鸟佛师派的，而厨子上的画并没有鸟佛师派的痕迹，完全是唐朝式的。其中最著名的是圣德太子的画像。一般认为是百济的阿佐太子的作品。但从样式来看，这幅画像并非飞鸟时代的作品，而是在宁乐时代初期作的。这属于早期的肖像画，构图酷似秦河胜图。从衣装晕染手法来看，此画并非飞鸟时代的作品，而是受到唐朝影响的宁乐时代的作品。

药师寺的吉祥天女画像是同时期最珍贵的画像，大概是宝龟三年在该寺举行吉祥法会之际画的。吉祥天女画像属于宁乐时代末期的代表作。画中女子脸颊丰腴，朱唇像在燃烧一样，眼神很有魅力，衣着打扮得体。这幅画大概是以当时的代表性的美女面貌和姿态为模特制作的，和宁乐时代的《屏风树下美人图》一道，都能让我们想象得出宁乐时代理想中的美女的姿色。这些画是非常珍贵的资料，不仅作为史料，还作为纯正的艺术，具有无穷的魅力。弧线的并行方向非常协调，描画的纹样细腻，让人不觉得烦琐，并且和容貌的朴素的刻画并不

---

① 厨子是一种佛具，里面安放佛像、佛舍利、经典、牌位等。

吉祥天女像

矛盾。这说明艺术家们发挥了高超的技艺。欧洲中世纪的圣母玛利亚的画像以宗教形式表达出时代艺术家对异性的憧憬。同样,吉祥天女像也正是憧憬和信仰的结合。它的魅力主要也在于此。颇具魅力的纵横的弧线在向我们诉说着什么。包含在其内部的深刻内容让这一世俗的肉体上的价值得到了升华。这可以说是宁乐时代末期日本民众意识的反映。

收藏在正仓院的《屏风树下美人图》只不过属于细腻的描画。在制作之初,头发和衣服上压着的鸟的羽毛大部分剥落，只留下一小部分。因此，除了施以色彩的面部外，其他地方露出了画的本色，感觉有些粗笨。然而，周围的树木、岩石从一开始就是水墨画，从中能看出艺术家的创作意图和手法。艺术家将这幅画的生命托付给线条，通过运笔和光的照射方向来表现主题。骨描并非仅为了表达外延轮廓，主要是为了表达内涵。由此可以看出日本画的生命的跃动。画中女子姿态、容貌丰柔，和吉祥天女像类似。这幅画是以现实中的美女为模特制作的现实主义的理想画。有人说画风用的是中国固有的骨法用笔，但其中也包含希腊艺术的元素。也有人称这幅画的画风为中国波斯式画风，甚至可以追溯到埃及的绘画风格。埃及也有通过红色线条描画轮廓的手法。也就是说，《屏风树下美人图》用的是当时世界流行的画法。然而，以水墨画形式的线条来勾勒物体轮廓的方法就是中国的作画技术。

　　不受中国画影响的作品中有《过去现在因果经纶卷物》。据说，《过去现在因果经纶卷物》以前有五卷，现在只剩三卷。一卷在醍醐寺，一卷在上品莲台寺，还有一卷保存在东京美术学校。东京美术学校的这一卷下面写着经文，上面描画人物、山水等，采用的是小品的形式，在粗拙中表现出艺术家的敏感，很有特色。人物有僧侣、菩萨、天人。此外还有宫殿、树木、竹林、花和岩石，主题很多。其中的菩萨图最具代表性。作画特色就是使用了省略法，运笔简劲。与其他内容相比，更主要的是它的题词是后世日本作画题词的典范，颇有研究价值。

　　此外，当麻寺的《净土变相曼荼罗》虽然是纺织品，但也有人说是绘画。此画横一丈三尺三分，竖一丈二尺九寸三分，上面画着西方净土的情景。中央的莲座上有阿弥陀佛的坐像，左右有菩萨，还有众多音声菩萨，周围有楼阁、瑶池、宝树，描绘了天人歌舞状。大部分原形已失。后世用彩色将剥落部分补齐。作画技巧缜密周到，结构宏伟，人物丰丽优美，反映了日本宁乐时代庞大的政治组织和虔诚的宗教信仰。即便属于纺织品，这幅作品的构造也充满绘画的元素，表达了画家的心情和作画风格。

　　正仓院的宝库中还有很多宁乐时代的绘画，但除了上述树下美人图外，大都损坏，已经无法想象原图的样子。《东大寺献物帐》等描绘的是山水、宫殿、女子等，属于屏风画。如今这里保存着螺钿紫檀阮咸的杆拨，画的是四个妇女在梅树下弹阮咸，是在直径五寸三分的皮子上画的，但皮革面有龟裂，颜料变色剥落很多，原形不存。此外，还有天平宝字元年的《人胜残缺》，画的是梧桐和小儿，已经很难辨析，是在绢上作的画。梧桐花叶呈漩涡式。此外还画着四神中的青龙、朱雀、玄武三个。装饰不拘形式，画风自由，运笔遒劲，将幻想和神祇现实化了，给人以安定、祥和之感。画中没有四神中的白虎说明画家虽然没有打破旧习惯，但还是具有向偶像挑战的精神。

最有特色的是《东大寺山界四至图》，是在三块麻布上作的一幅画，描绘的是东大寺的四至寺院内部的情况，本来是地图，但构图宏伟，有艺术性。画长九尺八寸五分，横七尺三寸，画着山河、树石，运笔遒劲。

天平神护二年十月二十一日的《东大寺开田地图》其中数张也有越前国的田地地图，是珍贵的资料。从中我们可以知道宁乐时代民众将科学和艺术完美地结合在了一起。

在上述艺术品中，画风自由，纹样图案不仅有美学价值，还给我们以暗示。飞鸟时代有飞鸟纹样，宁乐时代也有宁乐纹样。伊东工学博士将宁乐纹样画风分为飞鸟时代的传统和中国的传统，并指出尤其后者值得注意。中国传来的纹样有自然、动物、植物、几何、人物。其中，动物和人物结合就是狩猎图。埃及没有狩猎纹样，但亚述和波斯有很多。萨珊王朝的狩猎纹样图最完善。萨珊王朝的艺术家不拘泥于叙利亚、波斯、希腊、印度的传统，画风自由。他们的代表作是在圆环中勾勒出猎狮图，有人物、动物、草木。这成为一种模式。在4世纪的作品中，有银盘、银碟上画着狩猎图。这和日本正仓院收藏的银壶表面的毛雕狩猎纹样关系密切。法隆寺保存的水瓶胴体上有长翅膀的马的毛雕。这和流传后世的6世纪和7世纪萨珊王朝的青铜水瓶上有长翅膀的马的纹样是一致的。在狩猎纹样中，宁乐时代最著名的遗物就是四天王纹样旗子。一般认为这是从波斯进口的。在东大寺收藏的古物中有与此几乎构图相同的艺术品，本来属于同一系列，只是纯西亚式的构图后来带有了日本特色。本来狩猎纹样中还有植物构图，而今只剩下动物构图。譬如，东大寺法华堂的增长天纹样、密迹力士纹样属于植物纹样，正仓院收藏的花鸟纹样属于动物纹样，鸟兽草花纹样属于动植物纹样的结合。

宁乐时代的日本人经常观赏的"宝相花"是唐草、唐花的总称，尽管种类甚多，但都用一种名称来称呼。这说明宝相花是从唐朝进口的。就唐朝的唐草纹样起源而言，伊东博士说："周汉的纹样无论怎么发展，也不会变成唐朝的纹样。"唐朝的宝相花运笔华丽、雄浑，冠绝古今东西，起源绝非一个，而是综合了两三个民族的匠心，精炼而成。直到近世，唐朝的植物纹样还在波斯、印度受到追捧。其中有鸢尾科的花，酷似铁线莲。这和印度、波斯关系密切。因此，唐朝的纹样是从西域传到中国，而唐朝的宝相花又经过西域传到安息、印度等国。因此，狩猎纹样及其分支源于萨珊王朝，宝相花则源于波斯、印度。这一起源和传统就是宁乐时代艺术的起源和传统。

据宁乐时代的古文书记载，当时日本画工各有分工，分别从事描线和画彩。后来，在建大佛殿时，朝廷使用了画工司的画工。涂白土画师、木画师、界画师、彩色画师等从事天井板的装饰工作。这些都得打草稿，都有复杂的工序。当时的画工中有名的很少。

第2节　雕刻的发展

中国南北朝的艺术分为两个流派，其一直接形成隋朝的艺术，其他形成朝鲜的艺术，进而被移植到日本形成飞鸟时代的艺术。这一点前面已经讲过。就隋朝的艺术而言，在南北朝时期就已经达到圆熟的境地。由于中国和印度交流频繁，印度的艺术形式传入隋朝，形成另一个流派，而新流派的顶点创造了唐代艺术。在唐代，很多日本留学生、留学僧到了唐朝，而唐朝的僧侣也有不少渡海来到日本，因此一些艺术不经朝鲜半岛直接传到了日本。宁乐时代艺术的主要内容就是指这个。此外，还继承了推古天皇时期传统的飞鸟艺术。它们共同形成宁乐时代艺术的"皮"和"肉"。日本进入了艺术繁荣时期。

在出现于这一艺术天国的艺术中，雕刻据说在品位和手法上既不优于也不劣于中国、朝鲜。天平时代日本的雕刻艺术达到顶峰,与希腊的佩尔克丽丝时代相媲美。据艺术史学家观察,宁乐时代日本的雕刻艺术分为前期和本期。前期包括大化以后直到庆云时期。本期包括和铜以后直到宝龟年间。前期大概能用白凤时代这一名称来代表,而本期大概能用天平时代这一名称来代表。前期日本引进唐朝的新形式,但未经过充分的凝练,处于和以前的鸟佛师派并存的状态。之后,新形式逐渐打破了旧形式。在和铜以后,旧形式就看不到了。这就是本期的情况。

一、宁乐前期的作品

这一时期有名的代表作是药师寺东院堂的圣观音像、药师寺讲堂的药师三尊像、法隆寺的橘夫人念持佛像、长谷寺的千体释迦佛铜板。前面两个代表着唐朝的样式,后面两个代表着折中样式。据说,药师寺东院堂的圣观音像是百济进献的,但大体上可以说是大化时期根据唐朝的样式制造的。面相、衣服纹样、姿态都很好,与鸟佛师派的制作技艺相比,有了很大进步。橘夫人念持佛像是铜制的弥陀,是在鸟佛师派基础上加入了唐朝样式进行雕刻的。它的透雕特别出众。后面立在板子上的天人浮雕技术非凡。长谷寺的千体释迦佛铜板是道明僧人在朱鸟元年为天武天皇造的,主要采用了唐朝样式,但也保留了几分飞鸟时期的样式。法隆寺五重塔的塑像是和铜四年造的,手法还不太圆熟,但作为这种雕刻的代表作也是值得注目的。

天武天皇八年,为了祈祷皇后鸬野赞良皇女病体康复,天武天皇建了药师寺。药师寺讲堂的铜制药师三尊像是持统天皇时期铸造的。药师三尊像采用了唐朝样式,虽然技术还不圆熟,但面部表情雄健,衣纹用了很精湛的作画技术。药师寺金堂的铜制药师三尊像是养老年间铸造的,与药师寺讲堂的药师三尊像相比,技术更进步,面部表情更丰润,衣纹线条也更流利。整体姿态比例匀称。承载药师佛的台座四面描绘了葡萄唐草、菊花纹样、莲花纹样,还有用青龙、白虎、朱雀、玄武四神雕成的相貌怪诞的偶人围在台座四周。

药师三尊像虽是日本当时的代表作,但洗练不足,技巧还不成熟。此外,在山形县西村山郡高松村的国井门三郎氏的观音堂安放着一尊金铜观音像,是由个人收藏的密佛，鲜为人知。此观音像面相不失严肃和温和，兼备鸟佛师派和唐代的样式，可以认为是白凤时代的作品。法隆寺的四十八尊佛像中有与此类似的佛像。观此佛像让人感到身心融化于佛中，进入忘我的境地。笔者将这尊佛看作鲜为人知的宁乐时期杰出的雕刻作品之一。

二、宁乐本期的作品

宁乐本期是宁乐艺术的黄金时期，可以细分为天平时期和宝字时期。

在天平时期，由于唐朝样式和日本样式融合，日本作品和唐朝的作品有所不同。宝字时期日本作品宏大的气象有所减弱，倾向于纤细柔美。东大寺三月堂的佛像、大佛殿的卢舍那大佛、戒坛院的四天王像、新药师寺的药师像及十二神将等属于天平时期的作品。唐招提寺的卢舍那佛像、药师像、千手观音像、秋篠寺的佛像及其他佛像属于宝字时期的作品。

其中东大寺的卢舍那大佛是世界最大的铜像，在治承四年和永禄十年两次兵变中遭到破坏。佛头落地，佛手折断。在江户时代元禄时期，人们重新铸造卢舍那大佛头部，修理了胸部及其他部分。但在姿态、衣纹上，新佛像和原佛像相去甚远。就大小而言，除了埃及的斯芬克斯像和缅甸的释迦牟尼涅槃大佛外，世界上无出其右者。蕞尔小国日本能造这种大佛像，可见宁乐时代的日本有着博大的情怀。这可以作为圣武天皇不朽的功绩之一。

法华堂的各佛像主要是在宁乐时代雕刻的。在三月堂的中央双层的佛坛上，立着本尊不空罗索观音立像，在它左右有胁侍梵天和帝释天的立像，四角有四天王像，本尊左右还有仁王像。这些雕像用的都是干漆，独具匠心。在新药师寺的本堂有木制药师如来坐像和十二塑造神像。新药师寺是光明皇后在天平十九年修建的。这些佛像也是当时铸造的。药师如来威风凛凛，面貌雄伟，衣纹的雕刻手法遒劲，是新药师派的代表作。十二神将立于安放本尊的圆坛的周围，和戒坛院的四天王像都是宁乐时代的代表作。唐招提寺金堂的卢舍那大佛、干漆药师立像和三月堂及新药师寺的佛像风格独特，在稳静中有严肃气氛，颇有戒律宗的特色。这些大概是随鉴真一起来的僧侣和佛工们的作品。其中只有千手观音是日本雕刻家的作品，因为手法不同。

宁乐时代的雕刻艺术可以分为三派：其一是以三月堂的诸佛体为代表的三月堂派，是宁乐时代雕刻艺术的中坚力量，其中很多杰作是干漆塑像，衣纹接近写实、稳健。其二是以新药师寺的本尊为代表的新药师寺派，其杰作都是木雕，大体与三月堂派是同一系统，只不过所用材料不同。干漆和塑土自有情趣。刀工力道有雄浑之气。宁乐时代的艺术倾向是雄浑、博大、丰美、圆满。因此，三月堂派比新药师派更受欢迎。其三是以唐招提寺的诸佛像为代表的唐招提寺派，特征是作品形象严格真挚，缺乏丰美圆满之气。佛工军法力、思託等是唐招提寺派代表人物。

飞鸟时代雕刻的主题除了两三个例外，都是与佛教有关的。宁乐时代，雕刻的主题范围扩大，有肖像如龙、虎、狮子等动物或想象中的动物，还有菊花、葡萄等植物。此外，还有伎乐的假面，保留在东大寺、法隆寺的颇多。可见当时的雕刻家多才多艺。飞鸟时代多使用木雕和铜，而宁乐时代又添加了干漆和塑土、砖。

雕刻的发展说明宁乐时代与外来文化的交流很兴盛，不断引进飞鸟时代还没有产生的外国的新奇的艺术样式，并消化融合，进行创新。宁乐时代雕刻艺术的发展模式和绘画、建筑等的发展模式大概相同。这是时代文化的共性。

第3节　建筑样式的变化

宁乐时代的建筑也受到唐朝艺术的影响。建筑史学家将宁乐时代作为一个时期，上承飞鸟时代，下接平安时代，从大化时期到延历时期，时间跨度为一百五十年。飞鸟时代的代表人物是圣德太子。宁乐时代的代表人物是圣武天皇。宁乐时代又分为和铜时期和天平时期。下面就宁乐时代建筑的设计和结构进行论述。

一、大体设计

东大寺是这一时期最宏伟的伽蓝，作为总国分寺统辖全国的国分寺，地位相当于欧洲的总天主教堂。正门有南大门，左右的围墙向东西延伸。进入南大

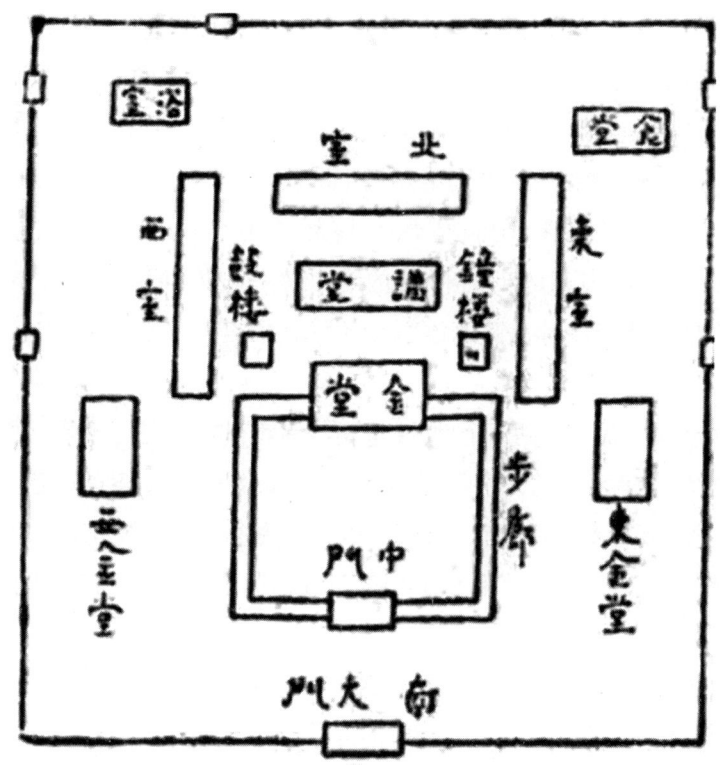

东大寺平面结构示意图

门,和宁乐前期的配置一样,左右有东西金堂。以金堂为中心环绕着长方形的步廊。步廊将东西各金堂院外三个建筑物连在一起,形成小建筑群。这是一个建筑特色。沿着东西两塔之间北进,正面有门,叫作南中门,通过步廊和北中门连在一起,中间有金堂。金堂的前线横展,形成步廊。北中门的外面有鼓楼和钟楼相对,正面有讲堂。讲堂后面有北室、东面有东室,西面有西室,都与步廊相连。三室后面有建筑物。食堂在东面,离得较远,前面有小门和走廊。这和今天的东大寺结构不同。

二、详细结构

一般来讲,佛寺建筑都建在成坛上。础石是自然石。立柱子的点有圆形、方形、八角形等。人们将柱子和础石紧密切合、加固。这比飞鸟时代有了进步。塔心柱子的础石往往是三层的。地板上铺的是石头或瓦。柱子有鼓起来的部分,用的都是普通的肘木。大斗、云斗与飞鸟时代的有所不同。到了天平时期，在角落里开始使用和铜时期没有的鬼斗。轩是双层的，有飞檐槌，断面呈方形。轩天井是在和铜时期形成的。屋顶上铺的是瓦，还有鬼瓦。勾栏没有弯曲度。

下面就宁乐时代后期修建的唐招提寺金堂的结构进行简介。这属于七间四面四柱结构，正面是一间，有八根柱子，完全游离。通过将正面空开，使建筑物有深度，给建筑物一种庄严之感，这一点做得很成功。柱子没有鼓起来的，只是在上部多少呈弧线。建筑物也有轩天井。板子上用艳丽的色彩描绘着唐草和佛像。内部五间两面的天井很高。天井、梁上、板子上都画着佛像、天人、宝相花、唐草，色彩鲜艳。斗和肘木上没有画。内堂柱子上画着佛像。由于有这些装饰，内堂相当气派。外堂的天井很低。木头部分只是涂成红色而已。天井是白色，极其朴素简单。内外两堂形成强烈的反差，更加突出了内堂装饰的华美。东大寺的金堂是宁乐时代首屈一指的。排第二的就是西大寺的金堂。唐招提寺的金堂排在第三位。其他的金堂已经消失了。

毋庸赘言，宫殿及宅邸建筑艺术和佛寺一起取得了进步。宁乐时代的宫殿建筑遗址甚少。唐招提寺的讲堂就是天平时代将平城宫的朝集堂移建而修建的。由此可见，和铜时期的建筑样式和天平时期的混在了一起。东院玉殿是在

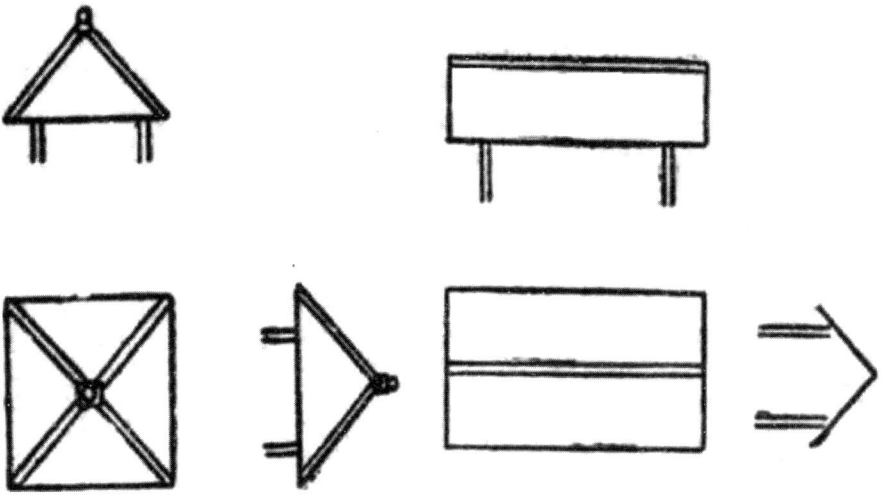

唐招提寺金堂结构示意图

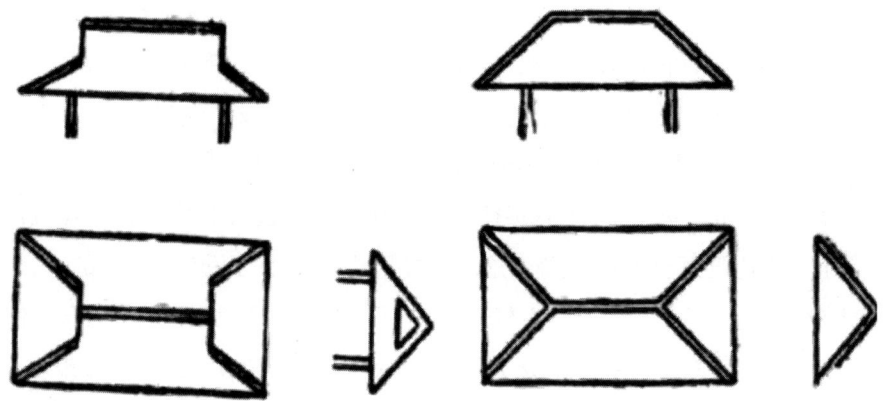

东院玉殿结构示意图

称德天皇天平神护四年四月落成的，铺了琉璃瓦，画了藻绩文。当时的民众称之为"玉宫"。由此可见该宫殿是多么华美。此外，在建筑样式上，玉宫和日本传统的宫殿有所不同，让人感觉到有一种佛寺的味道。由此可以想象它的装饰绚丽华美。

就宅邸建筑而言，法隆寺的传法堂就是在和铜时期的遗留建筑物基础上修建的。此外没有其他遗址留下。神龟元年十一月，圣武天皇允许五位以上者及有钱人用瓦铺屋顶，用红白色涂木头部分。因此，可以想象之后宁乐首都成为一个美丽的城市。而今出土了当时的屋瓦，非常厚重。由此可以推测当时的建筑物非常宏伟，能够承重，非常坚固。当时，仓库惯用的建筑方式是所谓的"校仓式"。在东大寺和唐招提寺还残留着一些这样的建筑。正仓院宝库也是宁乐时期留下来的建筑。

今天，我们已经无法知道神社建筑的详细情况了。但据前辈们的研究得知，由于受到本地垂迹说的影响，神社建筑中混杂了佛寺的建筑样式。神社的建筑在直线型中加入若干弧线型。宝龟二年，藤原百川选定造殿样式。从中可以发现："当时的神社无论大、中、小，都属于神明式建筑方式。梁上有搏木和坚绪木。屋脊在空间描绘的轮廓尚未形成弧线。"然而，"春日造"的建筑形式是在神护景云二年建造春日神社时形成的，是一种新的建筑形式。该建筑形式的屋顶轮廓富于弧线型。所谓的"流线型"建筑模式也是同时形成的，是神社建筑的新样式。一直保存到今天的河内的建水分神社虽然是建武年间的建筑，但也保留了几分原形。而今，春日神社还保存着原来纯正的"春日造"建筑形式。由此可以推断，建水分神社的建筑物也保存着几分流线型建筑样式。

总而言之，宁乐时期的建筑史非常复杂，也非常重要。大体情况可以总结如下：其一，在伽蓝配置上，掌握了唐代的建筑样式；其二，在宫殿建筑方面，在参考唐代制度的基础上，创造了日本式的宫殿建筑样式；其三，在神社建筑中夹杂了佛寺建筑样式，适度运用弧线。这一点是日本建筑史上应该强调的重点。从东洋史的角度来看，这只不过是中国和日本在建筑艺术上的握手。如果追本溯源，从世界史的角度来看的话，日本和印度、波斯、西域、东罗马帝国进行了间接的文化接触，并在此基础上进行了文化融合。

第4节 象征宁乐时代艺术的音乐和舞蹈

宁乐时代的艺术在体系上和西面的东罗马帝国、南面的印度、北面的西伯利亚都有着密切的联系。因为论述艺术的各个分科非常繁复，所以笔者这里以音乐为例简单论述如下。

日本的原始音乐至少有两种：其一是日本原住民的土铃；其二是有孔的高坏形土笛。这两种乐器照亮了黑暗的原始文化。除此之外，还有阿伊努人的卵形、龟甲形土笛。这些原始器乐必然奏出了原始的声乐。这两个系统的器乐和声乐在日本国家建国时期已经进行融合，形成了一种音乐。我们将这称作日本人的固有音乐。日本固有的音乐必然伴有日本固有的舞蹈。它们总称为"娱乐"。直到后世，这种"娱乐"在日语里称作"神乐"。日本的石屋户笼神话就具体地讲述了这种娱乐活动。我们从中推测出鬘、手襁、手草、带铎的矛、槽这五种歌舞所不可或缺的乐器。在这种情况下，能被看作乐器的只有铎，也就是日本原始时期的土铃。通过今天神乐中的铃，我们可以发现其端倪。

这些歌舞当然不是单独表演的，而是以团体形式表演的。这一表演形式不断发展，形成后世的歌垣。今天，歌垣以盂兰盆舞的形式保留了下来。早在飞鸟时代以前，歌垣就在日本民众中发展起来。筑波岭的歌垣又称"燿歌会"，广为人知。显宗天皇和平群鲔在海石榴市的歌垣上争夺影媛的故事家喻户晓。天平六年二月朔，圣武天皇来到朱雀门，观赏歌垣。值此之际，参加歌舞的男女总人数有二百四十余人。五品以上的风流官员也参加了歌垣。歌曲中有难波曲、倭部曲、浅茅原曲、广濑曲、八裳刺曲等。参加歌垣的人们以本末来唱和，让首都的仕女观赏。因此，这些不是庶民表演的节目，而是宫廷的绅士歌女表演的。歌曲的节奏、旋律也有所不同。舞蹈的手足姿势大概比较简单。神护景云四年三月，称德天皇在由义宫欣赏了歌垣。在表演歌垣时，演员们的歌唱都富于曲折变化，或举起袖子，或打着节拍。这大概和今天的盂兰盆舞类似。男女并排站立，分别站成一条队，穿着蓝色的细布衣、垂着红飘带往前行进，非常美丽。表演者一边行走，一边围成一圈，载歌载舞。

　　除了上述日本固有的歌舞外，还有从中国传来的汉人的踏歌，从南方各岛屿传来的隼人的歌舞，以及搞不清体系的国栖和北方的旧阿伊努的歌舞。这些外来的歌舞不知不觉融入日本固有的歌舞中。其中有一种舞蹈叫殊舞，相当于后来的东舞。这并非集体表演的舞蹈，而是个人单独表演的舞蹈。久米舞、大和舞等起源虽然有所不同，但都是日本固有的。吉志舞是从新罗传来的，形式比较新。田边尚雄对日本的音乐史研究做出了重大贡献，将笔者上述的音乐称作日本固有的音乐，认为这属于推古天皇以前就存在的，而在推古天皇时期以后，从国外传来了很多音乐，就其年代而言，直到平安时代初期。从平安时代中期到末期是日本国内音乐和外国音乐融合的时期。对日本的音乐史可以简述如下：雅乐分为三个时期。（一）从古代到推古时期。这属于日本固有的音乐时期，包括神乐、久米舞、吉志舞、东游、大和舞。（二）从推古时期到平安初期，属于国外音乐传入日本时期，包括高丽乐、渤海乐、唐乐、林邑乐[①]、日本乐。（三）从平安初期到末期，属于内外音乐融合时期，包括催马乐、歌咏、流行乐。

　　在日本音乐史上，飞鸟宁乐时代相当于国外音乐传入日本时期。音乐几乎与

---

① 或印度乐。——原注

佛教是同一时期从国外传来的。钦明天皇十五年二月，百济贡献德三斤等四名乐人，拉开了日本引进外国音乐的序幕。这就是所谓的高丽乐，里面混杂了西伯利亚、中国、西域的元素，详情不明。推古天皇二十年，百济人味摩之归化日本，传来了他在吴地学习的伎乐舞。日本朝廷将味摩之安置在樱井，选拔少年学习伎乐舞。其中，真野首弟子和新汉齐文两人学得十分到位。他们一个人是日本人，另一个是归化日本的汉人。法隆寺保存着三十一副由味摩之传到日本的伎乐舞假面。这些假面都是很古老的东西。接着，圣德太子命令各氏族选拔子弟，学习吴鼓。然而，这些子弟或懒惰或缺乏天赋，迟迟没有取得成果。于是，圣德太子决定免课役，选拔人才学习吴鼓。在日本历史上，国家对搞音乐的人采取保护政策还是第一次。在平安时代，每年四月八日、七月十五日，日本举行斋会。东大寺、西大寺的伎乐人是在斋会开始前三天从乐户乡选拔来的。乐户住在大和国城下郡杜屋村，祖祖辈辈以从味摩之那里学习来的伎乐传授世人为业，定居在当地，成为乐户。天武天皇时期，举行庆典仪式时，乐户在院子中演奏高丽、百济、新罗音乐。由此可见朝鲜乐中也有分支。

阅读《大宝律令》的相关规定，我们就可以明白当时演奏音乐的情况。但规定的人数有可能凑不齐。根据《大宝律令》规定，在治部省中设立雅乐寮，里面有头一人、助理一人、大少允各一人、大少属各一人。雅乐头掌管文物雅曲、正舞、杂乐，统管着男女乐人及音声人，任务是制作名簿，让他们练习歌曲。有四名歌师负责教授歌人歌女。其中歌人有三十一人，歌女有一百人。舞师有四人，负责教授一百舞生练习舞蹈。还有两名吹笛子的师傅，负责教授六个学生学习杂笛，还掌管着八名笛工。唐乐师有十二人，负责将唐乐传授给六十个乐生。高丽乐、百济乐、新罗乐各有乐师四人，乐生二十人。伎乐师有一人，伎乐生从乐户中挑选。腰鼓师有二人，腰鼓生由乐户子弟组成。伎乐和腰鼓都是由住在大和国的乐户传承的。腰鼓是南方系统的乐器，大概不是来自西域，而是从南洋传至吴地。腰鼓和鞁鞨鼓大概属于同一形式的乐器。今天朝鲜用大型的腰鼓，和柬埔寨用的是同一系统的东西，大概起源于印度。古代日本称"吴"的时候，不是指纯粹的汉族，而是指苗族。腰鼓系统也暗示着伎乐的系统。与伎乐相似的东西残留在闪族的音乐中,而保留在中国藏族中的音乐告诉我们先人没有记载下来的音乐史。吴乐和林邑乐是一致的。

在飞鸟时代传入日本的音乐有朝鲜乐、印度乐、中国乐这三种。最终,日本人将这三种音乐集大成而形成日本音乐。其中朝鲜乐中隋乐的成分很多,还夹杂着通古斯族固有的北方系统的元素。朝鲜乐的古代的形式已经无从得知,而日本音乐的音阶与中国音乐相同,由宫商角徵羽、变征、变宫七个组成,各个音节所使用的乐律都与隋朝的乐律十二律是一致的。由此观之,朝鲜音乐的乐律等与此相似。将日本音乐的十二律和中国音乐的十二律进行比较,可以发现完全是同律异名。日本音乐十二律的名称起源也应该在中国。

十二律名称如下。第一段: 壹越, 黄钟; 第二段: 断金, 大吕; 第三段: 平调, 太簇; 第四段: 胜绝, 夹钟; 第五段: 下无, 姑洗; 第六段: 双调, 中吕; 第七段: 凫钟, 蕤宾; 第八段: 黄钟, 林钟; 第九段: 鸾镜, 夷则; 第十段: 盘涉, 南吕; 第十一段: 神仙, 无射; 第十二段: 上无, 应钟。

每段前面的是日本名称,后面的是中国名称。名称上有相同的。就上述七声十二律而言,经过缜密的音程研究,日本音乐史上的泰斗田边尚雄得出了各对数值。根据维波尔法则及菲奈儿法则,田边尚雄认为音的感觉,即高度和刺激,即震动数的对数是成比例的。如果将两个音的震动数称作n和n′,高度用p和p′表示,则公式如下:

$$p = e \log n$$

$$p' = e \log n'$$

$$\therefore p - p' = e(\log n - \log n')$$

p-p′是音程。两个音之间的音程与其振动数之比的对数成比例。为了测音程值,不用震动数之比,而使用其对数。这是最恰当的。因为用了三位数对数,为了避免小数点而设了e=1000来计算,将这个值称为音程的对数值。譬如,震动数为100和200的两个音之间的音程对数值为:

$$1000 \times \log \frac{200}{100} = 1000 \times \log 2$$
$$= 1000 \times 0.301$$
$$= 301$$

震动数之比就是两个音之间的音程,将这一音程命名为八度。因此,八度的对数值是301。因此,将一个音程提高八度就要加301,要低八度,就要减301。此外,震动数为100和150的两个音之间的音程对数值为:

$$1000 \times \log \frac{150}{100} = 1000 \times \log \frac{3}{2}$$
$$= 1000 \times \log 1.5$$
$$= 1000 \times 0.176$$
$$= 176$$

这样一来,震动数之比为3∶2的两个音之间的音程称作五度。五度的对数值是176。因此,音程要高五度的话,加176即可,低五度的话,减176即可。

田边尚雄的研究还涉及中国及日本的乐律。基音称作宫,宫的上面有五度的音程,这个音程称作徵。徵和宫的音程对数值是176。和徵构成五度的音程的音,和宫构成两个五度音程,因此其对数值是176+176=352。然而,这一音程超过了八度。如果减去八度的话就是352-301=51,得到这么一个音程。将构成宫和这个音程的音称作商。构成商和五度音程的音称作羽。羽和宫的音程的对数值为176+51=227。此外,和羽构成五度音程的音和宫的音程的对数值为227+176=403。这比八度要大。然后,减去八度403-301=102。和宫构成这一音程的音称作角。这样得到的宫商角徵羽五个音的对数值如下表所示:

各音间的音程差	74	51	74	51		
和宫的音程对数值	301	227	176	102	51	0
和宫的音程名	八度	六度	五度	三度	二度	一度
	宫	羽	徵	角	商	

用同样的方法可以得到十二律的音程的各对数值，如下表所示：

宫	黄钟	301	23
	应钟	278	23
	无射	255	28
羽	南吕	227	23
	夷则	204	28
徵	林钟	176	23
	蕤宾	153	23
	中吕	130	28
角	姑洗	102	23
	夹钟	79	28
商	太簇	51	23
	大吕	28	28
宫	黄钟	0	

出现在这个表中的各音间的音程有两种，即所谓的大半音和小半音。

自推古天皇时期以来，日本一直和中国维持着外交关系。中国的音乐传入日本。在隋朝灭亡、唐朝兴起后，唐朝的音乐传入日本。渤海国兴起后，向日本朝贡，而渤海国的音乐也传到日本。这时传入日本的音乐种类有所增加。朝鲜、中国、印度及西域的音乐都对日本有影响。朝鲜音乐都是吹弹音乐。吴乐也有舞蹈。这样一来，日本的音乐和舞蹈才结合在一起。在日本，人们将音乐称作坐部，将舞蹈称作立部。日本将中国唐朝以前的音乐称作古乐，将唐朝以后的音乐称作新乐。两者的区别非常明显。

在宁乐时代，日本人学习这些音乐及舞蹈，并在朝廷、寺院举行的仪式上演奏，场面壮观。天平三年六月，朝廷设立雅乐寮。就雅乐寮中杂乐生的人员而言，唐乐有三十九人，百济乐有二十六人，高丽乐有八人，新罗乐有四人，度罗乐有六十二人。当时的舞乐分为左右两部，左部为唐乐、林邑乐，右部为高丽乐、渤海乐。什么时候及为什么分成左右部尚不清楚。一种说法认为这是因为在平安时代分别设立了两京而造成的。笔者认为，当时日本音乐以中国乐和印度乐为主，而当时以左为贵，所以将唐乐和林邑乐放在左部。位于附属位置的高丽乐、渤海乐则为右部。不管怎么说，左部音乐具有南方旋律的特征，而右部音乐具有北方旋律的特征。两者差异明显。这一点是很明确的。

此外，乐曲中分大中小三种曲子。大曲由六人伴舞，中曲由四人伴舞，小曲由二人或一人伴舞。没有人伴舞的属于小曲。下面分类论述。

一、高丽乐

高丽乐包括高丽乐、百济乐、新罗乐、渤海乐。《新鸟苏》《古鸟苏》《进走秃》《退走秃》四曲都是大曲，壹越调，被称作高丽乐的四大调。据说其中也有西伯利亚地区的音乐。《纳苏利》《苏利古》二曲是小曲，壹越调。《长保乐》《绫切》是中曲。《新靺鞨》是小曲。《敷手》《王仁庭》《贵德》《胡德乐》《昆仑八仙》是中曲或小曲，都是壹越调。《林歌》是小曲，平调。《白滨》《地久》是中曲，都是变调。《纳苏利》是指戴着长有长牙、令人恐怖的蓝色兽面，拿着长六寸的木棒进行表演的舞蹈，舞的是龙舞。《归德》是肃慎国的归德侯的舞蹈，假面有贵人的风格，鼻梁高，眼神敏锐，有一种英雄气概。《昆仑八仙》是四个人表演的舞蹈，戴着乌天狗似的假面，戴着扇子形的帽子，宛如仙鹤起舞。八仙是指八只仙鹤。昆仑是指昆仑山脉，本来是"花国"的意思。可见乐曲来自西域。

二、林邑乐

天平八年八月，佛彻来朝时，此乐曲传入日本。佛彻是林邑国人。所谓的"林邑八乐"是指《菩萨舞》——沙陀调、《拔头舞》——道调、《迦楼频舞》——壹越调、《倍胪破阵乐》——平调、《按摩》——壹越调、《万秋月》——盘射调、《罗陵王入阵曲》——壹越调、《胡饮酒》——壹越调。前面的五首是印度音乐，同时也是林邑乐，最后的两首是准林邑乐。这些都是佛彻改编中国的古乐而成。剩下的一首是佛彻在大佛开光供奉的庆祝会上让人演奏的新作。这个作品融合了印度、朝鲜、中国音乐的元素,是符合宁乐时代特征的乐曲。高楠文学博士曾经研究过这八首曲子的详情,现摘录如下:

《菩萨舞》被列为林邑乐的首位。然而,到了平安时代,娱乐音乐受到人们喜爱。《菩萨舞》本来是一个纯宗教的乐曲,但在平安时代失传了。《拔头舞》是根据吠陀时代的神话创作的,描述了千里马飞跃的样子。《梨俱吠陀》记载道:"造万象之神阿修文得到千里马,勇猛无敌,以恶蛇为仆,获取了万贯家财,此马为打胜仗立下了不朽功勋。"然而,《倭名抄》一书中"拔"的音读作"bai",或许这个曲名来自马的名字"paidu"。《迦楼频舞》之名取自印度语"迦陵频伽",意思是"布谷鸟",大概是佛教中的特殊音乐。《倍胪破阵乐》据说是林邑国人斑明德所作。这个名字大概来自梵语"毗卢择迦"。释迦牟尼在世期间,桥萨罗王维尔滋哈卡攻陷了迦毗罗城,灭亡了释氏。在11世纪左右,迦湿弥罗的诗人苦修门德罗作了剧作诗《维尔滋哈卡》,将维尔滋哈卡的事迹编成了乐曲。《按摩》是平安时代人们改编的。曲名的意思是母亲。按摩是湿婆神的配偶兹鲁筇女神的名字。因此这首曲子以前称作《阴阳地镇曲》,表现的是湿婆神夫妇的醉舞。《万秋乐》是佛彻的新作,旋律极其庄严。罗陵王的全称是沙竭陵王。《胡饮酒》是唐朝以前的胡乐,描写的是胡王醉舞之态。

在林邑八乐中,《按摩》《罗陵王入阵曲》《菩萨舞》《迦楼频舞》四曲属于沙陀调,因此沙陀调占其大部分。沙陀来自印度的音节"sadja"。事实上,印度的音节和欧洲的音节是相同的。究其原因,在印度的音节传到波斯后,波斯音乐成为小亚细亚音乐的根源,对希腊、埃及的音乐也产生了影响。各地音节如下:

音节名	印度简符	欧洲简符	波斯音阶	汉名	西域名
Sadja	Sa	C	Da	宫	婆陀力
Rsabba	Ri	D	Re	商	鸡识
Gandahara	Ga	E	Mi	角	沙识
Madhyama	Ma	F	Fa	变徵	沙侯加滥
Pancama	Pa	G	Sa	徵	沙腊
Dhaivata	Dha	A	La	羽	般赡
Nisada	Ni	B	Be	变宫	候利筵

如上表所述，印度音阶有Sa、Ri、Ga、Ma、Pa、Dha、Ni七个，进入波斯后发生了一些变化。罗马僧人将它们应用到欧洲的乐调中，创造出Da、Re、Mi、Fa、Sol、La六个音符，最终演变成今天世界通用的do、re、mi、fa、sol、la、ti。很明显，沙陀调就是印度的曲调。从这一点上可以看出宁乐时代日本音乐在世界上的地位。在日本，远东的日本和南方的印度，西方的波斯、罗马、希腊的音乐发生交融。

三、唐乐

唐乐中包括《振舞》、大曲《皇帝破阵乐》——壹越调、大曲《团乱旋》——壹越调、大曲《春莺转》——壹越调、中曲《玉树后庭花》——壹越调、中曲《三台盐》——平调、中曲《万岁乐》——平调、小曲《甘州》——平调、中曲《五常乐》——平调、中曲《喜春乐》——黄钟调、中曲《还城乐》——乞食调、中曲《贺王恩》——大食调、中曲《太平乐》——大食调、中曲《打球乐》——大食调。这些曲中的大食调就是指大食人的曲调，也就是阿拉伯人的曲调。盘射调的情况不太清楚，据印度的一个学者说这大概与印度五河地区的旁遮普有关系。

如上所述，南、北、西各民族的音乐传入日本，丰富和提高了日本的音乐，为平安时代新曲的创作打下了坚实的基础。这是不争的事实。能具体说明宁乐时代日本舞乐的是保存在正仓院的当时的乐器。其中有一种乐器叫箜篌，其实就是竖琴。箜篌的下部有脚柱，上部有木框空洞，形成共鸣装置。除了亚述、巴比伦外，这种乐器在其他地方无法找到。由此可以证明，在音乐方面，日本和亚述进行了交流。在实用艺术方面，飞鸟纹样暗示着飞鸟时代日本与外国文化的交流。同样，在高雅艺术方面的《宁乐舞乐》暗示着宁乐时代日本与外国的文化交流。宁乐时代日本的艺术特征是博大。在量上讲，代表作品就是东大寺的大佛。在质上讲，代表作品是雅乐寮的舞乐。这一方面是宁乐时代日本强大的中央集权的反映，另一方面也是狂热真挚的圣武天皇的缩影。

第5节 富于自我意识的文学

　　大体而言，宁乐时代日本的绘画、雕刻、建筑、音乐只不过是对外国的模仿。同样，在文学领域，宁乐时代的日本也模仿了中国的文学。在音乐中有名为"歌垣"的日本固有的歌舞，得到了长足的发展。日本民众本来的爱好被表现得淋漓尽致。同样，在文学领域中，日本也有日本民族固有的要素。因此，宁乐时代日本的文学作品大致分为两类：一类是日本固有的，一类是模仿中国的。

　　日本人在飞鸟宁乐时代创作的文学作品保留到今天的并不多，几乎屈指可数。其中一个就是《古事记》。《古事记》和《风土记》都属于历史地理性质的文学书籍，里面多是散文。和《日本书纪》一样，《风土记》里虽然也有日本民族固有的要素，但模仿中国文学的成分颇多。因此，笔者不将这两本书算作日本固有的文学。此外，必须重点强调的日本文学作品就是《万叶集》。在奈良西郊药师寺的佛足迹歌碑虽然短小，但作为研究宁乐时代的文学的资料是颇具价值的。《祝词》中虽然混杂着新的内容，但大体上可以说是从古代传下来的。这些材料对研究宁乐时代的日本民众的精神生活大有裨益。

　　除了上述日本人原创的文学外，还有一种文学叫模仿式文学。《日本书纪》就是其中的一个代表。在前面，笔者已经讲过《日本书纪》是用汉文写的最早的日本历史书。笔者要介绍的第二本书是《续日本纪》。《续日本纪》虽然是在平安时代编修的，但作为反映宁乐时代的情况的书籍是可以采用的。上述的《风土记》也属于这一类。《上宫圣德法王帝说》史料价值较高，但它的文学价值实在乏善可陈。《家传》和《唐大和上东征传》属于时代传记，非常出色。除此之外，与《万叶集》匹敌的纯文学就是《怀风藻》。

　　早稻田大学的五十岚教授认为："《古事记》是神代以来很长时间在无意识中形成的文学，而《万叶集》是经过有意识地努力而创作的最初的国文学。"也就是说，《古事记》是编纂的，而《万叶集》是创作的。《万叶集》究竟是谁选编的？自古以来众说纷纭。笔者赞同下面的说法："大伴家持从壮年时期开始，根据自己的见闻收集了大量的诗歌，在此基础上进行分类整理，时间截止到天平宝字三年。之后的诗歌较乱，整理得不够。有些诗歌还是草稿就流传后世。"《万叶集》共有二十卷，选入的诗歌种类有长歌、短歌、旋头歌三种。就《万叶集》的诗歌数量而言，长歌有二百六十二首，短歌有四千一百七十三首，旋头歌有六十一首，合计四千四百九十六首。就诗歌的年代而言，这些诗歌可以上溯到传说时代的仁德天皇时期，下至淳仁天皇时期。诗歌作者有男性五百六十一人，女性七十人。各自所占百分比为：男性占88.9%，女性占11.1%。如果与今天的文坛相比，可以看出，当时女性参与文学创作的人数还是很多的。因此，《万叶集》属于大众性的文学。一些人想象《万叶集》属于贵族文学，其实不然。以多数人为生命的就属于大众性的文学，而不受性别限制的也是大众文学。

出现在《万叶集》中的诗人为数众多。描写自然的诗人有山边赤人。抒情诗人有柿本人麻吕。说教派诗人有山上忆良和大伴家持。下面将这些人的代表作各举一首，进行分析。

柿本人麻吕擅长写长歌。他告别妻子，从石见国前往京师时，赋诗一首：

> 石见海角浦，无浦空见人，无泻人可见。
>
> 浦上不见苇，泻上亦无苇。
>
> 海鸟飞海边，荒矶有活气。
>
> 海上蓝白藻，晨风习习吹。
>
> 夕浪拍海岸，浪花到处飞。
>
> 妹寝海藻上，霜露凉人面。
>
> 此路八十里，一步一回头。
>
> 前程路还远，高山更难攀。
>
> 夏草已枯萎，不忍看妹门。

这首诗屡屡为人称道，被后世文学家评价为柿本人麻吕代表作。柿本人麻吕妻子答诗：

石见山高耸，林间望妹袖。

　　诗歌用的都是对偶句，读来朗朗上口，令人回味无穷，并且修辞技巧非常高超。就内容而言，这首诗算不上柿本人麻吕的代表作。柿本人麻吕哀悼高市皇子的长歌更有代表性。前者说的是与妻子分别的悲苦，而后者是悼念死亡，是人生最大的悲痛，因此情绪波动很大，让读者感动不已，不得不承认他高超的艺术手法。

　　津田左右吉文学博士认为这一长歌描述了高市皇子生前的军功。这也有几分道理。但这首长歌的基调还是哀悼。一般的哀悼诗多流于形式，没有真情实感。而诗人柿本人麻吕通过歌颂高市皇子的军功，讴歌了高市皇子的人格魅力。

　　皇子殡神宫，肃穆令人敬。
　　天皇派使者，白妙着麻衣。

　　这首诗催人泪下，悼念缅怀之情可见一斑。诗人渲染氛围的技巧很高明。当时，中国的律诗多使用冠辞。这首诗中也采用了这一手法，进而创造出一种新的修辞法。当时具有一定的时代局限性，不必过于苛求。再说这属于律诗，并非散文，不仅要言之有物，还要具备歌谣的形式之美。

　　山边赤人以写短歌著称，有名的短歌是：

　　潮涨和歌浦，芦苇丛茂密。
　　田鹤飞苇上，清脆声悦耳。

　　山边赤人有一首描写富士山的长歌，非常有名。山边赤人的诗歌内容简洁、遒劲，富有张力。如果说柿本人麻吕的诗歌是优美的，那么山边赤人的诗歌可以用壮美二字来形容。两个人的作品各有千秋。可见，《万叶集》所收录的作品绝非一种类型的。

山上忆良属于说教派诗人。后世的文学家和评论家对山上忆良长歌《贫穷问答歌》非常称道,称这是山上忆良代表作。《贫穷问答歌》说的是一个贵族提出问题,一个穷人回答问题,由两部分构成。庶民因贫穷而悲泣。作者对此表示同情。这首诗颇有无产阶级文学的味道,是一首描写社会问题的诗歌,描写很有现实性,扣人心弦。语言虽然朴实无华,但具有一种将人拽入贫穷和愁苦的底层的一种不可思议的力量。有人评价"万叶诗人想象力较差,不善于具体地对事物进行描写"。笔者读后,觉着这一评价并不公允。诗中写道:

> 天地多广阔,唯独不容我。
> 日月同明辉,唯独不照我。
> 唯独我如此?不知他人状。
> 我不求富贵,但愿如常人。
> 布衣里无棉,寒酸无言状。
> 寒风行路难,一家人遭罪。
> 伏庵曲庵里,是我藏身处。
> 地上铺稻秆,父母睡那边。
> 妻子睡脚边,围拢愁不断。
> 灶火无炊烟,锅上结蛛网。
> 无米来下锅,一家饿得慌。
> 外有鸟悲鸣,妻子来相和。

诗中描写的困苦之状溢于言表。在诗歌水平上,山上忆良要比柿本人麻吕逊色一些,但能够具体地描绘事物,叙述详尽,颇有感染力,诗情画意虽然不浓,但别有一番滋味在里面,是另一类的诗情。在题材上,山上忆良的诗歌还是有特色的,并且观察入微,饱含感情,开社会题材诗歌之先河。在《万叶集》诗人中,山上忆良是最有自我意识的一个,能够客观地观察,具体地进行叙述,是一个极富个性的诗人。表现山上忆良人格、作为诗人人生态度的还有一首诗:

《笼宴歌》

忆良身将死，子哭欲无泪。

家穷徒四壁，彼母亦悲泣。

　　这首诗表达了率直的情感，正是因为率直，才让人感到有力量。山上忆良发出的这一喊声绝对不是让人感到无助的梦魇，也不是从布尔乔亚阶层的嘴唇发出的憧憬富贵的声音，更不是从烂醉于荣光的贵族的嘴唇发出的叫声。这必然是不堪当下重负、饥寒交迫的无产阶级——或理解和同情这一窘状的人们——胸中发出的吼声。可见，《万叶集》属于大众性的诗集。

　　这样一来，与其说山上忆良属于说教派诗人，不如说他是社会派诗人。真正意义上的说教派诗人应该是大伴家持。大伴家持的代表作是《喻旅歌》。诗中写道：

久方天户开，高千穗山上。

天孙下凡来，天皇神御代。

手中握木弓，手夹真鹿箭。

大久米武雄，先立取剑鞘。

岩根探山川，踏破来求国。

千早振神威，打扫来侍奉。

秋津大和国，橿原亩旁宫。

宫柱挺立直，天下来统治。

天皇天日嗣，君位代代传。

丹心侍天皇，皇天后土长。

天皇是远祖，敷岛大和国。

　　这首诗读起来朗朗上口，诗中充满自信和自负。虽然氏族制度被颠覆了，但重视传统氏族的精神依然残存，并且非常盛行。大伴家持的诗歌虽然冗长，但也山上忆良属于说教派诗人。后世的文学家和评论家对山上忆良长歌《贫穷问答歌》非常称道，称这是山上忆良代表作。《贫穷问答歌》说的是一个贵族提出问题，一个穷人回答问题，由两部分构成。庶民因贫穷而悲泣。作者对此表示同情。这首诗颇有无产阶级文学的味道，是一首描写社会问题的诗歌，描写很有现实性，扣人心弦。语言虽然朴实无华，但具有一种将人拽入贫穷和愁苦的底层的一种不可思议的力量。有人评价"万叶诗人想象力较差，不善于具体地对事物进行描写"。笔者读后，觉着这一评价并不公允。诗中写道：

> 天地多广阔，唯独不容我。
> 日月同明辉，唯独不照我。
> 唯独我如此？不知他人状。
> 我不求富贵，但愿如常人。
> 布衣里无棉，寒酸无言状。
> 寒风行路难，一家人遭罪。
> 伏庵曲庵里，是我藏身处。
> 地上铺稻秆，父母睡那边。
> 妻子睡脚边，围拢愁不断。
> 灶火无炊烟，锅上结蛛网。
> 无米来下锅，一家饿得慌。
> 外有鸟悲鸣，妻子来相和。

诗中描写的困苦之状溢于言表。在诗歌水平上，山上忆良要比柿本人麻吕逊色一些，但能够具体地描绘事物，叙述详尽，颇有感染力，诗情画意虽然不浓，但别有一番滋味在里面，是另一类的诗情。在题材上，山上忆良的诗歌还是有特色的，并且观察入微，饱含感情，开社会题材诗歌之先河。在《万叶集》诗人中，山上忆良是最有自我意识的一个，能够客观地观察，具体地进行叙述，是一个极富个性的诗人。表现山上忆良人格、作为诗人人生态度的还有一首诗：

《笼宴歌》
忆良身将死，子哭欲无泪。
家穷徒四壁，彼母亦悲泣。

　　这首诗表达了率直的情感，正是因为率直，才让人感到有力量。山上忆良发出的这一喊声绝对不是让人感到无助的梦魇，也不是从布尔乔亚阶层的嘴唇发出的憧憬富贵的声音，更不是从烂醉于荣光的贵族的嘴唇发出的叫声。这必然是不堪当下重负、饥寒交迫的无产阶级——或理解和同情这一窘状的人们——胸中发出的吼声。可见，《万叶集》属于大众性的诗集。

　　这样一来，与其说山上忆良属于说教派诗人，不如说他是社会派诗人。真正意义上的说教派诗人应该是大伴家持。大伴家持的代表作是《喻旅歌》。诗中写道：

久方天户开，高千穗山上。
天孙下凡来，天皇神御代。
手中握木弓，手夹真鹿箭。
大久米武雄，先立取剑鞘。
岩根探山川，踏破来求国。
千早振神威，打扫来侍奉。
秋津大和国，橿原亩旁宫。
宫柱挺立直，天下来统治。
天皇天日嗣，君位代代传。
丹心侍天皇，皇天后土长。
天皇是远祖，敷岛大和国。

　　这首诗读起来朗朗上口，诗中充满自信和自负。虽然氏族制度被颠覆了，但重视传统氏族的精神依然残存，并且非常盛行。大伴家持的诗歌虽然冗长，但也有令人感动的力量。大伴家持还有一首诗《贺陆奥国出金诏书国》可以与《喻旅歌》匹敌，脍炙人口。诗中写道："海上浮尸体，山间草丛里，尸体无人收，死在太君边，不看来回首。"时隔千年，今天依然妇孺皆知，是一首国民诗。这首诗能够普及并得到传颂，说明它具有大众性。

从事绘画、雕刻、建筑的人们主要将精力倾注在宗教信仰上。与此不同的是，活跃在诗歌领域的人们热血沸腾，将精力倾注在社会情感、自然风光和美上。在《万叶集》中，信仰的因素比较淡泊。以爱情为主题的作品很多。它们具有永久性和普遍性。此外，取材于自然的诗歌也很多。在歌咏自然时，诗中夹杂着感情，而纯粹的写景诗很少。讴歌爱情的诗很多，即所谓的"恋歌"，迸发出热情。讴歌亲子之情、夫妻之情、君臣之情、邻里之情、兄弟姐妹之情的诗歌数量也很多。抒发男女思慕之情的有"身佩太刀剑，颇有丈夫气。私窥好男儿，不禁动芳心"，还有"早起鬓发乱，一夜把君思。奴家思郎君，何日梳青丝"。这种表达男女爱情的诗歌非常感人。通过《万叶集》我们可以感受到，宁乐时代的人们感情生活非常丰富、美好。

宁乐时代人们丰富的感情生活源于对现世的执着。与死后的极乐生活相比，人们更倾向于确确实实抓住死前的快乐生活。人们对做梦不感兴趣，希望生活在现实的喜怒哀乐中。"人生在世终有一死，在世期间及时行乐。"大伴家持说："现世要快活，来世难捉摸。来世为鸟虫，又有何足惧？"这表现了露骨的现实主义、享乐主义的生活理想。这是宁乐时代人们思想的出发点。最终，人们追求肉欲的天国，而其代表就是沉湎于酒色。大伴旅人赞美芳醇美酒的诗歌有"酒能言我志，无论贵与贱。酒能遂心愿，极乐唯有此""玉杯放夜光，饮酒心舒畅""古有七贤人，个个是酒仙""人生少知己，唯酒能抒怀"。这些诗歌正是对宁乐时代人们及时行乐思想的写照。大伴旅人如此爱酒，对酒憧憬、赞美，最终开始轻蔑不爱酒的人："自诩为贤者，滴酒不沾唇。不解酒中趣，与猿猴何异？"骂得痛快淋漓。

《万叶集》内容涉及社会生活的各个层面。其中佳句颇多，举不胜举。借用一位国文学者的话来总结："在《万叶集》中，我们能看到诗人们将自然和人生同等对待，并将二者完美地结合在了一起。这是《万叶集》的特色，也是后世日本文学的特色。在思考人生时，诗人们拿自然打比方，而在观察自然时，又拿人生作比方。与近世直接、露骨的表现手法相比，这种方式虽然直接效果不好，但令人回味无穷。"与此同时，《万叶集》中的诗歌也有率直的一面。两种风格水火不容。也就是说，日本民众具有这种矛盾的倾向，因此表现在了《万叶集》中。《万叶集》中的诗歌都是宁乐时代的作品，并非近代的作品。在欣赏《万叶集》中的诗歌时，心情要回到宁乐时代。

在研究《万叶集》时，历史学家需要注意的一点就是，在宁乐时代，汉字的使用方法已经发生变化。在日语中，人们起初写汉语词汇时采用汉字，只有音读，但不知从什么时候起开始有了训读。譬如：将"春鸟"训读为"uguisu"。这属于一种全部训读法。而将"金风"训读为"akikaze"则属于半义读。将"千鸟"写作"乳鸟"就属于半通假字。而"春霞"则属于通正字。将"hagi"写成"芽子"则属于别字。这些都是因为将汉字作为书写符号导致的。汉字在日语中的音读不断发展，与汉字的意思脱钩，因而人们只用汉字的音。这就是所谓的万叶假名。之后，人们发明了平假名和片假名，到今天一直在使用。直到飞鸟时代，在宣命书中，助词还使用小写，来和正文进行区别。表音的汉字也和表意的汉字进行区分。这就是今天假名汉字混杂文的起源。

不管怎么说，《万叶集》是代表日本文学摇篮时期的诗集。在这个时期，日本文学从模仿走向创造。《万叶集》对宁乐时代民众的精神生活进行了直接描写，意义重大、深远，弥足珍贵。

第9章

时代末的堕落

第1节 女性主权和公众的腐败

在日本,妇女掌权并非开始于宁乐时代。有关天照大神、神功皇后的传说告诉我们,日本社会出现过特征明显的母权时代。但读传说时代的历史可以发现:神功皇后并没有即位当天皇。在日本历史上,第一个掌权当天皇的女性是推古天皇。女性主权主义在这时出现,开始萌芽。之后的女天皇有皇极天皇、齐明天皇和持统天皇。在飞鸟时代,四代天皇都是女天皇。日本的邻国新罗有善德、真德两位女王执政,和上述日本的四位女天皇是同一时期。虽然也可以说这属于偶然性的一致,但笔者认为这其中是有一定的必然性的。笔者认为这与佛教的影响关系密切。日本和新罗几乎在同一时期引进了佛教。佛教的传播过程几乎相同。由于崇佛,女性受到尊重,因此才出现了女皇和女王。尽管现在还搞不清楚女性受到尊重的原因,但在日本的原始宗教中,巫女很有权势。妇女具有的异常的潜在意识起到一种灵性作用。这种神秘性让民众感到陶醉。

宁乐时代是女天皇得到祝福和拥戴的时代。女天皇元明天皇拉开了时代序幕。元正天皇继承皇位,也是女天皇。第三代是圣武天皇,是男天皇,但光明皇后藤原光明子在宫中掌握大权,非常活跃。光明皇后的生母是县犬养连三千代,也帮助光明皇后。光明皇后地位很高,堪称无位的天皇。元明天皇和元正天皇这两位女天皇都笃信佛教。圣武天皇的生母藤原宫子也属于崇佛派，与妹妹光明皇后在权势上呈伯仲之势。

在这一背景下，僧侣的势力年年增强。到了神龟元年，京师及诸国的僧尼人数达到一千二百二十人，都遵照一定的级别得到公职。僧正义渊在官中得到宠信。在僧正义渊死后，他的弟子行基受到世间敬仰。行基奉劝诸国捐献财物修建东大寺。在行基之前驰名天下的是玄昉。玄昉和阿倍仲麻吕、吉备真备一起作为留学僧和留学生入唐。玄昉在唐朝生活了十九年。唐玄宗非常敬重玄昉，封玄昉为准三品，并赐紫袈裟。可见玄昉是个英才。天平七年，玄昉和吉备真备一起回到日本。玄昉献给日本朝廷经论五千余卷和佛像。朝廷允许玄昉穿紫袈裟。当时，辨净任三纲僧正，神叡任僧都，道慈任律师。这些僧人都被称作桑门之秀。和玄昉一起来日本的唐朝僧人道睿擅长禅律，作为戒师任职大安寺西面的唐院。圣武天皇越来越信任玄昉。神龟八年二月，圣武天皇封玄昉百户、赐田十町。圣武天皇还赐给玄昉和道慈律师童子各八人。

神龟八年七月，婆罗门僧菩提仙那和林邑僧佛彻来到日本。菩提仙那在故乡印度时听说中国的五台山出现文殊菩萨，发下誓愿一定要见一次文殊菩萨。菩提仙那首先从印度出发前往中国，又听说文殊菩萨托生日本，于是最终来到日本。在从印度到中国途中，菩提仙那将船停在南海的某个岛屿，在那里偶遇佛彻。佛彻也想见文殊菩萨，称自己想去中国。然而，菩提仙那说想去日本，于是佛彻就和菩提仙那一起来到了日本。遣唐使报告朝廷菩提仙那和佛彻一行来到日本。为了迎接菩提仙那和佛彻二人，行基来到难波。行基笑着拉着菩提仙那的手。菩提仙那用梵语问这是怎么回事？行基用梵语回答。当行基用日语和菩提仙那讲话，菩提仙那也用日语回应。二人简直像多年不见的老朋友。这是后世传记中记载的，大概属于一种英雄传说。佛彻和菩提仙那这两个南方僧人来到宁乐之后，被安置在大安寺东坊。

神龟九年八月，玄昉升任僧正，良敏任大僧都。玄昉被安置在内道场，因此可以频繁出入官中。玄昉的学友吉备真备神龟十年正月叙从五位下，从大学助转任中宫亮。中宫就是皇太夫人藤原宫子的宫殿。生下圣武天皇后，藤原宫子患上了抑郁症,完全不谙人事,独居一室,一次都没有见过亲生儿子圣武天皇。然而,在玄昉进宫照看藤原宫子后,藤原宫子不久就痊愈。神龟十年十二月,藤原宫子在皇后宫和玄昉见面。以此为契机,圣武天皇也来到皇后宫见到皇太夫人藤原宫子。圣武天皇非常高兴,赏赐玄昉布帛若干,晋升玄昉中宫职六人之位。从唐朝一起回来后,吉备真备和玄昉一起进入皇宫和中宫。这是因为他们受到藤原氏的重用。起初,吉备真备和玄昉二人相互帮助,相互勉励。后来,玄昉越来越得到宫中的重用,和皇太夫人藤原宫子之间也逐渐传出闲话。一直到后世都有传言称僧人菩殊是玄昉和皇太夫人藤原宫子生的儿子。然而,根据《僧尼令》的规定,僧尼是可以用佛法看病、持咒、救人的。玄昉受到宫中的信任给藤原宫子看病是无可厚非的。天平十年,藤原宫子五十四五岁,而菩殊出生于养老七年。由此可见,坊间的传闻纯属无稽之谈。真正的史学家会为藤原宫子鸣冤的。

天平九年,藤原武智麻吕等兄弟四人感染痘疮病倒。朝廷重要职位出缺。铃鹿王从参议升任知太政官事。光明皇后的同母兄长橘诸兄从参议升任大纳言。参议多治比广成继任大纳言。藤原武智麻吕的长子藤原丰成升任参议。光明皇后依然致力于扶植藤原氏在宫中的势力。藤原房前的长子藤原鸟养、藤原丰成的弟弟藤原仲麻吕、藤原仲麻吕的弟弟藤原乙麻吕、藤原宇合的长子藤原广嗣都是从五位下。天平十年正月,橘诸兄任右大臣,藤原广嗣任大养德①太守。天平十年十二月,高桥安麻吕任大宰大贰。同时,藤原广嗣任少贰。藤原广嗣从大国的太守转任西部边陲的外官,属于被贬。这其中必有隐情。藤原氏一门发生内讧也是其中一个原因,再者权势逐代递减也是一个原因。坊间传言,藤原广嗣和玄昉不睦是主要原因。这也并非无稽之谈。

皇女阿倍内亲王被立为皇太子,开了皇女立为太子的先例。这是天平十年初发生的事情。女皇太子阿倍内亲王住在东宫。东宫学士吉备真备负责教授儒学。阿倍内亲王学到了《礼记》《汉书》等书上的知识。这样一来,吉备真备的地位逐渐攀升。与此同时,玄昉的实力也逐渐增强。圣武天皇或观看相扑,或召集文人赏梅赋诗,或到离宫游玩,过着欢乐的日子。

---

① 即大和。——原注

藤原广嗣

然而，到了天平十二年八月，太宰少贰藤原广嗣上表评论时政得失，请求除掉僧正玄昉和吉备真备。据笔者估计，玄昉和吉备真备二人与藤原氏中和藤原广嗣不合者进行勾结，对藤原广嗣不利。因此，藤原广嗣与玄昉、吉备真备二人有私怨。天平十二年九月，藤原广嗣起兵造反，从太宰府来到远河郡家，在远河郡家布阵，准备兵器、弓箭。不仅如此，藤原广嗣还点起烽火，召集国内兵马。于是，日本朝廷任命大野东人为大将军，任命纪饭麻吕为副将军，率领东海、东山、山阴、山阳、南海等五道之兵一万五千人征讨藤原广嗣。不久。藤原广嗣部下中很多人叛变。藤原广嗣进军板柜川，和朝廷军队作战，结果兵败，打算逃往新罗。藤原广嗣在值嘉岛乘船出海，因为西风强劲，被刮了回来，漂流到色郡岛后被抓。天平十二年十一月一日，藤原广嗣被斩首。至此，筑紫之乱完全平定。

圣武天皇虽然聪明，但多愁善感、有怪癖，态度时冷时热，脾气秉性令人捉摸不定。从天平十二年左右开始，圣武天皇着手营造恭仁宫，征调了很多役夫，大兴土木。天平十四年八月，在工程尚未竣工时，圣武天皇行幸近江紫香乐，在那里让人造离宫。天平十五年，恭仁新都竣工。然而，圣武天皇在紫香乐流连忘返，达数月之久。之后，圣武天皇有意将首都迁到紫香乐。但到了天平十六年，圣武天皇又想迁都难波。于是，圣武天皇召集百官商议将首都定在恭仁和难波哪里更合适。百官中主张迁都恭仁的比较多。尽管如此，圣武天皇还是行幸难波，宣布将难波定为皇都。这样一来，圣武天皇修建了宁乐、恭仁、紫香乐、难波四座宫殿。四座宫殿的地位已经定了下来。宁乐宫和恭仁宫为离宫，紫香乐和难波为东西两京。天平十六年四月，圣武天皇到了紫香乐宫。然而，由于附近的山林起火，圣武天皇感到紫香乐宫很危险。天平十七年四月，紫香乐宫周围屡屡发生山火。从天平十七年五月开始，紫香乐宫又屡屡发生地震。地裂泉涌，人心惶惶。圣武天皇在恐怖和忧虑中度日如年。这时，太政官各司的官人之间盛传宁乐适合做首都。于是，圣武天皇仓皇迁到恭仁宫，之后又回到宁乐。

在营建紫香乐宫的同时，圣武天皇计划修建甲贺寺，铸造大佛。这主要是圣武天皇在僧正玄昉的劝说下动了心思。然而，还都宁乐宫后，造寺造佛事业又改在宁乐实施。这项工作主要由行基来负责。天平十七年十一月，玄昉前往筑紫，督办观世音寺的营建工作。很明显，玄昉受到左迁的处分。玄昉此前一路飞黄腾达，而今前途出现一抹暗云。天平十八年六月十八日，玄昉突然死于筑紫。坊间传闻，在观世音寺举行供养仪式当天，藤原广嗣的灵从空中下来将玄昉抓了去。玄昉的身影忽然消失了，只有首级日后落到了兴福寺的唐院。玄昉大概是被藤原广嗣的余党暗杀的。作为留学僧，刚从唐朝回到日本时，玄昉受到宫中的重用，被任命为僧正，主持宫内道场。但他末路悲惨，在当时应该得到了人们的同情。尽管如此，坊间盛传，玄昉是被藤原广嗣的灵杀害的，并且玄昉和藤原宫子、光明皇后有染。对玄昉的种种恶评一直流传后世。由此观之，玄昉与其僧侣身份不符的行为遭到了人们的嫉恨。玄昉和吉备真备都像天平时期的彗星一样消逝了。玄昉和吉备真备的突然得势必然遭到藤原氏的忌妒。二人的荣枯盛衰都与藤原氏有着密切的关系。

因圣武天皇笃信佛教，再加上行基竭力提倡，朝廷开始修建东大寺。天平二十一年，东大寺大致竣工。圣武天皇非常喜悦，越来越笃信佛教，终于在在位期间剃发为僧，法号胜满。无论佛教多么盛行，从传统上说，人们相信天皇属于神的后代。因此，当时的民众对圣武天皇的这一举动是不认可的。本地垂迹说主张宇佐八幡神和卢舍那佛是一致的。根据这一说法，圣武天皇赏赐宇佐八幡大量位田、封户。这让当时的知识分子阶层大吃一惊。有的官僚和学生向朝廷写匿名信就此事表示不满。朝野上下怀疑、不满、抱怨之气很盛。民众在精神上陷于不安之中。不仅如此，圣武天皇连年大兴土木，导致经济状况恶化，民众物资匮乏，生活困苦。圣武天皇本来梦想的佛教国家是福德圆满的极乐净土，但民众在现实中体会到的是身心疲惫，如焦热的地狱。民心思变，希望世道好转。

天平二十一年七月，皇太子阿倍内亲王即位，史称"孝谦天皇"。孝谦天皇是位女天皇。女权复活。即位后，孝谦天皇将皇后宫职改为紫微中台，命大纳言藤原仲麻吕兼任紫微令；任命参议大伴兄麻吕、式部卿石川年足为大弼；任命百济敬忠、式部大辅界麻吕等为少弼；任命阿倍重麻吕、佐伯今毛人等为大忠；任命出云臣屋麻吕等为小忠。迄今为止，皇后宫职作为官掖的一个职位，只不过是与政治分离的一个办公室而已，如今成为政府组织的一个重要组成部分。紫微中台反而开始支配中务省。当时，圣武太上皇到药师寺出家，而光明太后在紫微台摄理万机。这样一来，藤原氏开启了私有政权的先例。藤原不比等的四个儿子分为四家。藤原武智麻吕为南家，藤原房前为北家，藤原宇合为式家，藤原麻吕兴起了京家。四人几乎同时染病去世。之后，藤原丰成继承了南家，藤原鸟养继承了北家，藤原广嗣继承了式家，后被诛杀，藤原滨成继承了京家。除了这些嫡子外，藤原氏很多子弟都分家，形成二十家。藤原广嗣谋反意味着藤原氏的分裂。南家的藤原丰成及其弟弟藤原仲麻吕之间另有隐情。在孝谦天皇即位之初，橘诸兄任左大臣，藤原丰成任右大臣，藤原仲麻吕没有经过中纳言这个职位直接蹿升至大纳言这个职位，藤原仲麻吕的弟弟藤原乙麻吕升任中纳言。藤原氏的官位不断攀升，而劳苦功高的巨势奈氏麻吕依然任大纳言，大伴牛养、纪麻吕、多治比广足等依然是中纳言。这意味着这些名门望族早已站在藤原氏的下风头。藤原氏的权势并非一朝一夕培养起来的。中臣镰足、藤原不比等立下大功。在此基础上，县犬养连三千代、圣武天皇的生母藤原宫子和光明皇后以血缘和才智成为藤原家族的顶梁柱。四家兄弟为藤原家族铺了房顶，涂了墙壁，最终建造起辉煌的权势的殿堂。至于为什么要拥立女天皇，虽无确证，但可以推断这是因为藤原氏野心勃勃，为了便于执行自己的政策而谋划的。藤原家族借助佛教和女儿们的魅力谋取官位，从而获取利益。苏我氏拥立推古女天皇也是出于这个动机。二者可比性很强。由于这个原因，宫中日益腐败。

第2节　惠美押胜专权

在孝谦天皇在位期间，权势的中心至少有以下三个：其一，藤原仲麻吕在紫微中台仗着光明太后的势力号令天下，形成宫中势力。其二，橘诸兄任左大臣，藤原丰成任右大臣，纪麻吕和多治比广成任中纳言，以孝谦天皇为靠山，形成阀族政治。这一派属于府中势力。其三，僧都良辨在药师寺以圣武天皇为后盾，掌握着宗教权。婆罗门僧菩提为僧正，唐朝僧人道睿为律师，互通气脉，并且又迎来唐朝鉴真为戒师。这一派属于寺院势力。

这样一来，就出现了宫中、府中、寺院三个权力中心。府中势力被宫中势力压倒，因此，一帮贵族势力围拢在藤原仲麻吕周围。僧侣们围拢在良辨周围。宫中势力和寺院势力势均力敌，互相对峙。然而，法皇圣武太上皇依然在世。这两派还能维持表面上的和气，不至于撕破脸争斗。

在僧侣阶层中，特别值得一提的是鉴真。鉴真是唐朝扬州江阳县人，据说是齐国辨士淳于髡的后人。十四岁时，鉴真随父亲到寺院，看到佛像后，立志出家。鉴真的父亲将鉴真托付给大云寺的智满，鉴真当了一个小沙弥。之后，鉴真受菩萨戒和具足戒，游东西两京，研究三藏，游江淮之间，教授戒律。天平五

鉴真

年，遣唐留学僧荣叡、普照等在扬州大明寺听了鉴真讲的戒律后，请求鉴真来日本传教。鉴真对圣德太子和长屋王笃信佛教一事有深刻的印象，回答说："如果有缘，我也可以渡海去日本。"天宝二年①十二月，鉴真带着两个弟子祥彦、道兴，和普照、荣叡等八十余人乘船去日本。不料，因为风大，船漂流到别处，没有到达目的地。之后，鉴真数次乘船去日本，都没有成功。第六次，鉴真搭乘遣唐副使大伴古麻吕的船横穿黄海。天平胜宝六年正月十二日，鉴真抵达太宰府。天平胜宝六年四月，鉴真入京，受到僧俗的欢迎，住在东大寺。

之后，鉴真奉圣武太上皇的命令，在大佛殿前设立戒坛。在那里，鉴真给圣武太上皇、光明皇太后受戒。圣武太上皇和孝谦天皇亲自运土，在大佛殿西面筑成戒坛。这就是日本戒坛院的起源。天平宝字五年，圣武太上皇在下野的药师寺和筑紫的观世音寺增设戒坛。于是，日本全国有了三个戒坛。

---

① 即743年，天平十五年。——原注

天平胜宝七年，圣武太上皇患病。天平胜宝八年五月三日，圣武太上皇驾崩。在死的前一天，圣武太上皇将藤原仲麻吕叫到面前，留下遗诏，立新田部亲王的王子道祖王为皇太子。然而，藤原仲麻吕不喜欢道祖王，打算立舍人亲王的王子大炊王为皇太子。藤原仲麻吕首先让儿子藤原真从的遗孀粟田诸姊嫁给大炊王，让二人住在自己的田村第。天平胜宝九年正月，前左大臣橘诸兄去世，享年七十四岁。在此之前，橘诸兄一直在朝廷身居要职，直到最近才因病离职。藤原仲麻吕眼中已经没有人再值得忌惮了，于是开始制定阴谋，废立皇太子。道祖王身在晾黯，素不修身，每日里纵情酒色。藤原仲麻吕鼓动孝谦天皇进行敕戒，开始具体实施阴谋。到了天平胜宝九年三月，道祖王被废。天平胜宝九年四月四日，孝谦天皇就立皇嗣一事向群臣征求意见。藤原仲麻吕说："知子莫如父，让天意来定吧。"于是，孝谦天皇让人从田村第迎来大炊王立为皇太子。当然，笔者认为藤原仲麻吕肯定奏请了此事。

天平胜宝九年五月上旬，为父亲圣武太上皇举行一周年忌后不久，孝谦天皇迁至田村第。孝谦天皇称这是为了修建大官。闻听此言，群臣中不少人瞠目结舌。接着，孝谦天皇新设紫微内相这个职位，由藤原仲麻吕来担任，负责掌管内外诸军事。紫微内相的官位、俸禄、职权和供应的杂物一律与大臣同格。这也是根据藤原仲麻吕的意向规定的。孝谦天皇只不过点头同意而已。藤原仲麻吕本来就是藤原家族中的奇才。兄长藤原丰成等根本不能与他相提并论。藤原仲麻吕长于算计，颇具政治才能，早在圣武天皇时期就颇受信任。在孝谦天皇继位后，藤原仲麻吕更是受到宠爱，想要什么就能得到什么。他计划好的事情都能如愿。藤原仲麻吕以阴谋策略笼络前辈，先让橘诸兄致仕，后来在官位上又超过家兄藤原丰成，甚至还通过阴谋废掉皇太子道祖王，可谓胆大包天。此外，藤原仲麻吕还让孝谦天皇住在自己家中，设立制度外的新官。专横跋扈日胜一日。人们对藤原仲麻吕的憎恨与日俱增，最终开始酝酿扳倒藤原仲麻吕。

天平胜宝九年六月，橘诸兄的儿子橘奈良麻吕和大伴古麻吕、大伴池主、大伴兄人、多治比犊养、多治比礼麻吕、多治比鹰主、小野东人等一起谋划。计划内容如下："拥立安宿王、黄文王起兵。天平胜宝九年八月二日，趁着暗夜，安宿王、黄文王带兵袭击暗杀紫微内相藤原仲麻吕,立刻将大殿围起来,废掉太子。接着,安宿王、黄文王带兵夺取后宫的玉玺,让右大臣下令,废黜天皇,让四王之一即位。"

结果计划泄露,橘奈良麻吕等被捕。有的被诛杀,有的被流放。在受拷问时,黄文王、道祖王死于杖下。右大臣藤原丰成的儿子藤原乙绳参与了这一阴谋,被贬为日向员外郎。藤原丰成尽管已经知道内乱消息,但由于嫉恨内相藤原仲麻吕,没有及时禀奏,因此获罪,被贬为太宰员外郎。在这次事件中,很多人无辜受到牵连。世间出现称亡魂作祟者。还有其他谣言在坊间流传。民众生活于不安和恐惧中。

天平胜宝九年八月十八日,孝谦天皇将天平胜宝改元天平宝字。天平胜宝九年三月,孝谦天皇寝殿的承尘上出现"天下太平"四字,天平胜宝九年五月,又出现白鹭群组成的"标知天皇命百年"等字样。这就是改元的原因。白色动物、奇怪的文字等这些不可思议的祥瑞是人们愿意相信和接受的。人们非常重视这些现象,并数次因为这些改元。接着,在政治上,朝廷采取各种各样的措施。由此可以推断宁乐文化的真正价值。这和宗教迷信是不同的,让人们陷于几乎难以想象的狂热之中,属于一种偏执狂信。以此可以推断、评论当时的其他情况。在饮浊酒而醉的瞬间,人们会丧失理性。出现这种现象的人中,男性多于女性。藤原仲麻吕利用这一现象制定各种阴谋和计划,随心所欲修改制度,制定对自己有利的制度。于是,社会上出现了一群人。他们看透了藤原仲麻吕的这一嘴脸,对他曲意逢迎。天平宝字二年二月,大和太守大伴稻公禀奏说:"城下郡大神山出现了一根不可思议的藤,根上写着'王大则并天下人此内任太平臣守旻命'十六个字,是虫子咬成的。"结果,孝谦天皇下令博士解读这一祥瑞。孝谦天皇又给郡司加位一级,给予贡瑞人叙位赐物的恩典。这一闹剧简直跟人们中了邪的举动似的,公然大行其道。即便世人再迷信,也肯定有怀疑者、谩骂者。

天平宝字二年八月一日,梦中人孝谦天皇将皇位禅让给皇太子大炊王,史称"淳仁天皇"。年号依旧使用天平宝字。这一天,百官僧侣到朝堂上表,请求给上台,即孝谦太上皇上宝字称德孝谦皇帝,给中台,即皇太后上天平应真仁正皇

大和国印

太后的尊号，得到淳仁天皇的允许。天平宝字二年八月二十五日，淳仁天皇任命紫微内相藤原仲麻吕为大保，赐姓惠美，赐名押胜。淳仁天皇还称藤原仲麻吕为"尚舅"，功封三千户，赐给功田百町，永世继承，还允许借贷稻种和铸造钱币时使用惠美家印。这些都是藤原仲麻吕计划好的，一步一步成为现实。淳仁天皇其实就是个傀儡，裁断大政都由上台太上皇进行，实际上则是惠美押胜专制。

惠美押胜陶醉于绚烂的中国文化，想要将日本式官名改为汉名。惠美押胜打着淳仁天皇的旗号，和中纳言石川年足等商议，制定了新的称呼，将太政官改为乾政官，将太政大臣改为大师，将左大臣改为大傅，将右大臣改为大保，将大纳言改为御史大夫，将紫微中台改为坤宫官，将中务改为信部省，将式部省改为文部省，将民部改为仁部，将刑部改为义部，将宫内改为智部，将治部改为礼部，将兵部改为武部，将大藏改为节部。惠美押胜简直像一个穿红色和服的女孩高兴地跳起来似的。这属于一种只重形式的改革措施。这些措施受到当时人们的欢迎。然而，形式上的文化政策价值是不大的。这一点毋庸赘言。但对装点太平盛世还是有一定作用的。

淳仁天皇是惠美押胜拥立的，并且娶了惠美押胜死去儿子的遗孀。于情于义，淳仁天皇都将惠美押胜夫妇看作父母。在即位的第二年，也就是天平宝字三年六月，淳仁天皇给自己生父舍人亲王加谥号为崇道尽敬皇帝，称当麻夫人为太夫人。这时，淳仁天皇传内旨称大保惠美押胜为父亲，称惠美押胜的妻子耶子娘为母亲。但惠美押胜固辞不受。淳仁天皇颁发诏书给惠美押胜一门叙勋。天平宝字四年正月二日，淳仁天皇来到惠美押胜的宅邸，接着和孝谦太上皇一起来到内安殿叙勋，授予惠美押胜从一位，并升任大师，即太政大臣，封在惠美押胜之下处理政务的石川年足为御使大夫，即大纳言，封文室智努为中纳言。惠美押胜接受了所赐高位、高官，并且拥有在借贷稻种和铸造钱币时使用私家印章的特权。因此，惠美押胜能利用这些特权获取无限的利益。他的财富在贵族中居于首位。天平宝字四年三月，淳仁天皇的诏书中写道："为了防止私自铸造钱币，命令铸造新的钱币，将铜钱称作'万年通宝'，一个值旧钱十文；将银钱称作'太平元宝'，一个值旧钱十文。将金币称作'开基胜宝'，一个值银钱十文。"这一诏书恐怕是惠美押胜为了牟取私利而请淳仁天皇下达的。自此以后，钱币质量越来越差，导致物价飞涨。

  从天平宝字四年春天开始，光明皇太后贵体欠安，吃药也没有效果。她祈祷神佛，希望能痊愈。天平宝字四年六月七日，光明皇太后薨逝。光明皇太后笃信佛教，有时陷入狂热之中。光明皇太后虽然有仁慈之念，但给人一种威严不可侵犯的感觉。在橘氏的冤狱兴起时，光明皇太后也知道阴谋的动机，极力庇护了一些人，使惠美押胜不能完全得逞。如今，惠美押胜所忌惮的光明皇太后也离世了。他可以无所畏惧了。天平宝字四年八月，惠美押胜奏请淳仁天皇追赠藤原不比等近江国十二郡，追封淡海公，追赠藤原不比等的妻子县犬养连三千代为正一位，称太夫人，追赠左大臣惠美押胜的叔父为大师，追封南家的藤原武智麻吕和北家的藤原房前为太政大臣。追封官位不仅仅能满足他的虚荣心，还伴随着经济上的利益。因此，有心的朝廷官僚无不皱眉，无奈地观望着世纪末的堕落。

  惠美押胜虽然随心所欲获得高官厚位，但这时已经年过五十。争权夺利的日子所剩无几了。因此，充满野心和贪欲的惠美押胜自然不会消停下来。当时，新罗对日本无礼。这一外交问题尚未得到解决。惠美押胜以此为由，开始制定计划，希望派大批远征军恢复日本对朝鲜半岛的统治，打算建千载的不世之功。早在圣武天皇时期，这一计划就已经在进行。长年以来，日本朝廷致力于制定行军制度，修建用于对外战争的城市，筹备军需品等等。然而，这主要是惠美押胜为了自己的荣誉、为了留名后世而在推动实施。当然这与日本的民族意识高涨也不无关系。

日本打算对朝鲜半岛用兵还因为渤海使者小野田守上奏了以下情况："在天宝十四年①，唐朝安禄山造反，攻陷东西两京。唐玄宗逃到四川。唐肃宗即位，光复西京，将先帝从蒙尘地迎回，并且继续征讨叛军。"天平宝字二年九月，小野田守陪着渤海国的使者来到越前。天平宝字二年十二月，小野田守向朝廷汇报上述情况。此前，日本朝廷一直崇拜唐朝，预测安禄山一定不会在西面得志，结果有朝一日安禄山会将矛头转向海东。因此，朝廷下令太宰府做好战备工作。当

《明皇（唐玄宗）幸蜀图》

---

① 即755年，天平胜宝七年。——原注

安禄山

时,太宰府的帅是船王,吉备真备任大贰。日本朝廷相信他们的学识和经验可以胜任,期待他们制定周密的防守计划。不久,安禄山之乱得到平定。然而,新罗依然对日本无礼。这个国际问题依然得不到解决,因而太宰府一直在着手准备征讨新罗。天平宝字三年,高元度想要迎接藤原清河入唐。天平宝字五年,高元度回到日本,讲了唐朝的情况。高元度还说安禄山之乱后,唐朝物资匮乏,唐朝皇帝希望日本送一些牛角作弓的材料。因此,天平宝字五年十月,日本朝廷命令诸道进贡牛角七千八百个。

由于唐朝发生内乱,日本也感到有些不安。天平宝字五年十月,淳仁天皇来到近江保良宫,还去了按察使藤原御盾的宅邸和惠美押胜的宅邸。淳仁天皇以正在改造平城宫为由,下令将保良宫当作行宫。淳仁天皇早就有意修建北京,不久就下诏到北京所在地视察。此时,孝谦太上皇大概也一起来了。孝谦太上皇患病,招来僧人道镜治病,果然有效。自那以后,孝谦太上皇非常宠信僧人道镜。

惠美押胜留在宁乐,除了处理政务外,还要修理宫城。天平宝字五年十一月,朝廷在东海、南海、西海三道设节度使,任命藤原惠美朝獦为东海道节度使,管理十二国,还让他管理五百一十艘船、一万五千七百名士兵、七十八名子弟和七千五百二十八人的税收;又任命百济敬福为南海道节度使,管理十二国和二百二十二艘船、一万两千五百名士兵、六十二名子弟和四千九百二十名水手;任命吉备真备为西海道节度使,管理八国、一百二十一艘船、一万两千五百名士兵、六十二名子弟和四千九百二十名水手。这些士兵、水手等免三年田租,自带弓马上前线,还要演习五行阵法。这样一来,日本西南部和东部形势陡然紧张起来。民众感到些许不安。

天平宝字六年二月,惠美押胜被授予正一位。这是他的父祖生前没有得到过的殊荣,而惠美押胜还在世时就得到了。不仅如此,淳仁天皇还将位于近江国的浅井、高岛两郡的铁矿各一处赐予了惠美押胜。这样一来,惠美押胜在权力和财富上都达到了顶峰。藤原家族的人羡慕惠美押胜,而其他家族的人则嫉恨惠美押胜。在惠美押胜的周围充斥着不平和不满,而这一情绪还殃及皇室。民众对此一无所知,负担着兵役和重税,十分痛苦。民众还没有意识到这些都是贵族的擅权和僧侣的为虎作伥造成的。但民众在不知不觉中充满嗟怨、愁苦和悲叹。这些情绪最终会引发民众的自觉性反抗。到了三月,桃花一开,白日做梦的孝谦太上皇和逃避现实的淳仁天皇就来到在行宫西南新建的池亭,举办曲水流觞宴。接着,淳仁天皇命令诸国抓紧时间建造保良宫宫殿、宫墙。惠美押胜在首都宁乐过着奢华的生活,如梦如幻。在此期间,道镜开始在保良宫接近孝谦太上皇,得到孝谦太上皇无上的宠爱。惠美押胜尚不知晓孝谦太上皇对自己的爱已经转移到道镜身上。谁都没有注意到高气压和低气压这两种力量在运动。

第3节 僧人道镜野心勃勃

从古代开始,日本贵族阶级就掌握政权,垄断经济上的利益。贵族的权力累代递增。在宁乐时代末期,皇室就像一块招牌一样,处于无权地位。然而,此时一个新兴的僧侣阶层开始接近政权，同时建立了强大的教权，并且还要垄断经济利益。这成为一种趋势。早在推古天皇时期，这一趋势已经初见端倪。到了宁乐时代以后，僧侣阶层的势力达到顶峰。设立僧纲意味着日本朝廷承认了僧侣阶层的教权。经过长期的努力，日本好不容易做到了政教分离，而今又像古代一样恢复了政教合一。圣武天皇梦想实现的佛教国家就是包括僧侣阶层所谋求的教权和贵族阶层所谋求的政权在内的新政机构。圣武天皇认为只有政教合一的政治才能顺利地经营下去。僧正义渊堪称培养赋予僧侣阶层权力的人们的伟人。僧正义渊门下有玄昉、行基、良辨、道镜等人。这些人相继成为僧正、僧都，从侧面影响着天平时期的政治。玄昉和藤原广嗣发生冲突。藤原广嗣谋反起兵，玄昉失势。二人都远离了权力的中心。行基非常善于利用自己在民众中的声望，完成了铸造大佛的愿望，避免和贵族发生直接冲突。与此同时，行基致力于将僧侣和贵族置于同一社会地位的运动，也就是将宗教和政治同权的运动，并获得了成功。良辨和惠美押胜生活在同一时代，避免发生直接冲突。不仅如此，良辨还通过与惠美押胜妥协，徐徐赢得僧侣阶层的胜利。要以经济为中心进行观察的话，贵族和僧侣之间存在阶级斗争。惠美押胜是贵族阶级的英雄、专制政治的化身，在与僧侣阶层的阶级斗争中取得胜利，将最高官位、权力和财富集于一身。此时，出现了一颗彗星般的人物。他就是道镜。道镜压倒了贵族阶层，让僧侣阶层变得伟大。

　　道镜的秉性人们知之甚少。道镜出生于河内国弓削。这一点毫无疑问。传说道镜是天智天皇之孙施基亲王的第六子，但这一说法并不可信。不知何时，道镜成为僧正义渊的弟子，留在葛城山中修行如意轮法，苦苦修行。某本书上记载着道镜学习梵学。这大概是悉昙学，用印度的旋律和节奏念印度咒语。孝谦太上皇听说了这件事。天平宝字五年十月，孝谦太上皇来到近江的保良宫。当时，孝谦太上皇正在患病，叫来了道镜，让道镜念如意轮法、宿曜秘法等咒语治病。当然，孝谦太上皇同时也吃了一些药。即便是今天也要讲究"第一要看护，第二要用药"。重点还是看护。道镜的秘法和药打动了孝谦太上皇的心。孝谦太上皇终于痊愈。她对道镜的信任与日俱增，而一些闲话开始在宫中出现。

天平宝字六年五月，孝谦太上皇和淳仁天皇发生矛盾。天平宝字六年五月二十日，孝谦太上皇突然回到平城宫。随后，淳仁天皇也去了平城宫。孝谦太上皇进入法华寺，而淳仁天皇进入中宫院。就在此时或者稍后，孝谦太上皇削发为尼，成为佛家弟子，法号法基尼。到了天平宝字六年六月，孝谦太上皇将五品以上官员召到朝堂上，发出敕令。大意如下："迄今为止，朕对当今天皇说了很多，也做了很多。如果朕要去其他宫殿的话，就不会有这样的事情了。不管怎么说，都是朕的不对。朕感到羞愧难当。朕现在起了菩萨心肠，而今出家成为佛家弟子。不过，政治上的事情小事由天皇说了算，国家大事和赏罚之事由朕说了算。"这道诏书说得非常清楚。迄今为止，政务都是由孝谦太上皇处理。天皇是个虚位。在此之前，惠美押胜依靠淳仁天皇为所欲为，今后就不能如愿以偿了。

天平宝字七年九月，道镜升任少僧都。天平宝字八年七月，道镜的弟弟授刀少志弓削连净人被赐姓弓削宿祢。道镜在内道场，能经常接近孝谦太上皇，得到她的宠爱。惠美押胜快快不乐，自称都督使，命令畿内、三关、近江、丹波、播磨诸国每国将士兵二十人召集到都督府，每五日轮番检阅武艺。之后，惠美押胜偷偷增加士兵数量，私刻太政官官印并使用。惠美押胜在朝廷培植党羽势力，不让其他贵族接近淳仁天皇，随心所欲处理政务。然而，看到僧人道镜进入宫廷后，得到孝谦太上皇的宠爱，惠美押胜担心自己在政治上的这些罪恶会被道镜传到外面。此外，惠美押胜觉着自己周围充满敌对势力，而他们忌妒、反感自己。因此，惠美押胜召兵来加强自卫。

参与此事的大外记高丘比良麻吕担心自己卷入祸端。天平宝字七年九月十一日，高丘比良麻吕悄悄将惠美押胜的行为上奏孝谦太上皇。于是，孝谦太上皇派少纳言山村王收缴惠美押胜的中宫院印章。惠美押胜让儿子藤原训儒麻吕等去夺回这颗印。于是，孝谦太上皇派授刀少尉坂上刈田麻吕等射杀抗命者。惠美押胜派中卫将监矢田部老武装威胁敕使船守，船守射杀了中卫将监矢田部老。这样一来，惠美押胜的造反昭然若揭。孝谦太上皇当即下令解除惠美押胜一族的官职，除掉藤原姓，并将惠美押胜一族的职分田、功田、封户等没收归公，遣使固守三关。当夜，惠美押胜从宇治逃到近江。朝廷军队立刻追讨。山背守日下部子麻吕等烧了势多桥。惠美押胜狼狈北逃，逃到高岛郡前少领角足的家中。卫门少尉佐伯伊多智从宇治来到越前，杀死国守惠美辛加知，切断了与北近江的联系。惠美押胜不知道这一情况，立道祖王的哥哥冰上盐烧王为伪天皇，用太政官印颁发诏书至全国。惠美押胜下令："前面的一道诏书属于伪诏，听从后面的诏书。"惠美押胜要派精兵到越前关闭爱发关，但朝廷军队的授刀物部广成拒绝执行命令。惠美押胜进退失据，乘船前往浅井郡的盐津。由于逆风行驶，船有可能沉没，因此惠美押胜登陆，沿着山路前往爱发关。伊多智等奋力死战，挡住了惠美押胜。惠美押胜回到高岛郡的三尾崎，和佐伯三野等长时间鏖战。朝廷军队疲惫不堪，停止战斗。当藤原藏下麻吕来增援朝廷军队后，惠美押胜乘船逃跑。朝廷军队从水路、陆路两路追击。最终，惠美押胜在石村石盾被捕，与妻子儿女三十四口一起在湖岸被斩。当时惠美押胜五十九岁。只有惠美押胜的第六子藤原刷雄因为修禅，免去一死，被流放到隐岐。天平宝字七年九月十一日，惠美押胜逃走。仅仅七天后的天平宝字七年九月十八日，他的首级被送到京师。惠美押胜兵败身死是朝野上下对他的不满、憎恨所造成的。此外，还有颇通军事的吉备真备给朝廷军队出谋划策。

与惠美押胜合谋的盐烧王、惠美巨势麻吕等皆被处死。凯旋的藤原藏下麻吕等被授予爵位。遭惠美押胜进谗言而被贬官的藤原丰成官复原职。惠美押胜改过的官名又复旧如初。道镜被封为大臣禅师。职分、封户都与大臣相同。

天平宝字七年十月七日，孝谦太上皇让兵部卿和气王、山村王等率兵数百包围中宫院。淳仁天皇无暇穿衣履就来到图书寮的西北处听山村王宣旨，被命令立刻退位，最终被流放到淡路。船亲王、池田亲王与惠美押胜合谋的事情败露，分别被流放到隐岐和土佐。

孝谦太上皇再次即位，史称"称德天皇"。对此，日本国史没有任何记载。天平宝字七年十月十四日，称德天皇就储位一事下诏："朕并非贪恋天位，现在没有天授之人，只好不立太子。"削发为尼的女天皇继承皇位是前所未闻的。宫廷内外都能听到对此不满的声音。朝野上下请愿立皇太子。因此，称德天皇才下了上述诏书。由于叛乱得到平定，称德天皇非常高兴，发下宏愿，要造三重小塔一百万个。神护景云四年四月,这项工程终于完工。塔高四寸五分,基径三寸五分。露盘下面埋着根本、慈心、相轮、六度等陀罗尼。竣工后,这些小塔分别安放在各寺院。时至今日,法隆寺依然有很多小塔。陀罗尼都是木制活版印刷,对了解当时的印刷术来说是十分珍贵的资料。

天平宝字八年,称德天皇改元天平神护。社会上有和淡路废帝淳仁天皇来往的,传言要迎立废帝淳仁天皇。称德天皇命令淡路太守报告相关动向。称德天皇又在京师设置近卫府,设立大、中、少将各一人,加强对宫中的护卫。天平神护元年三月,称德天皇下令禁止王臣蓄养私兵,使用资人。这项措施是在对惠美押胜叛乱进行反思的基础上实施的,目的是杜绝叛乱。天平神护元年八月,称德天皇听说和气王有造反的心,就将和气王发配到伊豆。事实上,和气王对皇位并没有野心,但有记录表明和气王揭露了宫中的腐败。当时,一个叫"纪朝臣益女"的巫女很有名气。她所说的话上下都信。和气王不仅临幸纪朝臣益女,还赏赐她很多东西来笼络她,让她说一些对自己有利的神谕。和气王还和粟田道麻吕、大津大浦、石川永年等勾结,屡屡秘密开会,图谋不轨。不仅如此,和气王还在祖先灵前祈祷:"请您将被发配的您的子孙召回京都,杀掉我恨的两个人吧。"因此,纪朝臣益女也应该参与了此事。和气王是舍人亲王的孙子、三元王的儿子。因此,淳仁天皇是和气王的叔父。"被发配的您的子孙"就是指废帝淳仁天皇或者他自己。"我恨的两个人"就是指称德天皇和道镜。和气王是否觊觎皇位不好说,但肯定希望叔父淳仁天皇复位。如果说和气王诅咒称德天皇和道镜属实的话,那么使称德天皇的恶政引发天下对宫中不满,让称德天皇背此骂名的则是道镜。这是当时人们的一般看法。在被流放到伊豆途中,和气王在山背国相乐郡被杀,被埋在荒野。纪朝臣益女在绶喜郡松井被勒死。这个处理方法非常残忍。可见称德天皇十分憎恨和气王。这个事情传到了淡路。被流放在淡路的废帝淳仁天皇坐卧不安,十分愤懑,撞头搔发。天平神护元年十月十二日,废帝淳仁天皇终于越墙逃走。淡路太守佐伯助和助手高屋并木戒备森严,又派兵阻挡。废帝淳仁天皇不得不回到淡路。天平神护元年十月十二日,废帝淳仁天皇死去——可能是自杀,年仅三十二岁。直到明治初年,他才被追认为淳仁天皇。

僧人道镜越来越受到宠信。起初,道镜并不太专横。被任命为大臣禅师时,他还递上辞呈。天平神护元年十月,称德天皇行幸纪伊。天平神护元年十月二十九日,称德天皇抵达河内国若江郡弓削行宫。天平神护元年十月三十日,称德天皇行幸弓削寺,礼赞佛像。天平神护元年闰十月朔日,称德天皇给弓削寺食封。天平神护元年闰十月二日,称德天皇授予道镜太政大臣禅师之位,让文武百官拜贺禅师。

天平神护二年七月,称德天皇遣使伊势,让大神宫寺铸造丈六佛像。当时,称天照大神和卢舍那佛是二位一体的习合之说广泛流行。没有人对此表示怀疑或抗议。天平神护二年十月,从胁寺的毗沙门像中出现三粒舍利,被请至法华寺。称德天皇让群臣排队礼拜。称德天皇称这一现象与太政大臣禅师道镜的教导不无关系,于是授予道镜法王之位。法王的俸禄由朝廷发放。法王下面设法臣、法参议大律师等僧官。因此,道镜设立了一个独立的教厅,和以藤原永手为左大臣、吉备真备为右大臣的政厅进行对抗。被任命为法参议大律师的是与藤原氏关系密切的山阶寺的基真禅师。上面所说的舍利就是基真禅师伪造的。天平神护四年,这一秘密终于暴露。除此之外,基真禅师非常傲慢,经常凌辱卿大夫,甚至还冒犯法臣圆兴。最终,基真禅师被放逐到飞騨。

在前面,笔者讲过纪朝臣益女是个巫女,非常有名。但巫师这种人不仅在京师有,在地方上也有很多。西日本代表性的伏魔殿就是宇佐八幡。在宇佐八幡的神主、巫女中,不少人有一种不可思议的灵感。在圣武天皇时期,称宜尼大神杜女就非常活跃,传播着奇怪的神谕。太宰主神中臣习宜阿曾麻吕一直是背后的主使。此前的圣武二年六月,太宰主神中臣习宜阿曾麻吕将八幡比咩神的神愿告诉圣武天皇,因而被授予从五位下。大概是中臣习宜阿曾麻吕尝惯了甜头,想再实施一次。为了向道镜献媚,太宰主神中臣习宜阿曾麻吕假借神谕说:"如果让道镜继承皇位,天下必然太平。"听说此事后,道镜非常高兴,越来越骄慢。起初,道镜丝毫没有觊觎皇位的野心。但随着称德天皇对他的宠爱不断加深,道镜的野心逐渐膨胀起来。这时,道镜寻思如果能够登上天皇宝座也是未尝不可的。然而,皇位是根据皇统赋予的,与皇室没有血缘关系的道镜是很难如愿的。道镜也目睹为了争夺皇位发生过的血腥争斗。道镜本是在葛城山修行的一个行者、一个僧侣,却胆大包天,觊觎皇位。但道镜没有观察大局的能力,根本没有察觉自己周围的官僚,特别是有权有势的藤原家族在想什么。最终,道镜决定将宇佐八幡的神谕付诸实施。道镜大概将这一想法告诉了称德天皇。称德天皇将和气清麻吕叫到自己床前,对他说:"昨夜朕梦见宇佐八幡神的使者来到朕这里,说有事情要说,希望朕派法均尼前去。但法均尼很弱小,朕想派你代她前往。"于是,和气清麻吕受命出发。道镜威胁和气清麻吕:"宇佐八幡大神请求陛下遣使是为了让我当天皇。如果你复命时顺了我的意,我封你做大臣。"和气清麻吕前往宇佐八幡神社。天平神护二年九月下旬,和气清麻吕回到京师复命,将神谕上奏:"我邦开天辟地以来,君臣之分是一定的。以臣为君之事从未有过,要立天之日嗣为皇储,早日扫荡无道之人。"听到这话,道镜大怒,免了和气清麻吕的官职,将他贬为因幡员外郎。接着,道镜将和气清麻吕除名,流放到大隅。和气清麻吕的姐姐法均尼也被迫还俗,被道镜流放到备后。天平神护二年九月二十五日,称德天皇下诏将和气清麻吕更名为别部秽麻吕。法均尼恢复旧名广虫卖。在和气清麻吕前往发配地途中,道镜派人要杀和气清麻吕。然而,当时雷雨大作,道镜的手下没有得逞。

所谓的正史记载就是这些。但这只是表面文章而已,里面必然有更复杂的情况。史学家中有各种臆测。笔者尊敬的一个史学家称这是藤原一族想让称德天皇知道皇位的珍贵而导演的一场闹剧。其他学者则认为这是藤原百川等人策划的,目的如下:其一,历代天皇崇佛,导致国力消耗,政治紊乱,必须进行改革;其二,值此之际,恢复藤原氏的势力。

当然,这个神谕事件是在很多人的参与下发生的。中臣习宜阿曾麻吕与和气清麻吕及其姐姐法均尼都在明处,而在暗处还有藤原永手、藤原良继[①]、藤原百川等参与了此事。这一点毫无疑问。笔者认为起初中臣习宜阿曾麻吕捏造神谕,于是法均尼将此事上奏称德天皇。之后,称德天皇遣使到宇佐八幡神宫。大体上来说,左大臣藤原永手没有参与。当时,右大臣是吉备真备,大纳言是白壁王,

---

① 初名藤原宿奈麻吕。

和气清麻吕

藤原百川是左中辨右兵卫督内匠头，兼任河内太守。看一下在称德天皇行幸由义宫之际的藤原百川的态度及计划等，不能说藤原百川与这个阴谋没有关系。而藤原百川将备后的封户二十户的粮食拿出来送到和气清麻吕的发配地。这一点就是明证。笔者认为称德天皇本人也应该知道这件事。这一点后面再讲。

　　直到和气清麻吕等人被发配，神谕事件才收场。然而，道镜还是不肯放弃。称德天皇的心情也未平静下来。天平神护二年十月二十四日，道镜劝称德天皇行幸饱浪宫，并迁至由义宫。当时的河内太守是藤原雄田麻吕，即后来的藤原百川。藤原百川在龙华寺的河上开市，让陪从买卖货物，以此来安慰称德天皇。称德天皇心情似乎好了起来，将由义宫称西京，将河内改为河内职，将河内太守改称河内大夫。河内和首都的待遇相同。当时，道镜一族得到朝廷的重用。道镜的弟弟大纳言弓削清人被授予从二位。道镜的子女广方、美努久卖、乙美努久卖被授予正五位下。秋麻吕、盐麻吕被授予从五位上。广津、道镜的姐姐们、东女被授予从五位下。道镜出身布衣，短时间内爬到这样的高位，不能说不是异常。天平神护景云三年十一月九日，称德天皇暂时还都。神护景云四年二月二十七日，称德天皇再次行幸由义宫。神护景云四年三月三日，称德天皇在博多川举办曲水流觞宴。神护景云四年三月二十八日，称德天皇观赏葛井、船、津文、藏、武生、六氏男女二百三十人的歌垣。舞者都穿着青褶细布衣，垂着红色长纽。男女并排，排成两队，一边慢慢走一边唱歌："少男少女齐歌舞，踏歌声声传得远。河内升格为西京，西京天皇万代官。渊濑深深好清爽，博多川清待千岁。"每歌唱一句就举起袖子，打着节拍。内舍人和女孺也都混杂在队伍里。河内大夫藤原百川等人也奏倭舞，讨称德天皇的欢心。神护景云四年四月，称德天皇命人建造弓削寺塔。到了神护景云四年六月，称德天皇还都。由于此次行幸，称德天皇身体劳累。神护景云四年八月四日，称德天皇在西宫寝殿驾崩，享年五十三岁。左大臣藤原永手、右大臣吉备真备、参议藤原良继等人在宫中商议，决定立白璧王为皇太子。神护景云四年十月，白璧王即位，改年号为宝龟，史称"光仁天皇"。

称德天皇被葬在高野山陵。道镜不胜哀悼，在山陵下结庐，在那里守灵。不久，光仁天皇发下令旨："道镜长年来的阴谋败露，然而先皇对道镜有厚恩，不能入刑，发遣为造下野国药师寺别当。"中臣习宜阿曾麻吕也被贬官，任多执岛太守。道镜的荣华富贵如昙花一现，很短暂，如梦如幻。在道镜和中臣习宜阿曾麻吕被流放到发配地期间，和气清麻吕和广虫卖从发配地大隅、备后被召回。从社会学角度来看，在僧侣和贵族的阶层斗争中，贵族获胜。但从道德角度来看，胜利属于道义。这一发人深思的闹剧以大团圆的形式落下帷幕。

第4节 欢乐的现实生活

时代产生了文化,文化也创造了时代。时代文化在产生时处于一种混沌的状态,但不断成长、成熟后就会趋于颓废。这是一个常理。宁乐时代的文化在飞鸟时代播下种子并发芽生长,在天平年间成长、成熟,在宝字时期烂熟,出现难以消除的弊病。天平年间以后,宁乐时代的民众的确患上了一种文化病。

文化病是指社会道德的堕落,生活方式不断变化、动摇,导致当前时代的民众开始出现轻微的神经衰弱,逐渐丧失了道德自制力,不知不觉中偏离常规。这属于一种社会现象。在这种文化病流行时,如果不是杰出人物,就会屈服于它,并难以自拔。宁乐时代的民众中有教养的人不少。因此,一部分人深刻反省,努力过着精神生活,但大部分人完全缺乏反省,受从众心理左右,不知道自己的人生方向。

宁乐时代的文化病有两个主要特征:其一是性道德的颓废,其二是宗教狂乱。这两者相互呈因果关系,密不可分。这是一种恶劣的社会现象。宗教狂乱对时代造成了令人恐惧的影响,结果诱发了经济财政上的危机。性道德的危机也给社会造成了重大影响,结果打破了社会组织的平衡,并行将带来政治上的革命。这两个现象属于病态现象,预示着宁乐时代的终结。这是佐证这一时代生活方式的烂熟和腐败的史实。

笔者首先要从时代的性道德的颓废讲起。与藤原宫子、光明皇后、称德天皇有关的罗曼史好像真事似的被传扬。宁乐时代,特别是天平末期,社会对性道德的约束松弛了。性道德的颓废是在社会腐败、伦理思想陷入不纯之际出现的现象,也是代表民众堕落的一个象征。

本来,日本民众的性格不适合深刻的思考和静静的冥想。他们具有为如何生活在现在、如何享受眼前的生活而思索和烦恼的倾向。美丽的山海景色和丰富的水蒸气给他们带来悠闲的心情。在地理上,他们远离大陆,可以免遭其他民族的迫害。这样的生活让他们热爱和平和自由。祖先遗传的异常的适应性让他们懂得占据狭隘的群岛、过着自给自足的日子是多么容易。没有恐惧,没有担忧,同胞互信,互相帮助。这些因素让他们以谋求共同的福祉和利益为兴趣。这样一来，他们热爱自然、享乐人生的这一共同的性情、价值观就发展起来。当他们是自然的民众时，他们没有生活上的困难，因此社会充满着和平与欢乐。当国家出现并和中国及朝鲜半岛发生军事关系后，他们对社会的观念扩展了，形成了敬爱国家和元首的家族国家观，但在私生活方面依然维持着原始时期的方式。在儒教、佛教传到日本后，他们从自然的民众进一步成为文化的民众。之后，他们依然没有能改变生活理想，虽然受几分重视现实、不被过去和将来束缚的儒教思想的影响，但对否定现实、憧憬未来的佛教思想并不认同。因此，在礼拜佛像、祈祷死后的生活幸福之前，他们首先要将现在的生活过得富裕和愉快，祈祷从一切的匮乏和一切的苦患中解脱出来。当然，他们不仅有这种消极的祈愿，其中也有很多积极的祈愿。就连应该清心寡欲的僧侣也向十一面观世音菩萨祈祷"但愿施予我钱财"，向吉祥天女祈祷"但愿授予我美女"。贫穷的女王不能回请同族的宴请，向吉祥天女祈祷说"但愿给予我钱财"，于是乳母家送来了用美丽的食器装着的美食。这个故事和前面所说的一样，都是一种祈愿。这种祈愿中最具代表性的、最具体的是下面这个故事：御手代东人进吉野山修炼，唱着观音的名号说，"南无请施予我铜钱万贯，白米万石，众多好女。"圣武天皇建东大寺、国分寺的主要动机中就有祈祷国家平安和民众的福祉。厌世教变成了祈祷教说明日本民众是乐观的、现实的、肉欲的。

诱惑人的天国充斥着肉欲、金钱、美衣、饱食、大厦。陶醉在欢乐和酒足饭饱之中，将此世幻想为我世是宁乐时代民众共同的希望。想以明快、清爽、快乐的心情过日子是所有人的要求。贵族在这样的要求上最强烈。这表现在华丽的宴会上。笔者试着举两三个例子来说明。天平十四年正月，圣武天皇在大安殿赐宴群臣，酒酣之时，奏五节田舞，上演少年童女踏歌。群臣欢喜、荣幸，如醉如痴，鼓琴唱和，歌道："气象更新新年初，幸福如此万代续。"天平十五年五月，圣武天皇赐宴群臣。当时还是皇太子的阿倍内亲王亲自舞五节。天平十六年二月，圣武天皇行幸安云江，逍遥于松林之间。百济王等奏百济乐助兴。

拱卫皇室的贵族举行宴会、歌舞，民间则举行歌垣。就歌垣而言，常陆的筑波山最有名，但未必仅限于此处。在摄津的波比具利岗上、大和的饵香市上、常陆的童女松原及其他地方，到处都举行歌垣。在春天花开时节，或叶落秋黄时节，东部日本的青年男女相约登筑波山，饮食歌舞，血气方刚，充满活力。有谚语说："筑波山岭桨歌会，男不思者非女人。"也有"小生也会他人妻"这样的歌词。由此可见，在歌垣中允许男女自由交往。

可以推测，在那个时代，男女之间的性交不像现在这样受到束缚，要自由奔放一些。有的王女、贵妇人两三次易夫。因此，生活层次较低、道德观念薄弱的下层社会几乎不重视贞操。筑波岭上桨歌会的过程分为见面、喜欢、睡觉这三个步骤，简单明了。即便是在重视戒律的僧侣中间，也有不慎的行为。由此可知其他社会阶层的情况。因此，在《万叶集》的恋歌中，露骨的诗歌非常多，譬如"铺席一枚与妹睡，两人厮守寒何惧""妹搔眉根有情义，见哥有意来哼鼻。下纽憋涨等妹来，废寝忘食把妹思"。这种煽情的句子几乎每卷都有。

《万叶集》讲述着龌龊、淫秽的故事。在河内丹治比郡有个叫野中堂的道场。宝龟二年夏，有一个发愿的人抄写法华经，要献给野中堂，请来郡内一个叫丹治比的经师，拜托他抄经。丹治比待在堂里开始抄经。附近陶醉于佛教的妇女们聚集到这里，打来净水滴入抄经的墨水中，想获取功德。一天傍晚，突降骤雨。一个年轻妇女到堂中避雨。堂内狭窄，丹治比和妇女肌肤相触。不知不觉中，两人犯下邪淫之罪。神圣的道场因此被玷污了。但一瞬间后，在被玷污的道场里，丹治比和妇女口吐白沫死在那里。当时有德之人引用涅槃经解释说这就是护法对被爱欲之火烧焦身心的愚蠢人的惩罚，以此来告诫道德败坏、滥行盛行时代的人心。这本来就是为了传教而编造的一个虚假故事，或者是在那个时期流传的佛教故事。但如果将这个故事作为揭露时代弊端的材料，则对研究宁乐时代至关重要。

今天还有一个故事保留了下来，很露骨地讲了当时的性欲问题。和泉国泉郡的血渟山寺里安放着吉祥天女的雕像。当时正值圣武天皇时期，一个信浓的优婆塞来到这里，住在山寺。看到吉祥天女雕像，优婆塞顿生爱欲，每天许愿："恳请天女赐我一个像您一样的美女。"于是，有一天晚上，这个优婆塞做了个梦，梦见自己和吉祥天女睡觉。第二天，优婆塞看到吉祥天女雕像的腰衣上有污渍，非常惭愧，跪在吉祥天女雕像前忏悔说："我并非想得到您，只是想让您赐予我一个跟您一样的美女。"然而，不知不觉间，这个优婆塞的弟子知道了这件事，以后不再尊敬他了。迫不得已，山寺将这个优婆塞驱逐出去。这个优婆塞的弟子在寺院周围的村子里到处传扬这件事。村子里的人到山寺探听虚实，看到吉祥天女像的污渍，相信传闻属实。这个优婆塞再也不能隐瞒，只好一五一十招认了。村里人觉得这件事很奇怪：吉祥天女似乎有所感应，遂了优婆塞的淫欲。这种事情本来就是说教僧编造的故事。在那个时期，与此类似的事件不断发生。天女像容姿丰腴端丽，是雕刻家、画家以当时的典型美女为模特雕塑的。这对在山寺过着禁欲生活的僧人们来说，是莫大的慰藉。当时，故事中所讲的事情也是时有发生的。笔者听说在欧洲，也常有僧侣暗恋中世纪的美女雕像，在雕像前做一些奇怪的举动。不仅如此，有的僧侣还将美女雕像偷来放到房间里，望着美女雕像过日子。这其实属于一种色情狂行为。

飞鸟时代的和歌集《万叶集》的精髓就是描写恋爱的诗歌。飞鸟时代人们生活的核心就是恋爱。而很多恋爱多有色情成分，即便偶尔也有与灵性有关的，也是从肉体和血液渗出的半精神性的东西。石川女郎曾是大津皇女的侍女，假扮卑贱老妪，叩响自己想念的大伴田主①的门扉，用苍老的声音说："我是您的邻居，借个火种。"大伴田主不知有诈，任她取火。但石川女郎羞于表达爱慕之情，回去了，后来赠诗歌给大伴田主："奴婢访雅男，不宿空手归。"大伴田主回赠诗歌："我从不宿女，因我是雅男。"这个恋爱故事虽然简短，但在那个时期经常见到。石川女郎是美女，还很风流，经常和周围男子相互写诗表达恋慕之情。她曾经给大伴田主的弟弟大伴宿奈麻吕写诗。大津皇子、日并皇子、久米禅师等人也给石川女郎写诗。当时，恋爱是短暂的，并不长久，并不带有今天所讲的贞操的性质。

当时日本虽然道德颓废，但也有不少坚守贞操的妇女。信浓伊那郡的他田舍人千世资才貌双全，在二十五岁时，丈夫去世，但她为丈夫守节、寡居，五十年间一直与诱惑、烦恼斗争。日本朝廷对她进行嘉奖，赐爵二级。此外，对马上线

---

① 大伴家持的儿子。——原注

郡的高桥连波自米女在丈夫死后坚守贞节，还在父死后在墓前结庐，每日素食。行路人感叹，赞扬她的孝行。朝廷听说这件事后，赐予高桥连波自米女终生免税的恩典，并且旌表门闾。贞节妇女非常罕见，因此朝廷予以褒奖和旌表。这一记载反证了当时日本人的道德颓废情况。

宁乐时代的日本民众不仅憧憬肉欲的天国、道德颓废，还好酒。大伴旅人的《赞酒歌》最能说明这一点，讲出了宁乐时代日本人的内心世界。美女陪伴、美酒佳肴和浸泡温泉一时之间能满足所有的官能快感。当时，泡温泉也很盛行。出云的忌部温泉兼备山水之躯，景色宜人。男女老幼都来这里泡温泉，享受美景。有马温泉、道后温泉都是自古以来被日本人熟知的。

在现世乐园、肉欲天国享乐，费用不菲。人们梦想得到"铜钱万贯、白米万贯、好女万人"。为了得到这三样东西，宁乐时代的日本人不是打算通过自己的努力，而是希望慈悲的佛菩萨显灵授予。在这种想法驱使下，宁乐时代的日本人相信造佛像、建寺塔、抄写经文能实现自己的愿望。这一迷信使他们在经济上非常困苦，令他们濒临破产。宁乐时代，日本财政困难，经济困顿。究其原因，是因为人们的生活理想是享乐主义。人们信仰宗教，希望宗教能带来福祉。我们可以认为，精神生活是物质生活的反映。

第5节　财政经济危机

宁乐时代的日本人希望享受现世的肉欲，生前要过上幸福的生活。为了实现这一理想，当时的日本人采取的第一个手段就是造佛造寺。据说日本各地的国分寺、总国分寺宁乐东大寺、建筑物、佛像、经文都是用国家的费用筹办的。这是国库空虚的主要原因。但实际上经费都由全国百姓来负担。在经济上真正困苦不堪的与其说是贵族，不如说是庶民。

造佛、造寺、抄写经文所需费用的精确额度今天已经无从知晓，但我们能估计个大概。单就东大寺而言，仅摄津职经手的瓦就有两万块。其中一万四千块是在四天王寺、六千块是在梶原寺烧制的。造瓦命令是通过天平胜宝八年十一月二日的官符发出的。天平胜宝九年三月十六日之前，四天王寺的一万三千三百零六块、梶原寺的五千三百六十块已经烧制完毕，送到京城。两个寺共计一千三百三十四块的不足部分在十日内补齐，运往京城。古文书对此有所记载。天平胜宝八年八月，因造东大寺司，朝廷命令兴福寺所造的瓦总共三万块。此外，朝廷还在各处造了很多瓦。光是瓦就这么多。

此外，就涂料而言，天平胜宝九年三月，朝廷要将大佛殿的一百一十六间①走廊涂成蓝色。每间平均使用十五斤绿青和六百一十七斤八两的胶。就绿青而言，造东宫司出了四百二十三斤九两；巨万朝臣之家出了六百一十六斤八两，大纳言家出了一百五十八斤十两，合计一千一百九十八斤十一两，还缺五百四十一斤五两。

虽然没有关于木材用量的完整记录，但看《造佛所作物帐》的断简可以得知各种材料的价格、运费等。根据天平六年五月的数据，桧木坂一千二百八十块，花了十三贯五百四十文，单价为十文至三十一文。从泉津搬运到宁乐需要六十四辆车，所花运费二贯四十八文。因此，一辆车的运费为三十二文。每辆车装二十块。此外，波多板②十块的价格为三百文，运费为一辆三十二文。此外，波多板三十八块、仓代壁板二十四块、地板料板四十块、佛坐等料板四十一块、香印料板二块，合计一百四十五块。这些都是从岛津雇了二十九辆车运到宁乐的。运费总共九百七十八文。仅从上述的瓦、绿青、木板三样来看，宁乐时代的土木工程给百姓和国家造成很重的经济负担。

造佛还需要大量时间、大量费用和大量劳力，所需木材的量也很大。造佛材料中最难得到的是铜和黄金。日本发现和冶炼金属的时间比较晚。当时，日本国内还不能采得足够的黄金和铜。在武藏出了熟铜后，当年就改元和铜。这说明铜极其稀罕。当时日本连铸造钱的铜都不够。在原料匮乏的年代，日本却造了那么多铜像。日本古代遗物中铜的器皿之所以很少是因为倾尽日本所有的铜造了大佛。此外，造佛还使用了大量的木炭。

除此之外，再加上在十年间从事造佛、造像的工人的工钱，造殿堂所需

---

① 间为长度单位，一间约为一百八十二厘米。
② 长八尺、宽二尺、厚一寸半。——原注

要的费用，总费用换算成现在的货币达一百万余元。明治二十四年，日本人口有四千万，岁入八千万元。此时日本用剩余财力造东大寺也是困难的。而在飞鸟宁乐时代，岁入很少，朝廷却支出这么多的费用。这导致了当时的财政困难。当时是以米谷为标准计算经济价值的，因为米价行情古今不同，所以如果以铜来计算价值的话，就能得出比较准确的古今比价。据天平六年的行情，生铜九百一十四斤换算为钱就是四十三贯一百六十四文，一斤的价额就是四十五文钱。熟铜的价额七十三万九千五百六十一斤，换算为钱为三千三百二十八万零二百四十五文。天平神护元年，二月的糙米的行情是一斗价值一百文钱，白米为一斗二百文。一文钱能购买白米五勺。按照今天的行情算，白米五勺是二钱。今天的二钱相当于天平时代的一文。因此，总熟铜价格乘以二钱就能算出正确的价格。也就是说，熟铜七十三万九千五百六十一斤的价格就相当于今天的六十六万五千七百六百零八点九日元。此外，再加上炼金、白蜡、水银、木炭等，总价为一百七十四万九千八百一十七点二六日元。这大约相当于当时年财政收入的百分之一。即便如此，这对当时来说也是一笔巨额负担。除此之外，如果再算上人工费用，那么总费用会更多。根据天平六年造佛的记录，朝廷支给搬运货物的人米、工钱因工作内容而异。搬运石头的人每人一升二合。搬运云母的人每人二升六合。搬运纸张的人每人四合。搬运水晶的人每人六合。根据距离远近工钱也有所不同。就支给技术工人的米而言，木工八斗，佛师五斗，装潢师三斗，铜工四斗，铃工三斗，铁工三斗，纸工一斗六升，辘轳工二人一斗五升。但工钱未必只是支给米粮。支付铜钱的例子也有不少。

此外，给大佛殿涂颜料所需工钱因具体的工作内容各有不同。详情如下：界花一根一文，彩色花一根五文，木画花两根一文，板上涂白土者八块板一文。从事这些工作的三十六人中九人是画工司人，十人是司人，一人是式部位子，十六人是村民。就支付的工钱总额而言，彩色工的工钱四贯八十文，界工工钱是八百一十六文，画工工钱是四百零八文，涂白土工工钱为一百零二文，合计五贯四百零六文，换算成今天的货币价值为一百五十四点零六日元。这些工作都是承包出去的，从一开始就定了下来。无论竣工时间早晚，工钱不会发生变化。

天平宝字四年，日本朝廷铸造了丈六观世音菩萨像。当时所需要的物资总共有三十一种：絁一百匹、调布一百端、铁四十廷、纸张三果、药五连、木贼一把、棉一百一十七、细布六端、丝、庸布九段、祖布二十五段、油漆十八斗，这十二种由节部省支给；钱五十贯由左平准署支给；白米一百斛、小麦五斗这两种由大炊司支给；盐三斛、海藻三百六十斤、滑海藻三百六十斤这三种由大膳职支给；其他白酱、酱、醋等若干由酱司提供；纸张、墨等由内史局提供；油由油司提供；麻纸、朱砂、胡粉、薰陆、雌黄等由大内提供。光这些物品就价格不菲。

抄写佛经事业花费也很大。当时日本贫穷弱小。这笔支出是不堪重负的。在养老时期末，元明天皇为天武天皇、持统天皇祈祷阴间的幸福，让人抄写佛经。这是日本历史上第一次官方组织抄写佛经。在此之后，抄写佛经逐渐流行起来。神龟四年，日本朝廷命人抄写《金光明经》，颁布各地政府，予以保存。天平十一年左右，朝廷设立写经司衙门，专门从事抄写佛经。于是，在每个月末，朝廷要为该衙门提供下个月的粮食。天平十一年九月，写经司要求提供十月的粮食，雇佣写经师傅二十人、校生六人、婢女一人、装潢四人、供奉所舍人三人、火头司人，共计三十九人。这些人共需要米二十一石三斗四升四合、食盐五斗九升、酱一石一斗八升、醋三斗七升七合、白酱四斗三升五合、渣酱八斗七升、海藻八十七挂。十月工作二十九天。

这些人从事抄写经卷工作，不断制作佛经。就抄写经卷的进展情况而言，天平十一年二月抄写《能断般若经》外五经，共计一百一十卷。这三十九个人从天平十一年二月九日开始，天平十一年二月十四日结束。抄写经卷最多的人抄写了一百页，最少的人抄写了二十四页，共计两千两百零四页。就所用纸张而言，天平十一年二月九日分发了三百七十页，天平十一年二月十日分发了三百七十五页，天平十一年二月十一日分发了三百九十五页，天平十一年二月十二日分发了三百九十七页，天平十一年二月十三日分发了三百二十六页，天平十一年二月十四日分发了三百四十七页，共计两千两百一十页，有七页写坏了废弃。平均每个人使用了五十六点五一页。总共花费六天时间。每人每天平均用纸不到十页。

抄写经卷用的纸张各种各样，有麻纸、上野纸、谷纸、纸屋纸。麻纸以麻为原料。谷纸以楮为原料。纸屋纸是纸户造的纸。上野纸是上野国产的纸。翻看神龟四年正仓院的文书可以得知，神龟四年三月，抄写《大般若经》，使用了麻纸五千三百八十张。神龟四年十二月十四日，抄写《大般若经》用了一万张纸。神龟四年十二月二十九日，抄写《法华经》用了一百六十张纸。神鬼五年正月十七日，抄写《般若经》用了三百六十张纸。神鬼五年正月二十二日，抄写《广方经》用了上野纸七十张。神鬼五年三月六日，用了其他纸五百零三张。神鬼五年三月二十七日，用了普通纸五百八十张、麻纸二十张、封皮纸二十张。神鬼五年四月二十四日，用了纸屋纸一百张。神鬼五年五月二十二日，用了普通纸二百张。神鬼五年九月二十六日，抄写《大般若经》用了麻纸七百张，谷纸五百张。抄写《观音经》用了裱糊纸六十张。此外，神龟四年正月十六日，抄写《大般若经》用了一千一百六十张纸。神龟四年七月二十二日，抄写《理趣般若》用了谷纸五百六十张。神龟五年四月一日，返回抄写《大般若经》剩余的两千六百张纸。此外又有一千零四十张不足部分。因此，总共使用了一万八千张纸。此外，这些人员抄写经卷使用的笔墨也绝非小数。据天平九年四月的古文书记载，每天支付钱一千文。天平九年四月六日用墨三十二挺，花费钱三百九十六文。天平九年四月十日用笔十支，花费一百八十八文。天平九年四月十五日用笔十三支，花费二百四十八文。天平九年四月二十四日用笔八支，花费一百六十文。四次共计支付九百九十二文，还剩八文。因此，每支笔平均花费二十文，墨一挺十八文。有的史料称兔毛笔一支五十文，鹿毛笔一支两文。

  如上抄写佛经所需要的各种经费都是由国家来支付的，因此国家财政陷于窘境。田口卯吉博士就此论述道：（一）天平十五年，朝廷从藤原氏那里回收食封三千户，捐给国分寺；（二）日本朝廷让各氏族献上奴婢，让他们帮助做土木工程建设；（三）天平胜宝六年的诏书中有"正仓颇空"字样；（四）天平胜宝七年三月，日本朝廷让八幡神宫退还封户一千四百户、水田一百町；（五）天平宝字元年，橘奈良麻吕造反时，列举了政府种种"罪状"，称造东大寺时人民辛苦，各氏族怨声载道。

  由此可见，由于朝廷建东大寺，国家财政陷于困境。日本民众愤愤不平。

由于国家财政困难，民众必须负担费用。特别是在首都地区，由于贵族生活奢靡，物价飞涨，导致百姓生活困苦。和铜四年，一文钱可买谷六升或米三升。和铜五年，布一当①价格是五文钱。天平宝字八年，一石米一贯钱。天平神护元年二月，将左右京的糙米两千斛在东西市出售，一斗糙米卖到一百文钱，一斗米卖到两百文钱，一石米两贯钱。也就是说，一文钱能买五勺米。将这些数字与和铜四年相比，可以发现物价上涨了一百二十倍。通货膨胀的程度令人惊讶。这是一个新现象，都是由于国家营造寺院和贵族生活奢靡造成的。因此，京师官吏生活困苦，连两三个月都撑不住。很多官吏借高利贷来渡过难关。朝廷也借高利贷度过财政难关。天平胜宝二年五月六日的借条写道：由新田部宿祢入加和惠良古宇都久志女共同作担保借二百四十文钱，将门田一段作抵押，承诺利息八个月半倍，十六个月就是一倍。《杂令》规定：每六十日取利息，如果过了四百八十日，利息也不得超过一倍。上述借条并未违背这个规定。但利息逐渐演化为高利贷。宝龟三年时，月息一分三，年息十五点六分利，按照《杂令》规定，四百八十日利息上限为二十二点六分利。宝龟三年八月二十九日的借条写道：貊子公——五百文，勾羊——四百文，桑原稻买——三百文，大山部——四百文，占都国人——三百文，日下部名吉——一百文，六人负连带责任，借两贯钱到支给冬衣时还清，将板屋一间作抵押，约好利息为每一百文钱月利息十三文钱。这当然是从官府借的钱。由此可以看出，利息从宝龟三年九月算起。宝龟三年十一月十一日还钱。宝龟三年十一月十一日，貊子公还了五百六十一文钱，勾羊还了四百五十二文钱，桑原稻买还了三百三十九文钱，占都国人还了三百五十二文钱。宝龟三年十一月十二日，日下部名吉还了一百一十八文钱。宝龟三年十一月二十一日，大山部还了四百八十六文钱。

由此看出，首都市民生活十分困苦。而与首都市民相比，地方民众更是困苦不堪。一部分豪族官吏可以根据奴隶经济原则压榨庶民，聚敛财富。但一般农民绝过不上富裕的生活。很多人食不果腹。关于这一点，从那个时期的户籍、义仓粟的出纳便可见端倪。越前是个大国，管辖土地相当于后世的敦贺、丹生、

---

① 三分之一端。——原注

今立、足羽、大野、坂井六郡。天平二年，越前有见户①一千零一十九户。其中缴纳义仓栗子的上上户为一户，上中户为四户，上下户为七户，中上户为四户，中中户为五户，中下户为八户，下上户为一户，下中户为十三户，下下户为四十五户，其他九百二十户为不缴纳义仓栗子的户。每年新缴纳的义仓栗子仅为四十一石一斗，而义仓的存货为稻谷四百七十石三斗多。因此，前一年的存货为四百二十九石二斗多。

《安房国义仓帐》现在保存在正仓院，能够告诉我们精确的义仓的储存情况。据《安房国义仓帐》记录，在安房国的见户四百一十五户中，不缴纳义仓栗子的有三百二十七户，缴纳义仓栗子的有八十八户。新缴纳的栗子为十三石三斗。前一年的存货为七十三石八斗六升五合，加起来可以算出天平二年当时义仓存货量为八十四石三斗五升六合。这些存放在一栋仓库里。天平二年的赈济粮为每人一斗，交付给三十八人。由此可知，尽管安房国是个小国，但贫民数量相当多。

上述这些数字相当宝贵。与缴纳义仓栗子的户数相比，不缴纳的户数非常多。不缴纳的户数相当于缴纳的户数的四倍。这也是造成政府财政困难和经济困难的原因之一。由上述两个例子可以看出，其他大国、中等国、小国的状况也大体相同。

由于日本朝廷造寺、造佛、抄写经卷，导致日本国家财政一年比一年困难。国民经济也受到严重影响。生产活动衰退。物价高涨。日本人再也不能像以前那样过着欢乐的生活了，甚至食不果腹、衣不蔽体。有的人偷盗佛像，将佛像变成废铁高价销售。诸国甚至有人偷偷进入谷仓偷盗粮食。寺院和贵族有很多水田和封户，形成了"国中之国"。究其原因，这是日本朝廷的为政者认为佛教国家、贵族国家是最理想的国家，受这一执政理念的束缚才出现上述现象。这样一来，在精神上和物质上，日本民众都困苦不堪，在死亡线上挣扎。他们烦闷、无奈，在世纪末的烂熟和倦怠中过着哀愁的日子。

---

① 普通户。——原注

第6节 光仁天皇匡正时弊

称德天皇特别宠信道镜，为了册立太子而犹豫不决。这时，皇族中出现了不少野心家，希望自己继承皇位，蠢蠢欲动。还有一个老王子并未觊觎显赫的皇位，平日里沉溺于酒宴，韬光养晦，尽量不让世间注意自己。这就是天智天皇的皇子施基亲王的儿子白璧王。很久以来，白璧王一直任大纳言，参与朝政。自从隐居后，白璧王深居简出，结果谁都想不起他来。如今，很多人开始关注这个韬光养晦的老王子。在首都和地方开始流行关于他的童谣："葛城寺前，丰浦寺西，樱井白璧，何时掌权，富家强国？"其中"白璧"就是白璧王，樱井就是白璧王的妃子井上内亲王。童谣反映出一部分人希望白璧王继承皇位。

童谣中所说的事情果然成真。在称德天皇病情加重后，藤原永手、藤原良继、藤原百川等在宫中商议，册立白璧王为皇太子，将道镜贬谪，将和气清麻吕和广虫卖召还。自天平宝字年间以来，朝纲废弛。但新官上任三把火，人们开始重振朝纲。神护景云四年十月初一，白璧王在大极殿行即位大礼，改年号为宝龟。左大臣藤原永手、右大臣吉备真备留任。藤原百川升任右大弁。藤原百川的哥哥参议藤原良继任太宰帅。

宝龟二年正月十三日，朝廷将皇后井上内亲王所生的他户亲王册立为皇太子，任命大纳言大中臣清麻吕为东宫师傅，任命兵部卿藤原藏下麻吕为春宫大夫，辅佐太子。从宝龟二年开始，左大臣藤原永手身染重病。朝廷让大中臣清麻吕代行藤原永手职权。最终，藤原永手病死。光仁天皇追赠藤原永手为太政大臣，犒赏他的功劳。从宝龟元年开始，右大臣吉备真备因年迈"乞骸骨"，但光仁天皇只准许他辞去兼任的官职，仍然留任大臣。到了宝龟二年三月，光仁天皇允许吉备真备致仕，任命大纳言大中臣清麻吕为右大臣。光仁天皇将藤原鱼名和文室大市升任大纳言，任命藤原良继为内臣，藤原百川为太宰辅，石川丰成、藤原绳麻吕晋升中纳言。这样一来，朝廷逐渐出现新人物，开始改革政治。当时政治上的主要任务是叙任官吏，明确等级，以此来给社会确定秩序。

于是，朝廷也开始给僧侣定等级，维持社会纲纪。宝龟二年三月，朝廷根据僧纲的请愿，设置了威仪法师六人，在僧正、僧都、律师下面设相当于判官、主典的僧官。宝龟三年三月，朝廷设置了十禅师，在禅师中补任了秀南、广达、延秀、延惠等。

　　光仁天皇还努力裁撤、淘汰冗官。宝龟二年九月，光仁天皇废除左右平准署。宝龟三年二月，光仁天皇裁撤内竖省和外卫府。这些都是惠美押胜、道镜等人设置的官。自元明天皇以来，女性主权盛行。宫中女官人数增加，权力根深蒂固。这些很难裁撤。

　　宝龟三年四月，道镜在发配地死去。天位窥觎事件终于告终。宝龟三年五月，光仁天皇下诏将皇太子他户亲王废为庶人。诏书中没有讲详细情况，很明显是因为皇后井上内亲王打算通过巫蛊谋大逆，而她所生的孩子也不适合再做皇太子了。后世书中写道："天皇和皇后博弈，天皇输了。作为代价，天皇将继子山部亲王输给了皇后。皇后淫欲旺盛，而天皇已经上了岁数，不再对房事感兴趣，只好让继子来满足皇后的欲望。"书中写得有鼻子有眼，也是抓住好情事的人心的弱点进行编造的。这是小说的惯用手法。宝龟四年正月四日，光仁天皇长子山部亲王被立为皇太子。宝龟四年十月，井上内亲王和他户皇子涉嫌一起诅咒光仁天皇的同母姐姐难波内亲王，被幽禁起来。宝龟六年四月，井上内亲王和他户皇子同时毙命。这引起了世人的怀疑。坊间传闻这些事情都是藤原百川谋划的。事实果真如此吗？不得不令人怀疑。坊间不断传闻井上内亲王灵魂作祟，搞得人们战战兢兢。这大概是人们因为毒杀了井上内亲王母子而感到良心受到苛责，反映到内心，出现幻觉。宝龟六年，吉备真备亡故。宝龟八年，藤原良继亡故。宝龟十年，藤原百川死去。名臣相继陨落，让人不由感到凄凉、无助。世人沉浸在世纪末的氛围中。

　　由于宗教主义政治长期持续，日本朝廷修建了国分寺、东大寺等为数众多的寺院，导致国库空虚，财政告急。而地方政治腐败到极点。国司、郡司热衷于中饱私囊，不向中央政府缴纳租税。户籍混乱。民众不能安享生活。离开故土流落他乡的人很多。因此，宝龟十年八月以来，光仁天皇屡屡发出诏书，匡正时弊。宝龟十一年三月，光仁天皇下诏，指出"官吏人数过多，从事生产者太少，因此裁撤冗员,让其从事农桑"。同时,诸国士兵赢弱,不堪攻守者颇多。究其原因,他们是为了免庸才参军的。此外,士兵将军粮挪作私用,不认真练兵。因此,光仁天皇下诏挑选弓马娴熟者入伍,让他们习学武艺,让赢弱者归农,减少士兵数量。诸司的仕丁、驾车丁、厮丁、三衞府的火头等也要归农。这是因为他们离开本乡本土,舍去家业,以此来免庸调,而对国家没有任何裨益。宝龟十一年十二月,光仁天皇下诏左右两京禁止破坏寺院、坟墓,盗用其石头;禁止召集巫师祭祀淫祠。这样一来,天平年间以来遍布国中的恶劣官吏、赢弱士兵、无用的杂吏一扫而光。迷惘的民间信仰得到匡正。于是,日本朝廷节省了不必要的财政支出。这对缓和财政困境起到了一定作用。

宝龟初年,虾夷出现小的动荡。宝龟三年,下野的民众逃到陆奥,逃避赋税徭役。因此,陆奥、下野两个国司协同进行调查。宝龟五年,太平洋沿岸的虾夷起兵,烧毁桥梁,堵塞道路,入侵边城桃生城。因此,日本朝廷组织讨伐军进攻虾夷,暂时平定骚乱。然而,到了宝龟六年夏秋之际,虾夷又爆发骚乱。宝龟七年四月,陆奥国和出羽国组成联军,讨伐盘踞在太平洋沿岸及脊梁山脉的虾夷。出羽国军队被虾夷打败,退却。宝龟七年年末,陆奥国军队进攻虾夷占据的胆泽。宝龟八年四月,朝廷派军讨伐占据海岸和山地的虾夷。但朝廷军队在出羽方面被虾夷击败,退却。宝龟九年六月,朝廷奖赏参加战斗的军队,暂时中止对虾夷的讨伐。

然而,宝龟十一年,虾夷又进行骚扰,将朝廷派的按察使参议纪广纯包围在伊治城,并杀死了纪广纯。因此,陆奥介大伴真纲逃到多贺城中。在多贺城屯田的民众兵器、粮食充足,打算据城死守。然而,大伴真纲和掾石川净足一起逃走。民众不得已向南逃命。数日后,虾夷进入多贺城,运走了盛满仓库的物资,并在城中放火。于是,朝廷任命中纳言藤原继绳为征东大使,任命大伴益立、纪古做美为副使,分路到奥羽边境讨伐虾夷。宝龟十一年六月下旬,大伴益立等进入国府,着手准备伺机进攻虾夷。大伴益立等让人到东海、东山诸国搬运五千领铠甲,让下总、常陆准备一万六千斛军粮,送到战场。在那个年代,甲胄多为唐朝式的,年久不能再用,因此让人修理。朝廷唯恐大伴益立等白白进行战备,贻误战机,任命参议藤原小黑麻吕为征东大使,替代藤原继绳。然而,直到宝龟十一年十二月,藤原小黑麻吕仅出动小部队冲破虾夷的前线而已。当时的京畿缙绅已经患上了文化病。在实战中,虽然不能说他们畏惧,但忌讳、躲避战斗的情况是有的。

　　天应元年二月,朝廷命令武藏、相模地区将一万斛谷送到陆奥军营。但战斗毫无进展。征东大使藤原小黑麻吕似乎想回京了,奏请光仁天皇,想早点报捷班师。当时,虾夷贼众四千余人,只被杀死七十余人,还有很多。朝廷答复道:"征东大使没有必要早日班师,让副使入京奏明情况即可。"天应元年八月,藤原小黑麻吕班师回京,被授予正三位。而大伴益立延误战机,被剥夺了从四位下。由此可知,这是藤原氏进谗言导致的,想将功劳归于藤原小黑麻吕一人。

　　日本朝廷几乎完全平定了九州方面的隼人之乱。太宰府简直成了主管外交的官厅,并且还是个做学问的衙门。查阅神护景云三年太宰府的上书可以发现,里面写道:"库里虽然有五经,但没有三史的正本,希望朝廷下赐。"于是,朝廷送来了《史记》《前汉书》《后汉书》《三国志》《晋书》各一部,并命令太宰府在管辖区内传习。由此大致可以了解当时日本地方上的学术进步程度。

　　宝龟二年以来,渤海使者偶尔来出使日本,总是来到日本海沿岸。因此,日本朝廷告诉渤海国使者以后要取道筑紫。新罗屡屡失礼,和日本的邦交并不密切。宝龟五年,新罗使者金三玄等二百三十五人来到太宰府。光仁天皇斥责新罗使者,没有接受新罗的贡品。宝龟十年,新罗使者金兰荪也来到太宰府。这次,光仁天皇按照常礼接见新罗来使,设宴款待。之后,光仁天皇命海上三狩等人送新罗使者回新罗。

　　日本和唐朝依然保持良好关系。藤原清河和阿倍仲麻吕留在唐朝很长时间,前后死在唐朝。宝龟六年六月,日本朝廷任命佐伯今毛人为遣唐大使,任命大伴益立、藤原鹰取为副使,乘坐在安艺制作的四艘船前往唐朝。由于过了航海季节,船遇到逆风。直到宝龟六年十一月,佐伯今毛人还没有到达目的地,最终回到京城。大伴益立等被停职。日本朝廷新任命小野石根、大神末足为副使。宝龟八年,遣唐使行将出发时,遣唐大使佐伯今毛人托病不动身。朝廷催促副因此裁撤冗员,让其从事农桑"。同时,诸国士兵羸弱,不堪攻守者颇多。究其原因,他们是为了免庸才参军的。此外,士兵将军粮挪作私用,不认真练兵。因此,光仁天皇下诏挑选弓马娴熟者入伍,让他们习学武艺,让羸弱者归农,减少士兵数量。诸司的仕丁、驾车丁、厮丁、三衙府的火头等也要归农。这是因为他们离开本乡本土,舍去家业,以此来免庸调,而对国家没有任何裨益。宝龟十一年十二月,光仁天皇下诏左右两京禁止破坏寺院、坟墓,盗用其石头;禁止召集巫师祭祀淫祠。这样一来,天平年间以来遍布国中的恶劣官吏、羸弱士兵、无用的杂吏一扫而光。迷惘的民间信仰得到匡正。于是,日本朝廷节省了不必要的财政支出。这对缓和财政困境起到了一定作用。

宝龟初年,虾夷出现小的动荡。宝龟三年,下野的民众逃到陆奥,逃避赋税徭役。因此,陆奥、下野两个国司协同进行调查。宝龟五年,太平洋沿岸的虾夷起兵,烧毁桥梁,堵塞道路,入侵边城桃生城。因此,日本朝廷组织讨伐军进攻虾夷,暂时平定骚乱。然而,到了宝龟六年夏秋之际,虾夷又爆发骚乱。宝龟七年四月,陆奥国和出羽国组成联军,讨伐盘踞在太平洋沿岸及脊梁山脉的虾夷。出羽国军队被虾夷打败,退却。宝龟七年年末,陆奥国军队进攻虾夷占据的胆泽。宝龟八年四月,朝廷派军讨伐占据海岸和山地的虾夷。但朝廷军队在出羽方面被虾夷击败,退却。宝龟九年六月,朝廷奖赏参加战斗的军队,暂时中止对虾夷的讨伐。

然而,宝龟十一年,虾夷又进行骚扰,将朝廷派的按察使参议纪广纯包围在伊治城,并杀死了纪广纯。因此,陆奥介大伴真纲逃到多贺城中。在多贺城屯田的民众兵器、粮食充足,打算据城死守。然而,大伴真纲和掾石川净足一起逃走。民众不得已向南逃命。数日后,虾夷进入多贺城,运走了盛满仓库的物资,并在城中放火。于是,朝廷任命中纳言藤原继绳为征东大使,任命大伴益立、纪古做美为副使,分路到奥羽边境讨伐虾夷。宝龟十一年六月下旬,大伴益立等进入国府,着手准备伺机进攻虾夷。大伴益立等让人到东海、东山诸国搬运五千领铠甲,让下总、常陆准备一万六千斛军粮,送到战场。在那个年代,甲胄多为唐朝式的,年久不能再用,因此让人修理。朝廷唯恐大伴益立等白白进行战备,贻误战机,任命参议藤原小黑麻吕为征东大使,替代藤原继绳。然而,直到宝龟十一年十二月,藤原小黑麻吕仅出动小部队冲破虾夷的前线而已。当时的京畿缙绅已经患上了文化病。在实战中,虽然不能说他们畏惧,但忌讳、躲避战斗的情况是有的。

天应元年二月,朝廷命令武藏、相模地区将一万斛谷送到陆奥军营。但战斗毫无进展。征东大使藤原小黑麻吕似乎想回京了,奏请光仁天皇,想早点报捷班师。当时,虾夷贼众四千余人,只被杀死七十余人,还有很多。朝廷答复道:"征东大使没有必要早日班师,让副使入京奏明情况即可。"天应元年八月,藤原小黑麻吕班师回京,被授予正三位。而大伴益立延误战机,被剥夺了从四位下。由此可知,这是藤原氏进谗言导致的,想将功劳归于藤原小黑麻吕一人。

日本朝廷几乎完全平定了九州方面的隼人之乱。太宰府简直成了主管外交的官厅,并且还是个做学问的衙门。查阅神护景云三年太宰府的上书可以发现,里面写道:"库里虽然有五经,但没有三史的正本,希望朝廷下赐。"于是,朝廷送来了《史记》《前汉书》《后汉书》《三国志》《晋书》各一部,并命令太宰府在管辖区内传习。由此大致可以了解当时日本地方上的学术进步程度。

宝龟二年以来,渤海使者偶尔来出使日本,总是来到日本海沿岸。因此,日本朝廷告诉渤海国使者以后要取道筑紫。新罗屡屡失礼,和日本的邦交并不密切。宝龟五年,新罗使者金三玄等二百三十五人来到太宰府。光仁天皇斥责新罗使者,没有接受新罗的贡品。宝龟十年,新罗使者金兰荪也来到太宰府。这次,光仁天皇按照常礼接见新罗来使,设宴款待。之后,光仁天皇命海上三狩等人送新罗使者回新罗。

日本和唐朝依然保持良好关系。藤原清河和阿倍仲麻吕留在唐朝很长时间,前后死在唐朝。宝龟六年六月,日本朝廷任命佐伯今毛人为遣唐大使,任命大伴益立、藤原鹰取为副使,乘坐在安艺制作的四艘船前往唐朝。由于过了航海季节,船遇到逆风。直到宝龟六年十一月,佐伯今毛人还没有到达目的地,最终回到京城。大伴益立等被停职。日本朝廷新任命小野石根、大神末足为副使。宝龟八年,遣唐使行将出发时,遣唐大使佐伯今毛人托病不动身。朝廷催促副使小野石根入唐。然而，在回国途中，副使小野石根的船遇到风浪。在船破后，小野石根溺水而死。船虽然破了，但最终漂流到肥后、天草，上面坐着藤原清河的女儿哀娘等四十余人。这样一来，遣唐使的船队屡屡重复着船只破损、漂流、人员溺死的悲剧。人们都害怕被朝廷任命为遣唐使，左右推脱，想逃避危险。之后，为了逃避当遣唐使，人们甚至不惜违抗圣旨。日本朝廷需要从以下两个选项中选择一个：其一，改造船舶；其二，废除遣唐使。可见这方面也充满了世纪末的氛围。

宝龟十二年正月初一，朝廷改元天应。之后，光仁天皇患病，大赦天下。然而，光仁天皇病情根本不见好转。天应元年四月三日，光仁天皇让位于皇太子山部亲王。当天，山部亲王举行登基大典，继任天皇，史称"桓武天皇"。天应元年四月四日，桓武天皇立皇弟早良亲王为皇太子。光仁太上皇的病情依然没有好转。天应元年十二月二十二日，光仁太上皇驾崩，享年七十三岁。在位十二年中，光仁天皇虽然没有多大建树，但整肃纲纪，淘汰冗员，将天平年间以来弥漫在朝廷中的骄奢淫逸之风一扫而光。这确实可以说是光仁天皇的功绩。不管怎么说，光仁天皇在位期间匡正长年的时弊，给社会人心带来了新鲜的空气，堪称时代末的伟人。

天应二年八月十九日，桓武天皇颁发改元诏书，定年号为延历。延历三年六月，桓武天皇在山背长间营建首都，延历三年十一月迁都。一般来讲，历史上将桓武天皇迁都以前称作宁乐时代，迁都以后称作平安时代。不管怎么说，延历年间拉开了平安时代的序幕。当时已经出现新时代的氛围。因此，笔者将延历年间也算作平安时代。在这里不再讲延历年间的事情。这样一来，如花又如梦的宁乐时代结束了。在宁乐时代之前的飞鸟时代，日本从外国移植佛教文化和儒教文化。在宁乐时代初期，日本朝廷想让这些文化开花结果。当时属于一个焦躁的时代。在宁乐时代后期，日本贪婪地吞食这些果实，却因为其有毒的甘甜而伤了胃口。飞鸟时代，日本做出了很大努力。在天平年间，日本充满着憧憬，而到了天平宝字年间，日本既有饱满也有糜烂。如果将这三个时期和江户时代末、明治时代、大正时代进行比较，是很有趣的。无论哪国的历史都会告诉我们：饱满和糜烂是腐败的因素。在宁乐时代末期，当时的天皇实施宝龟年间的政治改革，为这危险的糜烂的时代注入了强心剂，避免了日本朝廷的腐败。可以说，这次政治改革收拾了前一代的堕落残局，以大团圆的方式落幕了，与此同时为后面的时代拉开了序幕，诱导后面的时代积极向上。日本民众从梦想、憧憬、幻想中醒过来，朝着现实、理想把握方向。这一时代是日本国史上应该重点研究的转折期。借克莱蒙特的话来说，这一时代是日本从女人的时代向男人的时代转换的转折期。